國家社會科學基金重大項目“明清民國珍稀時音韻書韻圖整理集成與研究”（19ZDA308）階段性成果
國家“雙一流”建設學科“南京大學中國語言文學”項目資助
江蘇省2011協同創新中心“中國文學與東亞文明”項目資助

中原音韻歷史
文獻集成叢書

《中原音韻》
歷史文獻叢刊

第一輯

張玉來　尹瑀　編著

中国社会科学出版社

圖書在版編目（CIP）數據

《中原音韻》歷史文獻叢刊．第一輯 / 張玉來等編著．-- 北京 ：中國社會科學出版社，2025．6．--（中原音韻歷史文獻集成叢書）．-- ISBN 978-7-5227-5029-3

Ⅰ．H114．2-55

中國國家版本館 CIP 數據核字第 20258NM435 號

出 版 人　趙劍英
責任編輯　張　林
責任校對　田　静
責任印製　戴　寬

出　　版　中國社會科學出版社
社　　址　北京鼓樓西大街甲 158 號
郵　　編　100720
網　　址　http：//www. csspw. cn
發 行 部　010－84083685
門 市 部　010－84029450
經　　銷　新華書店及其他書店

印　　刷　北京明恒達印務有限公司
裝　　訂　廊坊市廣陽區廣增裝訂廠
版　　次　2025 年 6 月第 1 版
印　　次　2025 年 6 月第 1 次印刷

開　　本　710×1000　1/16
印　　張　27
插　　頁　2
字　　數　428 千字
定　　價　149.00 元

前　言

元代周德清（1277—1365）編纂的《中原音韻》，包括《中原音韻》和《正語作詞起例》兩部分。《中原音韻》即韻譜部分，《正語作詞起例》部分是解説韻譜使用和作曲詞法則的。《中原音韻》是我國文化史上的一部光輝著作，是曲學、音韻學等研究領域不可或缺的經典文獻。《中原音韻》在語言學領域的影響，與《切韻》（《廣韻》）相輝映，它代表了晚唐以來的漢語共同語的音韻格局。特別要提及的是，《中原音韻》的文化影響還有《切韻》所不及的方面，那就是它深刻影響了元代以來傳統曲學的理論和實踐，並因此走進了藝術創作的領域，與社會大衆文化相關聯，遂成爲文學藝術文獻的重要組成部分。

有關《中原音韻》的作者生平事跡、成書過程、内容體例、流傳情況、學術研究史以及韻書的音韻結構分析等可參見筆者有關論著，如《〈中原音韻〉的著作權問題》（《浙江大學學報》2011 年第 5 期）、《中原音韻校本》（中華書局 2013 年版）、《〈中原音韻〉史實研究辯證》（載劉冠才、張玉來等主編《行走在語言與哲學之間——慶祝李開先生八十壽誕學術論文集》，鳳凰出版社 2022 年版）等。

《中原音韻》作為歷史文化經典，其歷史文獻缺乏系統的梳理和匯纂，各類傳世版本沒有勾稽清楚，歷史上關於中原的研究和評述材料也沒有人結集。這些缺憾阻礙了《中原音韻》研究的縱深發展。

本《叢刊》所說的歷史文獻，是指 1912 年民國成立之前的文獻，包括：《中原音韻》及與之相關的各類傳世版本；與《中原音韻》關係密切的其他音韻文獻（即所謂《中原音韻》系韻書、韻圖），如《中州樂府音韻類編》等；與《中原音韻》有關的史實、學術研究成果、評述文獻等。具體說來包括如下幾端：

（一）《中原音韻》存世的有價值的各類版本，如瞿藏本、訥菴本等。

（二）與《中原音韻》具有明顯淵源關係的古代有關韻書、韻圖等文獻，如卓從之《中州樂府音韻類編》、朱權《瓊林雅韻》、王文璧《中州音韻》等等。

（三）歷史上關於《中原音韻》的研究、論述和評論性文獻，比如明代眾多戲劇論著中關於《中原音韻》的評述等內容。

本《叢刊》第一輯主要匯纂了《中原音韻》的瞿氏藏本《中原音韻》、訥菴刻本《中原音韻》、《嘯餘譜》本《中原音韻》、程允昌本《中原音韻》、《四庫全書》本《中原音韻》、《古今圖書集成》本《中原音韻》以及與之關係密切的卓從之撰述的《中州樂府音韻類編》、王文璧校正的《中州音韻》和葉以震改編的《重訂中原音韻》（又名《中原音韻問奇集》）。

本《叢刊》的纂輯目的是為《中原音韻》研究、戲劇史研究及其他有關文化史的研究提供便利。

讀者在使用中如發現訛誤，請批評指正，以便修訂。

張玉來
2025 年 2 月 28 日

目　　錄

瞿氏藏本《中原音韻》

瞿氏藏本說明

該本原藏常熟瞿氏鐵琴銅劍樓，現藏國家圖書館（以下簡稱瞿藏本）。該本不分卷。內容次序為：虞集序、歐陽玄序、周德清自序、羅宗信序、瑣非復初序、中原音韻目録、中原音韻（韻譜）、正語作詞起例、周德清後序。

1922年瞿啓甲影印《鐵琴銅劍樓叢書》，第八種即為《中原音韻》，該本方流行於世。細勘該本韻譜開頭部分有白沙、聲以及稽瑞樓等藏書章。《鐵琴銅劍樓藏書目録》（瞿鏞編纂、瞿果行標點、瞿鳳起覆校，上海古籍出版社2000年版）稱："中原音韻一卷，題'高安艇（案：此字誤，當為"挺"字）齋周德清輯並序並跋'……舊為蕭飛濤藏本。卷末有'江'聲朱記。"據光緒《常昭合志》："江聲，字飛濤，號白沙，於骨肉有恩，臨財多讓，詩文之外，尤以畫竹、篆刻有名邑中，顧文淵極稱之，有《匏葉齋稿》（陳志參《畫苑畧》）。性嗜書，得秘本，輒手錄，校勘精確，曾從蕭姓，故有《蕭江聲讀書記》及《飛濤白沙手校諸朱記》。子藻，字掞庭，亦能詩，有《墨露齋詩鈔》（邵齊書詩序參《柳南隨筆》）。"又《常熟市志》（上海辭書出版社2006年版）："江聲（1721—1799），字飛濤，號白沙，藏書樓為'匏葉齋'，嗜書，得秘本輒手錄，校勘精確。抄南唐馮延巳《陽春集》、宋何去非《何博士備論》。"瞿藏本開頭有"蕭江飛濤書畫珍賞"藏書章，最後有"江天藻""字掞庭"藏書章，這說明江聲父子皆把玩過該本。瞿藏本開頭和末尾皆有稽瑞樓藏書章。說明該本曾為稽瑞樓收藏。稽瑞樓為陳揆之藏書樓名。據《常熟市志》："陳揆（1780—1825），字子准，常熟人。清道光時諸生。

因在省試對策時書寫逾格被斥，遂絕意仕進，專心搜集古籍及鄉邦著述，四方名士，挾異書，搜秘冊，投他門下者絡繹不絕。搜羅不遺餘力，闔家中歷代舊有藏書，藏書益富。後因購得唐劉賡著《稽瑞》秘笈一卷，遂名藏書樓為‘稽瑞樓’。所著《稽瑞樓書目》著錄善本有220種，計一二萬卷，邑人著述的宋元刻本、抄本、校本達500多種，所藏地方誌達400多種，其中明之前有270多種，清代的有140多種。陳揆精於校勘學，曾對縣誌《琴川志》逐條加注，搜羅賅博，篇幅倍于原書。對原書所未有的，添撰《琴川續志》10卷，還編集《虞邑遺文錄》10卷，補集5卷。”

江聲比陳揆長59歲，按常理該本當先為江聲所藏，後歸陳揆所藏，再後才歸瞿氏。《鐵琴銅劍樓藏書目錄》未記陳揆收藏事。

瞿藏本封面有瞿鏞題寫“中原音韻元刊二本”字樣，並簽“鏞印”章。

陸志韋先生（1964）為中華書局1978年6月影印訥菴本所寫的“前言”稱，文獻學家趙萬里先生審定瞿藏本為明刊本。趙先生的主要依據是該本的用紙符合明代紙張的特點。趙萬里先生的審定意見不一定可靠。有四個方面的證據可以反證：一，該本整體上的刊刻風格不類明人，筆力遒勁，字體豐滿，不似明人之纖細。二，該本經數代藏書家之手，説明其為名家所珍視，而並無人否定其為元刊本。三，該本各序與正文文字相異，非一人之筆法，尤其歐陽玄的序，全用古隸，當是各序據序者之字體刻入，或為元刻之舊。四，該本與訥菴本相比，歧誤相當，難分優劣，不能説明訥菴本一定早出。因此，我們認為，瞿藏本即使不是元刊本，也應該是用元刊版再印或照元刊本模樣覆刻，僅僅依據紙張不能證明該本依據的刻版不是元刊。所以，瞿藏本應該是最接近元刻本的版本。該本雖刻版甚良，但印刷不精，漫漶之處甚多，有的地方成段模糊，以至不可識認。

文獻學家陳乃乾（1896—1971），浙江海寧人，清代藏書家陳鱣後裔，早年入東吳大學讀書，後在古書流通處、開明書店、中華書局任職。陳乃乾1920年在上海古書流通處據瞿藏本重新寫印出版行世。1925年他編刊的《重訂曲苑》也據寫印本刊入，成巾箱本。1926年復以《中原音韻》和《太和正音譜》合刻，亦以寫印本收入。合刻本將周德清後序移至瑣非復初序之後。該本還有其他的單行本行世。陳寫印本流行較廣，但是與瞿藏本原本相比，該寫本遺漏、錯寫、竄誤之處很多，算不上珍本，使用時要格外注意校對。

中原
音韻
元刊
二本

中原音韻序

樂府作而聲律盛，自漢以來然矣。魏晉隋唐體製不一，音調亦異，往往於文雖工，於律則弊。宋代作者，如蘇子瞻變化不測之才，猶不免製詞如詩之誚；若周邦彥、姜堯章輩，自製譜曲，稍稱通律，而詞氣又不無卑弱之憾。辛幼安自北而南，元裕之在金末、國初，雖詞多慷慨，而音節則為中州之正，學者取之。我朝混一以來，朔南暨聲教，士大夫歌詠，必求正聲，凡所製作，皆足以鳴國家氣化之盛。自是北樂府出，一洗東南習俗之陋。大抵雅樂之不作，聲音之學不傳也久矣。五方言語，又復不類：吳楚傷於輕浮，燕冀失於重濁，秦隴去聲為入，梁益平聲似去，河北河東取韻尤遠。吳人呼饒為堯，讀武為姥，說如近魚，切珍為丁心之類，正音豈不誤哉！高安周德清，工樂府，善音律，自著中州音韻一帙，分若干部，以為正語之本，變雅之端。其法以聲之清濁，定字為陰陽，如高聲從陽，低聲從陰，使用字者隨聲高下，措字為詞，各有攸當，則清濁得宜，而無凌犯之患矣。以聲之上下，分韻為平仄，如入聲直促，難諧音調，成韻之入聲，悉派三聲，誌以黑白，使用韻者隨字陰陽，置韻成文，各有所協，則上下中律，而無拘拘之病矣。是書既行，於樂府之士豈無補哉？又自製樂府若干調，隨時體製，不失法度，屬律必嚴，比字必切，審律必當，擇字必精，是以和於宮商，合於節奏，而無宿昔聲律之弊矣。余昔在朝，以文字為職，樂律之事，每與聞之，嘗恨世之儒者，薄其事而不究心，俗工執其藝而不知理，由是文律二者，不能兼美。每朝會大合樂，樂署必以其譜來翰苑請樂章，唯吳興趙公承旨時，以屬官所撰不協，自撰以進，并言其故，為延祐天子嘉賞焉。及余備員，亦稍為隱

括終為樂工所哂不能如吳興時也當是
時苟得德清之為人引之禁林相與討論
斯事豈無一日起余之助乎惜哉余還山
中眊且廢矣德清留滯江南又無有賞其
音者方今天下治平朝廷將必有大製作
興樂府以協律如漢武宣之世然則頌清
廟歌郊祀攄和平正大之音以揄揚今日
之盛者其不在於諸君子乎德清勉之
前奎章閣侍書學士虞集書

高安周德清通聲音之學工樂章之詞嘗
自製聲韻若干部樂府若干篇皆審音以
達詞成章以協律所謂詞律兼優者青原
攻事君子有繡梓以廣其傳且徵予序予
謂孫吳時有周公瑾者善音律故時人有
曲有誤周郎顧之語宋季有周清真者善
樂府故時人有美誠劉之詞之稱今德清
兼二者之能而皆本於家學如此予故表
諸其端云翰林學士歐陽玄序

青原蕭存存博學工於文詞每病今之樂府有遵音調
作者有增襯字作者有陽春白雪集德勝令花影壓
重簷沉烟裊繡簾人去青鸞杳春嬌酒病懨眉尖常
鎖傷春怨忺忺忺的來不待忺綉唱為羞與怨字同
押者有同集殿前歡白雪窩二段俱八句白字不能
歌者有板行逢雙不對襯字尤多文律俱謬而指時
賞作者有韻脚用平上去不一云也唱得者有句中
用入聲不能歌者有歌其字音非其字者令人無
所守泰定甲子存存托友張漢英以其說問作詞之
法於予予曰言語一科欲作樂府必正言語欲正言

語必宗中原之音樂府之盛之備之難莫如今時其盛
則自搢紳及閭閻歌詠者衆其備則自關鄭白馬一新
製作韻共守自然之音字能通天下之語字暢語俊
韻促音調觀其所述曰忠曰孝有補於世其難則有
六字三韻忽聽一聲猛驚是也諸公已矣後學莫及何
也蓋其不悟聲分平仄字別陰陽夫聲分平仄者謂
無入聲以入聲派入平上去三聲也作平者最為緊切
施之句中不可不謹派入三聲者廣其韻耳有才者本
韻自足矣字別陰陽者陰陽字平聲有之上去俱無
上去各止一聲平聲獨有二聲有上平聲有下平

聲上平聲非指一東至二十八山而言下平聲非指一先至二十七咸而言前輩為廣韻平聲多分為上下卷非分其音也殊不知平聲字字俱有上平下平之分但有有音無字之別非一東至山皆上平一先至咸皆下平聲也如　二字之類　字下平聲屬陰　字上平聲屬陽陰者即下平聲陽者即上平聲試以　字調平仄又以　字調平仄便可知平聲陰陽字音又可知上去二聲各止一聲俱無陰陽之別矣且上去二聲施於句中施於韻腳無用陰陽惟慢詞中僅可也其聲尒此自然之理也妙處在此初學者何由知之乃作詞之膏肓用字之骨髓皆不傳之妙獨予知之屢嘗揣其聲病於桃花扇影而得之也吁考其詞音者人人能之究其詞之平仄陰陽者則無有也彼之能遵音調而有協音俊語可與前輩頡頏所謂成文章曰樂府也不遵而增襯字名樂府者自名之也德勝令綉字怨字殿前歡八句白字者若以綉字是珠字誤刋則烟字唱作去聲為沉宴裊珠　簾皆非也呵呵忺忺者何等語句未聞有如此平仄如此開合韻腳德勝令亦未聞有八句殿前歡此自己字之開合平仄句之對偶短長俱不知而又妄編入之語亦矣足以知其妍媸歟嗚呼言語可不究乎以

前序　五

行諺語而指時賢作者皆自為之詞將正其己之是影其己之非務取媚於市井之徒不求知於高明之士能不受其惑者幾人哉使真時賢所作亦不足為法取之者之罪非公器也韻腳用三聲何者為是不思前輩某字某韻必用某聲卻云也唱得乃文過之詞非作者之言也平而仄仄而平上去而去上去上而上去者諺云鈕折嗓子是也其如歌姬之喉咽何入聲於句中不能歌者不知入聲作平聲也歌其字音非其字者合用陰而陽陽而陰也此皆用盡自己心徒快一時意不能傳久深可哂哉深可憐哉惜無有以訓之者予甚欲為訂砭之文以正其語便其作而使成樂府恐起爭端矧為人之學乎因重張之請遂分平聲陰陽及撮其三聲同音兼以入聲派入三聲如鞞字次本聲後葺成一帙分為十九名之曰中原音韻并起例以遺之可與識者道是秋九日高安挺齋周德清自序

前序　六

世之共稱唐詩宋詞大元樂府誠哉
學唐詩者、為其中律也、學宋詞者、止
依其字數而填之耳、學今之樂府則
不然、儒者每薄之、愚謂迂闊庸腐之
資、無能也、非薄之也、必若通儒俊才、
乃能造其妙也、其法四聲無入、平有
陰陽、每調有押三聲者、有各押一聲
者、有四字二韻、六字三韻者、皆位置
有定、不可倒置而逆施、愈嚴密而不
容於忽易、雖毫髮不可以間也、當其

歌詠之時、得俊語而平仄不協、平仄
協、語則不俊、必使耳中聳聽、紙上可
觀為上、太非止以填字而已、此其所
以難於宋詞也、國初混一、北方諸俊
新聲一作、古未有之、實治世之音也、
後之不得其傳、不遵其律、襯墊字多、
於本文、開合韻與之同押、平仄不一、
句法亦粗、而又妄亂板行、其人號、即
其人名、分之為二、甲之詞為乙之作、
以此太多、感東道而欲報者、非詞人

而有爵者併取之、列名於諸俊之前、
公乎、私乎、詞乎、爵乎、徒惑後人、皆不
得其正、遺山有云、羸牸老羝之味也、
高安友人周德清、觀其病焉、編葺中
原音韻、并起例、以砭焫之、余因覡其
著作、悉能心會、但無其筆力耳、乃正
人語、作詞法、其可秘乎、毋使如陽春
白雪、徒稱寡和、而有不傳之嘆也、矧
吾吉素稱文郡、非無賞音、自有樂府
以來、歌詠者如山立焉、未有如德清

之所述也、予非過言、爭壽諸梓、以廣
其傳、與知音者共之、未必無補於將
來、青原羅宗信序

余勳業相門貂蟬滿座列伶女之國色歌名公之後詞備嘗見聞矣如大德天壽賀詞普天樂云鳳凰朝麒麟見明君天下大德元年萬乘尊諸王宴四海安然朝金殿五雲樓瑞靄祥煙群臣頓首山呼萬歲洪福齊天音亮語熟渾厚宮樣黃鍾大呂之音也跡之江南無一二焉吾友高安挺齋周德清以出類拔萃通濟之才為移宮換羽製作之具所編中原音韻并諸起例平分二義入派三聲能使四方出語不偏作詞有法皆發前人之所未嘗發者所作樂府回文集句連環簡梅雪花諸体皆作今人之所不能作者略舉回文畫家名有數家填入門閉卻時來問皆往復二意夏日詞蟬自潔其身螢不照他人有古樂府之風紅指甲詞朱顏如退卻白首恐成空有言外意俊語有合掌玉蓮花未開笑靨破香腮切對有殘梅千片雪爆竹一聲雷雪非雪雷非雷佳作也長篇短章悉可為人作詞之定格贈人黃鍾云篇篇句句靈芝字字與人為樣子其亦自道也以余觀京師之目聞雅樂之耳而公議曰德清之韻不獨中原乃天下之正音也德清之詞不唯江南實當時之獨步也然德清不欲矜名於世青原友人羅宗信能以具眼識之求鋟諸梓噫後輩學詞之福耳西

山齋瑣非復初序

中原音韻目錄

中原音韻 正語之本 變雅之端

高安挺齋周德清輯

東鍾

平聲

陰

東冬○鍾鐘中忠衷終○通蓪○松嵩○沖
充衝舂忡㤝艟穜𦝼种○邕嗈雍○空悾○
宗椶騣○風楓豐封葑峯鋒烽丰蜂○鬆忪
○匆葱聰驄囪窗𥨩○蹤縱樅○穹芎傾○工
功攻公蚣弓躬恭宮龔供肱觥○烘叿訇轟
豐○凶兇胸洶兄○翁嗡𪆟癰廱砰𥕢泓○崩
繃○烹

陽

同筒銅桐峒童僮曈瞳潼𩅪○戎茙駥絨
毧茸○龍隆癃窿○窮藭蛩邛笻○籠曨朧
櫳礱巃聾聾嚨○膿農儂○濃穠醲○重蟲
慵鏞崇○馮逢縫○叢藂琮○熊雄○容溶
蓉瑢鎔庸傭鄘鏞墉融榮○蒙濛朦矇甍盲
瞢萌○紅鉷虹洪鴻宏紘橫嶸弘○蓬篷芃
鬅彭棚鵬○從

上聲

董懂○腫踵種冢○孔恐○桶統○汞嗊○
隴壠○簣攏○洶詾○聳竦○拱鞏珙○勇
擁涌踴悀永俑○蠓懵猛艋蜢○總○捧○

○冗○氄○唪

去聲

洞動棟凍蝀○鳳奉諷縫○貢共供○宋送
○弄哢齈○控空鞚○訟誦頌○甕齆𪖙○
痛慟○衆中仲重種○縱從糉○夢孟○用
詠瑩○哄鬨橫○綜○迸○銃

江陽

平聲

陰

姜江杠釭薑韁繮殭僵○邦梆幫○桑喪○
雙艭霜孀鸘驦○章漳獐樟璋彰麞張○商
傷殤觴湯烘○漿螿將○莊粧裝樁○岡剛
鋼綱缸扛玒亢○康穅○光胱○當璫簹襠
膛○荒慌肓○香鄉○鎊滂雱○腔羫蜣羌
○鴦央殃秧泱○方芳枋妨坊肪○昌猖娼
菖閶○湯鏜○湘廂相箱襄驤○搶鏘蹡○
匡筐眶○汪尫○倉蒼○牕瘡○贓臧

陽

陽揚楊暘昜颺羊徉洋佯○忙茫邙芒鋩硭
獷尨○粮良凉綡輬梁粱量○穰禳瀼鬤○
忘亡○郎榔廊螂稂浪琅狼○杭行頏航○
昂卬○床幢撞牀○傍旁房龐逄○房防○
長萇腸場常裳嚐償○唐搪塘糖堂棠○詳
祥翔○牆檣嬙戕○黃潢簧鰉蝗皇篁凰惶

艎遑隍○藏○強○娘○降○王○狂○囊

上聲

講港鏹○養痒鞅○蔣槳槳○兩魎○想鯗
○蟒莽漭○爽㬹○響蠁享饗夯○敞氅昶
○壤穰○舫倣放訪昉○罔網輞○枉往○
顙磉嗓○榜挷○倘帑○黨讜○掌長○朗
○謊恍○仰○廣○沆瀣沆○髒○強○搶○
賞晌

去聲

絳降洚虹虹強○象像相○亮諒量緉輛○
養恙煬養樣怏鞅漾恙○狀壯撞○上尚餉
○讓儴釀○帳脹漲丈仗杖障嶂瘴○巷向

項○匠將醬○唱倡暢悵鬯○創剏○望忘
妄○旺王○放訪○蕩宕碭當擋○浪閬○
葬藏臟○謗傍蚌棒○炕亢抗○曠壙纊○
晃滉○況貺○釀○仰○喪○胖○行○愴
○誑○盎○戧○鋼○盪湯

支思

平聲

陰

支枝肢巵氏梔榰之芝脂胝○髭貲觜茲孳
孜滋資咨淄諮姿粢○眵鴟差○施詩師獅
螄尸屍鳲蓍○斯撕廝澌鷥颸思司私絲偲
恖○雌

陽

兒而洏○慈鶿磁茲餈茨疵玼茈○時塒鰣
匙○詞祠辭辞

上聲

紙砥底旨指止沚芷趾祉阯址徵咫○爾邇
耳餌珥駬○此玼跐泚○史駛使弛豕矢始
枲葸○子紫姊梓○死○齒

入聲作上聲

澀瑟音史○塞音死

去聲

是氏市柿侍士仕使示謚蒔恃事施嗜豉試
弒筮視噬○似兕賜姒巳汜祀嗣飼笥耜涘

俟寺食思四肆泗駟○次刺剌○字漬牸自
恣骴胔○志至誌○二貳餌○翅○廁

齊微

平聲

陰

機璣磯璣譏肌飢笄朞箕基雞稽饑姬奇羈
羇○歸圭邽龜閨規○齏齎擠躋○雖荽綏
睢尿○低堤磾胝氐羝○妻凄萋棲悽○西
犀嘶○灰揮暉輝翬麾徽隳○杯悲卑碑陂
○追騅錐○威偎隈煨○非菲緋霏騑馡菲
妃飛○溪欺欹○希稀豨羲曦犧醯熹嘻僖
熙○衣依伊醫鷖猗漪噫○吹炊推○醅披

郅丕呸胚伾〇魁盔虧窺瑰奎〇笞癡郗蚩
嬉螭鴟絺〇崔催衰榱〇紕批鈚〇堆䭔〇
蓖錍〇知蜘〇梯

陽

微薇維惟〇黎驚犂棃藜瓈離璃籬醨䍦离
鸝驪麗狸蜊犛釐漓〇泥尼麑〇梅莓枚媒
煤眉湄楣嵋虆蘪醾壓〇雷檑纍壘羸〇隋
隨〇齊臍〇回徊迴〇圍闈帏幃違嵬巍危
桅危〇肥淝〇奇騎琦碕萁期旗旂綦祈祁
其畿衹耆鬐芪岐麒琪蘄〇奚兮畦攜蹊〇
移扅兒鯢霓倪猊輗姨夷痍疑嶷鷖沂宜儀
鵜荑貽怡眙飴杷頎遺虵〇啼蹄提題醍綈
梯〇槌垂陲〇裴陪培皮〇葵馗夔逵〇池
馳遲墀荒持〇頽䰐〇脾疲比毗羆〇迷彌
瀰〇誰〇推〇䵍

入聲作平聲

陽

實十什石射食蝕拾〇直值姪秩擲〇疾嫉
蒺集寂〇夕習席襲〇荻狄敵滌笛糴〇及
極〇惑〇逼〇劾〇賊

去聲作平聲

陽

鼻

上聲

迤旖〇尾亹〇倚椅錡扆㨗螘矣巳以苡顗
擬艤〇浼美〇蟣幾己几麂紀〇恥侈〇捶
箠〇痞否嚭圮秕〇鬼簋癸軌詭晷宄〇悔
賄毀卉譭燬虺〇妣比匕〇禮醴里裏理鯉
娌李蠡蓰〇濟擠〇底邸詆柢骶〇洗璽枲
徙屣〇起棨啓綮綺杞豈〇米弭眯〇傒旎
瀰〇彼鄙〇喜嬉〇委猥唯隗葦偉〇壘磊
儡蕾〇體〇腿〇蕋〇觜〇髓〇水〇餒

入聲作上聲

質隻炙織隲汁只〇七戚漆刺〇匹闢僻劈
〇吉擊激砙棘戟急汲給〇筆北〇失室識
適拭軾飾釋濕奭〇喞積稷績跡脊鯽〇必
畢蹕篳碧壁璧甓〇昔惜息錫淅〇尺赤喫
勑叱鷉〇的靮嫡滴〇德得〇滌剔踢〇吸
隙翕檄覡〇乞泣訖〇國〇黑〇一

去聲

未味〇胃蝟渭謂䲁尉慰緯䩰衛魏畏餧位
飫〇貴櫃餽愧悸桂檜膾鱠跪獪繪〇吠沸
費肺廢芾〇會晦誨諱惠蕙慧潰闠〇翠脆
顇倅萃悴淬焠〇異裔義議誼毅藝易翳瘞
勩枻曳瞖詣饐刈乂意劓懿〇氣器棄憩契
禊〇霽濟祭際劑〇替剃涕嚏〇帝諦締第
娣第悌地遞蔕棣〇背貝狽焙倍婢備避葦
被弊幣臂髮詖帔〇利痢莉俐例唳戾沴離

隸癘礪厲澁荔詈劙麗○砌妻○細壻○罪
醉最○對隊碓兊○計記寄繫継妓枝技髻
偈忌季檻騎既驥異薊鱖○閉蔽畀庇斃礔
庇比秘陛貴○謎尒○睡稅說瑞○退蛻○
歲碎粹祟邃繸穗燧隧遂彗○墜贅綴縋懟
○㓞制置滯雉稚致彘治智幟熾質○世勢
逝誓○淚累酹擂類纇誄耒磓○配佩珮轡
霈沛悖誖○妹昧媚魅袂瑁寐○戲系係○
簣蕢揆○㵒膩泥○蚋芮銳㘞○吠喙○內

入聲作去聲

日入○覔蜜○墨密○立粒笠曆歷櫪瀝癧
靂轢力栗○逸易埸譯驛益溢鎰鷁液腋掖

音韻　七

疫役一佾泆逸乙邑憶揖射翊翼○勒肋○
劇○匿

魚模

平聲

陰

居裾琚鶋車駒拘俱○諸猪豬朱姝株蛛誅
珠邾侏○蘇酥麻甦○逋餔晡○樞樗攄○
粗芻○梳蔬疏踈○虛墟噓嘘歔吁○蛆趍
○疽沮趄苴狙雎○孤姑辜鴣酤沽蛄菰觚
○枯刳○迂紆於○嗚汙烏○書舒輸紓○
區軀驅嶇貙○須須鬚胥醑需繻○膚夫
趺跌敷麩孚鄜莩枹桴郛○呼○初○都

租

陽

廬閭驢臚蔞○如茹鴽儒需襦嚅濡○毋
蕪巫誣○模謨摸謀○徒圖菟屠荼途瘏駼
塗○奴孥砮駑○盧蘆顱鱸轤艫櫨瀘鑪爐
○魚漁虞余餘竽于畬雩與輿旟璵舁妤歟
轝愚盂隅禺臾揄愉俞覦毹瑜窬逾渝闟腴
諛萸○吾浯鋙蜈珸吳梧娛齬○雛鋤○殊
茱銖洙○渠蕖磲蘧劬瞿衢臞○除蜍滁篨
廚櫥蹰儲○扶夫趺符芙鳧浮○蒲脯酺蒱
○胡糊湖醐瑚鶘壺狐弧乎○殂徂○徐○

入聲作平聲

音韻

獨讀牘瀆櫝毒突纛○復佛伏鵩袱服○鵠
髑斛槲○贖屬述秫術朮○俗續○逐軸○
族鏃○僕○局○淑蜀孰熟塾

上聲

語雨與圄圉齬敔禦愈羽宇禹庾○呂侶旅
膂縷僂○主麈拄渚麈豎竪○汝乳○鼠黍
暑○阻俎○杵楮褚處杼○數所○祖組○
武舞鵡侮廡○土吐○魯櫓虜鹵滷○覩堵
睹○古罟詁沽牯蠱估監鼓瞽股羖賈○五
伍午仵忤塢鄔○虎滸○補浦圃鵏○普溥
譜○甫斧撫黼脯府俯腑父否○母某牡拇
畝○楚礎憷○舉莒矩櫸○弩努○許詡

取○苦○咀○女○嶼○傴去

入聲作上聲

谷穀轂骨○蔌縮謖速○復福幅蝠腹覆拂

○卜不○菊踘局建○笏忽○築燭粥竹○

粟宿○曲麯屈伸○哭窟酷○出黜畜○叔

蔌○督篤○暴撲○觸束○簇○足○促○

禿○卒○蹙○屋沃兀

去聲

御馭遇嫗裕諭芋譽預豫○慮濾屢○鋸懼

句攄詎巨拒秬距炬苣踞屨絇具○恕庶樹

戍竪署曙○覷趣娶○注澍住著柱註鑄翥

炷駐紵苧貯竚○數疏○絮序敘緒○孺茹

○杜妒肚渡鍍斁度蠧○赴父釜輔付賦傅

富仆鮒賻訃柎婦附阜負○戶扈護瓠互戽

頀怙估○務霧鶩戊○素訴塑遡泝嗉○暮

慕墓募○路潞鷺輅露賂○故錮固顧雇○

誤悮悟寤惡汙○布怖佈部簿哺捕步○醋

措錯○做祚胙詛○兔吐○怒○鋪○厝○

去○聚○助

入聲作去聲

祿鹿漉麓○木沐穆睦沒牧目鶩○録籙綠

醁陸戮律○物勿○辱褥入○玉獄欲浴郁

育鵒○訥

皆來

平聲

陰

皆堦階喈街偕楷揩○該垓荄陔○哉栽灾

○釵差○台胎駘咍邰○哀埃唉○猜○挨

○衰○偲○歪○開○揩○齋○乖○篩○

揣

陽

來萊騋○鞋諧骸○排牌簰俳○懷淮槐櫰

淶○埋霾○騃皚○孩頦○柴柴豺儕○崖

厓捱○才材財裁纔○臺薹擡儓苔炱籉○

能

入聲作平聲

白帛舶○宅擇澤擇○畫劃

上聲

海醢○騃詒紿○駭蟹○宰載○采彩採寀

綵○靄藹乃毒○奶乃○崽拐夬○凱鎧塏

○揣○擺○矮○解○楷○買○改

入聲作上聲

拍珀魄○策冊柵測跚○伯百栢迫擘檗○

骼革隔格○客刻○責幘摘謫側窄仄昃簀

迮○色穡索○槭○擇○嚇○則

去聲

憊械薤解獬○寨豸瘵債蠆眦○態泰太汰

○蓋丐○艾愛噫餲○拜隘阨搤○柰奈耐

鼐○害亥妎○[illegible]欸怠迨待代袋大黛岱○[illegible]
戒誡廨解界介芥疥届玠犗㓞○外聵○[illegible]
噲塊○在再載○責邁○賴籟瀨賚癩○[illegible]
湃敗憊稗○菜蔡○曬灑煞鎩○賽塞○[illegible]
○壞○慨○派○帥率○濫

入聲作去聲

麥貊陌驀脈○額厄砦輻○搦

真文

平聲

陰

分紛芬氛汾○[illegible]婚葷[illegible]○[illegible]
闉○申紳伸身○嗔瞋○[illegible]詢旬○[illegible]
○暾○諄吨○逡竣○根跟○[illegible]欣忻○[illegible]
熅○真珍振甄○新薪辛○賓[illegible]鑌彬○坤
皲○君麇軍皸均鈞○榛臻○莘詵○薰曛
勳燻熏○鯤鵾棍昆○温瘟○孫飧蓀猻○
尊樽○敦墩墩○奔賁犇○巾斤筋○村○
親○遵○恩○噴○哏○津

陽

隣㷠鱗磷麟粼轔○貧瀕頻蘋顰嚬○民珉
緡旻○人仁○倫綸掄輪淪○裙羣○勤懃
芹○門捫○論崘○文紋聞蚊○銀誾齦垠
寅夤[illegible]鄞○盆湓○陳臣塵娠辰晨宸○[illegible]
蓁[illegible]淳醇錞鶉○巡旬馴循○[illegible]

云紜耘匀員筠○墳焚棼○魂渾○豚
屯飩臀○神○存蹲○痕○紉

上聲

軫疹診稹○肯懇墾齦○緊謹槿巹瑾○隱
引蚓尹○閔憫泯愍敏○准準○刎吻○筍
隼○允殞隕狁○本畚○閫壼悃梱○窘囷
○哂蜃○牝品○狠○不○忍○盾○撙○
損○蠢○忖○粉○穩○衮○蹲○儘

去聲

震陣振賑鎮○信訊迅藎燼○刃訒仞認○
吝悋藺磷○鬢殯臏○胥慎○醖愠運蘊惲
暈韻○盡晉進璡○忿分糞奮○近覲○襯

中原音韻　十二

𢷁○印孕○峻浚殉巽○遜巽○俊駿○舜
順○閏潤○問紊○頓囤鈍遁盾沌○悶懣
○遴倫○訓○鄆○困○噴○釁○論○諢
○寸○恨○嫩○褪○搵諢○趁疢

寒山

平聲

陰

山删潸○丹單殫鄲簞○千竿肝玕乾○安
鞍○姦奸間艱菅○刊看○関綸鰥摜○[illegible]
拴○斑班般扳頒○弯湾○灘攤○番藩翻
轓播藩反○珊跚○攀○慳○赸○餐○
○殷

陽
寒邯韓汗翰○闌蘭攔斕欄攔○還環鬟寰
闤圜鐶○殘戔○閑鷳癇○壇檀彈○煩繁
膰蟠蟠帆樊凡○難○蠻○顔○潺○頑○
上聲
反返坂○散傘糤○晚挽○板鈑○簡揀○
産鏟剗○疃亶○趕稈簳○坦袒○罕○侃
◐懶◐趲○綰○赧○盞琖○眼
去聲
旱悍銲漢翰瀚汗鼾骭○旦誕嘽彈憚但○
萬蔓曼○嘆炭○案桉岸犴肝閈唁○幹榦
○粲燦璨○棧綻組○盼襻○譔饌○涫灪
○慢縵謾○慣丱摜○贊讚濽瓚酇○患幻
宦綄豢○間澗諫覸○訕疝汕○辦瓣扮絆
○飯販畈範泛范犯○限閒莧○雁贗晏鷃
○看○爛○篡○散○難○腕

音韻　十三

桓歡
平聲
陰
官冠棺觀○搬般○歡讙驩貛獾○潘拚○
端耑○剜豌蜿○酸狻○寬○鑽○湍○攛
陽
鑾鑾巒孿灤圝○瞞謾縵漫鞔饅䜴鏝○桓
綄○丸刓岏紈䯈丸巑岏○團摶漙慱○盤
槃瘢磐鬆般鞶盤磻蟠胖弁幣○攢穳
上聲
館管痯琯脘○纂纘穳欑○款○盥澣○滿
懣○暖餪○椀○曈○卵○短
去聲
喚換煥渙緩逭奐○翫玩腕惋○鏝幔漫縵
○竄爨攛躥○斷鍛段○算蒜○判拚○貫
冠觀灌裸罐鸛○半伴拌泮畔絆○鑽○亂
○彖○惋

先天
平聲
陰
先仙蹮鮮○煎湔箋韉濺牋○堅肩甄○顛
瘨巔○鵑涓娟蠲○邊籩邊編鞭鯿○喧暄萱
塡諠○氊鸇饘邅旃栴○氈扇煽○專磚
○千阡芊遷韆○軒掀杴○烟燕胭咽嫣○
牽愆褰騫○篇偏蹁偏翩○淵冤宛鴛鳶蜿
○悛詮筌銓悛朘銓○宣揎瑄○川穿○圈
○天○鐫
陽
連蓮憐○眠綿○然燃○廛躔纏禪蟬○前
錢○田畋闐填鈿○賢絃弦舷懸○玄○延
筵蜒埏蜓緣妍言研焉沿○乾虔○元黿圓
員捐圓圜袁猿轅原嫄源垣鉛鳶湲援○全

音韻　十四

泉○旋還璇○船傳椽○拳顴攉鬈○勝駢
辯便○聯攣○年○涎

上聲

遠阮苑晼○兖偃演堰衍䡾○卷捲○鮮跣
洗銑毨筅獮鮮癬○腆殄沴○𩥇蹇繭筧梘
皷○翦𤼵○撚輾碾讞○輦璉○臠孌○轉囀
轉○貶扁匾牑緶○汚湎黽免冕勉俛眄○
喘舛○闡蒇○典○顯○犬○淺○展○遣
○吮○軟○選○論

去聲

院願愿怨遠援○勸券○見建徤絹件○獻
現憲縣○韅眩絢○電甸甸佃鈿填鬨靛奠

○硯燕嚥讌諺堰緣掾宴彥喭嬿○眷倦圈
綣絹狷罥○面麪○片騙○變便遍徧辮辯
卞汴弁○線羡霰○釧穿串○扇善煽饍禪
繕擅墠單○箭薦荐賤濺餞踐栫○鏇選旋
漩○傳囀轉篆○戰顫纏○譴羶○練煉揀
○戀

蕭豪

平聲

陰

蕭簫瀟蠨蟰綃消銷宵霄硝蛸痟䴛儵○刁
貂琱彫鵰凋○梟鴞囂枵驍歊○梢捎弰筲
㲖髾鞘颾○嬌驕○蕉焦椒燋膲○標膘腰

𤐫杓飈○交蛟咬郊茭鮫膠教○包胞苞○
嘲抓啁○高篙膏羔糕槔皐櫜鼛○刀叨舠
舠○騷搔艘臊繅颾○遭糟○鏖鑣爊○昭
招朝○邀夭訞幺喓腰妖要葽○飄漂○抛
胞脬○條掏饕叨滔韜慆○蹺橇○哮虓烋
嗃詨○敲磽○抄譟○坳凹○蒿薅○燒○
褒○挑○超○鍬○操

陽

豪毫號濠嗥○寮遼僚鷯憀聊○饒橈蕘○
苗描貓○毛髦旄茅蝥貓髦○猱獶鐃呶怓
撓譊○牢勞轑澇醪撈○迢髫蜩調條佻跳
○潮朝韶鼂○遙搖謠瑤飖窰窯陶姚嶢○

樵顦譙○鼇鼇嶅嗷厫敖璈聱獒鰲嚻遨熬𧮂
○喬蕎橋僑翹○爻肴淆殽○袍炮跑鞄匏
咆庖○桃逃咷鼗陶萄綯醄淘濤檮○曹漕
槽嘈螬○瓢薸○巢漅

入聲作平聲

濁濯鐲擢○鐸度踱○薄箔泊博○學鷽○
縛○鶴涸○鑿○鑊○着○芍杓

上聲

小篠謏○皎繳矯撟○裊鳥嫋褭○了瞭燎
麨○杳夭殀窅○遶繞嬈擾○眇渺杪藐淼
○悄愀○寶保堡褓葆○卯昴○狡攪鉸姣
燮絞○老栳獠潦撩橑○腦惱碯嫍○掃嫂

○殍㶑僄剽勡○早棗澡藻蚤璪○倒島擣
禱○杲藁縞鎬鄗槁○襖懊媼○考栲○挑
窕○沼○少○表○巧○曉○飽○爪○炒
○討○草○好○撓○齩○稍○剖○缶

入聲作上聲

角覺脚捔○捉卓琢○斫酌繳灼○爍鑠爍
○鵲雀趞○託拓橐魄飥柝○縩索㩳○郭
廓○朔矟○剝駁○爵○削○柞作鑿○錯
道○閣各○壑熇○綽焯○謔○戳捌

去聲

笑嘯肖鞘○糶眺跳○釣吊寫調掉○豹爆
瀑○抱報暴鮑鞄靤○竈皂造漕懆躁○料

音韻　十七

鐐廖罾療○傲奡鏊○趙兆照旐詔召肇○
少紹邵燒○號皓好昊皡耗浩顥灝○道纛
纛燾盜導悼蹈稻到倒○曜耀燿要鷂○叫
轎嶠○醮噍○糙操造慥○俏峭誚○俵鰾
膘○孝效傚校○窖校教覺珓鉸較酵徼○
罩笊棹○拗靿樂凹○貌冒帽耄眊茂○砲
泡○告誥郜○澇勞嫪○噪燥譟掃○妙廟
○鬧淖○奧懊澳○鈔○竅○溺○哨○覆

入聲作去聲

岳樂藥約躍鑰籥○掿諾○末幕漠寞莫沫
○落絡烙洛酪樂珞○萼鶚鰐惡愕○弱若
箬○略掠○虐瘧

歌戈

平聲

陰

歌哥柯訶○科蝌窠○軻珂○戈過鍋○莎
蓑唆睃梭娑挲○磋蹉蹉瘥鹺槎○他拖佗
詑○阿痾○窩渦倭踒○坡頗○波玻皤番
○呵訶○多○麼

陽

羅蘿籮儸囉鑼螺騾灑攞蠡鸁○摩磨魔劘
醝○挪那梭儺○禾和○何河荷苛渮○駝
紽陀沱跎鮀酡沱鼉䭾○矬痤○哦蛾娥峨
莪䳘俄○婆皤鄱膰○訛鈋

音韻　十八

入聲作平聲

合盒鶴盍○跋魃○縛佛○活鑊○薄箔勃
泊渤○鐸度○濁濯鐲○學○鑿○奪○着
○杓

上聲

鎖瑣𧴿○果裹蜾○裸蓏攞夥㦬○舸哿○
朵趓鬌路髻○娜那○荷歌○可坷軻○頗
叵○坷○跛簸○我○左○妥○火○顆○
嬤○脞

入聲作上聲

葛割鴿閤蛤○鉢撥跋○潑粕鏺○聒括○
渴嵑○濶○撮○掇○脫○抹

去聲

賀荷橨○佐左坐座○舵墮鬌惰剁垛大馱

癉○銼挫剉莝磋○禍貨和○邏囉摞○簸

播譒○磨麼○卧涴○糯懦那柰○箇个○

餓○些○過○課○唾○破○嗑

入聲作去聲

岳樂樂約躍鑰○幕末沫莫寞○諾搦○若

弱蒻○落洛絡酪樂烙○萼鶚鰐惡堊鄂○

略掠○虐瘧

家麻

平聲

陰

家加痂珈笳枷袈迦痂葭豭麚貑佳嘉○巴疤

笆豝芭○蛙洼窪哇媧蝸○沙砂紗鯊裟○

查楂喳吒○撾抓髽○鴉丫呀○叉杈靫差

齇鎈○誇夸○蝦○葩○花○瓜

陽

麻蟆麻摩○譁划華驊○牙芽衙涯衙宜○

霞遐瑕○琶杷爬○茶槎搽○拏○咱

入聲作平聲

達撻踏沓○滑猾○押轄鍘俠峽洽匣祫○

乏伐筏罰○拔○雜○閘

上聲

馬媽○雅瘂○洒[illegible]○[illegible]○[illegible]○寡○

舒把 打擘

[illegible]作上聲

塔獺榻塌○殺霎○劄扎○唖匝○察插鍤

○法發髮○甲胛夾○答嗒踏○颯撒薩

戛○乏○刮○瞎○八○恰掐

去聲

駕嫁稼價架假○凹窊○跨胯髁○亞迓訝

砑婭○汊咤姹詫觰䰩○帕怕○詐乍榨樍

○下芐夏嚇罅暇夏○化畫華鱯樺話○那

罷霸欛靶壩鈀弝○卦掛○厏[illegible]○大○罵

入聲作去聲

臘蠟鑞拉獵辣○納衲○䶬押鴨○揢○襪

○刷

車遮

平聲

陰

嗟罝○奢賒○車○遮○爹○靴○些

陽

爺耶琊鋣呆○斜邪○蛇佘○佅○瘸

入聲作平聲

協穴俠挾纈○傑竭碣○疊迭牒揲喋諜垤

絰凸蝶跌○鐝撅○折舌涉○捷截睫○別

○絕○橛

上聲

野也冶○者赭○寫瀉○捨舍○惹若喏○
捨哆○姐○且
入聲作上聲
屑薛紲泄媟褻爕屧渫○切竊妾沏○結絜
翊頰鋏莢○怯挈篋客○節接揖癤○血歇
嚇蝎○闕缺闋○玦決訣譎蕨鴂○鐵餮帖
貼○瞥撇○鼈別撇○拙輟○輟撤澈掣○
哲褶摺折浙○設攝灄○啜○雪○說
去聲
舍社射麝貰赦○謝卸榭瀉○夜射○柘鷓
炙簾○借藉○趄○僭
入聲作去聲

中原音韻　二十一

捏聶躡鑷嚙臬蘖○滅蔑篾○拽噎謁葉燁
○業鄴額○裂冽獵鬣列○月悅說閱軏越
鉞樾蠘刖○熱○藝○劣

庚青
平聲
陰
京麖庚鶊賡更粳羹耕驚荊經兢矜涇○精
睛晶旌鶄青○生甥笙牲猩○箏爭○丁釘
玎仃○扃坰○征正貞禎徵蒸烝○冰兵栟
○登簦鼟㲪燈○轟薨○憎曾矰罾增○鐺
錚狰琤撐瞠○稱秤赬檉蟶○英瑛鷹應膺
嚶罌嬰鸚鶯纓瓔縈○輕坑卿脛硜罄傾鏗

○馨興○青清鯖○聲升勝昇陞○汀廳聽
鞓鞕○星醒惺鯹腥騂○崩繃○觥肱○甖
○僧○亨○兄○泓○烹
陽
平評苹枰憑凭凴屏瓶俜娉○明盟鵬名銘
鳴冥溟暝螟蓂○靈櫺醽麢令零苓伶聆鈴
齡蛉泠瓴翎鴒陵凌菱綾淩○鵬朋棚○楞
棱○層曾○能獰○藤滕騰縢謄疼○莖恒
○盈贏攍瀛瑩螢營迎蠅凝籝○檠擎鯨黥
勍○行形刑邢桁衡鉶珩硎○情晴睛繒○
亭停婷廷庭蜓霆○瓊煢惸○澄呈程酲成
城宬誠盛承丞懲乘塍○熒瞢○盲氓甍萌

中原音韻　二十二

○橫宏紘閎嶸鈜弘○橙棖棠○榮○寧○
仍○繩○餳
上聲
景儆璟憼頸綆綆梗警境頸耿哽○頃檾○
丙炳邴秉餅屏○惺酩省瘠○影郢潁癭○
省青○礦獷懭○憫冏○艋蜢○整拯○茗
皿酩○騁逞○領嶺○鼎酊頂○艇挺誔町
奸○冷○井○請○等○永○涬
去聲
敬徑俓經鏡獍竟競勁更○映應譍凝硬○
慶罄磬罄磬○命暝○鄧凳蹬隥鐙磴○迥
詷复○倩請○靜淨○正政鄭證○詠瑩○

病並𥶶㸞〇令淩〇塍賸勝乘剩盛〇性姓
〇娉聘〇倖涬寗〇淨靜穽䨴靖凊䝼〇杏
幸倖脛興行〇稱秤〇定錠矴釘訂飣〇贈
〇聽〇迸〇孟〇横〇撐〇亘

尤侯

平聲

陰

啾揫湫〇鵃鬮〇搜颼〇鄒諏緅陬騶緅〇
休咻貅庥〇謳鷗漚甌歐區〇鈎勾篝溝鞲
緱〇兜篼〇秋鰍鞧楸鶖鶩〇憂幽優櫌麀
〇脩修羞饈〇抽瘳〇周賙啁週洲州舟輈
〇丘坵〇偷婾鍮〇篘搊〇溲鎪餿〇彪〇

音韻 二十三

收〇齁〇摳

陽

尤蚰疣訧遊游蝣由油郵牛庮猷蕕輶猶蝣
蕕楢悠攸〇侯猴喉餱篌〇劉留遛瘤榴鶹
騮流旒〇柔揉鍒蹂鞣〇抔裒〇繆矛眸鍪
蝥牟𤘘侔〇樓婁艛耬髏僂〇囚泅〇紬裯
綢犨雔酬籌儔躊疇惆〇求賕銶毬逑球俅
仇㺜裒虬〇酋遒〇頭投骰〇愁

入聲作平聲

軸逐〇熟

上聲

有酉牖莠友誘羑黝〇柳罶飀〇扭狃紐鈕
杻〇丑醜〇九韭久玖糾灸疚〇首手守〇
叟瞍藪〇斗枓蚪陡抖〇狗垢茍耇枸〇藕
耦偶嘔毆〇摟塿簍〇肘箒酎〇朽〇酒〇
拉〇剖〇吼〇走〇否〇搙〇口〇𠍼〇䏲

入聲作上聲

竹燭粥〇宿

去聲

又右佑祐狖宥袖幼囿侑〇晝呪胄紂宙籀
味〇臼舅舊臼救柩廐究〇受授綬壽獸首
舊狩〇秀岫袖綉琇宿〇嗽漱〇皺縐〇溜
霤留餾鎦廇瀏窌〇扣寇蔻〇后逅候堠後
孚〇就鷲〇豆脰竇鬬逗〇構遘媾購姤彀

音韻 二十四

詬勾〇湊輳甃〇漏陋鏤瘻〇謬繆〇臭〇
嗅〇瘦〇僽〇耨〇奏〇透〇貿楙

入聲作去聲

肉褥〇六

侵尋

平聲

陰

針斟箴砧椹鱵鍼〇金今衿襟禁〇駸綅浸
祲〇深蔘〇簪鮮〇森槮參〇琛綝郴〇音
瘖陰喑〇心杺〇欽衾嶔〇侵〇歆

陽

林淋琳痳霖臨淋箖〇壬任紝鵀〇尋潯

鐔燖蟫○吟崟嶔○琴芩禽擒檎噙○岑梣鐕涔○沉霃鈂湛○忱堪

上聲

稟懍凜○稔飪淰袵荏○審嬸沈瞫○錦噤○磣墋瘮○枕○飲○怎○寢

去聲

朕沈鴆枕○甚葚○任衽紝妊○禁噤襟衿○蔭癊窨飲○沁○浸祲○臨淋○滲罧○讖○譖○賃○啉○唔

監咸

平聲

陰

菴庵鶕醃唵諳○擔耼儋甔湛酖耽○監緘械○堪龕戡弇○三毿毶○甘柑疳泔○杉衫○貪探○参驂○憨酣○簪篸參膳鐕○嵌○鵮○詀喃○涔○攙

陽

南諵喃楠男○咸醎諴函銜啣○婪嵐籃藍監嵐○覃潭談郯譚燂潭曇痰○蠶慚○含涵邯○饞巉饞鑱劖巉○巖岩○嵁

上聲

感鱤噉敢○覽攬欖爦○膽澹紞○慘黲○揞晻黤○喊撖○毯禫倓菑窞○減鹻○坎○砍○昝歜○俺○槮○黯○斬○嵰

去聲

勘磡○顉淦紺○摵撼頷琀菡唅○淡啖惔○擔○轞檻艦餡陷○濫醶爦欖○瞰嵌闞○離站賺湛○鑑監○暫鏨歁揩○暗闇○三○探○渰○慘○轞

廉纖

平聲

陰

蟾詹占粘沾霑○兼縑鶼鰜○淹腌醃稖閹○獻爦○纖銛憸暹韱○僉韯籤○襜譫覘○杴忺○尖漸殲○掂○苫○謙○添

陽

廉簾臁奩匲帘○鮎黏拈○撏燖○鈐鉗黔○蟾憺○壛炎閻簷嚴○甜恬○髯○潛○嬚

上聲

掩黶黶埯奄晻崦琰剡○檢鎌臉○歛臉○染苒冉○閃陝○忝舔○險譣○颭○點○

諂

去聲

豔焰厭饜驗灩釅爓○贍苫○欠芡歉○玷店凳墊○瀲斂稔○念艌○劍儉○僭漸○塹茜塹○染○占○譫

中原音韻終

中原音韻正語作詞起例

一音韻不能盡收廣韻、如崆峒之崆、要鷥之要、倥傯之倥、鵓鴿之鵓字之類、皆不可施於詞之韻脚、毋譏其不備、

一龐涓呼為龐、堅泉堅堅而始流、可乎、陶淵明呼為陶、烟明魚躍丁烟、可乎、一堆兒為一醉平聲兒、捲起千醉平聲塞、可乎、羊尾子為羊椅子、吴頭楚椅、可乎、來也未為來也、異辰巳年異、可乎、此類未能從命、以待士夫之辨、

一余與清原曾玄隱言世之有呼屈原之屈為屈伸之屈字同音非也、因注其韻、玄隱曰、嘗聞前輩有一對句可正之、投水屈原終是屈、殺人曾子又何曾、明矣、

一平上去入四聲、音韻無入聲、派入平上去三聲、前輩佳作中間備載明白、但未有以集之者、今撮其同聲、或有未當、與我同志改而正諸、

一入聲派入平上去三聲者、以廣其押韻、為作詞而設耳、然呼吸言語之間、還有入聲之別、

一入聲派入平上去三聲、如鞞字、次本韻後、使黑白分明、以別本聲外來、庶使學者有才者本韻自足矣、

一平聲如尤侯韻浮字、否字、阜字等類、亦如字收入各韻平上去字下、以別本聲外來、其不[illegible][illegible][illegible]

一中原音韻的本內、平聲陰如此字、陽如此字、蕭存存欲鋟梓以啓後學、值其早逝、泰定甲子以後、嘗寫數十本散之江湖、其韻內平聲陰如此字、陽如此字、陰陽如此字、夫一字不屬陰則屬陽、不屬陽則屬陰、豈有一字而屬陰又屬陽也哉、此蓋傳寫之謬、今既的本刊行、或有得余墨本者、幸毋譏其前後不一、

一分別陰陽二義、熟看諸序、

一東鍾韻三聲內轟字、許與庚青韻出入通押、

一音韻內每空是一音、以易識字為頭、止依頭一字呼吸、更不別立切脚、

一漢書東方朔滑稽、滑字讀為骨、金日磾日字讀為密、諸韻皆不載、亦不敢擅收、況不可押於韻脚、姑録以辨其字音耳、

一漢書曹大家之家字讀為姑、可押、然諸韻不載、亦不敢擅收、附此以備採取、

一廣韻入聲緝至乏、中原音韻無合口、派入三聲亦然、切不可開合同押、陽春白雪集水仙子壽陽宮額得魁名、南浦西湖分外清、橫斜踈影窗間印、惹詩人說到今、萬花中先綻瓊英、自古詩人愛、騎驢踏雪尋、凍在前村、開合同押、用了三韻、大可笑焉、詞之法度全不知、妄亂編集板行、其不恥者如是、作者緊戒、

一逐一字解註中原音韻見行刊雕

一齊微韻璽字前輩剛王奔傳奇與支思韻通押、

一有客謂世有稱往爲網桂爲寄姜爲選到爲豆叢爲從此乃與稱陶淵明之淵字爲烟字之所同也、

一亳州友人孫德卿長於隱語謂中原音韻三聲乃四海所同者不獨正語作詞夫曹娥義社天下一家雖有謎韻學者反被其誤半是南方之音不能施於四方非一家之義今之所編四海同音何所往而不可也詩禪得之字字皆可爲法余曰嘗有此恨切謂言語既

正謎字亦正矣從葺音韻以來每與同志包猜用此爲則平上去本聲則可但入聲作三聲如平聲伏與扶上聲拂與斧去聲屋與誤字之類俱同聲則不可何也入聲作三聲者廣其押韻爲作詞而設耳毋以此爲比當以呼吸言語還有入聲之別而辨之可也德卿曰然

一歡娛之娛讀廣韻四海之人皆讀爲吳提撕之撕讀廣韻四海之人皆讀爲斯有誚之者謂讀白字依其邊傍字音也犂牛之子騂且角之騂字廣韻息營切而讀爲辛却依其邊傍字音誚之者而不誚之盖知其彼之誤而不

之謬前[illegible]象形江河諧聲止戈爲武如此[illegible]二字依傍有吳斯讀之又何害於義理豈不長於傍是辛而讀爲星字之音乎、

一余嘗於天下都會之所聞人間通濟之言世之泥古非今不達時變者衆呼吸之間動引廣韻爲證寧甘受鴂舌之誚而不悔亦不思混一日久四海同音上自縉紳講論治道及國語翻譯國學教授言語下至訟庭理民莫非中原之音不爾止依廣韻呼吸上去入聲姑置未暇殫述略舉平聲如靴許戈切在戈韻車邪遮嗟却在麻韻靴不協車車却協麻元

喧鴛言褰焉俱不協先却與魂痕同押煩翻不協寒山亦與魂痕同押靴與戈車與麻元與煩頓與魂其音何以相着佳街同音與皆同押不協咍咍却與灰同押灰不協揮杯不協碑梅不協纍雷不協羸必呼梅爲埋雷爲來方與咍協如此呼吸非鴂舌而何不獨中原盡使天下之人俱爲閩海之音可乎切聞大學中庸乃禮記中語程子取爲二經定其闕疑如在親民之親字當作新字之類是也聖經尚然況於韻乎合於四海同音分豁而歸併之與堅守廣韻方音之徒轉其喉舌換其齒牙使執而[illegible]者爲之[illegible]皆爲通

儒道聽塗説輕浮市㕓之子悉為才子矣

曰若非諸賢公論如此區區獨力何以争之

一依後項呼吸之法庶無之知不辨王楊不分

及諸方語之病矣

東鍾

宗有蹤　松有鬆　龍有籠　濃有膿

朧有攏　送有訟　從有綜

江陽

釭有釭　桑有双　倉有窻　糠有腔

贓有粧　楊有王　杭有降　強有狂

藏有床　磉有爽　綱有往　讓有釀

莽有狀　唱有犬　胖有傍

支思

絲有師　死有史

齊微

知有之　癡有眵　耻有齒　世有市

智有志（以上三韻係與支思分別）　篦有杯　紕有經

迷有梅　脾有裴　米有美　妣有彼

謎有媚　閉有避（以上三聲本韻自相分別）

魚模

蘇有疎　粗有初　吳有胡　殂有雛

祖有阻　櫓有弩　素有數　措有助

皆來

猜有差　灾有齋　才有柴　孩有鞋

海有駭　揉有揣　凱有楷　太有汰

捱有艾　賽有曬

真文（與庚青分別）

真有貞　因有英　申有升　嗔有稱

欣有興　新有星　賓有氷　君有扃

榛有箏　莘有生　薰有兄　鯤有觥

溫有泓　奔有崩　巾有驚　親有青

恩有甖　噴有烹　哏有亨　津有精

昏有轟　隣有靈　貧有平　民有明

仁有仍　裙有瓊　勤有擎　門有萌

銀有嬴　盆有棚　塵有成　秦有情

雲有縈　神有繩　痕有莖　紉有寧

魂有橫　緊有景　引有影　衮有礦

窘有炯　軫有整　閔有茗　儘有井

允有永　敬有近　印有暎　訓有迥

鎮有正　運有詠　鬢有病　吝有另

慎有聖　信有性　盡有淨　釁有興

趂有秤　迸有逬　悶有孟　混有横

襯有撑

寒山

珊有山　殘有潺　攢有盞　散有疝

桓歡

完有岏　官有關　慢有幔　患有緩

慣有貫

先天　年有妍　碾有輦　羨有旋

蕭豪　包有褒　飽有保　爆有抱　造有造（上音皂 下音操）

歌戈　鶩有訛　和有何　過有箇　薄有箔

家麻　查有咱　馬有麽　罷有怕

車遮　爺有衙　也有雅　夜有亞

庚青與真文分別

尤侯　溲有搜　走有棷　叟有擻　嗽有瘦

奏有皺

侵尋　針有真　金有斤　侵有親　深有申

森有莘　琛有嗔　音有因　心有辛

歆有欣　林有隣　壬有人　尋有信

吟有寅　琴有勤　沈有陳　忱有神

稔有忍　審有哂　甚有腎　枕有稹

飲有引　朕有鎮　甚有腎　任有認

禁有近　蔭有印　沁有信　浸有進

監咸　緘有姦　[illegible]有潺　[illegible]

貪有灘　酣有鼾　喃有難　咸有閑

藍有闌　談有壇　岩有顏　感有捍

覽有懶　膽有癉　毯有坦　減有簡

坎有侃　斬有盞　勘有看　淦有幹

憾有漢　淡有旦　陷有限　濫有爛

賺有綻　鑑有澗　暗有按　探有炭

廉纖　詹有氈　兼有堅　淹有烟　纖有先

僉有千　忺有掀　尖有煎　拈有顛

謙有牽　添有天　撏有涎　鉗有虔

簾有連　粘有年　甜有田　鬑有然

蟾有纏　鹽有延　潛有前　嫌有賢

臉有輦　染有燃　掩有偃　撿有蹇

險有顯　颭有展　閃有譱　忝有腆

點有典　諂有闡　豔有硯　欠有搴

店有鈿　念有年　㓤劍有見　僭有箭

塹有倩　占有戰

看岳王傳

披文握武建中興廟宇、載青史圖書、功成却被權

臣妬、正落奸謀閃殺人望旌節中原士夫、悮殺

人棄丘陵南渡、鑾輿錢塘路愁風愁雨、長是洒

西湖

韓世忠

安危屬君立勤王志節比翊漢功勲蔵機料敵
存威信際會風雲似恁地盡忠勇臣若報本也
淵得坐都堂秉笏垂紳閑評論中興宰臣萬古
排清分
悮國賊秦檜
官居極品欺天悮主賤土輕民把一塲和議為
公論妬害功臣通賊虜懐奸誑君那些兒立朝
堂仗義依仁英雄恨使飛雲幸存那裏有南北
二朝分
張俊
謀淵畧廣論兵用武立國安邦佐中興一代賢
明將怎生來險幸如狼蓄禍心奸私放黨附權

音韻 三十五

臣構陷忠良朝堂上把一箇精忠岳王屈死葬
錢塘
一泰定甲子秋復聞前章餘論四海之人皆稱
父（去聲）母（讀為姥）廣韻父（扶雨切上聲）母（在有韻）婦（亦在有韻）
卦（古賣切）與恠通副富（敷救切）道士呼為討死
之類猶平聲之所論也入聲以平聲次第調
之互有可調之音且以開口陌以唐内盲至
德以登五韻閉口緝以侵至乏以凡九韻逐
一字調平上去入必須極力念之悉如今之
搬演南宋戲文唱念聲腔玫自漢魏無製韻
者按南北朝史南朝吳晉宋齊梁陳建都金
陵齊史沈約字休文吳興人將平上去入

韻任齊為太子家令梁武時為尚書僕射詳
約製韻之意寧忍弱其本朝而以敵國中原
之音為正耶不取所都之内通言却以所生
吳興之音蓋其地隣東南海角閩浙之音無
疑故有前病且六朝所都江淮之間緝至乏
俱無閉口獨浙有也以此論之止可施於約
之鄉里矣又以史言之約才如此齊為史職
梁為大臣孰不行其聲韻也歴陳陳亡流入
中原自隋至宋國有中原才爵如約者何限
惜無有以辨約之韻乃閩浙之音而製中原
之韻者嗚呼年年依様畫葫蘆耳南宋都杭
吳興與切隣故其戲文如樂昌分鏡等類唱

音韻 三十六

念呼吸皆如約韻昔陳之後庭花曲未必無
此聲也總亡國之音奚足為明世法惟我
聖朝興自北方五十餘年言語之間必以中
原之音為正鼓舞歌頌治世之音始自太保
劉公牧菴姚公疎齋盧公輩自成一家今之
所編得非其意乎彼之沈約不忍弱者私意
也且一方之語雖渠之南朝亦不可行況四
海乎予生當混一之盛時耻為亡國搬戲之
呼吸以中原為則而又取四海同音而編之
實天下之公論也余曰晦菴有云世無魯連
子千載徒悲傷信矣

明古宗叢

東鍾
菄東　㚵冬　䓗芎　仝同　戎戎　蠑螽　㟝崇　崧嵩
鬆鬆　箓松　農　䢋並農　䁟庸　坓封　龔龔　𦏁羊
逢蜂　颿風　㐫凶　憁總　龏拱　內兄　恴勇　忈恐
𨔝動　綳鳳　𥡴夢

江陽
兊光　㾜贓　畨邦　瓨缸　䞶腔　暘場　燊亮　疆壃
畱疆　囊攘　創瘡　罛喪　對剛　䟫缺　暘　駫並廣　网
兩　亯享　驚鷩　网網　宔調　朖　誏並朗　瘬脹　瘴障
牆　壃並醬　嬪曠

支思
㞢之　旹時　恖思　怶　眂並視　攱豉　𢪀　竢俟　𡀔

刵　丣三　並四　䝱廸

齊微
䄬移　𪏭奄　𡍮垂　闚窺　𢡮　𠫸　㝐並宜　㚇並奚
𪚥龜　蟻儀　𡕟夔　𥆧眉　瀿渭　𣦵丕　岥紕　棋碁
𤸍啼　卤西　霻雷　積頪　㠯以　譗稽　𥗉磊　𥏊
臯昨　䢄誼　䈌智　𨐠魅　𤎗吹　𥝍穗　𥍹喟　𡰪
並地　豑驥　閇閉　旡炁氣　䙀替　𤰞羿　𠚍世　𨑔退　並退
𧜂　弋一　𥠑𥠖並栗　𧷤音　埊赤　席斥　㪿折　篴
笛　𡧬寂　𤸍剔　𩕭並翼　閪闃　剔劃並劇　𨓏及　湯
逖　戠植

魚模
仔好　𥼶　𪉚　伎扶　𢻹奴　𠃏手　𠯑　𠁽

晦畝　䲣　𪐴　𪘲　𡮪　墍　妒　褰　迴
悑　屋屋　毛秃　豚　𡈼　𤗓　𢾈服　僮　𠥫
匜並凤　𦼮　𤫷　𥻜

皆來
䪂埋　𦱪　𧂐　戠　𥠑並　殆胎　捭　囚丙　㩓
𤣶並　𢞶　𦤩　𤫦　𠏉　㠈迫　庑宅　𧖴脉
𥳑　𡲾

真文
䩴茵　寴親　𢗋吽　賔賓　𤼽　𩈋　敶陳　𩐚
𧄼蘋　𥨹　贫　匊　甸　𣏣　𩠾　𧕵
㹿　笱　𤍍　𤇡　𧶽

寒山
𩛩看　韓　𩦰　𩀨　𩀸　𠛬　𣀔　組綻
𢶟散

桓歡
𨅻　𥷑　𡆐　𤨖　𨋰　𥷓　𥊬　𠦃
貫　𣵀　𤧘

先天
旡　𢦔　𤗾　𥍷　𡨵　𩐯　𣻝　𧍸
𦅄

蕭豪
𪏭　𥿑　𩞲　𢀋　𩩇　𢏕　𥟇　𤸍
衜道　𧨼　𢽾　䣉

歌戈

𢱧梭 謅訛 䯁髏 龢和 皾播 礦磨 坐坐 盋鉢

羐李 𣁽渴

家麻

誇 搽茶 邁並遏 瘕瘥 冎剮 擠拉 灋法 鏈

車遮

蔑 蒥 撻野 鐵鐵 餮饕 㓫列 惁 詰言 詰並音

雪 昇 厥 叶協 蝶蝶

庚青

鞕梗 硱 阬並坑 黃 盟盟 鎗鐺 往

㓷剝 錫 盯 嶸 眗 脛 鑄 擩 瑷

延 征 星星 鮏 鯹 霒 雾 汫 同 發 澄 滕

凌 恒 陵菱 蔆 儆警 鈔鏡 頓項 湏頂

奔幸 鞕硬 瀞淨 㲉磬 醽 鬻並甑

尤侯

㳅流 逰遊 揂抽 坵丘 家求 厌侯 鋀鍮 杅杻

首首 丣酉 㕍誘 漚藕 叜叟 呴吽並吼 垕厚 草

匱柩 鬮鬪 攜並鏲 復復 窗岫 逡後

侵尋

沈沈 捦並擒 黔吟 祫襟 參參 蕿參 歆欽 㐭

廩 鯸朕 稽蔭

監咸

拇 諵喃 弎三 皚 㪉 攬 蹔暫

纖

黏粘 箝鉗 猒饜 諂 豔艷 爓焰

一略舉釋疑字樣

閼氏 音烟支　可汗 音克寒　冒頓 音墨特

魯般 下音班　樊於期 於音烏　嫪毐 音澇靄

角里先生 角音鹿　酈食其 音曆異機　寧馨兒 寧去聲

万俟卨 音木奇屑　僕射 下音夜　姑射 下音益

無射 下音益　龜茲 音丘慈國名　番禺 音潘愚縣名

牂牁 音臧哥郡名　滹沱 音呼駝河名　疆埸 下音益

盟津 上音孟　國土 下音度　陶甄 音陶真

蹭蹬 下音鄧　枹鼓 上音敷　琅邪 下音耶郡名

邪谷 上音斜　綸巾 綸音關二音皆可　犧樽 上音梭

率更 上音律　盤飧 下音孫熟食也　矛盾 食尹切

黃龍 上奴來切三足鼈　委蛇 音威移　彳亍 音躑躅小步也

朝請 上音潮漢官名春曰朝秋曰請　欸乃 音襖靄櫂歌　於戲 音烏呼嘆辭

尸解 下音蟹　衆生 上音中釋經　宿留 音秀溜

般若 音鉢惹釋經　隱几 隱去聲　句讀 下音豆

落魄 下音托　野燒 燒去聲

閣閣 上音閣下音格名天祿石渠諸閣之類

雨木冰 雨去聲　俊 與倩通　遠 去聲遠害全身遠市朝

涯 音牙詩押涯移詩押　些 息个切楚辭

秩 音軼祿也　造 二音造作之造造次之造

扁 音騈鬥也　殼 烏關切赤黑色　溺 奴料切尿也溺儒

聞 去聲聞于天　臨 去聲哭也　蠡 單于傳有谷蠡王蠡音鹿又音螺瓢也

臉 挑臉俗臉則呼為臉若呼　大 大都大不可

樂府共三百三十五章（自軒轅制律一十七宮調今之所傳者一十有二）

黃鍾二十四章

醉花陰　喜遷鶯　出隊子
刮地風　四門子　水仙子
寨兒令　神仗兒（亦作煞）　節節高
者刺古　願成雙　賀聖朝
紅錦袍（即紅衲襖）　晝夜樂　人月圓
綵樓春（即抛毬樂）　侍香金童　降黃龍袞
雙鳳翹（即女冠子）　傾盃序　文如錦
九條龍　興隆引　尾聲

正宮二十五章

端正好　袞繡毬（亦作子母調）　倘秀才（亦作子母調）

靈壽杖（即呆骨朵）　叨叨令　塞鴻秋
脫布衫　小梁州　醉太平
伴讀書（即村裏秀才）　笑和尚　白鶴子
雙鴛鴦　貨郎兒（轉入南呂調）　蠻姑兒
窮河西　芙蓉花　菩薩蠻
黑漆弩（即學士吟，又名鸚鵡曲）　月照庭　六么遍（即柳青娘）
甘草子　三煞　啄木兒煞（亦入中呂）
煞尾

大石調二十一章

六國朝　歸塞北（即望江南）　卜金錢（即初問口）
怨別離　鴈過南樓　催花樂（即擂鼓體）
淨瓶兒　念奴嬌　喜秋風

好觀音（亦作煞）　青杏子　蒙童兒（即憨郭郎）
還京樂　荼蘼香　催拍子
陽關三疊　驀山溪　初生月兒
百字令　玉翼蟬煞　隨煞

小石調五章

青杏兒（即青杏子，亦入大石調）　天上謠　惱煞人
伊州遍　尾聲

仙呂四十二章

端正好（楔兒）　賞花時　八聲甘州
點絳唇　混江龍　油葫蘆
天下樂　那吒令　鵲踏枝
寄生草　六么序　醉中天

金盞兒（即醉金盞）　醉扶歸　憶王孫
一半兒　瑞鶴仙　憶帝京
村裏迓古　元和令　上馬嬌
游四門　勝葫蘆　後庭花煞（亦作）
柳葉兒　青哥兒　翠裙腰
六么令　上京馬　祅神急
大安樂　綠窗愁　穿窗月
四季花　鴈兒　玉花秋
三番玉樓人（亦入越調）　錦橙梅　雙鴈子
太常引　柳外樓　賺煞尾

中呂三十二章

粉蝶兒　叫聲　醉春風

迎仙客　紅繡鞋（即朱履曲）　普天樂
醉高歌　喜春來（即陽春曲）　石榴花
鬪鵪鶉　上小樓　滿庭芳
十二月　堯民歌　快活三
鮑老兒　古鮑老　紅芍藥
剔銀燈　蔓菁菜　柳青娘
道和　朝天子（即謁金門）　四邊靜
齊天樂　紅衫兒　蘇武持節（即山坡裏羊）
賣花聲（即昇平樂 亦作煞）　四換頭　攤破喜春來
喬捉蛇　煞尾

南呂二十一章

一枝花（即占春魁）　梁州第七　隔尾

〈音韻　平三〉

牧羊關　菩薩梁州　玄鶴鳴（即哭皇天）
烏夜啼　罵玉郎　感皇恩
揀茶歌（即楚江秋）　賀新郎　梧桐樹
紅芍藥　四塊玉　草池春（即鬪蝦蟆）
鵪鶉兒　閱金經（即金字經）　翠盤秋（亦入中呂 即乾荷葉）
玉交枝　煞　黃鍾尾

雙調一百章

新水令　駐馬聽　喬牌兒
沉醉東風　步步嬌（即潘妃曲）　夜行船
銀漢浮槎（即喬木查）　慶宣和　五供養
月上海棠　慶東原　撥不斷（即續斷絃）
攪箏琶　落梅風（即壽陽曲）　風入松

萬花方三臺　鴈兒落（即平沙落鴈）　德勝令（即陣陣贏 凱歌回）
水仙子（即凌波仙 湘妃怨 馮夷曲）　大德歌　鎮江迴
殿前歡（即小婦孩兒 鳳將雛）　滴滴金（即甜水令）　折桂令（即秋風第一枝 天香引 蟾宮曲 步蟾宮）
清江引　春閨怨　牡丹春
漢江秋（即荊襄怨）　小將軍　慶豐年
太清歌　小陽關　搗練子（即胡搗練）
秋蓮曲　掛玉鉤序　荊山玉（即側磚兒）
竹枝歌　沽美酒（即瓊林宴）　太平令
快活年　亂柳葉　豆葉黃
川撥棹　七弟兄　梅花酒
收江南　掛玉鉤（即掛搭沽）　早鄉詞
石竹子　山石榴　醉娘子（即醉也摩挲）

〈廿韻　四十四〉

駙馬還朝（即相公愛）　胡十八　一錠銀
阿納忽　小拜門（即不拜門）　慢金盞（即金盞兒）
大拜門　也不羅（即野落索）　小喜人心
風流體　古都白　唐兀歹
河西水仙子　華嚴讚　行香子
錦上花　碧玉簫　袄神急
驟雨打新荷　駐馬聽近　金娥神曲
神曲纏　德勝樂　大德樂
楚天遙　天仙令　新時令
阿忽令　山丹花　十棒鼓
殿前喜　播海令　大喜人心
醉春風　間金四塊玉　減字木蘭花

高過金盞兒　對玉環　青玉案
魚遊春水　秋江送　枳郎兒
河西六娘子　皂旗兒　本調煞
鴛鴦煞　離亭宴帶歇指煞
收尾　離亭宴煞
越調三十五章
鬪鵪鶉　紫花兒序　金蕉葉
小桃紅　踏陣馬　天淨紗
調笑令（即含笑花）　禿廝兒（即小沙門）　聖藥王
麻郎兒　東原樂　絡絲娘
送遠行　綿搭絮　拙魯速
雪裏梅　古竹馬　鄆州春

眉兒彎　酒旗兒　青山口
寨兒令（即柳營曲）　黃薔薇　慶元貞
三臺印（即鬼三台）　凭闌人　耍三台
梅花引　看花回　南鄉子
糖多令　雪中梅　小絡絲娘
煞　尾聲
商調十六章
集賢賓　逍遙樂　上京馬
梧葉兒（即知秋令）　金菊香　醋葫蘆
掛金索　浪來裏（亦作煞）　雙鴈兒
望遠行　鳳鸞吟　玉抱肚（亦入双調）
秦樓月　桃花娘　高平煞

尾聲
商角調六章
黃鶯兒　踏莎行　盖天旗
垂絲釣　應天長　尾聲
般涉調八章
哨遍　臉兒紅（即麻婆子）　牆頭花
瑤臺月　急曲子（即促拍令）　耍孩兒（即魔合羅）
煞　尾聲（與中呂尾聲同）
名同音律不同者一十六章
黃鍾（水仙子）　雙調（水仙子）　黃鍾（寨兒令）
越調（寨兒令）　仙呂（端正好）　正宮（端正好）
仙呂（袄神急）　雙調（袄神急）　仙呂（上京馬）

商調（上京馬）　中呂（鬪鵪鶉）　越調（鬪鵪鶉）
中呂（紅芍藥）　南呂（紅芍藥）　中呂（醉春風）
雙調（醉春風）
句字不拘可以增損者一十四章
正宮
端正好　貨郎兒　煞尾
仙呂
混江龍　後庭花　青哥兒
南呂
草池春　鵪鶉兒　黃鍾尾
中呂
道和

[illegible]令　[illegible]令　[illegible]花酒
尾聲

大凡聲音各應於律呂分於六宮十一調共計
十七宮調

仙呂調清新綿邈　南呂宮感嘆傷悲
中呂宮高下閃賺　黃鍾宮富貴纏綿
正宮惆悵雄壯　道宮飄逸清幽
大石風流醞藉　小石旖旎嫵媚
高平條物滉漾　般涉拾掇坑塹
歇指急併虛歇　商角悲傷宛轉
雙調健捷激裊　商調悽愴怨慕

角調嗚咽悠揚　宮調典雅沉重
越調陶寫冷笑

有子母調有字多聲少有聲多字少所謂一串驪珠也

凡作樂府古人云有文章者謂之樂府如無文飾者謂之俚歌不可與樂府共論也又云作樂府切忌有傷於音律且如女真風流體等樂章皆以女真人音聲歌之雖字有舛訛不傷於音律者不為害也大抵先要明腔後要識譜審其音而作之庶無劣調之失而知韻造語用事用字之法名人詞調可為式者并列于後

一作詞十法

知韻 無入聲止有平上去三聲

平聲 有陰有陽入聲作平聲俱屬陽

上聲 無陰無陽入聲作上聲亦然

去聲 無陰無陽入聲作去聲亦然

造語

可作

樂府語　經史語　天下通語

未造其語先立其意語意俱高為上短章辭既簡意欲盡長篇要腰腹飽滿首尾相救造語必俊用字必熟太文則迂不文則俗文而不文俗而不俗要聳觀又聳聽格調高音律好襯字無平仄穩

不可作

俗語　蠻語　謔語　嗑語

市語　方語 各處鄉談也

書生語 書之紙上詳解方曉歌則莫知所云

譏誚語 譏刺古有之不可直述諷一景託一物可也

全句語

短章樂府務頭上不可多用全句還是自立一家言語為上全句語者惟傳奇中務頭上用此法耳

构肆語

不必要上紙但只要好聽俗語謔語市語

皆可、前輩云、街市小令、唱尖新茜意、成文
章曰樂府是也、樂府小令兩途、樂府語可
入小令、小令語不可入樂府、

張打油語

吉安龍泉縣水淬米倉、有于志能號無心
者、欲縣官利塞其口、作水仙子示人、自謂
得意、末句云、孚難道水米無交、觀其全集、
自名之曰樂府、殊皆此類、士大夫評之曰、
此乃張打油乞化出門語也、敢曰樂府、作
者當以為戒、

雙聲疊韻語

如故國觀光君未歸是也、夫樂府貴在音
律瀏亮、何乃反入艱難之鄉、此体不可無、
亦不可專意作而歌之、但可拘肆中白念
耳、

六字三韻語

前輩周公攝政傳奇太平令、云口來、豁開
兩腮、西廂記麻郎么云忽聽、一聲猛驚、本
宮始終不同韻、腳俱用平聲、若雜一上聲、
便屬第二著、皆於務頭上使、近有折桂令、
皆二字一韻、不分務頭、亦不能喝采、全淳
則已、若不淳、則句句急口令矣、所謂畫虎
不成反類犬也、殊不知前輩止於全篇中
務頭上使、以別精粗、如衆星中顯一月之

孤明也、可與識者道、

語病

如達不着主母機、有咎之曰燒公鴨、亦可、

語澀

似此之類切忌、

句生硬而平仄不好、

語粗

無細膩俊美之言、

語嫩

謂其言太弱、既庸且腐、又不切當、鄙猥小
家、而無大氣象也、

用事

明事隱使、隱事明使、

用字

切不可用

生硬字　太文字　太俗字

襯墊字、套數中可摘為樂府者能幾、每調
多則無十二三句、每句七字而止、却用
襯字加倍、則剌眼矣、倘有人作出協音
俊語、無此節病、我不及矣、緊戒勿言、安
亂板行、塞鴻秋末句本七字、有云今日
箇病懨懨剛寫下兩箇相思字、却十四
字矣、此何等句法、而又託名於時賢、没
興遭此誚謗、無為雪冤者、已辨於序、

入聲作平聲施於句中不可不謹皆不能正其音

澤國江山入戰圖 第一澤字無害

紅白花開烟雨中 第二白字

瘦馬獨行真可哀 第三獨字若施於仄仄平平仄仄平平之句則可施於他調皆不可

入生七十古來稀 第四十字

點溪荷葉疊青錢 第五疊字

劉項元來不讀書 第六讀字

鳳凰不共雞爭食 第七食字

陰陽

用陰字法

點絳唇首句韻脚必用陰字試以天地玄黃為句歌之則歌黃字為荒字非也若以宇宙洪荒為句協矣蓋荒字屬陰黃字屬陽也

用陽字法

寄生草末句七字內第五字必用陽字以歸來飽飯黃昏後為句歌之協矣若以昏黃後歌之則歌昏字為渾字非也蓋黃字屬陽昏字屬陰也

務頭

要知某調某句某字是務頭可施俊語於其上後註於定格各調內

對偶

逢對必對自然之理人皆知

扇面對

調笑令 第四句對第六句第五句對第七句

重疊對

駐馬聽 起四句是也

救尾對

鬼三臺 第一句對第二句第四句對第五句第七句第二第三句却對第四第五第六句是也

紅繡鞋 第四句第五句第六句為三對

塞兒令 第九句第十句十一句為三對

二調若其末句稍弱即以此法救之

末句

詩頭曲尾是也如得好句其句意盡可為末句前輩已有某調末句是平煞某調末句是上煞某調末句是去煞照依後項用之

夫平仄者平者平聲仄者上去聲也務云上者必要上去者必要去上去者必要上去去上上者必要去上仄仄者上去去皆可上上去去若得廻避尤妙若是去且熟亦無害

去上 慶宣和 也不可上平去平屬第二着

仄平平 鴈兒落

平去平 漢東山 第三着去上屬

山坡羊 四塊玉

仄仄平平
折桂令　水仙子　殿前歡
喬木查　普天樂
平平去上
醉太平
仄仄仄平平
金盞兒　賀新郎　喜春来
滿庭芳　小桃紅　塞兒令
小梁州　賞花時
平平上去平　仄平平平去平亦可
呆古朵　牧羊關　德勝令
仄平平去平

喬牌兒
上平平去平
凭闌人
仄平平去上
紅繡鞋　黄鍾尾
仄仄平平去上声属第二着
醉扶歸　迎仙客　朝天子
快活三　四換頭　慶東原
笑和尚　白鶴子　堯民歌
碧玉簫　端正好　步步嬌
仄仄仄平平
新水令　胡十八

平平去平上
越調尾　離亭宴歇指煞　鴛鴦煞
平平仄仄平平
天淨沙　醉中天　調笑令
風入松　祆神急
仄平平仄平平去
落梅風　上小樓　夜行船
撥不斷　賣花聲
平仄仄平平去
太平令
平仄仄平平去上去平属第二着
村裏迓鼓　醉高歌　梧葉兒
沉醉東風　顧成雙　金蕉葉

平平仄仄平平
鵰煞尾聲　採茶歌
平平仄平平去平
攪箏琶
平去仄平平去上
江兒水
平平仄仄平平去上声属第二着
寄生草　塞鴻秋　駐馬聽
仄仄平平去平上
正宮中呂雙調尾聲
定格四十

仙呂

寄生草 飲

長醉後方何礙不醒時有甚思糟醃兩箇功名字醅渰千古興亡事麯埋萬丈虹蜺志不達時皆笑屈原非但知音盡說陶潛是

評曰命意造語下字俱好最是陶字屬陽協音若以淵明字則淵字唱作元字蓋淵字屬陰有甚二字上去聲盡說二字去上聲更妙虹蜺志陶潛是務頭也

醉中天

疑是楊妃在怎脫馬嵬災曾與明皇捧硯來美臉風流殺叵奈揮毫李白覷著嬌態洒松烟點破桃腮

評曰體詠最難音律調暢捧硯點破俱是上去聲妙第四句末句是務頭

醉扶歸

十指如枯笋和袖捧金樽搊殺銀箏字不真揉痒天生鈍縱有相思淚痕索把拳頭揾

評曰笋字若得去聲字好字不二字去上聲使不及前詞音律餘無玼第四句末句是務頭

音韻 五十五

你有出世超凡神仙分一抹條九陽山君敢做箇真人

評曰此調極罕伯牙琴也妙在君字屬陰

一半兒 春

自將楊柳品題人笑撚花枝比較春輸與海棠三四分再偷匀一半兒胭脂一半兒粉

評曰一樣八首臨川陳克明所作俊詞也此調作者雖衆音律獨先

金盞兒

據胡床對瀟湘黃鶴送酒仙人唱主人無量醉何妨若捲簾邀皓月勝開宴出紅粧但一樽留墨客是兩處夢黃粱

評曰此是岳陽樓頭摺中詞也妙在七字黃鶴送酒仙人唱俊語也况酒字上聲以轉其音務頭在其上有不識文義以送為齎送之義言黃鶴豈能送酒乎改為對舞殊不知黃鶴事仙人用榴皮畫鶴一隻以報酒家客飲撫掌則所畫黃鶴舞以送酒初無雙鶴豈能對舞且失飲酒之意送者如吳姬壓酒之謂甚矣俗士不可醫也

中呂

迎仙客 樓

雕簷紅日低畫棟彩雲飛十二玉闌天外

音韻 五十六

倚望中原思故國感慨傷悲、一片鄉心碎
評曰妙在倚字上聲起音、一篇之中唱
此一字、况務頭在其上、原思字屬陰、感
慨上去尤妙、迎仙客累百無此調也、美
哉德輝之才、名不虛傳、

朝天子 廬山
早霞晚霞、粧點廬山畫、仙翁何處鍊丹砂、
一縷白雲下、客去齋餘、人來茶罷、嘆浮生、
指落花、楚家、漢家、做了漁樵話、

紅繡鞋 隱
嘆孔子嘗聞俎豆、羨嚴陵不事王侯、百尺
雲帆洞庭秋、醉呼元亮酒、懶上仲宣樓、功
名不掛口、

評曰二詞對偶音律語句平仄俱好、前
詞務頭在人字、後詞妙在口字上聲務
頭在其上、知音傑作也、

普天樂 別友
浙江秋、吳山夜、愁隨潮去、恨與山疊、鴻雁
來、芙蓉謝、冷雨青燈讀書舍、怕離別又早
離別、今宵醉也、明朝去也、留戀些些、
評曰妙在芙字屬陽、取務頭、造語音律
對偶平仄皆好、看他用疊字與別字俱
是入聲作平聲字、下得妥貼、可敬、冷雨
二字去上為上、平上上上上去次之、

去、飲下看讀書舍方是別友也、又第八
句是務頭也、字上聲妙、

喜春來 思春
閑花醞釀蜂兒蜜、細雨調和燕子泥、綠窗
蝶夢覺來遲、誰喚起、簾外曉鶯啼、
評曰調字遲字俱屬陽、妙、蜜字去聲好、
切不可上聲、但要喚字去聲、起字平上
皆可、

滿庭芳 晚春
知音到此、舞雩點也、脩禊羲之、海棠春已
無多事、雨洗胭脂、誰感慨蘭亭古紙、自沉
吟桃扇新詞、急管催銀字、哀絃玉指、忙過
賞花時、

評曰此一詞但取其平仄庶幾、若此字
是平聲屬第二着、喜羲字屬陰、妙、可惜
第四第五句上下失粘、妙在紙字上聲
起音、扇字去聲取務頭、若是紙字平聲
屬第二着、扇字上聲止可作折桂令中
一對、多了急管二字不成調、得一意結
之方好、所今之樂府難而又難、為格之
詞不多見也、

十二月堯民歌 別情
自別後遙山隱隱、更那堪遠水粼粼、見楊
柳飛綿滾滾、對桃花醉臉醺醺、透內閣香

風陣陣掩重門、暮雨紛紛、怕黃昏、忽地又黃昏、不銷魂怎地不銷魂、新啼痕壓舊啼痕、斷腸人憶斷腸人、今春香肌瘦幾分、摟帶寬三寸、

評曰對偶音律平仄語句皆妙、務頭在後詞起句、

四邊靜 西廂

今宵歡慶、軟弱鶯鶯、可曾慣經、款款輕輕、燈下交鴛頸、端詳着可憎、好殺無乾淨、

評曰務頭在第二句及尾、可曾俊語也、

醉高歌 感懷

十年燕市歌聲、幾點吳霜鬢影、西風吹老鱸魚興、晚節桑榆暮景、

評曰妙在點節二字上聲起音、務頭在第二句及尾、

南呂

四塊玉

買笑金、纏頭錦、得遇知音、可人心、怕逢狂客天生沁、紐死鶴、劈碎琴、不害磣、

評曰纏字屬陽、妙、對偶音調俱好、詞也可宗、務頭在第二句及尾、

罵玉郎 感皇恩 採茶歌 得書

長江有盡思無盡、空目斷楚天雲、人來得紙真實信、親手開在意讀從頭認、

織錦回文帶草連、真意誠實心想念誠懇、數佳期未准、愁傑長顰、惱青春、捱白晝、怕黃昏、

敘寒溫、問緣因、斷腸人憶斷腸人、錦字香粘新淚粉、彩箋紅漬舊啼痕、

評曰音律對偶平仄俱好、妙在長字屬陽、紙字上聲起音、務頭在上、及感皇恩起句至斷腸句上、

正宮

醉太平 感懷

人皆嫌命窮、誰不見錢親、水晶丸入麵糊盆、纔沾粘便滾、文章糊了盛錢囤、門庭改做迷魂陣、清廉貶入睡餛飩、葫蘆提倒穩、

評曰窮字若平、屬第二着、平仄好、務頭在三對末句收之、

塞鴻秋 春愁

腕冰消鬆卻黃金釧、粉脂殘淡了芙蓉面、紫霜毫蘸濕端溪硯、斷腸詞寫在桃花扇、風輕柳絮天、月冷梨花院、恨鴛鴦不鎖黃金殿、

評曰音律瀏亮、貴在卻濕二字上聲、音從上轉、取務頭也、韻腳若用上聲、屬下着、切不可以傳奇中全句比之、若得天字屬陽更妙、在字上聲尤佳、

商調

山坡羊 春睡

雲鬆螺髻、香溫鴛被、掩春閨一覺傷春睡、柳花飛、小瓊姬、一片聲雪下呈祥瑞、把團圓夢兒生喚起、誰、不做美、呸、却是你、

評曰意度平穩俱好、止欠對耳、務頭在第七句至尾、

梧葉兒 別情

別離易、相見難、何處鎖雕鞍、春將去、人未還、這其間、殃及殺愁眉淚眼、

評曰如此方是樂府、音如破竹、語盡意盡、冠絕諸詞、妙在這其間三字、承上接

下、了無瑕疵、殃及殺三字、俊哉語也、有言六句俱對、非調也、殊不知第六句止用三字、歌至此、音促急、欲過聲以聽末句、不可加也、兼三字是務頭、字有顯對展才之調、眼字上聲、尤妙、平聲屬第二着、

越調

天淨沙 秋思

枯藤老樹昏鴉、小橋流水人家、古道西風瘦馬、夕陽西下、斷腸人在天涯、

評曰前三對、更瘦馬二字去上、極妙、秋思之祖也、

小桃紅 情

斷腸人寄斷腸詞、詞寫心間事、事[illegible]不由自、自尋思、思量往日真誠志、志[illegible]有、有情誰似、似俺那人兒、

評曰頂真妙、且音律諧和、

凭闌人 章臺行

花陣嬴輸隨鏝生、桃扇炎涼逐世情、雙郎空藏瓶、小卿一塊冰、

評曰陣有嬴輸、扇有炎涼、俊語也、妙在小字上聲、務頭在上、鏝逐二字去聲、皆妙、

寨兒令 漁夫

烟艇閑、雨蓑乾、漁翁醉醒江上還、啼鳥關關、流水潺潺、樂似富春山、數聲柔櫓江灣、

一鈎香餌波寒、回頭觀兔魄、失意放漁竿、看流下蓼花灘、

評曰緊要在兔魄二字、去上取音、且看字屬陰、妙、還字平聲好、若上聲、紐屬下下着、

雙調

沉醉東風 漁夫

黃蘆岸白蘋渡口、綠楊堤紅蓼灘頭、雖無刎頸交、却有忘機友、點秋江白鷺沙鷗、傲殺人間萬戶侯、不識字烟波釣叟、

評曰妙在楊字屬陽、以起其音、取務頭、殺字上聲、以轉其音、至下戶字去聲、以

承其音，緊在此一句，承上接下，末句收
之，例頸二字若得上去聲尤妙，萬字若
得上聲更好。

落梅風 蟾宮

金刀利，錦鯉肥，更那堪玉葱纖細，若得醋
来風韻美，試嘗着這生滋味。

評曰：第三句承上二句，第四句承上三
句，生末句，緊要美字上聲為妙，以起其
音，切不可平聲。錦鯉二字，若得上去聲
尤妙。

撥不斷 隱居

利名竭，是非絶，紅塵不向門前惹，綠樹偏

宜屋上遮，青山正補墻頭缺，竹籬茅舍。

評曰：務頭在三對，急以尾收之。

水仙子 夜雨

一聲梧葉一聲秋，一點芭蕉一點愁，三更
歸夢三更後，落灯花碁未收，嘆新豐逆旅
淹留，枕上十年事，江南二老憂，都到心頭。

評曰：賦者甚多，但第二句第五字第六
字及碁未二字，并二老二字，但得上去
為上，平去次之，平上下下着，惜哉此詞，
語好而平仄不稱也。

慶東原 奇遇

參旗動，斗[illegible]流碣眉

翠[illegible]裙拖絳羅襪，冷淡波眈鷺怕萬千般
得受用些兒个。

評曰：妙字上聲妙，務頭在上，轉急以對
妝斗柄二字上去妙，落梅風得此起二
句平仄尤妙。

鴈兒落 德勝令 摘指甲

宜將鬪草尋，宜把花枝浸，宜將綉線尋，宜
把金針紝，
宜操七絃琴，宜結兩同心，宜託腮邊玉，宜
圈鞋上金，難禁得一掐通身沁，知音治相
思十个針。

評曰：俊詞也，平仄對偶音律皆妙，務頭

在德勝令起句頭字要屬陽，及在中一
對後，必要扇面對方好。

殿前歡 醉歸

醉歸来，入門下馬笑盈腮，笙歌樓至朱簾
外，夜宴重開，十年前一秀才，黃虀菜打敖
做文章伯，江湖氣概，風月情懷。

評曰：妙在馬字上聲，笑字去聲，一字上
聲，秀字去聲，歌至才字音促，黃字急接，
且要陽字，好氣概二字若得去上尤妙，
三對者非也，自有三對之調，伯字若得
去聲尤妙。

慶宣和 五柳莊

五柳庄前陶令宅，大彭澤無限黃花，有
誰戴，去来去来。
妙在彭字屬陽，僅二十二字，一个字少，愈
難作，五字絶句法也，佳詞與鴈兒同意。

賣花聲 香茶

細研片腦梅花粉，新剥真珠豆蔻仁，依方
修合鳳團春，醉魂清爽，舌尖香嫩，這孩兒
那些風韻。
評曰：俊詞也，務頭在對起及尾。

清江引 九日

蕭蕭五株門外柳，屈指重陽又，霜清紫蟹
肥，露冷黃花瘦，白衣不來琴當酒。

評曰：柳酒二字上聲，極是，切不可作平
聲，曾有人用拍拍滿懷都是春，語固俊
矣，然歌為都是蠢，甚遭譏誚，若用之於
攪箏琶，以四字夯之，有何不可，第三句
切不可作仄仄平平，屬下着。

折桂令 金山寺

長江浩浩西來，水面雲山，山上樓臺，山水
相連，樓臺上下，天地安排，詩句就雲山失
色，酒杯寬天地忘懷，醉眼睜開，回首蓬萊，
一半雲遮，一半烟埋。
評曰：此詞稱賞者衆，妙在色字上聲，以
起[illegible]

字僅可，若是陰字，愈無用矣。歌者每歌
天地安排為天巧安排，失色字為用色，
取其便於音而好唱也，改此平仄極是，
然前引雲山天地，後說雲山失色、天地
忘懷，若此則損其意，失其對矣，安排上
天地二字，若得去上為上，上去次之，餘
無用矣，蓋務頭在上，失色字若得去上
為上，餘者風斯下矣，若全句是平平上
上，歌者不能改矣，嗚呼，前輩尚有此失，
後學可不究乎。

套數

雙調 秋思

夜行船

百歲光陰如夢蝶，重回首往事堪嗟，昨日
春來，今朝花謝，急罰盞夜闌燈滅。

喬木查

秦宮漢闕，做衰草牛羊野，不恁漁樵無話
說，縱荒墳橫斷碑，不辨龍蛇。

慶宣和

投至狐蹤與兎穴，多少豪傑，鼎足三分半
腰折，魏耶晉耶。

落梅風

天教富，不待奢，無多時好天良夜，看錢奴
硬將心似鐵，空辜負錦堂風月。

風入松
眼前紅日又西斜疾似下坡車曉来清鏡
添白雪上床和鞋履相別莫笑鳩巢計拙
葫蘆提一就粧呆
撥不斷
利名竭是非絕紅塵不向門前惹綠樹偏
宜屋上遮青山正補墻頭缺竹籬茅舍
離亭宴歇指雙鴛鴦煞尾聲
蛩吟一覺纔寧貼雞鳴萬事無休歇爭名
利何年是徹密匝匝蟻排兵亂紛紛蜂釀
蜜鬧穰穰蠅爭血裴公綠野堂陶令白蓮
社愛秋來那些和露摘黃花帶霜烹紫蟹
煮酒燒紅葉人生有限杯幾个登高節囑
付俺頑童記者便北海探吾來道東籬醉
了也
評曰此詞迺東籬馬致遠先生所作也
此方是樂府不重韻無襯字韻險語俊
諺曰百中無一余曰萬中無一看他用
蝶穴傑別竭絕字是入聲作平聲闕說
鐵雪拙缺貼歇徹血節字是入聲作上
聲減月葉是入聲作去聲無一字不妥
後輩學去
中原音韻正語作詞起例終

中原音韻後序
泰定甲子秋予既作中原音韻并起例以遺
青原蕭存存未幾訪西域友人瑣非復初讀
書是邦同志羅宗信見餉携東山之妓開北
海之樽英才若雲文筆如槊復初舉杯謳者
歌樂府四塊玉至彩扇歌青樓飲宗信止其
音而謂予曰彩字對青字而歌青字為晴吾
揣其音此字合用平聲必欲揚其音而青字
乃抑之非也疇昔嘗聞蕭存存言君所著中
原音韻迺正語作詞之法以別陰陽字義其
斯之謂歟細詳其調非歌者之責也予因大
笑越其席捋其鬚而言曰信哉吉之多士而
君又士之俊者也嘗遊江海歌臺舞榭觀其
稱豪傑者非富即貴耳然能正其語之差顧
其曲之誤而以才動之之者鮮矣哉語未訖
復初前驅紅袖而白同調歌曰買笑金纏頭
[illegible]則是矣乃復嘆曰予作樂府三十年未有
今日之遇宗信知某曲之非復初知某曲

之是也舉首四顧螺山之色鷺渚之波爲之改容遂捧巨觴於二公之前口占折桂詞二闋煩皓齒歌以送之以報其能賞音也明當盡攜音韻的本并諸起例以歸知音調曰宰金頭黑脚天鵝客有鍾期座有韓娥吟既能吟聽還能聽歌也能歌和白雪新来較可放行雲飛去如何醉覩銀河燦燦蟾孤點點星多歌既罷客醉予亦醉筆亦大醉莫知其所云也挺齋周德清書

訥菴本《中原音韻》

訥菴本說明

今江西人訥菴刻於明正統辛酉六年，即1441年（以下簡稱訥菴本）。訥庵其人，于史無考。中華書局1978年6月有影印本問世，陸志韋、楊耐思先生寫有校勘記。該本又收入有關叢書，如谷風主編的《辭書集成》（團結出版社1993年版）、李學勤主編的《中華漢語工具書書庫》（安徽教育出版社2002年版）。訥菴本不分卷數，內容次序為：虞集序、周德清自序、羅宗信序、瑣非復初序、中原音韻目錄、中原音韻（韻譜）、中原音韻正語作詞起例、周德清後序。最後有刊書人訥菴的《書後》。據訥菴《書後》的"稍為正其傳寫之譌，可闕者仍闕之"的話，可知該本應是新刻本，不是舊刻的覆刻，內中改正了個別文字錯誤，當是基本保留了其所見版本的面貌。與瞿藏本相比，該本缺少了歐陽玄的序文。但，該本在虞集序後，空白半頁，疑將此序漏刊，或故意不刻。我們推測，因為歐陽玄的序似是應景之作，無甚實質內容，訥菴本不刊或在情理之中。

陸志韋先生（1964）在為中華書局1978年6月影印本所寫的"前言"中盛讚訥菴本完整而且刊印精美，並說是瞿藏本"望塵莫及的"。我們通過校勘，發現訥菴本俗體、訛體甚多，脫、衍之處亦多，與瞿藏本比較難分優劣。我們可以舉幾個明顯的例子加以說明。

瞿藏本正、訥菴本誤者，如：

1. 虞集序文末端瞿藏本作"……然則頌清廟，歌郊祀，攄和平正大之音，以揄揚今日之盛者，其不在於諸君子乎?"而訥菴本作"……然則頌清廟，歌郊祀，攄和平正大之音，以揄楊今日之盛者，其不在於諸君子乎?”“楊”字不辭，顯然訥菴本誤“揚”字為“楊”。

2. 韻譜之“齊微入聲作平聲”末端幾個小韻，瞿藏本是“……及極○惑○逼○劾○賊”，而訥菴本是“……○及極○惑○逼劾○賊”。訥菴本“劾”前漏刊“○”。

3.《中原音韻正語作詞起例》第十九條的引文，瞿藏本作“犁牛之子騂且角”，訥菴本作“犁牛之字騂且角”。訥菴本殊不可解，顯誤。

4.《中原音韻正語作詞起例》第二十六條“樂府共三百三十五章”末段，瞿藏本作“大凡聲音，各應於律呂，分於六宮十一調，共計十七宮調：仙呂調清新綿邈；南呂宮感歎傷悲；中呂宮高下閃賺；黃鍾宮富貴纏綿；正宮惆悵雄壯；道宮飄逸清幽；大石風流醞藉；小石旖旎嫵媚；高平條物滉漾；般涉拾掇坑塹；歇指急併虛歇；商角悲傷宛轉；雙調健棲激裊；商調悽愴怨慕；角調嗚咽悠揚；宮調典雅沉重；越調陶寫冷笑。”而訥菴本則丢掉“黃鍾宮富貴纏綿”，不成十七宮調之數，顯是漏刻。

5.《中原音韻正語作詞起例》第二十七條“作詞十法”所引《喜春來》曲，訥菴本作“閑花醞釀蜂兒蜜，細雨調和燕子泥，綠窗蝶夢覺來遲。誰換起？簾外曉鶯啼。”顯然“換”字誤，瞿藏本正作“喚”字。

訥菴本正、瞿藏本誤者，如：

1. 東鍾上聲：“勇”小韻有“擁”字，訥菴本做“擁”，瞿藏本作“㩲”。“㩲”，字書、韻書未見收錄。按，“擁”，《廣韻》於隴切，正合此音韻地位，訥菴本是。

2. 江陽去聲：“旺”小韻首字有“旺”字，瞿藏本左邊從作“月”，作“肛”，不字，誤。

總的情況是瞿藏本正者多，誤者少。

中原音韻序

樂府作而聲律盛自漢以来然矣魏晋隋唐體製不一音調亦異往往於文雖工於律則弊宋代作者如蘇子瞻變化不測之才猶不免製詞如詩之誚若周邦彦姜堯章輩自製譜曲稍稱通律而詞氣又不無卑弱之憾辛幼安自北而南元裕之在金末國初雖詞多慷慨而音節則為中州之正學者取之我朝混一以来朔南暨聲教士大夫歌詠必求正聲凡所製作皆足以鳴國家氣化之盛自是北樂府出一洗東南習俗之陋大抵雅樂之不作聲音之學不傳也久矣五方言語又復不類吳楚傷於輕浮燕冀失於重濁秦隴去聲為入梁益平聲似去河北河東取韻尤遠吳人呼饒為堯讀武為姥說如近魚切珎為丁心之類正音豈不誤哉高安周德清工樂府善音律自著中州音韻一帙分若干部以為正語之本變雅之端其法以聲之清濁定字為陰陽如高聲從陽低聲從陰使用字者隨聲高下措字為詞各有攸當則清濁得宜而無淩犯之患矣以聲之上下分韻為平仄如入聲直促難諧音調成韻之入聲悉派三聲誌以黑白使用韻者隨字陰陽置韻成文各有所協則上下中律而無拘拗之病矣是書既行於樂府之士豈無補哉又自製樂府若干調隨時體製不失法度屬律必嚴比事必切審律必當擇字必精是以和於宫商合於節奏而無宿昔聲律之弊矣余昔在朝以文字為職樂律之事每與聞之嘗恨世之儒者薄其事而不究心俗工執其藝而不知理由是文律二者不能兼美每朝會大合樂樂署必以其譜来翰苑請樂章唯吳興趙公承旨時以屬官所撰不協自撰以進并言其故為延祐天子嘉賞焉及余備員亦稍為隱

括終為樂工所哂下能如吳興時也當是時苟得德清之為人引之禁林相與討論斯事豈無一日起余之助乎惜哉余還山中眊且廢矣德清留滯江南又無有賞其音者方今天下治平朝廷將必有大製作興樂府以協律如漢武宣之世然則頌清廟歌郊祀攄和平正大之音以揄揚今日之盛者其不在於諸君子乎德清勉之

前奎章閣侍書學士虞集書

青原蕭存存博學工於文詞每病今之樂府有遵音調作者有增襯字作者有陽春白雪集德勝令花影壓重簷沉煙裊繡簾人去青鸞杳春嬌酒病懨眉尖常瑣傷春怨忺忺忺的來不待忺綉唱為着與怨字同押者有同集殿前歡白雪窩二段俱八句白字不能歌者有板行逢雙不對襯字尤多文律俱謬而指時賢作者有韻脚用平上去不一一云也唱得者有句中用入聲不能歌者有歌其字音非其字者令人無所守泰定甲子存存託友張漢英以其說問作詞之法於予予曰言語一科欲作樂府必正言語欲正言語必宗中原之音樂府之盛之備之難莫如今時其盛則自搢紳及閭閻歌咏者衆其備則自關鄭白馬一新製作韻共守自然之音字能通天下之語字暢語俊韻促音調觀其所述曰忠曰孝有補於世其難則有六字三韻忽

聽一聲猛驚是也諸公已矣後學莫及何
也蓋其不悟聲分平仄字別陰陽夫聲分
平仄者謂無入聲以入聲派入平上去三
聲也作平者最為緊切施之句中不可不
謹派入三聲者廣其韻耳有才者本韻自
足矣字別陰陽者陰陽字平聲有之上去
俱無上去各止一聲平聲獨有二聲有上
平聲有下平聲上平聲非指一東至二十
八山而言下平聲非指一先至二十七咸
而言前輩為廣韻平聲多分為上下卷非
分其音也殊不知平聲字字俱有上平下
平之分但有有音無字之別非一東至山
皆上平一先至咸皆下平聲也如　　二
字之類　　字下平聲屬陰　　字上平聲屬
陽陰者即下平聲陽者即上平聲試以
字調平仄又以　　字調平仄便可知平聲
陰陽字音又可知上去二聲各止一聲俱
無陰陽之別矣且上去二聲施於句中施

於韻腳無用陰陽惟慢詞中僅可曳其聲
爾此自然之理也妙處在此初學者何由
知之乃作詞之膏肓用字之骨髓皆不傳
之妙獨予知之屢嘗揣其聲病於桃花扇
影而得之也吁考其詞音者人人能之究
其詞之平仄陰陽者則無有也彼之能遵
音調而有協音俊語可與前輩頡頏而謂
成文章曰樂府也不遵而增襯字名樂府
者自名之也德勝令繡字愁字殿前歡八
句白字者若以繡字是珠字誤刊則烟字
唱作去聲為沉宴裊珠簾皆非也呵呵忺
忺者何等語句未聞有如此平仄如此開
合韻　　勝令亦未聞有八句殿前歡此
自已字之開合平仄句之對偶短長俱不
知而又妄編他人之語奚足以知其妍媸
歟嗚呼言語可不究乎以板行謬語而指
時賢作者皆自為之詞將正其已之是影
其已之非務取媚於市井之徒不求知於

高明之士能不變其惑者幾人哉使眞特
賢所作亦不足為法取之者之罪非公器
也韻脚用三聲何者為是不思前輩其字
其韻必用其聲卻云也唱得乃文過之詞
非作者之言也平而仄仄而平上去而去
上去上而上去者諺云鈕折嗓子是也其
如歌姬之喉咽何入聲於句中不能歌者
不知入聲作平聲也歌其字音非其字者
合用陰而陽陽而陰也此皆用盡自己心
徒快一時意不能傳久深可哂哉深可憐
哉惜無有以訓之者予甚欲為訂砭之文
以正其語便其作而使成樂府恐起爭端
矧為人之學乎因重張之請遂分平聲陰
陽及撮其三聲同音無以入聲派入三聲
如鞞字次本聲後葺成一帙分為十九名
之曰中原音韻并起例以遺之可與識者
道是秋九日高安挺齋周德清自序

世之共稱唐詩宋詞大元樂府誠哉學唐
詩者為其中律也學宋詞者止依其字數
而填之耳學今之樂府則不然儒者每薄
之愚謂迂闊庸腐之資無能也非薄之也
必若通儒俊才乃能造其妙也其法四聲
無入平有陰陽每調有押三聲者有各押
一聲者有四字二韻六字三韻者皆位置
有定不可倒置而逆施愈嚴密而不容於
忽易雖毫髮不可以間也當其歌詠之時
得俊語而平仄不協平仄協語則不俊必
使耳中聳聽紙上可觀為上太非止以填
字而已此其所以難於宋詞也國初混一
北方諸俊新聲一作古未有之實治世之
音也後之不得其傳不遵其律襯墊字多
於本文開合韻與之同押平仄不一句法
亦粗而又妄亂板行其人號即某人名分
之為二甲之詞為乙之作似此　多感東
道而欲報者非詞人而有爵者併取之列

名於諸俊之前公乎私乎詞乎爵乎徒惑後人皆不得其正遺山有云蠹籽老瓶之味也高安友人周德清觀其病焉編葺中原音韻并起例以砭焫之余因覩其著作悉能心會但無其筆力耳乃正人語作詞法者也可秘乎毋使如陽春白雪徒稱寡和而有不傳之嘆也矧吾吉素稱文郡非無賞音自有樂府以來歌詠者如山立焉未有如德清之所述也予非過言乎壽諸梓以廣其傳與知音者共之未必無補於將來青門羅宗信序

余勳業相門貂蟬滿座列伶女之國色歌名公之俊詞備嘗見聞矣如大德天壽賀詞普天樂云鳳凰朝麒麟見明君天下大德元年萬乘尊諸王宴四海安然朝金殿五雲樓瑞靄祥煙群臣頓首山呼萬歲洪福齊天音竟語熟渾厚宮樣黃鍾大呂之音也跡之江南無一二焉吾友高安挺齋周德清以出類拔萃通濟之才為宮換羽製作之具所編中原音韻并諸起例平分二義入派三聲能使四方出語不偏作詞有法皆發前人之所未嘗於考亍作樂府回文集句連環簡梅雪花諸體皆作今人人所不能作者畧舉回文畫家名有徵家嗔真人門閑却時來問皆主復二意夏日詞蟬自潔其身螢不照他人有古樂府之風紅指甲詞朱顏如退却白首恐成空有言外意俊語有合掌玉蓮花未開笑靨破香腮切對有殘梅千片雪爆竹一聲雷雪

非雪雷非雷佳作也長篇短章悉可爲
作詞之定格贈人黄鍾云篇篇句句靈芝
字字與人爲樣子其亦自道也以余觀京
師之目閒雅樂之耳而公議曰德清之韻
不獨中原乃天下之正音也德清之詞不
惟江南實當時之獨步也然德清不欲矜
名於世青原友人羅宗信能以具眼識之
求鋟諸梓噫後輩學詞之楷耳西域姚齋
瑣非復初序

中原音韻目錄

中原音韻 正語之本 變雅之端

高安挺齋周德清輯

東鍾

平聲

陰

東冬○鍾鐘中忠衷終○通蓪○
松嵩○冲充衝舂忡椿艟穜翀种
○邕嗈癰○空悾○宗椶騣○颬
楓豐封葑峯鋒烽丰蜂○鬆憁○
匆葱聰驄囪烟突○蹤縱樅○穹芎
傾○工功攻公蚣弓躬恭宮龔供
肱觥○烘叿人聲轟薨○凶兇胷洶
兄○翁鶲癰廱辛壅泓○崩繃○
亰

陽

同筒銅桐峒童僮瞳獞膧潼鼕○
戎莪駥絨毧茸○龍隆瘩窿○窮
藭蛩邛笻○龍嚨朧櫳瓏巃聾聾
嚨○農儂○濃穠醲○重蟲慵
鱅崇○馮逢縫○叢藂琮○熊雄
○容溶蓉鎔瑢庸傭鄘鏞墉融榮
○蒙濛朦矇甍盲瞢萌○紅谼虹
洪鴻宏紘橫嶸弘○蓬篷芃髼彭
棚鵬○從

上聲

董懂○腫踵種冢○孔恐○桶統
汞澒○隴壠○贛攏○洶詾○
聳竦○拱鞏珙○勇擁涌踊慂永
俑○蠓懵猛艋蜢○總○捧○寵
○冗○噥○唪

去聲

洞動棟凍蝀○鳳奉諷縫○貢共
供○宋送○弄哢齈○控空鞚○
訟誦頌○甕齆鞥○痛慟○衆中
仲重種○縱從糉○夢孟○用詠
瑩○哄鬨橫○綜 迸○銃

江陽

平聲

陰

姜江杠釭薑韁繮殭僵○邦梆幫
○桑喪○雙艭霜孀鸘驦○章漳
獐樟璋彰麞張○商傷殤觴湯洪水
○漿螿將○莊粧裝樁○岡剛鋼
綱釭扛玒亢○康糠○光胱○當
璫簹襠艡○荒巟肓○香鄉○鎊
滂霶○腔跫蜣羌○鴦央殃秧泱
○方芳枋妨坊肪○昌猖娼菖閶
○湯鏜○湘廂相箱襄驤○搶鏘
蹡○匡筐眶○汪尫○倉蒼○牕
瘡○贓臧

陽

陽揚楊暘昜颺羊佯洋徉○忙茫
邙芒鋩哤尨庬○粮良涼綡輬粱
梁量○穰禳瓤勷○忘亡○郎榔
廊螂稂浪琅狼○杭行頏航○昂
卬○床幢撞㡖○傍旁房龎逄○
房防○長萇腸場常裳嚐償○唐
搪塘糖堂棠○詳祥翔○牆檣嬙
戕○黃潢簧鰉蝗皇篁凰惶艎遑
隍○藏○強○娘○降○王○狂
囊

上聲

講港鏹○養痒鞅○蔣奬槳○兩
魎○想鯗○蟒莽漭○爽塽○響
饗享蠁○敞氅昶○壤攘○舫
倣放訪昉○罔網輞○枉往○顙
磉嗓○榜搒○倘帑○黨讜○掌
長○朗○謊恍○仰○廣○沆沆瀣
○髒○強○搶○賞晌

去聲

絳降洚虹糨強○象像相○亮諒
量緉輛○養恙煬餋漾怏鞅漾恙

○狀壯撞○上尚餉○讓懹釀○
帳脹漲丈仗杖障嶂瘴○巷向項
○匠將醬○唱倡暢悵韔○創刱
○望忘妄○旺王○放訪○蕩宕
碭當擋○浪閬○葬藏髒○謗傍
蚌棒○炕亢抗○曠壙纊○晃幌
○況貺○釀○仰○喪○胖○行
○愴○誑○盎○戧○鋼○湯盪湯

支思

平聲

陰

支枝胑巵氏梔禔之芝脂胝○髭
貲觜兹孳孜滋資咨淄諮姿秄○
眵䏧差○施詩師獅螄尸屍鳲蓍
○斯撕廝澌鷥颸思司私絲偲罳
○雌

陽

兒而洏○慈鶿磁兹餈茨疵玼茈

○時塒鰣匙○詞祠辭辤

上聲

紙砥底旨指止沚芷趾祉阯址徵
咫○爾邇耳餌珥駬○此玼跐泚
○史駛使弛豕矢始屎菌○子紫
姊梓○死○齒

入聲作上聲

澀瑟音史塞音死

去聲

是氏市柹侍士仕使○謚蒔侍事
施嗜豉試弑筮視噬○似兕賜姒
巳汜祀駟飼笥耜涘俟寺食思四
肆泗駟○次刺莿○字漬牸自恣
胔齒○志至誌○二貳餌○翅○
厠

齊微

平聲

陰

機幾璣磯譏肌飢笄朞箕基雞鷄
饑姬奇羈羇○歸圭邽龜閨規○
虀齎擠躋○雖荾綏睢尿○低堤
磾眡氐羝○妻淒萋棲悽○西犀
嘶○灰揮暉輝翬麾徽隳○杯悲
卑碑陂○追騅錐○威偎隈煨○
非扉緋霏騑緋菲妃飛○溪欺欹
○希稀豨羲曦犧醯熹嘻僖熙○
衣依伊醫鷖猗漪意○吹炊推○
醅披邳丕呸胚秠○䮕盔醯窺巳
奎○笞癡郗蚩媸螭鴟絺○崔催
衰榱○紕批鈚○堆鎚○錍鎞
知蜘○梯

陽

微薇維惟○黎黧犁棃藜瓈離璃
籬醨羅离鸝驪䍦狸蜊犛氂漓○
泥尼鸋○梅莓枚媒煤眉湄楣嵋
麋縻醾壓○雷擂纍壘羸○隋隨
○薺臍○回徊迴○圍闈韋幃湋
嵬巍危桅為○肥淝○奇騎琦碕
其期旗旂綦祈祁萁畿祇耆鬐芪
岐麒琪蘄○奚兮畦攜蹊○移扅
兒鯢霓倪猊輗姨夷痍疑嶷鷖沂
宜儀鵜彝貽怡眙飴圯頤遺虵○
啼蹄提題醍綈稊○鎚垂陲○裴
陪培皮○葵馗夔逵○池馳遲墀
麗持○頹魋○脾疲○毗琵○迷
彌瀰○誰○搥○錘

入聲作平聲

陽

實十什石射食蝕拾○直值姪擲
秩○疾嫉蒺集寂○夕習席襲○
荻狄敵迪笛糴○及極○惑○逼
劾○賊

去聲作平聲

陽

鼻

上聲

迤漪○尾亹○倚椅踦扆偯螘矣
已以苡頤擬艤○浼美○蟣幾己
几麂紀○耻侈○捶箠○痞否嚭
圮杫○鬼簋癸軌詭晷宄○悔賄
毀卉譭燬虺○妣比匕○禮醴里
裏理鯉娌李蠡履○濟擠○底邸
詆柢舐○洗璽枲徙屣○起綮棨
綮綺杞豈○米弭眯○你旎禰○
彼鄙○喜蟢○委猥唯隗葦偉○
壘磊儡蕾○體○腿○蕋○觜○
髓○水○餒

入聲作上聲

質隻炙織隲汁只○七戚漆刺○
匹闢僻劈○吉擊激謔棘戟急汲
給○筆北○失室識適拭軾飾釋
濕奭○喞積稷績跡脊鯽○必畢
嗶篳碧璧壁甓○昔惜息錫淅○
尺赤喫勅叱鶒○的靮嫡滴○德
得○滌剔踢○吸隙翕檄覡○乞
泣訖○國○黑○一

去聲

未味○胃蝟渭謂䝟尉慰緯穢衛
魏畏餧位餒○貴櫃餽愧悸桂檜
膾鱠蹶獪繪○吠沸費肺廢芾○
會晦誨諱惠蕙慧潰闠○翠脆頪
倅萃悴淬焠○異肄義議誼毅藝
易翳瘞勩櫃曳瞖詣鱧刈乂意劓
懿○氣器棄憩契楔○霽濟祭際
劑○替剃涕嚏○帝諦締帝睇第
悌地遞蔕棣○背貝狽培倍媲備
避鞁被弊幣臂髲詖帔○利痢莉
俐例唳戾沴離隸糲礪厲涖荔詈
劙麗○砌妻○細壻○罪醉碎○
對隊碓兌○計記寄繫繼妓忮技

髻偈忌季縊騎既驥冀薊鱭○閉
蔽畀箆斃嬖庇比秘陛貴○謎米
○睡稅說瑞○退蛻○歲碎粹祟
邃繸穗燧隧遂彗○墜贅綴縋懟
○製制置滯雉稚致痔治智幟織
貰○世勢逝誓○淚累酹擂纇類
隸隶確○配佩珮轡霈沛悖誖○
妹昧媚魅袂瑁寐○戲系係○費
𧙗撥○嚏膩泥○蚋芮銳蜹○吠
喙○内

入聲作去聲

日入○覓宓○墨密○立粒笠曆
歷櫪瀝癧靂礫力栗○逸易埸譯
驛益溢鎰鷁液腋掖疫役一佾泆
逆乙邑憶揖射翊翼○勒肋○劇
○匿

魚模

平聲

陰

居裾琚鶋車駒拘俱○諸豬潴朱
姝株蛛誅珠邾侏○蘇酥穌甦○
逋餔晡○樞樗攄○粗麤○梳蔬
疏踈○虛墟噓嘘歔吁○蛆趨○
疽沮趄苴狙雎○孤姑辜鴣酤沽
蛄菰觚○枯刳○迂紆於○嗚汙
烏○書舒輸紓○區軀驅嶇[illegible]○
須湏鬚胥醑需繻○膚夫鈇趺跗
敷麩孚郛莩枹桴罦○呼○初○
都○租

陽

廬閭驢臚蔞○如茹鴽儒薷濡嚅
嚅濡○無蕪巫誣○模謨摸謀○
徒圖菟屠荼途瘏駼塗○奴孥砮
鴑○盧蘆顱鱸轤艫櫨瀘纑壚○
魚漁虞余餘竽于盂雩與輿旟璵
舁妤歟譽愚盂隅禺臾揄愉俞覦

䲣瑜窬逾揄瀭腴諛萸○吾浯鋙
娛堣吳梧蜈鼯○雛鶵○殊茱銖
洙○蘧籧磲蘧軥瞿衢臞○徐蒢
滁篨廚幮蹰儲○扶夫蚨符芙凫
浮○滽脯酺蒱○胡糊湖鬍瑚鶘
壺狐弧乎○殂徂○徐

入聲作平聲

獨讀牘瀆犢毒突纛○復佛伏鵩
栿服○鵠鶻斛槲○贖屬述秫術
术○俗續○逐軸○族鏃○僕○
局○淑蜀孰熟塾

上聲

語雨與圄圉齬敔禦愈羽宇禹庾
○呂侶旅膂縷僂○主麈柱渚鼊
墅煮○汝乳○鼠黍暑○阻俎○
杵楮褚處杼○數所○祖組○武
舞鵡侮廡○土吐○魯櫓虜鹵滷
○覩堵睹○古罟詁沽枯蠱估盬

鼓瞽股羖賈○五伍午仵忤塢鄔
○虎滸○補浦圃鵏○普溥譜
甫斧撫黼脯府俯腑父否○母□
杜妒肚○楚礎憷○舉莒矩櫸○
弩努○許詡○取○苦○咀○女
○嶼○傴去

入聲作上聲

谷穀轂骨○蔌縮謖速○復福幅
蝠腹覆拂○卜不○菊鞠局延○
笏忽○蔟燭粥竹○粟宿○曲袖
屈伸○哭窟酷○出黜畜○叔菽
○督篤○暴撲○觸束○簇○足
促○禿○卒○蹙○屋沃兀

去聲

御馭遇嫗裕諭芋譽預豫○慮濾
屢○鋸懼句據詎巨拒秬距炬苣
踞屨絢具○恕庶樹戍豎署曙○
覷趣娶○注澍住著柱註鑄馵炷

駐紵苧貯竚○㪉疏○絮序敘緒
○孺茹○杜妒肚渡鍍斁度蠹○
赴父釜輔付賦傅富仆鮒賻訃坿
婦附阜負○户扈護瓠互戽頀岵
怙○務霧鶩戊○素訴塑遡泝愫
○暮慕墓募○路璐鷺輅露賂○
故錮固顧雇○誤悞悟寤惡汙○
布怖佈部簿哺捕步○醋措錯○
做祚胙詛○兔吐○㤝○鋪○[illegible]

○去○聚○助

入聲作去聲

祿鹿漉麓○木沐穆睦沒牧目鶩
○錄籙綠醁陸戮律○物勿○辱
褥入○玉獄欲浴郁育鵒○訥○

皆來

平聲

陰

皆堦階喈街偕楷稭○該垓荄[illegible]
○哉栽災○釵差○台胎駘咍[illegible]
○哀埃唉○猜○挨○衰○腮○
歪○開○揩○齋○乖○篩○[illegible]

陽

來萊騋○鞋諧骸○排牌簰俳○
懷淮槐褢瀤○埋霾○騃皚○孩
頦○柴豺犲儕○崖厓捱○才材
財裁纔○臺薹擡儓苔炱籉○能

入聲作平聲

白帛舶○宅擇澤檡○畫劃

上聲

海醢○鍇詒紿○駭蟹○宰載○
采彩採寀綵○靄藹乃毐○嬭乃
○蒯拐夬○凱鎧塏○揣○擺○
矮○解○楷○買○改

入聲作上聲

拍珀魄○策冊柵測𠼬○伯百栢
迫擘檗○骼革隔格○客刻○責

幘摘謫側窄仄昃簀迮○色穡索
○摑○捽○嚇○則
去聲
懈械薤解獬○寨豸瘵債蠆眦○
態泰太汰○蓋丐○艾愛噫餲○
捱隘阨搤○柰奈耐鼐○害夬妎
○帶戴怠迨待代袋大黛岱○戒
誡廨解界介芥疥届玠犗恝○外
瞶○快噲塊○在再載○賣邁○
賴籟瀨賚癩○拜湃敗憊粺○菜
蔡○曬灑殺鎩○賽塞○債○壞
○慨○派○帥率○瀣
入聲作去聲
麥貊陌驀脉○額厄客鞨○搦○

真文
平聲
陰
分紛芬氛汾○昏惛婚葷閽○囷
姻茵湮殷闉○申紳伸身○嗔瞋
○春椿○詢荀○吞○暾○諄迍
○逡皴○根跟○欣忻昕○氳熅
○真珍振甄○新薪辛○賓濱鑌
彬○坤髡○君麏軍皸均鈞○榛
臻○莘詵○薰醺勳曛爋○鯤鶤
裩昆○溫瘟○孫飧猻搎○尊罇
○敦墩燉○犇賁奔○巾斤筋○
村○親○遵○恩○噴○哏○津
陽
隣燐鱗磷麟鄰轔○貧顰頻蘋蠙
嚬○民珉緡旻○人仁○倫綸掄
輪淪○裙羣○勤懃芹○門捫○
論崘○文紋聞蚊○銀誾齦垠寅
夤嚚鄞○盆湓○陳臣塵娠辰晨
宸○秦蓁○唇純蓴淳醇錞鶉○
巡旬馴循○雲芸云紜耘勻員沄員
人名筠○墳焚棼○魂渾○豚屯飩

臀○神○存蹲○痕○紉

上聲

軫紾診稹○肯懇墾齦○緊謹槿
巹瑾○隱引蚓尹○閔憫泯愍敏
○准準○刎吻○筍隼○允殞隕
犺○本畚○閫壼咽悃○窘囷○
哂蜃○扎品○狠○不○忍○盾
○撙○損○蠢○忖○粉○穩○
衮○畛○儘

去聲

震陣振賑鎮○信訊迅藎燼○刃
訒仞認○吝恪藺磷○鬢殯臏○
腎慎○醞慍運藴惲暈韻○盡晉
進璡○忿分糞奮○近覲○櫬齔
○印孕○峻浚殉巽○遜巽○俊
駿○舜順○閏潤○問紊○頓困
鈍遁盾沌○悶懣○遯奔○訓○
郡○困○噴○釁○論○混○寸

○恨○嫩○褪○揾諢○趂疢○

寒山

平聲

陰

山刪潸○丹單殫鄲簞○干竿肝
玕乾○安鞍○姦奸間艱菅○刊
看○關綸綸擐○欄拴○斑班般
扳頒○彎灣○灘攤○番蕃翻幡
潘藩反○珊跚○攀○慳○赸○
餐○跧○般

陽

寒邯韓汗翰○闌蘭攔斕欄攔○
還環鬟寰闤圜鐶○殘戔○閑鷳
癇○壇檀彈○煩繁膰礬蠜帆樊
凡○難○蠻○顏○潺○頑

上聲

反返坂○散傘繖○晚挽○板鈑
○簡揀○產鏟剗○癉亶○赶稈

簳○坦袒○罕○侃○懶○趲○
綰○赧○盞琖○眼
去聲
旱悍銲漢翰瀚汗馯骭○旦誕嘾
彈憚但○萬蔓曼○嘆炭○案按
岸犴豻閈𧮪○幹榦○粲燦璨○
棧綻組○盼襻○譔饌○渲灪○
慢嫚謾○慣丱摜○贊讚濽攢酇
○患幻宦擐豢○閒澗諫覵○汕
疝汕○辦瓣扮絆○飯販畈範氾
范犯○限閬莧○鴈贗晏鷃○看
○爛○慕○散○難○腕
桓歡
平聲
陰
官冠棺觀○搬般○歡讙驩貛獾
○潘拚○湍耑○剜豌蜿○酸狻
○寬○鑽○湍○攛
陽
鸞鑾巒欒灤圞○瞞謾縵漫鞔饅
鬘鏝○桓綄○丸刓蚖綄紈完貆
岏○團摶慱○盤槃瘢磐鞶般
鞶媻磻蟠胖弁幋○攢欑
上聲
館管痯琯脘○纂纘攢酇○款○
盥澣○滿懣○暖餪○梡○疃○
卵○短
去聲
喚換煥渙緩逭奐○翫玩腕捥○
鏝慢漫墁○竄爨攛躥○斷鍛段
○算蒜○判拚○貫冠觀灌祼爟
鸛○半伴泮沜畔絆○鑽○亂○
彖○愞
先天
平聲
陰

先仙躚鮮○煎湔箋韉濺餞○堅
肩鵳○顛瘨巔○鵑涓娟蠲○邊
遷編鞭鯿○喧暄萱塤諠○氈鸇
鱣饘邅旃栴○羶扇煽○專磚○
千阡芊瀸韆○軒掀杴○煙燕胭
咽嫣○搴愆褰騫○篇扁蹁偏翩
○淵冤宛鴛鳶蜿○痊詮荃銓悛
朘筌○宣揎瑄○川穿○圈○天
○鐫

陽

連漣憐○眠綿○然燃○廛躔纏
禪蟬○前錢○田畋闐填鈿○賢
絃弦舷懸○玄○延筵蜒埏涎緣
妍言研焉沿○乾虔○元黿圓員
捐團圖袁猿轅原嫄源垣鉛鳶湲
援○全泉○旋還璇○船傳椽○
拳顴權鬈○胼駢軿便○聯攣○
年○涎

上聲

遠阮苑畹○兗偃演[illegible]衍魘○卷
捲○鮮跣洗銑毨筅獮蘚癬○腆
殄淰○騫蹇繭筧挸皺○剪翦○
撚輾碾讞○輦璉○臠孌○囀轉
○貶扁匾編褊○沔湎黽免冕勉
俛眄○喘舛○闡蕆○典○顯○
犬○淺○展○遣○吮○軟○選
○諞

去聲

院願愿怨遠援○勸券○見建揵
絹件○獻現憲縣○楦眩絢○電
殿甸佃鈿填闐靛奠○硯燕嚥讌
諺堰緣掾宴彥喭嬿○眷倦罥綣
絹狷罥○面麪○片騙○變便遍
徧辨辯卞汴弁○線羨霰○劍穿
串○扇善煽鱔禪繕擅墠單○箭
薦煎賤濺餞踐輦○鏇選旋漩○

傳嫥轉篆○戰顫纏○譴孿○練
煉楝○戀

蕭豪

平聲

陰

蕭簫瀟鷫飁綃消銷宵霄硝蛸霄
髫儵○刁貂琱彫鵰凋○梟鴞囂
撟驍歊○梢捎蛸筲旓髾鞘颵○
嬌驕○蕉鷦椒燋膲○標㠒臕幖
杓飈○交蛟咬郊茭鮫膠教○包
胞苞○嘲抓啁○高篙膏羔糕槔
皐櫜韜○刀叨舠魛○騷搔艘臊
繅騷○遭糟○鏖鑣熝○昭招朝
○邀夭訞么喓腰妖要葽○飄漂
○拋胞脬○慆掏饕叨滔韜慆○
趫橇○哮○烋嗃詨○敲磽○抄
譟○坳凹○蒿薅○燒○褒○姚
○超○鍬○操

陽

豪毫嗥濠嘷○寮遼僚鷯憀聊○
饒橈蕘○苗描貓○毛芼旄茅蝥
猫髦○猱獶鐃呶怓撓譊○牢勞
轑澇醪撈○迢髫蜩調條佻跳○
潮朝韶鼂○遙搖謠瑤飄窰堯陶
姚嶢○樵瞧譙○鼇聱嗷廒敖璈
聱獒鷔嚻遨熬鼇○喬蕎橋僑翹
○爻肴淆殽○袍炮跑鞄匏咆庖
○桃逃咷鞀陶萄綯醄淘濤檮○
曹漕槽嘈螬○瓢薸○巢漅

入聲作平聲

濁濯鐲擢○鐸度踱○薄箔泊博
○學鷽○縛○鶴涸○鑿○鑊○
着○芍杓

上聲

小篠謏○皎皦矯撟○裊鳥嫋褭
○了蟟燎蓼○杳夭殀窈○遶繞

嬈擾○髟渺杪藐淼○悄愀○寶
保堡緥葆○卯昴○狡攪鉸姣茭
絞○老栳獠潦撩橑○腦惱碯瑙
○掃嫂○殍瞟慓剽勡○早棗澡
藻蚤璪○倒島擣禱○杲藁縞鎬
鄗槁○襖懊媼○考栲○桃窕○
沼○少○表○巧○曉○鮑○夰
○炒○討○草○好○撓○皦○
稍○剖○缶

入聲作上聲

角覺腳桷○捉卓琢○斫酌繳灼
○爍鑠爍○鵲雀趞○託拓橐魄
飥柝○綽索擦○䣓郝○槊矟○
剝駁○爵○削○柞作鑿○錯遺
○閣各○壑熇○綽婥○謔○戳
棚

去聲

笑嘯肖鞘○糶眺跳○釣弔窵調
棹○豹爆瀑○抱報暴鮑鞄詑○
竈皁造漕燥躁○料鐐廖瞭療○
傲奡鏊○趙兆照旐詔召肇○少
紹邵燒○號皓好昊皡耗浩顥灝
○道翿纛燾盜導悼蹈稻到倒○
耀燿躍要鷂○叫轎嶠○醮噍○
糙譟造慥○俏峭誚○俵鰾驃○
孝効傚校○窖校教覺珓鉸較酵
漖○罩笊棹○拗坳樂凹○貌冒
帽耄眊茂○砲泡○告誥郜○澇
勞嫪○噪燥譟掃○妙廟○鬧淖
○奧懊澳○鈔○竅○溺○嗃○
覆

入聲作去聲

岳樂藥約躍鑰瀹○搦諾○末幕
漠寞莫沫○落絡烙洛酪樂珞○
萼鶚鰐惡愕○弱蒻若○略掠○
虐瘧

歌戈

平聲

陰

歌哥柯渮○科蝌窠○軻珂○戈
過鍋○莎蓑唆睃梭娑挲○磋瑳
蹉瘥䐈搓○他拖佗詑○阿痾○
窩渦倭踒○坡頗○波玻嶓番○
呵訶○多○麼

陽

羅蘿籮儸囉玀螺騾灑攞[illegible]○
摩磨魔劘𥕞○挪那挼儺○禾和
○何河荷苛渮○駝紽陀迱跎鮀
沱鼉馱○矬莈○哦蛾娥峨莪[illegible]
俄○婆皤鄱膰○訛鈋

入聲作平聲

合盒鶴盍○跋魃○縛佛○活鑊
○薄箔勃泊渤○鐸度○濁濯鐲
○學○鑿○奪○着○杓

上聲

鎖瑣[illegible]○果裹蜾○棵[illegible]攞砢㑩
○舸哿○朶趓嚲跢鬌○娜那○
荷欹○可坷軻○頗叵○妸○跛
[illegible]○我○左○妥○火○顆○夥
○脞

入聲作上聲

葛割鴿閣蛤○鉢撥跋○潑剝鏺
○聒括○渴瘑○闊○捋○撮○
脫○抹

去聲

賀荷㰤○佐左坐座○舵墮鬌惰
剁垜馱大癉○銼挫剉莝磋○濄
貨和○邏囉摞○簸播譒○磨麼
○臥涴○糯懦那柰○箇个○餓
○坐○過○課○唾○破○嗑○

入聲作去聲

岳樂藥約躍鑰○幕末沫莫寞○

諾搦○若弱蒻○落洛絡酪樂烙
○蕚鶚鰐惡堊鄂○略掠○虐瘧

家麻

平聲

陰

家加跏珈笳枷袈迦痂葭豭麚佳
嘉○巴疤笆豝芭○蛙洼窪哇媧
蝸○沙砂紗鯊裟○查楂齇吒○
撾抓髽○鴉丫呀○叉杈靫差艖
鎈○誇夸○蝦○葩○花○瓜○

陽

麻蟆痲麼○譁划華驊○牙芽訝
涯衙[illegible]○霞遐瑕○琶杷爬○茶
槎搽○拏○咱

入聲作平聲

達韃踏沓○滑猾○狎轄鎋俠峽
洽匣硆○乏伐筏罰○拔○雜○
閘

上聲

馬媽○雅瘂○洒傻不仁傻俏○賈假
斝○寡冎剮○妊詫○把○瓦○
鮓○打○耍

入聲作上聲

塔獺榻塌○殺霎○劄扎○啞匝
○察插鍤○法發髮○甲胛夾○
答搭嗒踏○颯撒薩靸○笈○刮
○瞎○八○恰掐

去聲

駕嫁稼價架假○凹窊○跨胯髁
○亞迓訝呀婭○汊咤姹詫[illegible]
○帕怕○詐乍榨措○下芐夏嚇
罅暇厦○化畫華鱯樺話○那○
罷霸欛靶壩鈀弝○卦掛○[illegible]
○大○罵

入聲作去聲

臘蠟鑞拉搨辣○納衲○壓押鴨

○抹○襪○刷

車遮

平聲

陰

嗟罝○奢賒○車○遮○奓○靴

○些

陽

爺耶琊鋣呆○斜邪○蛇佘○偞

○瘸

入聲作平聲

協穴俠挾纈○傑竭碣○疊垤迭牒

揲喋諜垤絰凸蝶跌○镢撅○折

舌涉○捷截睫○別○絕○茇○

上聲

野也冶○者赭○寫瀉○捨舍○

惹若喏○撦哆○姐○且

入聲作上聲

屑薛紲泄媟褻纈緤偞○切竊妾

洌○結潔刼頡鋏莢○怯挈篋客

○節擷楫癤○血歇蠍蝎○闋鈌

闋○玦決訣譎瘚鴂○鐵餮帖貼

○瞥撇○鼈別撇○枇轍○轍撤

澈掣○揢褶摺折浙○設攝灄○

啜○雪○說

去聲

舍社射麝貰赦○謝卸榭瀉○夜

射○柘鷓炙蔗○借藉○趄○偞

入聲作去聲

捏聶躡鑷囓臬孽○滅篾蔑○拽

噎謁葉燁○業鄴額○裂冽獵鬣

列○月悅說閱軏越鉞樾蠘刖○

熱○爇○劣

庚青

平聲

陰

京麖庚鶊賡更粳羹耕驚荊經兢

矜涇○精晴晶旌鶄菁○生甥笙
狌猩○箏爭○丁釘玎仃○扃坰
○征正貞禎徵蒸烝○冰兵并○
登簦㲪氃燈○鼞鼕○憎曾增罾
增○鐺錚狰琤撐瞠○稱秤赬檉
𡒄○英瑛鷹應膺櫻嬰嚶膺鸚纓
嚶縈○輕坑硎誙硜硻傾鏗○馨
興○青清鯖○聲升勝升陞○汀
廳聽鞓𩋙○星醒惺鯹腥騂○
鏳○觥肱○罌○僧○亨○兄○
泓○烹

陽

平評萍枰憑馮凭屏瓶俜娉○明
盟鳴名銘鳴冥溟暝螟蓂○靈櫺
醽麢令零苓伶聆鈴齡蛉泠瓴翎
鴒陵淩菱綾凌○鵬朋棚○楞稜
○層曾○能獰○滕騰螣騰藤疼
○莖恒○盈嬴贏籯瀛瑩螢營迎𨑨

凝嬴○榮嶸鯨黥勍○行形刑邢
桁衡鉶珩硎○情晴睛繒○亭停
婷廷庭蜓霆○瓊煢惸○澄呈程
酲成城宬誠盛承丞懲乘塍○滎
瞢○盲氓甍萌○橫宏紘閎嶸鋐
弘○橙棖棖○榮○寧○仍○繩
○餳

上聲

景儆璟擏𣪠鯁綆梗警境頸耿
○頃檾○丙炳邴秉餅屏○悻眰
省瘖○影郢穎癭○肯○礦鑛
懭○憫冏○艋蜢○整拯○茗皿
酩○騁逞○領嶺○鼎酊頂○艇
挺涏町奵○冷○井○請○等○
永○滓

去聲

敬徑俓經鏡獍竟競勁更○映應
譍凝硬○慶罄罄磬磬○命瞑○

鐙凳嶝隥鐙磴○迥詗敻○倩請
○諍掙○正政鄭證○詠瑩○病
並柄凭○令淩○聖賸勝乘剩盛
○性姓○娉聘○佞濘寗○淨靜
穽甑靖清圊○杏幸倖脛興行○
稱秤○定錠矴釘訂飣○贈○聽
○迸○孟○橫○撐○亘

尤侯

平聲

陰

啾揫湫○鳩鬮○搜颼○鄒諏陬
陬騶緅○休咻貅庥○謳鷗漚甌
歐區○鉤句篝溝韝緱○兜篼兠○
秋鰍鞧楸鞦鶖○憂幽優櫌[illegible]○
脩修羞饈○抽瘳○周賙啁週洲
州舟輈○丘坵○偷媮鍮○篘搊
○溲鎪餿○彪○收○齁○摳○

陽

尤蚰疣訧遊游斿由油郵牛庮猷
蕕輶鰌猶楢悠攸○侯猴喉鍭
篌○劉留遛瑠榴鶹騮流旒○柔
揉鍒蹂鞣○抔裒○繆矛眸鍪蝥
牟麰侔○樓蔞艛摟髏嘍○囚泅
○紬稠綢犨讎酬籌儔躊疇惆○
求賕銶毬逑球俅仇璆裘虯○酋
遒○頭投骰○愁

入聲作平聲

軸逐○熟

上聲

有酉牖羑友誘黝莠○柳罶懰○
杻狃紐鈕忸○丑醜○九韭久玖
糾灸疚○首手守○叟嗾藪○斗
枓蚪陡抖○狗垢茍耇笱○藕耦
偶嘔毆○摟嶁簍○肘箒酎○朽
○酒○抷○剖○吼○走○否○
○口○瀉○[illegible]

入聲作上聲
竹燭粥○宿
去聲
又右佑祐狖宥袖幼囿侑○晝呪
胄紂宙籀咮○臼舅舊咎救柩瓬
究○受授綬壽獸首售狩○秀岫
袖綉琇宿○嗽漱○皺驟○溜霤
留鎦鏐廇瀏窌○扣寇蔻○后逅
候猴後厚○就鷲○豆脰竇鬬逗
○構遘媾覯姤彀詬句○湊輳簇
○漏陋鏤瘻○謬繆○臭○嗅○
瘦○偢○耨○奏○透○貿楙○
入聲作去聲
肉褥○六

侯尋

平聲
陰
針斟箴砧椹鱵鍼○金今衿襟禁
○駸綅浸祲○深蓡○簪鮗○森
槮參○琛賝郴○音瘖陰喑○心
杺○欽衾嶔○侵○歆
陽
林淋琳痳霖臨綝箖○壬任紝鵀
○尋潯鱏鐔燖鬵○吟淫崟婬霪
蟫○琴芩禽檎擒噙○岑鶔鐕涔
蠶○沈霃鈂湛○忱煁
上聲
廩懍凜○稔飪淰荏袵○審嬸沈
瞫○錦噤○磣摻墋○枕○飲○
怎○怎○寑
去聲
朕沈鴆枕○甚葚○任衽紝妊○
禁噤襟紟○蔭廕窨飲恁○沁伈
○浸祲○臨淋○滲罧○讖○譖
○賃○啉○唔

監咸

平聲
陰
菴庵鵪鶕唵諳○擔聸儋眈湛耽
聃○監緘椷○堪龕戡弇○三[illegible]
毿○甘柑疳泔○杉衫○貪探○
參驂○憨酣○簪篸䐶鐕○歆○
鵮○詀嚵○湆○攙
陽
南諵喃楠男○咸醎諴函銜㘅○
婪爁燣藍籃嵐○覃潭談錟譚憛
澹曇痰○䜃慚○含涵邯○讒毚
饞鑱劖巉○巖岩○喒
上聲
感鱤㦟敢○覽攬欖爦○膽黮紞
○慘黲○揞晻黤○喊㺂○毯禫
倓萏窞○減鹻○坎○砍○昝歜
去聲
○俺○摻○黯○斬○胇
勘磡○贑淦紺○憾撼頷琀苔唅
○淡啖惔擔○轞檻艦餡陷○濫
醶纜攬○瞰嵌闞○蘸站賺湛○
鑑監○暫鏨槧揝○暗闇○三○
篸○淊○慘○讖

廉纖
平聲
陰
瞻詹占粘沾霑○兼縑鶼鰜○淹
腌醃稖閹猒懕○孅銛憸暹讖○
僉輿籤○襜韂覘○杴忺○尖漸
殲○掂○苫○謙○添
陽
廉簾臁奩帘○鮎黏拈○撏燖○
鈐鉗黔○蟾憺○鹽炎閻簷嚴○
甜恬○髯○潛○嫌
上聲
掩魘黶埯奄晻崦琰剡○撿鐱臉

○欽臉○染苒冉○閃陜○忝舔

○瞼譣○颭○點○謟

去聲

豔焰厭饜驗灩釅菴○贍苫○欠

芡歉○玷店簟墊○㶨歛殮○念

臉○劍儉○僭漸○塹嗛槧○染

○占○譫

中原音韻正語作詞起例

一音韻不能盡收廣韻如崆峒之崆惡鴛之惡倥偬之倥鴝鵒之鴝字之類皆不可施於詞之韻腳毋誚其不備

一靡消呼為靡堅泉堅而始流可乎陶淵明呼為陶煙明魚躍于煙可乎一堆兒為一醉平聲兒捲起千醉平聲雪可乎羊尾子為羊椅子吳頭楚椅可乎來也未為來也異辰巳午異可乎此類未能從命以待士夫之辨

一余與清原曾玄隱言世之有呼屈原之屈為屈伸之屈字同音非也因注其韻玄隱曰嘗聞前輩有一對句可正之投水屈原終是屈殺人曾子又何曾明矣

一平上去入四聲音韻無入聲派入平上去三聲前輩佳作中間備載明白但未有以集之者今撮其同聲或有未當與我同志改而正諸

一入聲派入平上去三聲者以廣其押韻為作詞而設耳然呼吸言語之間還有入聲之別

一入聲派入平上去三聲如鞞字次本韻後使黑白分明以別本聲外來庶使學者有才者本韻自足矣

一平聲如尤侯韻浮字否字阜字等類亦如鞞字收入各韻平上去字下以別本聲外來更不別立名頭

一中原音韻的本內平聲陰如此字陽如此字蕭存存欲鋟梓以啓後學值其釁遊泰定甲子以後嘗寫數十本散之江湖其韻內平聲陰如此字陽如此字陰陽如此字夫

一字不陰則　屬陽不屬陽則屬

陰豈有一字而屬陰又屬陽也哉
此蓋傳寫之謬今既的本刊行欲
有得余墨本者幸毋譏其前後不
一
一分別陰陽二義熟看諸序
一東鍾韻三聲内轉字許與庚青韻
出入通押
一音韻内每空是一音以易識字爲
頭止依頭一字呼吸更不別立切
脚
一漢書東方朔滑稽滑字讀爲骨今
日僤日字讀爲密諸韻皆不載亦
不敢擅收況不可押於韻脚姑錄
以辨其字音耳
一漢書曹大家之家字讀爲姑可押
然諸韻不載亦不敢擅收附此以
備採取
一廣韻入聲緝至乏中原音韻無入

口派入三聲亦然切不可開合同
押陽春白雪集水仙子壽陽宮額
得胜名南浦西湖分外清横斜疏
影窗間印惹詩人說到今萬花中
先綻瓊英自古詩人愛騎驢踏雪
尋凍在前村開合同押用了三韻
大可笑焉詞之法度全不知妄亂
編集板行其不耻者如是作者緊
戒
一逐一字解註中原音韻見行刊雕
一齊微韻璽字前輩剛王菴傳奇與
支思韻通押
一有客謂世有稱往爲網桂爲寄羨
爲選到爲豆叢爲從此乃與縛陶
淵明之淵字爲煙字之所同也
一亳州友人孫德卿長於隱語謂中
原音韻三聲乃四海所同者不獨
正語作詞夫曹娥義社天下一家

雖有謎韻學者反被其誤半是南
方之音不能施於四方非一家之
義今之所編四海同音何所往而
不可也詩禪得之字字皆可為法
余曰嘗有此恨切謂言語既正謎
字亦正矣從葺音韻以來每與同
志包猜用此為則平上去本聲則
可但入聲作三聲如平聲伏與扶
上聲拂與斧去聲屋與誤字之類
俱同聲則不可何也入聲作三聲
者廣其押韻為作詞而設耳毋以
此為比當以呼吸言語還有入聲
之別而辨之可也德卿曰然

一歟娛之娛（廣韻音愚）四海之人皆讀為
吳提撕之撕（廣韻音西）四海之人皆讀
為斯有誚之者謂讀白字依其邊
傍字音也犂牛之字騂且角之騂
字（廣韻息營切音星）而讀為辛却依其邊
傍字音誚之者而不誚之蓋知其
彼之誤而不知此之謬前輩制字
有云日月象形江河諧聲止戈為
武如此取義娛撕二字依傍有吳
斯讀之又何害於義理豈不長於
傍是辛而讀為星字之音乎

一余嘗於天下都會之所聞人閒通
濟之言世之泥古非今不達時變
者衆呼吸之間動引廣韻為證寧
甘受鴃舌之誚而不悔亦不思混
一日久四海同音上自縉紳講論
治道及國語翻譯國學教授言語
下至訟庭理民莫非中原之音不
爾止依廣韻呼吸上去入聲姑置
未暇殫述略舉平聲如靴（許戈切）在
戈韻車邪遮却在麻韻靴不協車
車却協麻元暄鴛言褰焉俱不協
先却與魂痕同押靴與戈車與麻

元與煩煩與魂其音何以相著佳
街同音與皆同押不協咍咍邦與
來同押來不協揮杯不協碑梅不
協靡雷不協氣必呼梅為埋雷為
來方與咍協如此呼吸非鴂舌而
何不獨中原盡使天下之人俱為
閩海之音可乎切聞大學中庸乃
禮記中語程子取為二經定其闕
疑如在親民之親字當作新字之
類是也聖經尚然況於韻乎合於
四海同音分豁而歸併之與堅守
廣韻方語之徒轉其喉舌換其齒
牙使執而不變迂闊庸腐之儒皆
為通儒道聽塗說輕浮市廛之子
悉為才子矣余曰若非諸賢公論
如此區區獨力何以爭之
一依後項呼吸之法庶無之知不辨
王楊不分及諸方語之病矣

東鍾
宗有蹤　松有鬆　龍有籠
濃有膿　曨有櫳　送有訟
從有綜
江陽
釭有釭　桑有双　倉有牕
糠有腔　贓有粧　楊有王
杭有降　强有狂　藏有床
桑有爽　網有往　讓有釀
葬有狀　唱有丈　胖有傍
支思
絲有師　死有史
齊微
知有之　癡有眵　耻有齒
世有市　智有志以上三聲係與支脉分门
篦有杯　紕有丕　迷有梅
脾有裴　米有美　妣有彼
迷有媚　閉有避以上三聲本聲自相分別

魚模
蘇有踈　粗有初　吳有胡
殂有雛　祖有阻　櫧有芻
素有數　措有助

皆來
猜有差　灾有齋　才有柴
孩有鞋　海有駭　採有揣
凱有楷　太有大　捱有艾
賽有曬

真文與庚青分別
真有貞　因有英　申有升
嗔有稱　欣有興　新有星
賓有冰　君有扃　榛有箏
莘有生　薰有兄　鯤有觥
温有泓　奔有崩　巾有驚
親有青　恳有甖　噴有烹
哏有亨　津有精　昏有轟
鄰有靈　貧有平　民有明
仁有仍　裙有瓊　勤有擎
門有萌　銀有贏　盆有棚
塵有成　秦有情　雲有榮
神有繩　痕有莖　紉有寧
魂有橫　緊有景　引有影
衮有礦　窘有炯　軫有整
閔有茗　儘有井　允有永
敬有近　印有映　訓有迥
鎮有正　運有詠　鬢有病
吝有另　慎有聖　信有性
盡有淨　釁有興　趂有稱
遜有迸　悶有孟　混有橫
襯有撐

寒山
珊有山　殘有潺　攢有盞
散有疝

桓歡
完有岏　官有關　慢有慢

憲有綫　慣有貫

先天

年有妍　碾有輦　羨有旋

蕭豪

包有褒　飽有保　爆有抱

造有造上音草下音操

歌戈

鵞有訛　和有何　過有箇

淖有箔

家麻

查有咱　馬有麼　罷有怕

車遮

爺有衙　也有雅　夜有亞

庚青與眞文分別

尤侯

溲有搜　走有擻　叟有䅚

嗽有瘦　奏有皺

侵尋

針有眞　金有斤　侵有親

深有申　森有莘　琛有嗔

音有因　心有辛　歆有欣

林有隣　壬有人　尋有信

吟有寅　琴有勤　沉有陳

忱有神　稔有忍　審有哂

錦有緊　枕有瑱　飲有引

朕有鎭　甚有腎　任有認

禁有近　蔭有印　沁有信

浸有進

監咸

菴有安　擔有單　監有間

三有珊　貪有灘　酣有邯

南有難　咸有閑　藍有闌

談有壇　岩有顏　感有捍

覽有懶　膽有癉　毯有坦

減有簡　坎有侃　斬有盞

勘有看　淦有幹　憾有漢

淡有旦　陷有限　濫有爛
賺有綻　鑑有澗　暗有按
探有炭

廉纖

詹有邅　兼有堅　淹有煙
纖有先　僉有千　欱有掀
尖有煎　掂有顛　謙有牽
添有天　撏有涎　鉗有虔
蔫有連　粘有年　甜有田
髯有然　蟾有纏　鹽有延
潛有前　嫌有賢　臉有輦
染有燃　掩有偃　撿有蹇
險有顯　颭有展　閃有僐
忝有腆　點有典　諂有闡
豔有硯　欠有撁　店有鈿
念有年　去聲　劒有見　僭有箭
塹有倩　占有戰

看岳王傳

披文握武建中興朝宇載青史圖書
功成卻被權臣妬正落奸謀閃殺人
望旌節中原士夫悞殺人棄丘陵南
渡鑾輿錢塘路愁風怨雨長是洒西
湖

韓世忠

安危屬君立勤王志節比翊漢功勳
臨機料敵存威信際會風雲似悳滄
盡忠勇匡君報本也消得坐都堂衮
笏垂紳附評論中興宰臣萬古揚清
芬

悞國賊秦檜

官居極品欺天悞主賊土輕民把一
場和議為公論妬害功臣通賊虜懷
奸誑君那些兒立朝堂仗義依仁共
雄恨使飛雲幸存那裏有南北二朝
分

張俊
謀淵畧廣論兵用武立國安邦佐中興一代賢明將怎生來險幸如狼畜禍心奸私放黨附權臣構陷忠良朝堂上把一箇精忠岳王屈死葬錢塘一秦定甲子秋復聞前章餘論四海之人皆稱父(去聲)母(為姥音)廣韻父(扶雨切上聲)母(在有韻)婦(亦在有韻)卦(古賣切)與怪通副富(數救切在宥韻)道士呼為計死之類猶平聲之所論也入聲以平聲次第調之亙有可調之音且以開口陌以唐內盲至德以登五韻閉口緝以侵至乏以凡九韻逐一字調平上去入必須極力念之悉如今之南宋戲文唱念聲腔攷自漢魏無製韻者按南北朝史南朝吳晉宋齊梁陳建都金陵齊史沈約字休文吳興人將平上去入製韻仕齊為太子中令梁武時為尚書僕射詳約製韻之意寧忍弱其本朝而以敵國中原之音為正耶不取所都之內通言却以所生吳興之音蓋其地隣東南海角閩海之音無疑故有前病且六朝所都江淮之間緝至乏俱無閉口獨浙有也以此論之止可施於約之鄉里矣又以史言之約才如此齊為史職梁為大臣孰不行其聲韻也歷陳陳亡流入中原自隋至宋國有中原才爵如約者何限惜無有以辨約之韻乃閩浙之音而製中原之韻者嗚呼年年依樣畫葫蘆耳南宋都杭吳興與切隣故其戲文如樂昌分鏡等類唱念呼吸皆如約韻昔陳之後庭花曲未必無此聲也總亡國之音奚足為明世法

世法惟我　聖朝興自北方五十
餘年言語之間必以中原之音為
正鼓舞歌頌治世之音始自太保
劉公牧菴姚公疎齋盧公輩自成
一家今之所編得非其意乎彼之
沈約不忍弱者私意也且一方之
語雖渠之南朝亦不可行況四海
乎予生當混一之盛時恥為亡國
搬演之呼吸以中原為則而又取
四海同音而編之實天下之公論
也余曰晦菴有云世無曾連子千
載徒悲傷信矣

一辨明古字畧

東鍾

菄東 㚵冬 營芎 仝同 戎戎 蝀螽
宗宗 崧嵩 鬆鬆 寀松 農襛穠並農
膺膺 峯封 蓬烽 丰丰 蠭蜂 飆風
囪凶 愡總 攀㩳 匈兇 恖忩 忩恐

連動 㒳鳳 寣夢

江陽

光光 𡊮減 崙邦 缸缸 羫腔 暘場
將羌 薑薑 畕疆 囊瓤 創處 器喪
對剛 䄉殃 暘䁹並席 网兩 高享
驚鷩 网網 宎調 朖諒並朗 痕𦗟
庠障 牆𤃣並醬 爣曠

支思

㞢之 旹時 㥁思 眎眡並視 䜴豉

恃恃 㹈俟 孠嗣 弎三並四 𣃧翅

齊微

𢓨移 麐麑 㝬垂 闚窺 幰㞙黑 㚷勞
宜並 䓻芰並萎 鼉鼊 㩧儀 𡨥䒺 𩑒眉
瀎湄 丮丕 攼紕 棋碁 嚱啼 卤西
靁雷 纇頪 㠯以 㫗指 㻰磊 㲉毁
辠罪 㝬誼 鄀智 𥆯跳 嶰吹 𥠖穗
嘳喟 墜坔並地 𩞄驥 閅閉 炁氣
䂞替 芎拜 丗世 𢓨遲並遲 袠秩

弌一櫜桌並采甯昔臺亣庠斥

栺析遂篴穷叔犳别蠶秖並罠

鬭鬪劓剫並則遴及遏逊戳埴

漁模

伃妤奄蚨䟭扶佽叹亐乎迖徒

舁與鬻莫晦臥蒲釜瞄覷鬳鬲

豎竪妒如袞㭒遡泝悑怖屋㞐

毛尧豚石遨鼇並速舣服董荼

偭偭●風䑋僕冞桌

皆來

薶埋荓孛蕏昔蕺秋並灾駘胎

捭擺囟歹㩧拜並拜犕德賸窯

𡐦求徐宊畋迈庑宅鮲脉簰冊

戹厄

眞文

鞇茵寀覡帗中賔賓粦憐麐麟

敕陳艭津蘋頻糜磨穷貧匑跛

㔀句粟榛䦣閈豩妏跌刎芶

䕨䕨春愼䑈爐鼻弃

寒山

翰看韓韓䮈翰難難囍鄭苛矜

㵿傘組絲𡚬散

桓歡

欒構槃拌並盤囥刑䔘獲桓姮

暖暄腝煖田貫權遊牉判

先天

秂蒦並天葕前蕻㜣堂烟矊𣅀

㛘展研硯䌫緣蕲前

蕭豪

鼂晁𩎟朝𩀝焦裛袍𨋉曹㩎擾

袠袁鸑抄衜道㗵叫㪣爵鄥郎

歌戈

㮝梭譌訛䕻縣龢和皤皤䃺磨

垩坐盉鉌㪅奪潡渴

家麻

誇譁梌茶譌莘並𢿀𢿀鷹𢀡

擠扌鑿法鬣鍗

車遮

衺斜蓍羌墊野鐵鐵鈴爹劣列

惹喆嚞並拈雪雪乒厭叶協蜨

蝶

庚青

鷩英稉粳硎阬並坑艭艭盟盟

鎗鎗鑒廓狌猩剽剝並熙鋅鋅

眡眡嵤嵥輵犇脛鯖喬賣迊征

曐星鮏鯹霧靈並霙萍萍同

瀓澄媵凌悔恒薐菱瘞兗並來

儆警鉶鐄頓項蒨頂奔幸鞕硬

瀩凈殸磬醴澂並數

尤侯

汓流遻遊搊抽北丘宩求厍候

鋀鍮杼杼𩠐首丣酉麭誘鷂鷂

交叟吻吽並吼厚厚皐冑匶柩

闘鬪㩟鍓並槈徼復畬白逡後

侵尋

沉沉㯢捦並擒訡吟襟襟曑參

淒歆欽亩廩觥朕揞陰

監咸

枬柟諵喃弎三餃鵪敼敂並敢

擘攬蹔暫

廉纖

黏粘箝鉗飤饜謟諂豔艷爓焰

一畧舉釋疑字樣

閼氏音烟支　可汗寒

曽般下音班　冒頓音墨特

樊於期於音烏　嫪毐音澇靄

角里先生角音鹿　酈食其音異飢

寧馨兒寧去聲　万俟卨音木其契

僕射下音夜　姑射下音益

無射下音益　龜茲音丘慈國名

番禺音潘愚縣名　牂牁音臧歌郡名

滹沱音呼馱河名　疆場下音益

盟津上音孟　國土下音度
陶甄音堅又音真　熷繳下音勺
枹鼓上音敷　琅邪下音耶郡名
邪谷上音耶　綸巾綸關二音皆可
犧樽上音梭　率更上音律
盤飧下音孫熟食也　矛盾食蠢切
黃能奴來切三足鼈　委蛇音威移
朝請去聲漢官名春日朝秋日請
[illegible]于音躐蹈小步也　於戲音烏呼嗟歎辭
尸解下音學　欸乃音襖靄漁歌
宿留音秀溜　般若音鉢惹釋經
衆生上音中釋經　句讀下音豆
落魄下音託　隱几隱去聲
野燒燒去聲　雨木冰雨去聲
閤閣上音閤黃閤東閣之類下音各天祿石渠渚閣之類
傲與驁通　遠去聲遠害全身遠市朝
涯音牙詞押音移崖詩押　些思个切楚辭
祆音軒胡神也　造二音造作之造造詣之造

碣[illegible]剄也　殷烏閑切赤黑色
溺奴狄切尿也沛公溺儒冠　間去聲間下天
臨去聲哭也　大大都大路不可同語
蠡單于傳有谷蠡音離又音螺瓢蠡也
臉桃腮杏臉則呼為檢若呼美臉兒當呼為歛字音

樂府共三百三十五章自軒轅制律一十七宮調今之所傳者一十有二

黃鍾二十四章

醉花陰　喜遷鶯　出隊子
刮地風　四門子　水仙子
寨兒令　神仗兒亦作煞
節節高　者剌古　願成雙
賀聖朝　紅錦袍即紅衲襖
晝夜樂　人月圓　文如錦
綵樓春即拋毬樂　侍香金童
降黃龍衮　雙鳳翹即女冠子
傾盃序　九條龍　興隆引
尾聲

正宮二十五章

端正好　滾繡毬亦作子母調

倘秀才亦作子母調　塞鴻秋　靈壽杖即呆骨朵

叨叨令　脫布衫

小梁州　醉太平　伴讀書即村裏秀才

笑和尚　白鶴子　雙鴛鴦

貨郎兒入南呂轉調　蠻姑兒

窮河西　芙蓉花　菩薩蠻

黑漆弩即學士吟鸚鵡曲　月照庭

六么遍即柳梢青　甘草子

二煞　啄木兒煞亦入中呂

煞尾

大石調二十一章

六國朝　歸塞北即望江南

卜金錢即初問卜　怨別離

鴈過南樓　催花樂即擂鼓體

淨瓶兒　念奴嬌　喜秋風

好觀音亦作煞　青杏子

蒙童兒即憨郭郎　還京樂

荼蘼香　摧拍子　陽關三疊

驀山溪　初生月兒　百字令

玉翼蟬煞　隨煞

小石調五章

青杏兒即青杏子亦入大石調　天上謠

惱殺人　伊州遍　尾聲

仙呂四十二章

端正好楔兒　賞花時　八聲甘州

點絳唇　混江龍　油葫蘆

天下樂　那吒令　鵲踏枝

寄生草　六么序　醉中天

金盞兒即醉金盞　醉扶歸

憶王孫　一半兒　瑞鶴仙

憶帝京　村裏迓古　元和令

上馬嬌　遊四門　勝葫蘆

後庭花亦作煞　柳葉兒　青哥兒

翠裙腰　六么令　上京馬

祆神急　大安樂　綠牕愁
穿窗月　四季花　鴈兒
玉花秋　三番玉樓人（亦入越調）
錦橙梅　雙鴈子　太常引
柳外梅　賺煞尾

中呂三十二章

粉蝶兒　叫聲　醉春風
迎仙客　紅繡鞋（即朱履曲）
普天樂　醉高歌　喜春來（即陽春曲）
石榴花　鬭鵪鶉　上小樓
滿庭芳　十二月　堯民歌
快活三　鮑老兒　古鮑老
紅芍藥　剔銀燈　蔓菁菜
柳青娘　道和　朝天子（即謁金門）
四邊靜　齊天樂　紅衫兒
蘇武持節（即山坡羊）　賣花聲（即昇平樂亦作煞）
四換頭　攤破喜春來
喬捉蛇　煞尾

南呂二十一章

一枝花（即占春魁）　梁州第七　隔尾
牧羊關　菩薩梁州　玄鶴鳴（即哭皇天）
烏夜啼　罵玉郎　感皇恩
採茶歌（即楚江秋）　賀新郎　梧桐樹
紅芍藥　四塊玉　草池春（即鬭鵪鶉）
鵪鶉兒　閱金經（即金字經）
翠盤秋（亦入中呂即乾荷葉）　玉交枝
煞　黃鍾尾

雙調一百章

新水令　駐馬聽　喬牌兒
沉醉東風　步步嬌（即潘妃曲）
夜行船　銀漢浮槎（即喬木查）
慶宣和　五供養　月上海棠
慶東原　撥不斷（即續斷弦）　攪箏琶
落梅風（即壽陽曲）　風入松
萬花方三臺　鴈兒落（即平沙落鴈）
德勝令（即陣陣贏 凱歌回）　水仙子（即凌波仙 湘妃怨 馮夷曲）

大德歌　鎮江廻　殿前歡即鳳將雛
滴滴金即甜水令　折桂令即秋風第一枝天香引蟾宮曲步蟾宮
清江引　春閨怨　牡丹春
漢江秋即荊襄怨　小將軍　慶豐年
太清歌　小陽關　搗練子即胡搗練
秋蓮曲　掛玉鉤序　荊山玉即側磚兒
竹枝歌　沽美酒即瓊林宴　太平令
快活年　亂柳葉　豆葉黃
川撥棹　七弟兄　梅花酒
收江南　掛玉鉤即挂搭沽　早鄉詞
石竹子　山石榴　醉娘子即醉也摩挲
附馬還朝即相公愛　胡十八
一錠銀　阿納忽　小拜門即下拜門
慢金盞即金盞兒　大拜門
也不羅即野落索　小喜人心
風流體　古都白　唐兀歹
河西水仙子　華嚴讚　行香子
錦上花　碧玉簫　祆神急

驟雨打新荷　駐馬聽近
金娥神曲　神曲纏　德勝樂
大德樂　楚天遥　天仙令
新時令　阿忽令　山丹花
十棒鼓　殿前喜　播海令
大喜人心　醉春風
間金四塊玉　減字木蘭花
高過金盞兒　對玉環　青玉案
魚遊春水　秋江送　枳郎兒
河西六娘子　皁旗兒　本調煞
鴛鴦煞　離亭宴帶歇指煞
收尾　離亭宴煞

越調二十五章

鬭鵪鶉　紫花兒序　金蕉葉
小桃紅　踏車馬　天淨沙
調笑令即含笑花　禿廝兒即小沙門
聖藥王　麻郎兒　東原樂
絡絲娘　送遠行　綿答絮

拙魯速　雪裏梅　古竹馬
鄆州春　眉兒彎　酒旗兒
青山口　寨兒令（即柳營曲）　黃薔薇
慶元貞　三臺印（即鬼三台）　凭闌人
耍三台　梅花引　看花回
南鄉子　糖多令　雪中梅
小絡絲娘　煞　尾聲

商調十六章
集賢賓　逍遙樂　上京馬
梧葉兒（即知秋令）　金菊香　醋葫蘆
掛金索　浪來裏（亦作煞）　雙鴈兒
望遠行　鳳鸞吟　玉胞肚（亦入雙調）
秦樓月　桃花娘　高平煞
尾聲

商角調六章
黃鶯兒　踏莎行　蓋天旗
垂絲釣　應天長　尾聲

般涉調八章
哨遍　臉兒紅（即麻婆子）　牆頭花
瑤臺月　急曲子（即促拍令）
耍孩兒（即魔合羅）　煞　尾聲（與中呂煞尾同）

名同音律不同者一十六章
黃鍾（水仙子）　雙調（水仙子）　黃鍾（寨兒令）
越調（寨兒令）　仙呂（端正好）　正宮（端正好）
仙呂（祆神急）　雙調（祆神急）　仙呂（上京馬）
商調（上京馬）　中呂（鬬鵪鶉）　越調（鬬鵪鶉）
中呂（紅芍藥）　南呂（紅芍藥）　中呂（醉春風）
雙調（醉春風）

句字不拘可以增損者一十四章
正宮
端正好　貨郎兒　煞尾
仙呂
混江龍　後庭花　青哥兒
南呂
草池春　鵪鶉兒　黃鍾尾
中呂

道和

雙調

新水令　折桂令　梅花酒

尾聲

大凡聲音各應於律呂分於六宮十

一調共計十七宮調

仙呂調清新綿邈

南呂宮感嘆傷悲

中呂宮高下閃賺

正宮惆悵雄壯

道宮飄逸清幽

大石風流醞藉

小石旖旎嫵媚

高平條物滉漾

般涉拾掇坑塹

歇指急併虛歇

商角悲傷宛轉

雙調健捷激裊

商調悽愴怨慕

角調嗚咽悠揚

宮調典雅沉重

越調陶寫冷笑

有子母調有字多聲少有聲多字少

所謂一串驪珠也

凡作樂府古人云有文章者謂之樂府如無文飾者謂之俚歌不可與樂府共論也又云作樂府切忌有傷於音律且如女真風流體等樂章皆以女真人音聲歌之雖字有舛訛不傷於音律者不為害也大抵先要明腔後要識譜審其音而作之庶無劣調之失而知韻造語用事用字之法名人詞調可為式者并列于後

一作詞十法

知韻無入聲止有平上去三聲

平聲有陰有陽入聲作平聲俱屬陽

上聲無陰無陽入聲作上聲亦然

去聲無陰無陽入聲作去聲亦然

造語

可作

樂府語　經史語　天下通語

未造其語先立其意語意俱高為上短章辭既簡意欲盡長篇要腰腹飽滿首尾相救造語必俊用字必熟太文則迂不文則俗文而不文俗而不俗要聳觀又聳聽格調高音律好襯字無平仄穩

不可作

俗語　蠻語　謔語　嗑語

市語　方語各處鄉談也

書生語書之紙上詳解方曉歌則莫知所云

譏誚語譏刺古有之不可直述託一景託一物可也

全句語

短章樂府務頭上不可多用全句還是自立一家言語為上全句語者惟傳奇中務頭上用此法耳

拘肆語

不必要上紙但只要好聽俗語謔語市語皆可前輩云街市小令唱尖新茜意成文章曰樂府是也樂府小令兩途樂府語可入小令小令語不可入樂府

張打油語

吉安龍泉縣永濟米倉有于志能號無心者欲縣官利塞其口作水仙子示人自謂得意末句云早難道水米無交觀其全集自名之曰樂府悉皆此類士大夫評之曰此乃張打油乞化出

門語也故曰樂府作者當以為
戒

雙聲疊韻語

如故國觀光君未歸是也夫樂
府貴在音律瀏亮何乃反入艱
難之鄉此體不可無亦不可專
意作而歌之但可拘肆中白念
耳

六字三韻語

前輩周公攝政傳奇太平令云
口來豁開兩腮西廂記麻郎么
云忽聽一聲猛驚本宮始終不
同韻脚俱用平聲若雜一上聲
便屬第二着皆於務頭上使近
有折桂令皆二字一韻不分務
頭亦不能唱采全淳則已若不
淳則句句急口令矣所謂畫虎
不成反類犬也殊不知前輩止
於全篇中務頭上使以別精粗
如衆星中顯一月之孤明也可
與識者道

語病

如達不着主母機有答之曰燒
公鴨亦可似此之類切忌

語澁

句生硬而平仄不好

語粗

無細膩俊美之言

語嫩

謂其言太弱既庸且腐又不切
當鄙猥小家而無大氣象也

用事

明事隱使隱事明使

用字

切不可用
生硬字　太文字　太俗字

櫛覽字套數中，可摘為樂府者
能幾每調多則無十二三句
每句七字而止却用襯字加
倍則刺眼矣倘有人作出協
音俊語無此節病我不及定
緊戒勿言妄亂板行塞鴻秋、
末句本七字有云今日箇病
懨懨剛寫下兩箇相思字却
十四字矣此何等句法而又
託名於時賢没興遭此誚謗
無為雪冤者已辯於序

入聲作平聲

澤國江山入戰圖 第一澤字無害
紅白花開烟雨中 第二白字
瘦馬獨行真可哀 第三獨字若施於仄仄平平仄仄平平之句則可施於它調皆不可
人生七十古来稀 第四十字
點溪荷葉疊青錢 第五疊字
劉項元来不讀書 第六讀字
鳳凰不共雞爭食 第七食字

陰陽

用陰字法

點絳唇首句韻脚必用陰字試以
天地玄黃為句歌之則歌黃字為
荒字非也若以宇宙洪荒為句協
矣蓋荒字屬陰黃字屬陽也

用陽字法

寄生草末句七字内第五字必用
陽字以歸来飽飯黃昏後為句歌
之協矣若以昏黃後歌之則歌昏
字為渾字非也蓋黃字屬陽昏字
屬陰也

務頭

要知某調某句某字是務頭可施
俊語於其上後註於定格各調内

對耦

逢雙必對自然之理人皆知之

扇面對

調笑令（第四句對第六句第五句對第七句）

駐馬聽（起四句是也）

重疊對

鬼三臺（第一句對第二句第四句對第五句第一第二第三句却對第四第五第六句是也）

救尾對

紅繡鞋（第四句第五句第六句為三對）

賽兒令（第九句第十句第十一句為三對）

二調若是末句稍弱即以此法

救之

末句

詩頭曲尾是也如得好句其句意

盡可為末句前輩已有其調末句

是平煞某調末句是上煞某調末

句是去煞照依後項用之夫平仄

者平者平聲仄者上去聲也後六

上者必要上去者必要去上去者

必要上去去上上者必要去上仄

仄者上去去上皆可上上去去皆

得迴避尤妙若是古句且熟亦無

害

去上（六平屬第若切不可上平）

慶宣和

仄平平

鴈兒落　漢東山

平去平（平去上屬第二者）

山坡羊　四塊上

仄仄平平

折桂令　水仙子　殿前歡

喬木查　普天樂

平平去上

醉太平

仄仄仄平平

金盞兒　賀新郎　喜春來

滿庭芳　小桃紅　寨兒令
小梁州　賞花時
平平上去平　仄平平去平亦可
呆古朵　牧羊關　德勝令
仄平平去平
喬牌兒
上平平去平
凭闌人
仄平平去上
紅繡鞋　黃鍾尾
仄仄平平去上聲屬第二着
醉扶歸　迎仙客　朝天子
快活三　四換頭　慶東原
笑和尚　白鶴子　堯民歌
碧玉簫　端正好　步步嬌
仄仄仄平平
新水令　胡十八
平平去平上

趍訓尾　離亭宴歇指煞鴛鴦煞
平平仄仄平平
天淨沙　醉中天　調笑令
風入松　祆神急
仄平平仄平平去
落梅風　上小樓　夜行船
撥不斷　賣花聲
平仄仄平平平去
太平令
平仄仄平平去上去平屬第二着
村裏迓鼓　醉高歌　梧葉兒
沉醉東風　願成雙　金蕉葉
平平仄仄仄平平
賺煞尾聲　採茶歌
平平仄平平去平
攪箏琶
平去仄平平去上
江兒水

平平仄仄平平去乚聲屬第二卷

寄生草　塞鴻秋　駐馬聽

仄仄平平去平上

正宮中呂雙調尾聲

定格四十首

仙呂

寄生草 飲

長醉後方何礙不醒時有甚思糟醃兩箇功名字醅渰千古興亡事麴埋萬丈虹霓志不達時皆笑屈原非但知音盡說陶潛是

評曰命意造語下字俱好最是陶字屬陽協音若以淵明字則淵字唱作元字蓋淵字屬陰有甚二字上去聲盡說二字去上聲更妙虹蜺志陶潛是務頭也

醉中天

疑是楊妃在怎脫馬嵬灾曾與明皇捧硯來美臉風流殺叵奈揮毫李白覷着嬌態洒松煙點破桃腮

評曰體詠家難音律調暢捧硯點破俱是上去聲妙第四句末句是務頭

醉扶歸 甲乞指

十指如枯筍和袖捧金樽搊殺銀箏字不眞揉痒天生鈍縱有相思淚痕索把拳頭搵

評曰筍字若得去聲字好字不二字去上聲便不及前詞音律餘無玼第四句末句是務頭

鴈兒

你有出世超凡神仙分一抹條九陽巾君敢做箇眞人

評曰此調極罕伯牙琴也妙在君字屬陰

一半兒 推袁

自將楊柳品題人笑撚花枝比較春輸與海棠三四分再輸勻一半兒胭脂一半兒粉

評曰一樣入首臨川陳克明所作俊詞也此調作者雖衆音律獨先

金盞兒 岳陽

據胡牀對蕭湘黃鶴送酒仙人唱主人無量醉何妨若捲簾邀皓月勝開宴出紅粧但一尊留墨客是兩處夢黃粱

評曰此是岳陽樓頭摺中詞也妙在七字黃鶴送酒仙人唱俊語也況酒字上聲以之

其音務頭在其上有不識文
義以送爲齎送之義言黃鶴
豈能送酒乎改爲對舞殊不
知黃鶴事仙人用橘皮畫鶴
一隻以報酒家客飲撫掌則
所畫鶴舞以送酒初無雙鶴
豈能對舞且失飲酒之意送
者如吳姬壓酒之謂甚矣俗
士不可醫也

中呂

迎仙客 登樓

雕簷紅日低畫棟彩雲飛十二
玉闌天外倚望中原思故國感
慨傷悲一片鄉心碎

評曰妙在倚字上聲起音一
篇之中唱此一字況務頭在
其上原思字屬陰感慨上去
尤妙迎仙客累百無此調也

美哉德輝之才名不虛傳

朝天子 廬山

早霞晚霞粧點廬山畫仙翁何
處鍊丹砂一縷白雲下客去齋
餘人來茶罷嘆浮生指落花楚
家漢家做了漁樵話

紅繡鞋 隱士

嘆孔子嘗聞俎豆羨嚴陵不事
王侯百尺雲帆洞庭秋醉呼元
亮酒懶上仲宣樓功名不挂口

評曰二詞對偶音律語句平
仄俱好前詞務頭在人字後
詞妙在口字上聲務頭在其
上知音傑作也

普天樂 別友

浙江秋吳山夜愁隨潮去恨與
山疊鴻鴈來芙蓉謝冷雨青燈
讀書舍怕離別又早離別今宵

醉也明朝去也留戀些些
評曰妙在芙字屬陽取務頭
造語音律對偶平仄皆好看
他用疊字與別字俱是入聲
作平聲字下得妥貼可敬冷
雨二字去上爲上平上上上
去次之去去屬下着讀書舍
方是別友也又第八句是務
頭也字上聲妙

喜春來 春思
閑花醞釀蜂兒蜜細雨調和燕
子泥綠牕蝶夢覺來遲誰換起
簾外曉鶯啼
評曰調字遲字俱屬陽妙蜜
字去聲好切不可上聲但要
喚字去聲起字平上皆可

滿庭芳 春晚
知音到此舞雩點也脩禊羲之

海棠春已無多事雨洗胭脂誰
感慨蘭亭古紙自沉吟桃扇新
詞急管催銀字哀絃玉指忙過

賞花時
評曰此一詞但取其平仄㵉
幾若此字是平聲屬第二着
喜義字屬陰妙可惜第四第
五句上下失粘妙在紙字上
聲起音扇字去聲取務頭若
是紙字平聲屬第二着扇字
上聲止可作折桂令中一對
多了急管二字不成調得一
意結之方妤吁今之樂府難
而又難爲格之詞不多見也

十二月堯民歌 別情
自別後遙山隱隱更那堪遠水
粼粼見楊柳飛綿袞袞對桃花
醉臉醺醺透內閣香風陣陣掩

重門暮雨紛紛怕黃昏忽地又
黃昏不銷魂怎地不銷魂新啼
痕壓舊啼痕斷腸人憶斷腸人
今春香肌瘦幾分摟帶寬三寸
評曰對偶音律平仄語句皆
妙務頭在後詞起句
門
邊靜西廂
今宵歡慶軟弱鶯鶯可曾慣經
欵欵輕輕燈下交鴛頸端詳
可憎好殺無乾淨
評曰務頭在第二句及尾可
曾俊語也
醉高歌感懷
十年燕市歌聲幾點吳霜鬢影
西風吹老鱸魚興晚節桑榆暮
景
評曰妙在點節一字上聲起
音務頭在第二句及尾

南呂
四塊玉
買笑金纏頭錦得遇知音可人
心怕逢狂客天生沁紐死鶴劈
碎琴不害磣
評曰纏字屬陽妙對偶音調
俱好詞也可宗務頭在第二
句及尾
罵玉郎 感皇恩 採茶歌得書
長江有盡思無盡空目斷楚天
雲人來得紙真實信親手開在
意讀從頭認
織錦迴文帶草連真意誠實心
想念話慇懃佳期未准愁黛長
顰愁青春捱白晝怕黃昏
敘寒溫問緣因斷腸人憶斷腸
人錦字香粘新淚粉彩箋紅漬
舊啼痕

評曰音律對偶平仄皆好妙
在長字屬陽紙字上聲起音
務頭在上及感皇恩起句至
斷腸句上

正宮

醉太平 感懷

人皆嫌命窘誰不見錢親水晶
丸入麪糊盆纔粘拈便滚文章
糊了盛錢囤門庭改做迷魂陣
清廉貶入睡餛飩葫蘆倒提
評曰窘字若平屬第二着平
仄好務頭在

塞鴻秋 春怨

腕冰消鬆却黃金釧粉脂殘淡
了芙蓉面紫霜毫蘸濕端溪硯
斷腸詞寫在桃花扇風輕柳絮
天月冷梨花院恨鴛鴦不鎖黃
金殿

評曰音律劉亮貴在郊濕二
字上聲音從上轉取務頭也
韻腳若用上聲屬下着切不
可以傳奇中全句比之若得
天字屬陽更妙在字上聲尤
佳

商調

山坡羊 春睡

雲鬆螺髻香溫鴛鴦被掩春閨
一覺傷春睡柳花飛小瓊姬一
片聲雪下呈祥瑞把團圓夢兒
生喚起誰不做美呸却是你
評曰意度平仄俱好止欠對
耳務頭在第七句至尾

梧葉兒 別情

別離易相見難何處鎖雕鞍春
將去人未還這其間殃及殺愁
眉淚眼

評曰如此方是樂府音如破竹語盡意盡冠絕諸詞妙在這其間三字承上接下了無瑕玼殃及殺三字俊語也有言六句俱對非調也殊不知第六句止用三字歌至此音促急欲過聲以聽末句不可加也蕪三字是務頭字有顯對展才之調眼字上聲尤妙平聲屬第二着

越調

天淨沙 秋思

枯藤老樹昏鴉小橋流水人家古道西風瘦馬夕陽西下斷腸人在天涯

評曰前三對更瘦馬二字去上極妙秋思之祖也

小桃紅 情

斷腸人寄斷腸詞詞寫心間事事到頭來不由自自尋思思量往日真誠志志誠是有有情誰似似俺那人兒

評曰頂真妙且音律諧和

凭闌人 章臺行

花陣贏輸隨鏝生桃扇炎涼逐世情雙郎空藏瓶小卿一塊冰

評曰陣有贏輸扇有炎涼俊語也妙在小字上聲務頭在上鏝世二字去聲皆妙

寨兒令 漁夫

煙艇閑雨蓑乾漁翁醉醒江上還啼鳥關關流水潺潺樂似富春山數聲柔櫓江灣一鈎香餌波寒回頭觀兔魄失憶放魚竿看流下蓼花灘

評曰緊要在兔魄二字去上

取音且看字屬陰妙還字平
聲好若上聲紐屬下下着

雙調

沉醉東風 夫漁

黄蘆岸白蘋渡口綠楊堤紅蓼
灘頭雖無刎頸交却有忘機友
點秋江白鷺沙鷗傲殺人間萬
戶侯不識字煙波釣叟

評曰妙在楊字屬陽以起其
音取務頭殺字上聲以轉其
音至下戶字去聲以承其音
緊在此一句承上接下末句
收之刎頸二字若得上去聲
尤妙萬字若得上聲更好

落梅風 切膾

金刀利錦鯉肥更那堪玉葱纖
細若得醋來風韻美試嘗着這
生滋味

評曰第三句承上二句第四
句承上三句生末句緊要美
字上聲為妙以起其音切不
可平聲錦鯉二字若上去聲
尤妙

撥不斷 隱居

利名竭是非絶紅塵不向門前
惹綠樹偏宜屋上遮青山正補
墻頭缺竹籬茅舍

評曰務頭在三對急以尾收
之

水仙子 雨夜

一聲梧葉一聲秋一點芭蕉一
點愁三更歸夢三更後落燈花
棊未收嘆新豐逆旅淹留枕上
十年事江南二老憂都到心頭

評曰賦者甚多但第二句第
五字第六字及棊未二字并

二老二字旦得上去為上平
去次之平上下下着借我此
詞語好而平仄不稱也

慶東原 奇遇

參旗動斗柄挪為多情攬下風
流榾眉攢翠蛾裙拖絳羅襪冷
凌波𬀩驚怕萬千般得受用此
兒个

評曰冷字上聲妙務頭在上
轉急以對收斗柄二字上去
妙落梅風得此起二句平仄
尤妙

鴈兒落 德勝令 指甲摘

宜將鬪草尋宜把花枝浸宜將
綉線尋宜把金針紉
宜操七絃琴宜結兩同心宜將
𦜕邊玉宜圖鞋上金難禁得一
搯通身沁知音治相思十个。

評曰俊詞也平仄對偶音律
皆妙務頭在德勝令起句頭
字要屬陽及在中一對後必
要扇面對方好

殿前歡 醉歸来

醉歸来入門下馬笑盈腮笙歌
接至朱簾外夜宴重開十年前
一秀才黃虀菜打教作文章伯
江湖氣槩風月情懷

評曰妙在馬字上聲笑字去
聲一字上聲秀字去聲歌至
才字音促黃字急接且要陽
字好氣槩二字若得去上尤
妙三對者非也自有三對之
調伯字若得去聲尤妙

慶宣和 五柳庄

五柳莊前陶令宅大 彭澤無
限黃花有誰戴去来去来

妙在彭字屬陽僅二十二字愈字少愈難作五字絕句法也佳詞與鴈兒同意

賣花聲 香茶

細研片腦梅花粉新剥眞珠豆蔻仁依方修合鳳團春醉魂清爽舌尖香嫩這孩兒那些風韻

評曰俊詞也務頭在對起及尾

清江引 九日

蕭蕭五株門外柳屈指重陽又霜清紫蠏肥露冷黃花瘦白衣不來琴當酒

評曰柳酒二字上聲極是切不可作平聲曾有人用拍拍滿懷都是春語固俊矣然歌爲都是蠢甚遭譏誚若用之於攬箏琶以四字承之有何

不可第三句切不可作仄仄平平屬下着

折桂令 金山寺

長江浩浩西來水面雲山山上樓臺山水相連樓臺上下天地安排詩句雲山失色酒杯寬天地忘懷醉眼睜開回首蓬萊一半雲遮一半煙埋

評曰此詞稱賞者衆妙在色字上聲以起其音平聲便屬第二着平聲若是陽字僅可若是陰字愈無用矣歌者每歌天地安排爲天巧安排失色字爲用色取其便於音而好唱也改此平仄極是然前引雲山天地後說雲山失色天地忘懷若此則損其意矣其對矣安排上天地二字若

得去上為上上去次之餘
用矣蓋務頭在上失色字若
得去上為上餘者風斯下矣
若全句是平平上上歌者不
能改矣嗚呼前輩尚有此失
後學可不究乎

套數

雙調 思秋

夜行船

百歲光陰如夢蝶重回首往事
堪嗟昨日春來今朝花謝急罰
盞夜闌燈滅

喬木查

秦宮漢闕做衰草牛羊野不恁
漁樵無話說縱荒墳橫斷碑不
辨龍蛇

慶宣和

投至狐蹤與兔穴多少豪傑鼎

足三分半腰折魏耶晉耶

落梅風

天教富不待奢無多時好天良
夜看錢奴硬將心似鐵空辜負
錦堂風月

風入松

眼前紅日又西斜疾似下坡車
曉來清鏡添白雪上牀和鞋襪
相別莫笑鳩巢計拙葫蘆提一
就裝呆

撥不斷

利名竭是非絕紅塵不向門前
惹綠樹偏宜屋上遮青山正補
墻頭缺竹籬茅舍

離亭宴歇指煞 鴛鴦煞 尾聲

蛩吟一覺纔寧貼雞鳴萬事無
休歇爭名利何年是徹密匝匝
蟻排兵亂紛紛蜂釀蜜鬧攘攘

蠅爭血裴公綠野堂陶令白蓮社愛秋来那些和露摘黃花帶霜烹紫蟹煮酒燒紅葉人生有限杯幾个登高節囑付俺頑童記者便北海探吾來道東籬醉了也

評曰此詞迺東籬馬致遠先生所作也此方是樂府不重韻無襯字韻險語俊諺曰百中無一余曰萬中無一看他用蝶穴傑別竭絕字是入聲作平聲闕說鐵雪拙缺貼歇徹血節字是入聲作上聲滅月葉是入聲作去聲無一字不妥後輩學去

中原音韻正語作詞起例終

中原音韻後序

泰定甲子秋余既作中原音韻幷起例以遺青原蕭存存未幾訪西域友人瑣非復初讀書是邦同志羅宗信見餉攜東山之妓開北海之樽英才若雲文筆如槊復初舉杯謳者歌樂府四塊玉至彩扇歌青樓飲宗信止其音而謂余曰彩字對青字而歌青字為晴吾揣其意此字合用平聲必欲揚其音而青字乃抑之非也疇昔嘗聞蕭存存言君所著中原音韻迺正語作詞之法以別陰陽字義其斯之謂歟細詳其調非歌者之責也予因大笑越其席捋其鬚而言曰信哉吉之多士而君又士之俊者也嘗遊江海歌臺舞榭觀其稱豪傑者非富即貴百然能正其語之差顧其曲之誤而以才動之之者鮮矣我語未訖復初前驅紅袖而白同調歌曰買笑金纏頭

錦則是矣乃復嘆曰予作樂府三十年未有如今日之遇宗信知其曲之非復初知其曲之是也舉首四顧螺山之色鷺渚之波爲之改容遂捧巨觴於二公之前口占析桂令一関煩皓齒歌以送之以報其能賞音也明當盡攜音韻的本并諸起例以歸知音調曰宰金頭黑脚天鵞客有鍾期座有韓娥吟既能吟聽還能聽歌也能歌和白雪新來較可放行雲飛去如何醉覩銀河燦燦蟾孤點點星多歌既畢客醉予亦醉筆亦大醉莫知其所云也挺齋周德清書

書中原音韻後

音韻一帙高安周德清所輯也德清蒐獵群書深於音律論者評其製詞如王笛橫秋名言也書以中原音韻名者聲成文爲音諧音爲韻四方之音萬有不同惟中州爲得其正入於正音之中審夫清濁低昂平分二義入派三聲非但備作詞之用蓋已然起例有云分別陰陽二義熟看諸序欲矯四方之弊一歸於中州之正可嘉也而序所論肯綮乃空其字豈獨得之妙秘之不傳歟抑引而不發使人自悟歟予不能作詞愛其有補於正音故於暇中稍爲正其傳寫之譌可闕者仍闕之以俟知者訂焉

正統辛酉冬十二月朔盱江訥菴書

《嘯餘譜》本《中原音韻》

《嘯餘譜》本說明

《嘯餘譜》，明程明善輯。程明善，今安徽歙縣人，天啓中監生。《嘯餘譜》有明萬曆四十七年（1619）原刻本，清康熙元年（1662）覆刻本。明刻本收的《中原音韻》韻譜部分題“古歙仇必亨校”，起例部分題“上元夏時來”，後無“校”字，當漏刻。清刻本皆題“西吳張漢重校”。本《叢刊》所收為明萬曆四十七年刊本，簡稱《嘯餘譜》本。

嘯餘譜本將《中原音韻》原有序文大刪，僅存周德清自序及後序，將自序改題為《周德清中原音韻起例》，置卷首，並把後序列在韻譜之前、自序之後。該本將起例稱為“務頭”，刻入版心。該本對《中原音韻》有校改，比如瞿藏本、訥菴本等空白處，該本皆添補；周德清後序的句子與瞿藏本、訥菴本相比有幾處作了改變。所以，《嘯餘譜》本是校改過的版本，不像瞿藏本、訥菴本保留元刻本的原貌，但改變的不多，基本還是原貌。

周德清中原音韻起例

青原蕭存存博學工於文詞每病今之樂府
調作者有增襯字作者有陽春白雪集得勝令花影
壓重簷沉烟裊繡簾人去青鸞杳春嬌酒病懨眉尖
常瑣傷春怨忺忺忺的來不待忺繡唱爲羌與怨字
同押者有同集殿前歡白雪窩二段俱八句白字不
能歌者有板行逢雙不對襯字尤多文律俱謬而指
時賢作者有韻脚用平上去不一一云也唱得者有
句中用入聲不能歌者有歌其字音非其字者令人

無所守泰定甲子存存托友張漢英以其說問作詞
之法於予予曰言語一科欲作樂府必正言語欲正
言語必宗中原之音樂府之盛之備之難莫如今時
其盛則自縉紳及閭閻歌咏者衆其備則自關鄭白
馬一新製作韻共守自然之音字能通天下之語字
暢語俊韻促音調觀其所述曰忠曰孝有補於世其
難則有六字三韻忽聽一聲猛驚是也諸公已矣後
學莫及何也蓋其不悟聲分平仄字别陰陽夫聲分
平仄者謂無入聲以入聲派入平上去三聲也作平

者最爲緊切施之句中不可不謹派入三聲者廣其
韻耳有才者本韻自足矣字别陰陽者陰陽字平聲
有之上去俱無上去各止一聲平上去有三聲有上
平聲有下平聲上平聲非指一東至二十八山而言
下平聲非指一先至二十七咸而言前輩爲廣韻平
聲多分爲上下卷非分其音也殊不知平聲字字俱
有上平下平之分但有有音無字之别非一東至山
皆上平一先至咸皆下平聲也如東紅二字之類東
字下平聲屬陰紅字上平聲屬陽陰者即下平聲陽

者即上平聲試以東字調平仄又以紅字調平仄便
可知平聲陰陽字音又可知上去二聲各止一聲俱
無陰陽之别矣且上去二聲施於句中施於韻脚無
用陰陽惟慢詞中僅可曳其聲爾此自然之理也妙
處在此初學者何由知之乃作詞之膏肓用字之骨
髓皆不傳之妙獨予知之屢嘗揣其聲病於桃花扇
影而得之也吁考其詞音者人人能之究其詞之平
仄陰陽者則無有也彼之能遵音調而有協音俊語
可與前輩頡頏所謂成文章曰樂府也不遵而增襯

字名樂府者自名之也德勝令繡字怨字殿前歡八
句白字者若以繡字是珠字誤看則烟字唱作夫聲
爲沉宴梟珠簾皆非也呵呵忺忺者何等語句未聞
有如此平仄如此開合韻脚德勝令亦未聞有八句
殿前歡此自已字之開合平仄句之對偶短長俱不
知而又妄編他人之語奚足以知其妍媸歟嗚呼言
語可不究乎以板行謬語而指時賢作者皆自爲之
詞將正其已之是影其已之非務取媚於市井之徒
不求知於高明之士能不受其惑者幾人哉使真時

賢所作亦不足爲法取之者之罪非公器也韻脚用
三聲何者爲是不思前輩某字某韻必用某聲却云
也唱得乃文過之詞非作者之言也平而仄仄而平
上去而去上去上而上去者諺云鈕折嗓子是也其
如歌姬之喉咽何入聲於句中不能歌者不知入聲
作平聲也歌其字音非其字者合用陰而陽陽而陰
也此皆用盡自已心徒快一時意不能傳久深可哂
哉深可憐哉惜無有以訓之者予甚欲爲訂砭之文
以正其語便其作而使成樂府恐起爭端矧爲人之
學乎因重張之請遂分平聲陰陽及撮其三聲同音
兼以入聲派入三聲如碑字次本聲後葺成一帙分
爲十九名之曰中原音韻幷起例以遺之可與識者
道秋九日高安挺齋周德清書

中原音韻後序

泰定甲子秋予既作中原音韻幷起例以遺青原蕭存存未幾訪西域友人瑣非復初同志羅宗信見餉携東山之妓開北海之樽于時英才若雲文筆如槊復初舉觴命謳者歌樂府四塊玉至彩扇歌青樓飲宗信止其音而謂余曰彩字對青字而歌青字爲晴吾揣其音此字合用平字聲必欲揚其音而青字乃抑之非也疇昔嘗聞蕭存存言君所著中原音韻迺正語作詞之法以別陰陽字義予因大笑越席捋其

鬚而言曰信哉吉之多士而君又士之俊者也嘗遊江海觀其稱豪傑者非富即貴求能正其音之訛顧其曲之誤者鮮矣復初前驅紅袖而自用調歌曰買笑金纏頭錦以証其非復初知其則是矣乃復嘆曰予作樂府三十年未有如今日之遇宗信知其曲之非其曲之是也舉首四顧螺山之色鷺渚之波爲之改容遂捧巨觴於二公之前口占折桂詞一闋煩皓齒歌以送之以報其能賞音也明當盡携音韻的本幷諸起例以歸知音調曰宰金頭黑脚天鵝客有鍾期座有韓娥吟既能吟聽還能聽歌也能歌和白雪新來較可放行雲飛去如何醉覩銀河燦燦蟾孤點點星多歌既畢客醉予亦大醉莫知所云挺齋周德清書

周德清中原音韻

古歙仇必亨校

東鍾

平聲

陰

東冬○鍾鐘中忠衷終○通蓪○松嵩○冲

充衝舂忡摏艟穜翀种○邕噰雍○空悾○

宗椶騣○風楓豐封葑峯鋒烽丰蜂○鬆惚

○匆葱聰驄囪 烟 突○蹤縱樅○穹芎傾○工

功攻公蚣弓躬恭宮龔供肱觥○烘叿 人聲 轟

甍○凶兇胷洶兄○翁螉癰廱 碎 壅泓○崩

繃○烹

陽

同筒銅桐峒童僮橦曈瞳潼罿○戎茙駥絨

毴茸○龍隆癃窿○窮藭蛩邛筇○籠嚨朧

櫳瓏曨礱聾嚨○膿農儂○濃穠醲○重蟲

慵 崇○馮逢縫○叢叢琮○熊雄○容溶

蓉瑢鎔庸傭鄘鏞墉融榮○蒙濛朦幪甍盲

瞢萌○紅洪虹哄鴻宏紘橫嶸弘○蓬篷芃

髼彭棚鵬○從

上聲

董懂○腫踵種冢○孔恐○桶統○汞嗊○

隴壟○蓊攏○洶詾○聳竦○拱鞏珙○勇

擁涌踊悀永俑○蠓懵猛艋蜢○總○捧○

寵○冗○濃○唪

去聲

洞動棟凍蝀○鳳奉諷縫○貢共供○宋送

○弄哢碧○控空鞚○訟誦頌○夢瞑甏○

痛慟○衆中仲重種○縱從粽○夢孟○用

詠瑩○哄鬨橫○綜○迸○銃

江陽

平聲

陰

姜江杠釭薑殭韁繮僵○邦梆幫○桑長○

雙艭霜孀鸘驦○章漳獐樟璋彰麞張○商

傷殤觴湯楾○漿螿將○莊粧裝樁○岡剛

鋼綱釭扛玒亢○康穅○光胱○當璫簹襠
鐺○荒巟肓○香鄉○鎊滂雱○腔椌蜣羌
○鴦央殃秧泱○方芳枋妨坊肪○昌猖娼
菖閶○湯鏜○湘廂相葙襄瓖○槍鏘蹌○
匡筐洭○汪尪○倉蒼○牕瘡○贓臧

陽

陽揚楊暘昜颺羊徉洋佯○忙茫卬芒鋩杗
狵厖○粮良綡涼輬梁粱量○穰欀瀼鬤○
忘亡○郎榔廊螂稂浪琅狼○杭行頏航○

昂卬○床幢撞淙○傍旁房龐逄○房防○
長萇腸場常裳嚐償○唐螗塘糖堂棠○詳
祥翔○牆檣嬙戕○黃璜簧艎蝗皇篁凰惶
艎遑隍○藏○強○娘○降○王○狂○囊

上聲

講港鏹○養癢鞅○蔣槳獎○兩魎○想鯗
○蚌菶蜯○爽漺○響蠁享饗夯○敞氅昶
○壤穰○舫倣放訪昉○罔網輞○枉往○
顙磉嗓○榜綁○倘帑○黨讜○掌長○朗

○謊恍○仰○廣○沆○髒○強○搶○
賞晌

去聲

絳降洚虹糨強○象像相○亮諒量緉輛○
瀁羕煬養樣怏軮漾恙○狀壯撞○上尚餉
○讓懹釀○帳脹漲丈仗杖瘴障嶂○巷向
項○匠將醬○唱倡暢悵鬯○創刱○望忘
妄○旺王○放訪○蕩宕碭當擋○浪閬○
葬藏臟○謗傍蚌棒○炕亢抗○曠壙纊○

晃幌○況貺○釀○仰○喪○胖○行○愴
○誑○盎○戧○鋼○盪湯

支思

平聲

陰

支枝肢卮氏梔榰之芝脂胝○髭貲觜茲孳
孜滋資咨澬諮姿秄○眵䏿差○施詩師獅
螄尸屍鳲蓍○斯撕廝嘶蕬颸思司私絲偲
恖○雌

陽

兒而洏○慈鶿磁茲餈茨疵玼玭○時塒鰣

匙○詞祠辭辤

上聲

紙砥底旨指止沚芷趾祉阯址徵咫○爾邇

耳餌珥駬○此玼跐泚○史駛使弛豕矢始

屎茵○子紫姊梓○死○齒仔

入聲作上聲

澀瑟音史○塞音死

去聲

是氏市柹侍士仕使示謚蒔恃事施嗜豉試

弒筮視噬○似兕賜姒巳汜祀嗣飼笥耜涘

俟寺食思四肆泗駟○次刺莿○字漬牸自

恣胔胾○志至誌○二貳餌○翅○廁

齊微

平聲

陰

機幾磯璣譏肌飢笄非箕基雞稽饑姬奇[illegible]

羈○歸圭邽龜閨規○齏齊擠躋○雖荽綏

睢尿○郫䑘碑隄氐低○妻淒萋悽棲○西

犀嘶○灰揮暉輝翬麾徽隳○杯悲卑碑陂

○追騅錐○威偎隈煨○非扉緋霏騑誹菲

妃飛○溪欺欹○希稀晞羲犧曦醯熹嘻僖

熙○衣依伊醫鷖漪猗噫○吹炊推○醅披

邳丕坯胚經○魁盔虧窺瑰奎○笞癡郗蚩

媸蚩鴟絺○崔催衰榱○紕批鈚○堆䭔○

篦鎞○知蜘○梯

陽

微薇維惟○黎黧犂梨藜瓈離璃籬醨罹离

鸝驪麗貍蜊蠡釐漓○泥尼鶃○梅莓枚媒

煤眉湄楣嵋麋縻醾靡○雷檑罍纍羸○隋

隨○齊臍○回徊廻○圍闈韋幃違嵬巍危

桅爲○肥淝○奇騎琦祺其期旗旂碁祈祁

其畿祇耆鬐萁岐麒琪蘄○奚兮畦攜蹊○

移扅兒鯢霓倪猊蜺姨夷痍疑嶷鷖沂宜儀

鵜荑胎怡眙飴圯頤遺蛇○啼蹄提題醍[illegible]

桸○鎚垂陲○裴陪培皮○葵馗夔逵○池
馳遲墀箎持○頹隤○脾疲比琵羆○迷縻
彌○誰○摧○[illegible]
入聲作平聲
陽後同
實十什石射食蝕拾○直値姪秩擲○疾嫉
葺集寂○夕昔席襲○荻狄敵迭笛糴○及
極○惑○逼○劾○賊
去聲作平聲

嘯餘譜卷六　中原音韻

陽
鼻
上聲
迤旖○尾亹○倚椅錡扆偯螘矣已以苡顗
擬艤○浼美○蟣幾己几麂紀○耻侈○捶
箠○痞否嚭圮秕○鬼簋癸軌詭晷宄○悔
觜毀卉譭燬虺○妣比匕○禮醴里裏理鯉
娌李蠡履○濟擠○底邸詆柢胝○洗璽枲
徙屣○起綮啓棨綺杞豈○米弭眯○你旎

禰○彼鄙○喜蟢○委猥唯隗葦偉○壘磊
偪啚○體○腿○蘂○觜○髓○水○餒○
入聲作上聲
質隻炙織隲汁只○七戚漆刺○匹闢僻劈
○吉擊激極棘戟急汲給○筆北○失室識
適拭軾飾釋濕奭○唧積稷績跡脊鯽○必
畢蹕篳碧壁璧甓○昔惜息錫淅○尺赤喫
勑叱鶒○的菂嫡滴○德得○滌剔踢○吸
隙翕檄覡○乞泣訖○國○黑○一

嘯餘譜卷六　中原音韻　九

去聲
未味○胃蝟渭謂䮹尉慰緯穢衛魏畏餧位
飫○貴櫃餽愧悸桂檜膾鱠跪儈繪○吠沸
費肺廢芾○會晦誨諱惠蕙慧潰闠○翠脆
顇倅萃悴淬忰○異詣義議誼毅藝易翳瘞
勩枻曳羿詣饐刈乂意劓懿○氣器棄憩契
禊○霽濟祭際劑○替剃涕嚏○帝諦締弟
娣第睇地遞蔕棣○背貝狽焙倍婢備避輩
被臂髀譬陂詖帔○利痢莉俐例唳戾沴淚

隷癘礪厲莅荔詈剶麗○砌妻○細壻○婿
醉最○對隊碓兌○計記寄繫繼妓忮技髻
偈忌季繇騎旣驥異齘鱖○閉蔽畀庇斃獘
庇比秘陛貴○謎炁○睡稅說瑞○退蛻○
歲碎粹祟邃繸穗燧隧遂彗○墜贅綴縋懟
○製制置滯雉穉致彘治智幟熾質○世勢
逝誓○淚累酹擂類纇耒耒磓○配佩珮轡
霈沛悖誖○妹昧媚魅袂瑁寐○戲系係○
簣蕢揆○殢膩泥○蚋芮銳蜹○吠喙○內

入聲作去聲
日入○覓蜜○冪幂○立粒笠曆歷櫪瀝癧
靂皪力栗○逸易埸譯驛益溢鎰鷁液腋掖
疫役一佾泆逆乙邑憶揖射翊翼○勒肋○
劇○匿

魚模

平聲

陰
居裾琚鶋車駒拘俱○諸猪豬朱姝侏洙洙
珠邾侏○蘇酥穌甦○逋餔晡○樞樗攄○
粗芻○梳蔬疏疎○虛墟嘘噓歔吁○蛆趍
○疽沮趄苴蛆雎○孤枯辜鴣酤沽蛄菰軱
○枯刳○迂紆於○嗚洿烏○書舒輸紓○
嶇軀驅嶇貙○須繻鬚胥醑需繻○膚夫鈇
玞趺敷麩孚郛孚枹桴郛○呼○初○都○

租

陽
廬閭驢臚蔞○如茹駑儒蕾襦孺嚅濡○無

蕪巫誣○模謨摸謀○徒圖菟屠荼途瘏駼
塗○奴孥帑駑○盧蘆顱鸕轤爐櫨瀘蘆艫
○魚漁虞余餘竽于畬雩與輿歟璵舁好歟
譽愚盂隅禺臾榆愉俞覦毹瑜窬逾渝闐于
諛萸○吾浯鋙蜈瑛吳梧娛鼯○雛鋤○殊
茱銖洙○渠蕖磲蘧劬瞿衢臞○除蜍滁躇
厨櫥蹰儲○扶夫蚨符芙凫浮○蒲脯酺蒱
○胡糊湖醐瑚鶘壺狐弧乎○殂徂○徐○

入聲作平聲

獨讀牘瀆犢毒突纛○復佛伏鵩袱服○鵠
鶻斛槲○贖屬述秫術术○俗續○逐軸○
族鏃○僕○局○淑蜀孰熟塾

上聲

語雨與圄圉齬敔禦愈羽宇禹庾○呂侶旅
脊縷僂○主煮拄渚麈墅翥○汝乳○鼠黍
暑○阻組○杵楮緒處杼○數所○祖組○
武舞鵡侮廡○土吐○魯櫓虜鹵滷○覩堵
賭○古詁沽牯蠱估盬鼓瞽股羖賈○五

嘯餘譜　卷六　中原音韻　十一

伍午仵忤塢鄔○虎滸○補浦圃鵏○普溥
譜○甫斧撫黼脯府俯腑父否○毋某牡姥
齔○楚礎憷○舉莒矩榉○弩努○許詡○
取○苦○咀○女㺨○傴去

入聲作上聲

谷穀轂骨○欶縮謖速○復福幅蝠腹覆拂
○卜不○菊踘局（赶）○笏忽○築躅粥竹○
粟宿○曲麯屈（伸）○哭窟酷○出黜畜○叔
菽○督篤○暴㒒○觸束○簇○足○促○

禿○卒○蹙○屋沃兀

去聲

御馭遇嫗裕諭芋譽預豫○慮濾屢○鋸懼
句據詎巨拒秬距炬苣踞屨絢具○恕庶樹
戍竪署曙○覷趣娶○注澍住著柱註鑄彝
炷駐紵苧貯竚○數疏○絮序敘緒○孺茹
○杜妒肚渡鍍斁度蠹○赴父釜輔付賦傅
富仆鮒賻訃拊婦附阜負○戶扈護瓠互月
頀岵怙○務霧騖戊○素訴塑遡泝嗉○暮

嘯餘譜　卷六　中原音韻　十二

慕墓募○路潞鷺輅露賂○故錮固顧雇○
誤悞悟寤惡汚○布怖佈部簿哺捕步○醋
措錯○做祚胙詛○兎吐○怒○鋪○處○
去○聚○助

入聲作去聲

祿鹿漉麓○木沐穆睦没牧目鶩○錄籙綠
醁陸戮律○物勿○辱褥入○玉獄欲浴郁
育鴿○訥

平聲
陰
皆堦階喈街偕稭楷○該垓荄陔○哉栽灾
○釵差○台胎駘咍邰○哀挨唉○猜○挨
○衰○腮○歪○開○揩○齋○乖○篩○
揣
陽
來萊騋○鞋諧骸○排牌簰俾○懷淮槐耲
漈○埋霾○騃皚○孩頦○柴柴豺儕○崖
厓涯○才材財裁纔◎臺薹擡儓苔炱籉○

能
入聲作平聲
白帛舶○宅磔澤擇○畫劃
上聲
海醢○鞿詒紿○駭蟹◎宰載○采彩棌寀
絲○靄藹乃毒◎奶乃○㧊拐夬○凱鎧塏
○揣○擺○矮○觧◎楷◎買○改
入聲作上聲

拍珀魄○策冊櫃測蹟○伯百栢迫擘檗○
骼革隔格○客刻○責幘摘謫側窄仄昃簀
迮○色穡索○摑○摔○嚇○則
去聲
懈械薤解獬○寨豸瘵債蠆眥○態泰太汰
○蓋丐○艾愛噫餲○捱隘阸搤○柰奈耐
鼐○害亥妎○帶戴怠迨待代袋大黛岱○
戒誡廨解界介芥疥屆玠犗怒○外聵○快
噲塊○在再載◎賣邁◎賴籟瀨賚癩◎拜
湃敗憊稗○菜蔡○曬灑煞鎩◎賽塞○怪

○壞○慨○派○帥率○瀣
入聲作去聲
麥貊陌驀脉○額厄客輻○搦
真文
平聲
陰
分紛氛芬汾○昏惛婚葷閽○因姻茵湮殷
闉○申紳伸身○嗔瞋○春椿○詢徇○吞

○暾○諄迍○逡皴○根跟○欣忻昕○氳
熅○眞珍振甄○新薪辛○賓濱鑌彬○坤
髡○君麏軍皸均鈞○榛臻○莘詵○薰醺
勳爋燻○鯤鵾裩昆○温瘟○孫飧蓀猻○
尊樽○敦墩燉○奔賁犇○巾斤筋○村○
親○遵○恩○噴○哏○津

陽

隣燐鱗磷麟鄰轔○貧瀕頻蘋蠙嚬○民珉
縉旻○人仁○倫綸掄輪淪○裙羣○勤懃

芹○門捫○論崘○文紋聞蚊○銀誾齦垠
寅夤嚚鄞○盆湓○陳臣塵娠辰晨宸○秦
蓁○脣蓴淳純醇錞鶉○巡旬馴循○雲芸
云紜耘匀員伍員人名筠○墳焚棼○魂渾○豚
屯飩臀○神○存蹲○痕○紉

上聲

軫疹診稹○肯懇墾齦○緊謹槿卺瑾○隱
引蚓尹○閔憫泯愍敏○准準○刎吻○筍
隼○允殞隕狁○本畚○閫壼悃梱○窘囷
○哂矧○牝品○狠○不○忍○盾○樽○
損○蠢○忖○粉○穩○衮○睔○儘

去聲

震陣振賑鎮○信訊迅噓燼○刃訒仞認○
吝恪藺磷○鬢殯臏○腎愼○醞慍運蘊惲
暈韻○盡晉進璡○忿分糞奮○近覲○櫬
齔○印孕○峻浚殉喂○遜巽○俊駿○舜
順○閏潤○問紊○頓囤鈍遁盾沌○悶懣
○遴倂○訓○郡○困○噴○釁○論○混

○寸○恨○嫩○褪○搵韞○趁疢

寒山

平聲

陰

山刪潸○丹單殫鄲簞○干竿肝玕乾○安
鞍○姦奸間艱菅○刊看○關綸鰥擐○摻
拴○斑班般扳頒○彎灣○灘攤○番幡翻
轓旛藩反○珊跚○攀○壓○趨○餐○跧
○殷

陽

寒邯韓汗翰○闌蘭欄瀾攔僩○還環鬟寰

闞圜鐶○殘戔○閑鷴癇○壇檀彈○煩蘩

膰礬蠜帆樊凡○難○蠻○顏○潺○頑○

上聲

及返坂○散傘糤○晩挽○板鈑○簡揀○

産鏟剗○癉亶○赶稈簳○坦袒○罕○侃

○懶○趲○綰○赧○盞琖○眼

去聲

旱悍銲漢翰瀚汗骭骭○旦誕嘽彈憚但○

萬蔓曼○嘆炭○案按岸犴盰閈哼○幹榦

○粲燦璨○棧綻組○盼襻○譔饌○渲灪

○慢嫚謾○慣卝摜○贊讚瓚瓚酇○患幻

宦擐豢○間澗諫覵○訕疝汕○辦瓣扮絆

○飯販畈範泛范犯○限閬莧○鴈贗晏鷃

○看○爛○篡○散○難○腕

桓歡

平聲

陰

官冠棺觀○搬般○歡讙驩貛獾○潘拚○

端耑○剜豌蜿○酸狻○寛○鑽○湍○攛

陽

鸞鑾巒欒灤圝○瞞謾縵漫鞔饅鬘鏝○桓

絃○丸刓蚖紈完巘岏○團摶漙慱○盤

槃瘢磐鬆般鞶媻磻蟠胖弁幋○攢欑

上聲

館管痯琯脘○纂纘攢酇○欵○盌椀○滿

懣○暖餪○椀○疃○卵○短

去聲

喚換煥渙緩逭奐○翫玩脘惋○鏝慢漫墁

○竄爨攛躥○斷鍛段○算蒜○判拚○貫

冠觀灌祼矔鸛○半伴泮洀畔絆○鑽○亂

○彖○愞

先天

平聲

陰

先仙蹮鮮○煎湔箋𩿍濺錢○堅肩豣○顛
瘨巔○鳩湔媥𤄀○邊籩編鞭鯿○喧暄萱
塡諠○氈鸇鱣饘邅旃栴○饘扇煽○專磚
○千阡芊遷𩯊○軒掀祅○烟燕胭咽嫣○
牽愆褰騫○篇扁蹁偏翩○淵宛𡨺鴛鵷蜿
○痊詮筌銓悛朘荃○宣揎瑄○川穿○圈
○天○鐫

陽

連蓮憐○眠綿○然燃○廛躔纏禪蟬○前

錢○田畋闐填鈿○賢絃弦舷懸○玄○延
筵鋋埏蜒緣妍言研焉沿○乾虔○元黿圓
員捐園圓袁猿轅原嫄源垣鉛𩿧湲援○全
泉○旋還璇○船傳椽○拳顴權鬈○胼駢
𩌏便○聯攣○年○涎

上聲

遠阮宛晼○兗僊演堰衍鼴○卷捲○鮮跣
洗銑毨筅獮蘚癬○腆殄沴○𩣡蹇𧆬筧挸
𪍑○剪𩏽○撚蹍碾𤛌○輦璉○臠孌○𣈶

轉○貶扁匾𧊋緶○沔湎黽免冕勉俛眄○
喘舛○闡蕆○典○顯○犬○淺○展○遣
○吮○軟○選○諞

去聲

院願愿怨遠援○勸券○見建鍵絹件○獻
現憲縣○楦眩絢○電殿甸佃鈿填闐靛奠
○硯燕嚥讌諺堰緣掾宴彥喭嬿○眷捲圈
綣絹侑胥○面麪○片騗○變便遍徧辨辯
卞汴弁○線羨霰○釧穿串○扇善煽鱔禪

饍擅墠單○箭薦煎賤濺餞踐㑊○鏇選旋
漩○傳囀轉篆○戰顫纏○譴牽○練煉楝
○戀

蕭豪

平聲

陰

蕭簫瀟蟰颾綃消銷霄宵硝蛸痟翛倏○刀
貂琱彫鵰凋○梟鴞嚣枵驍歊○梢捎弰筲
𦩍𩌏鞘颩○嬌驕○蕉焦椒燋樵○標幖瀌

鏕杓颮〇交蛟咬郊茭鮫膠教〇包胞苞〇
㧚抓啁〇高篙膏羔糕槔皐櫜鼛〇刀叨舠
魛〇騷搔艘臊鱢颾〇遭糟〇鏖鏖爊〇昭
招朝〇邀夭訞么喓腰䙅要葽〇飄漂〇拋
胞脬〇條掏饕叨滔韜慆〇趫𧾷〇哮虓烋
嗃詨〇敲磽〇抄譟〇坳凹〇蒿薅〇澆〇
褒〇挑〇超〇鍫〇操

陽

豪毫號濠嗥〇寮遼僚鷯憀聊〇饒橈蕘〇

苗描緢〇毛芼旄茅蝥猫髦〇孫獶鐃呶怓
撓譊〇牢勞轑澇醪憦〇迢髫蜩調條佻跳
〇潮朝韶鼂〇遥搖謠瑶飄窰堯陶姚嶢〇
樵顦譙〇鼇鰲嗷廒敖璈聱獒鷔謷遨熬謷
〇喬蕎橋僑翹〇爻肴淆殽〇袍炮跑鞄匏
咆庖〇桃逃咷鼗陶萄綯醄淘濤檮〇曹漕
槽嘈螬〇瓢薸〇巢漅

入聲作平聲

濁濯鐲擢〇鐸度踱〇薄箔泊愽〇學鷽〇

縛〇鶴涸〇鑿〇鑊〇著〇芍杓

上聲

小篠謏〇皎繳矯橋〇裊鳥嫋褭〇了瞭燎
蓼〇杳夭殀舀〇遶繞嬈擾〇眇渺杪藐淼
〇悄愀〇寶保堡褓葆〇夘昴〇狡攪鉸姣
茭絞〇老栳獠潦撩橑〇腦惱碯嫍〇掃嫂
〇殍漂僄剽勡〇早棗澡藻蚤璪〇倒島擣
檮〇杲槀縞鎬鄗槁〇襖懊媪〇考栲〇挑
窕〇沼〇少〇表〇巧〇曉〇飽〇爪〇炒

〇討〇草〇好〇撓〇皷〇稍〇剖〇缶

入聲作上聲

角覺脚桷〇捉卓琢〇斫酌繳灼〇爍鑠爍
〇鵲雀趞〇託拓橐魄飥柝〇綀索摵〇郭
廓〇朔矟〇剝駁〇爵〇削〇柞作鑿〇錯
道〇閣各〇鑿熇〇綽焯〇謔〇戳㮶

去聲

笑嘯肖鞘〇糶眺跳〇釣吊寫調掉〇豹爆
瀑〇抱報暴鮑鞄袍〇竈皂造漕慥躁〇料

鐐廖燎療○傲奡鏊○趙兆照旐詔召肇○
少紹邵燒○號皓好昊皡耗浩顥灝○道翿
纛𧈅盜導悼蹈稻到倒○矐燿艞耍鷂○叫
轎嶠○譙噍○糙燥造慥○俏峭誚○俵鰾
驃○孝効傚校○窖校教覺珓鉸較酵徼○
暴旄桲○拗㘬樂凹○貌冒帽耄眊茂○砲
泡○告誥郜○澇勞嫪○躁燥譟掃○妙廟
○鬧淖○奥懊澳○鈔○竅○溺○哨○覆
入聲作去聲

岳樂藥約躍鑰瀹○掿諾○末幕漠寞莫沫
○落絡烙洛酪樂珞○萼鶚鍔惡愕○弱蒻
若○略掠○虐瘧

歌戈

平聲

陰

歌哥柯牁○科蝌窠○呵訶○戈過鍋○莎
蓑唆睃梭娑挲○磋瑳蹉瘥艖槎○他拖佗
訛○阿痾○窩渦倭踒○坡頗○波玻嶓番

○呵訶○多○麼

陽

羅蘿籮儸囉鑼螺騾邏攞鸁𨰻○摩磨魔劘
盧○挪那挼儺○禾和○何河荷苛菏○駝
紽陀迱跎舵酡沱鼉馱○矬鹾○哦蛾娥峨
莪䳘俄○婆皤鄱膰○訛鈋
入聲作平聲
合盒鶴盍○跋魃○縛佛○活穫○薄箔勃
泊渤○鐸度○濁濯鐲○學○鑿○奪○着

○杓

上聲

鎖瑣娑○果菓蜾○裸蠃攞騾儸○舸哿○
朶趓躱跺嚲○娜那○荷欨○可坷軻○頗
叵○妸○跛簸○我○左○妥○火○顆○
婐○脞
入聲作上聲
葛割鴿閤蛤○鉢撥跋○潑粕鏺○聒括○
渴磕○闊○撮○潑○脫○抹

去聲
賀荷嚄○佐左坐座○舵墮嶞惰剁垛大馱
瘥○銼挫剉莝磋○禍貨和○邏䊑攞○旋
播譒○磨麼○臥涴○糯懦那柰○箇个○
餓○些○過○課○唾○破○嗑
入聲作去聲
岳樂藥約躍鑰○幕末沫莫寞○諾掿○若
弱蒻○落洛絡酪樂烙○萼鶚鰐惡堊鄂○
略掠○瘧虐

嘯餘譜卷六　中原音韻　二十五

家麻
平聲
陰
家加跏珈笳枷袈迦痂葭豭麚佳嘉○巴疤
笆豝芭○蛙洼窪哇媧蝸○沙砂紗鯊裟○
查楂蹅吒○撾抓髽○鴉丫呀○叉杈靫差
髿鎈○誇夸○蝦○葩○花○瓜
陽
麻蟆痳摩○譁划華驊○牙芽衙涯衙啞○

霞遐瑕○琶杷爬○茶槎搽○拏○咱
入聲作平聲
達撻踏沓○滑猾○狎轄鍸俠峽洽匣袷○
乏伐筏罰○拔○雜○閘
上聲
馬媽○雅瘂○洒傻不仁 傻俏○賈假斝○寡冎
剮○奼詫○把○瓦○鮓○打○耍
入聲作上聲
塔獺榻塌○殺霎○劄札○唝匝○察插鍤
○法發髮○甲胛夾○荅搭嗒踏○颯撒薩

嘯餘譜卷六　中原音韻　二十六

毃○撥○刮○瞎○八○恰掐
去聲
駕嫁稼價架假○凹窊○跨胯髁○亞迓訝
研娅○汊咤姹詫覰覵𦊅○帕怕○詐乍榨措
○下芐夏嚇罅暇廈○化畫華鏵樺話○那
○罷覇壩靶壩鈀弝○卦掛○㕦唦旵○大○
凰
入聲作去聲

臘蠟鑞拉𢶍辣○納衲○壓押鴨○抹○襪

○刷

車遮

平聲

陰

嗟罝○奢賒○車○遮○爹○靴○些

陽

爺耶琊鎁呆○斜邪○蛇佘○俫○瘸

入聲作平聲

協穴俠挾纈○傑竭碣○疊迭牒𢹂喋諜垤

絰凸蝶跌○鐝撅○折舌涉○捷截睫○別

○絕○㧞

上聲

野也冶○者赭○寫瀉○捨舍○惹若喏○

撦哆○姐○且

入聲作上聲

屑薛紲泄媟褻㔎屧瘧○切竊妾沏○結潔

劫頰鋏莢○怯挈篋客○節擮栺癤○血歇

嚇蝎○闕缺闋○玦決訣譎蕨鴃○鐵餮帖

貼○轍撤○鼈別鱉○拙輟○轍撤澈掣○

哲褶摺折浙○設攝灄○啜○雪○說

去聲

舍社射麝貰赦○謝卸榭瀉○夜射○柘鷓

炙蔗○借藉○趄○偖

入聲作去聲

揑躡躡鑷嚙臬櫱○滅篾蔑○拽噎謁葉燁

○業鄴額○裂冽獵鬣列○月悅說閱軏越

鉞樾刖○熱○爇○劣

庚青

平聲

陰

京麖庚鶊賡更粳羹䀎驚荊經兢矜涇○精

睛晶旌鶄菁○生甥笙牲猩○箏爭○丁釘

玎仃○扃坰○征正貞禎徵蒸烝○氷兵并

○登簦甑甑燈○崩甏○憎曾繒罾增○鐺

錚橕琤撐瞠○稱秤楨檉蟶○英瑛鷹應膺

櫻嬰嚶膺鸚纓瓔縈○輕坑卿誙硜甖傾鏗
○馨興○青清鯖○聲升勝扗陞○汀廳聽
鞓艇○星醒惺鯹腥騂○崩繃○觥肱○甍
○僧○亨○兄○泓○烹
陽
平評苹枰憑馮凭屏瓶偋娉○明盟鳴名銘
鳴冥溟瞑螟蓂○靈櫺醽麢令零苓伶聆鈴
齡蛉冷瓴翎鴒陵淩菱綾凌○鵬朋棚○朾
稜○層曾○能獰○藤滕騰縢謄疼○莖恒

嘯餘譜卷六 中原音韻 二十九

○盈嬴籯攍瀛塋螢誉迎蠅凝○擎檠鯨黥
勍○行形刑邢桁衡鉶珩硎○情晴睛綪○
亭停婷廷庭蜓霆○瓊煢㷀○澄呈程酲成
城宬誠盛承丞懲乘塍○熒瞢○盲氓甍萌
○橫宏紘閎嶸鈜弘○橙棖棠○榮○寧○
仍○繩○餳
上聲
景儆璟憼骾鯁綆梗警境頸耿哽○頃檾○
丙炳邴秉餅屏○惺醒省眚○影郢穎癭○

省眚○礦鑛懭○憫冏○艋蜢○整拯○茗
皿酩○騁逞○領嶺○鼎酊頂○艇挺誔町
奵○冷○井○請○等○永○涬
去聲
敬徑俓經鏡獍竟競勁更○映應膺凝硬○
慶謦磬罄○命暝○鄧凳嶝隥鐙磴○迥
詗夐○倩請○評摒○正政鄭證○詠瑩○
病竝柄凭○令淩○聖賸勝乘剩盛○性姓
○娉聘○佞濘甯○淨靜穽靘靖凊圊○杏

嘯餘譜卷六 中原音韻 三十

幸倖脛興行○稱秤○定錠矴釘訂飣○贈
○聽○迸○孟○橫○撐○亘
尤侯
平聲
陰
啾揫湫○鳩鬮○搜颼○鄒諏鯫陬騶緅○
休咻貅庥○謳鷗漚甌歐區○鈎勾篝溝韝
緱○兜篼○秋鰍鞦楸鶖○憂幽優耰麀
○脩修羞饈○抽瘳○周賙啁週洲州舟輈

○丘坵○偷媮鍮○篘搊○溲鎪鎪○彪○

收○鵃○掫

陽

尤蚰疣訧遊游蝣由油郵牛庮猷繇輶猶繇

猶楢悠攸○侯猴喉餱篌○劉留遛瘤榴鶹

騮流旒○杀揉鍒蹂鞣○抔裒○繆矛髳鍪

蝥牟麰侔○樓婁蔞摟髏慺○囚泅○紬稠

綢犨讎酬籌儔躊疇惆○求脙銶毬逑球俅

仇樛裘虯○酋遒○頭投骰○愁

入聲作平聲

軸逐○熟

上聲

有酉牖羑友誘莠黝○柳罶瀏○杻狃紐鈕

忸○丑醜○九韭久玖糾灸疚○首手守○

叟瞍藪○斗枓蚪陡抖○狗垢苟耇枸○藕

耦偶嘔毆○擻塿簍○肘箒酎○朽○酒○

掊○剖○吼○走○否○揉○口○僂○懕

入聲作上聲

竹燭粥○宿

去聲

又右佑祐狖宥柚幼囿侑○晝呪胄紂甾簉

咮○臼舅舊咎救柩廄究○受授綬壽獸首

售狩○秀岫袖繡琇宿○嗽漱○皺驟○溜

霤留鎦餾瘤劉穽○扣寇蔻○后逅候堠後

厚○就鷲○豆脰竇鬬逗○構遘媾購姤彀

詬勾○湊輳鞪○漏陋鏤瘻○謬繆○臭○

嗅○瘦○懋○耨○奏○透○貿楙

入聲作去聲

肉褥○六

侵尋

平聲

陰

針斟箴砧椹鱵瑊○金今矜襟禁○駸綅浸

祲○深琛○簪鐕○森槮參○琛郴郴○音

瘖陰喑○心杺○欽衾嶔○侵○歆

陽

林淋琳痳霖臨綝箖○壬任紝鵀○尋潯鱘
鐔燖覃○吟淫崟婬霪蟫○琴芩禽檎擒噙
○岑鸈錤涔霪○沉霃鈂湛○忱煁
上聲
廩懍凜○稔飪淰衽荏○審嬸沈瞫○錦噤
○磣墋瘮○枕○飲○您○怎○寢
去聲
朕沈鴆枕○甚葚○任衽紝姙○禁噤澿矜
○蔭廕窨飲恁○沁伈○浸祲○臨淋○滲
罧○讖○譖○賃○啉○吢

監咸
平聲
陰
菴庵鵪馣唵諳○擔耼儋眈湛酖甔○監緘
椷○堪龕戡弇○三鬖穇○甘柑疳泔○杉
衫○貪探○叅驂○憨酣○簪篸䁓鐕○嵌
○鵮○詀嶄○洴○攙
陽

南諵喃楠男○咸鹹誠函銜啣○婪爁燣藍
籃嵐○覃譚談餤潭燂蕁曇痰○蠶慚○含
涵邯○讒毚饞鑱劖巉○巖岩○喒
上聲
感鰔撼敢○覽攬欖○膽磾紞○慘黲○
揞晻醃○喊㺂○毯禫倓萏窞○咸鹻○坎
○砍○昝歜○俺○糝○黯○斬○腩
去聲
勘磡○顑淦紺○憾撼頷琀㽏唅○淡啖憺

擔○轞檻艦餡陷○濫爁纜攬○瞰嵌闞○
蘸站賺湛○鑑監○暫蹔摻楷○暗闇○三
○探○洴○慘○讖○訕
廉纖
平聲
陰
瞻詹占粘沾霑○兼縑鶼鰜○淹腌醃稽閹
猒懨○纖銛憸暹孅○僉槧籤○襜幨覘○
杴忺○尖漸殲○掂○䟴○謙○添

陽

康簾臁奩帘○鮎黏拈○撏燖○鈐鉗黚○

蟾憺○鹽炎閻簷嚴○甜恬○髯○潛○嫌

上聲

掩黶壓埯奄晻唵琰剡○撿儉瞼○歛險○

染苒冉○閃陜○忝舔○險譣○颭○點○

諂

去聲

豔焰厭饜驗灩釅韱○贍苫○欠芡歉○玷

店墊墊○瀲斂殮○念㾜○劍儉○僭漸○

塹茜槧○染○占○韂

周德清中原音韻務頭正語作詞起例

上元夏時來

一音韻不能盡收廣韻如崆峒之崆鵼之鵼倥傯之倥鶺鴒之鶺字之類皆不可施於詞之韻脚毋譏其不備

一涓涓呼為麗堅泉堅堅而始流可乎陶淵明呼為陶烟明魚躍于烟可乎一堆兒為一醉（平）兒撚起千醉（竪平）雪可乎羊尾子為羊椅子吳頭楚椅可乎來也未為來也巽辰巳午巽可乎此類

未能從命以待士夫之辨

一余與清原曾玄隱言世之有呼屈原之屈為屈伸之屈字同音非也因註其韻玄隱曰嘗聞前輩有一對句可正之校水屈原終是屈殺人曾子又何曾明矣

一平上去入四聲音韻無入聲派入平上去三聲前輩佳作中間備載明白但未有以集之者今撮其同聲或有未當與我同志改而正諸

一入聲派入平上去三聲者以廣其押韻為作詞

而設耳然呼吸言語之間還有入聲之別
一入聲派入平上去三聲如碑字次本韻後使黑
白分明以別本聲外來庶使學者有才者本韻
自足矣
一平聲如尤侯韻浮字否字阜字等類亦如鞞字
收入各韻平上去字下以別本聲外來更不別
立名頭
一中原音韻的本內平聲陰如此字陽如此字蕭
存存欲錄梓以啟後學值其早逝泰定甲子以

一後嘗寫數十本散之江湖其韻內平聲陰如此
字陽如此字陰陽如此字夫一字不屬陰則屬
陽不屬陽則屬陰豈有一字而屬陰又屬陽也
哉此蓋傳寫之謬今既的本刊行或有得余墨
本者幸毋譏其前後不一
一分別陰陽二義熟看諸序
一東鍾韻二聲內轟字許與庚青韻出入通押
一音韻內每空是一音以易識字爲頭止依頭一
字呼吸更不別立切脚

一漢書東方朔滑稽滑字讀爲骨金日磾日字讀
爲密諸韻皆不載亦不敢擅收況不可押於韻
脚姑錄以辨其字音耳
一漢書曹大家之家字讀爲姑可押然諸韻不載
亦不敢擅收附此以備採取
一廣韻入聲緝至乏中原音韻無合口派入三聲
亦然切不可開合同押陽春白雪集水仙子壽
陽宮額得魁名南浦西湖分外清橫斜疏影窗
間印惹御詩人說到今萬花中先綻瓊英自古詩

人愛騎驢踏雪尋凍在前村開合同押用了三
韻大可笑焉詞之法度全不知妄亂編集板行
其不耻者如是作者緊戒
一逐一字解註中州音韻見行刊雕
一齊微韻璺字前輩剮王粲傳奇與支思韻通押
一有客謂世有稱往爲網桂爲寄美爲選到爲弔
叢爲從此乃與稱陶淵明之淵字爲烟字之所
同也
一亳州友人孫德卿長於隱語謂中原音韻三聲

乃四海所同者不獨正語作詞夫曹娥義社天下一家雖有謎韻學者反被其誤半是南方之音不能施於四方非一家之義今之所編四海同音何所往而不可也詩禪得之字字皆可為法余曰嘗有此恨切謂言語既正謎字亦正矣從葺音韻以來每與同志包猜用此為則平上去本聲則可但入聲作三聲如平聲伏與扶上聲拂與斧去聲屋與誤字之類俱同聲則不可何也入聲作三聲者廣其押韻為作詞而設耳毋以此為比當以呼吸言語還有入聲之別而辨之可也德卿曰然

一歡娛之娛廣韻音愚四海之人皆讀為吳提撕之撕廣韻音西四海之人皆讀為斯有誚之者謂讀白字依其邊傍字音也犇牛之子騂且角之騂字廣韻息營切音星而讀為辛却依其邊傍字音誚之者而不誚之益知其彼之誤而不知此之謬前輩編字有云日月象形江河諧聲止戈為武如此取義娛撕二字依傍有吳斯讀之又何害於義理

豈不長於傍是辛而讀為星字之音乎

一余嘗於天下都會之所聞人間通濟之言世之泥古非今不達時變者眾呼吸之間動引廣韻為證寧甘受鴂舌之誚而不悔亦不思混一日久四海同音上自縉紳講論治道及國語翻譯國學教授言語下至訟庭理民莫非中原之音不爾止依廣韻呼吸上去入聲姑置未暇殫述略舉平聲如靴許戈切在戈韻車邪遮嗟却在麻韻靴不協車車却協麻元喧鴛言褰焉俱不協先却與魂痕同押煩翻不協寒山亦與魂痕同押靴與戈車與麻元與煩煩與魂共音何以相著佳街同音與皆同押不協咍咍却與灰同押灰不協揮杯不協碑梅不協縻雷不協羸必呼梅為埋雷為來方與咍協如此呼吸非鴂舌而何不獨中原盡使天下之人俱為閩海之音可乎切聞大學中庸乃禮記中語程子取為二經定其闕疑如在親民之親字當作新字之類是也聖經尚然況於韻乎合於四海同音分豁而

歸併之與堅守廣韻方語之徒轉其喉舌換其齒牙使執而不變迂闊庸腐之儒皆爲通儒道聽塗說輕浮市廛之子悉爲才子矣余曰若非諸賢公論如此區區獨力何以爭之

一依後項呼吸之法庶無之知不辨王楊不分及諸方語之病矣

東鍾

宗有蹤　松有鬆　龍有籠　濃有膿

朧有櫳　送有訟　從有綜

江陽

釭有缸　桑有雙　倉有窻　糠有腔

臧有粧　楊有王　杭有降　強有狂

藏有床　磉有爽　綱有往　讓有釀

葬有狀　唱有丈　胖有傷

支思

絲有師　死有史

齊微

知有之　癡有眵　耻有齒　世有市

智有志以上三聲係與支思分別　篦有杯　紕有紑

迷有梅　髀有裴　米有美　妣有彼

謎有媚　閉有避以上三聲本聲自相分別

魚模

蘇有疎　粗有初　吳有胡　殂有雛

祖有阻　檪有努　素有數　措有助

皆來

猜有差　灾有齋　才有柴　孩有鞋

海有駭　採有揣　凱有楷　太有大

捱有艾　寨有曬

真文與庚青分別

眞有貞　因有英　申有升　嗔有稱

欣有興　新有星　賓有氷　君有扃

榛有箏　莘有生　薰有兄　鯤有觥

溫有泓　奔有崩　巾有驚　親有青

恩有甖　噴有烹　哏有亨　津有精

昏有轟　隣有靈　貧有平　民有明

仁有仍　裙有瓊　勤有擎　門有萌

鍁有鵬　盆有棚　塵有成　秦有情
雲有榮　神有繩　痕有莖　紉有寧
魂有横　緊有景　引有影　袞有礦
窘有炯　軫有整　閔有茗　儘有井
允有永　敬有近　印有暎　訓有迥
鎮有正　運有詠　鬢有病　吝有另
慎有聖　信有性　盡有淨　釁有興
趂有稱　遴有迸　悶有孟　混有横
襯有撐

寒山
珊有山　殘有潺　趲有盞　散有疝
桓歡
完有岏　官有關　慢有慢　患有緩
慣有貫
先天
年有妍　碾有輦　漩有旋
蕭豪
包有褒　飽有保　爆有抱　造有造上音皂下音譟

歌戈
䵷有訛　和有何　過有箇　薄有箔
家麻
查有咱　馬有麽　罷有怕
車遮
爺有衙　也有雅　夜有亞
庚青與真文分別
尤侯
溲有搜　走有㑳　叟有擞　嗽有瘦

秦有皴
侵尋
針有真　金有斤　侵有親　深有申
森有莘　琛有嗔　音有因　心有辛
歆有欣　林有鄰　壬有人　尋有信
吟有寅　琴有勤　沈有陳　忱有神
稔有忍　審有哂　錦有緊　枕有瑱
飲有引　朕有鎮　甚有腎　任有認
禁有近　蔭有印　沁有信　浸有進

監咸

菴有安　擔有單　監有間　三有珊
貪有灘　酣有邯　南有難　咸有閑
藍有闌　談有壇　岩有顏　感有捍
覽有懶　膽有癉　毯有坦　減有簡
坎有侃　斬有盞　勘有看　淦有幹
憾有漢　淡有旦　陷有限　濫有爛
賺有綻　鑑有澗　暗有按　探有炭

廉纖

詹有氊　兼有堅　淹有烟　纖有先
僉有千　忺有掀　尖有煎　掂有顛
謙有牽　添有天　撏有涎　鉗有虔
簾有連　粘有年　甜有田　髯有然
蟾有纏　鹽有延　潛有前　嫌有賢
臉有輦　染有撚　掩有偃　撿有蹇
險有顯　颭有展　閃有僐　忝有腆
點有典　諂有闡　艷有硯　欠有縴
店有鈿　念有年去聲　劍有見　僭有箭
塹有倩　占有戰

看岳王傳
披文握武建中興廟宇載青史圖書功成却被
權臣妬正落奸謀閃殺人望旌節中原士夫悮
殺人棄丘陵南渡鑾輿錢塘路愁風怨雨長是
洒西湖

韓世忠
安危屬君立勤王志節比翊漢功勳臨機料敵
存威信際會風雲似恁地盡忠勇匡君報本也

消得坐都堂秉笏垂紳閑評論中興宰臣萬古
揖清芬

悮國賊秦檜
官居極品欺天悮主賊土輕民把一場和議爲
公論妬害功臣通賊虜懷奸誑君那些兒立朝
堂仗義依仁英雄恨使飛雲幸存那裏有南北
二朝分

張俊
謀淵畧廣論兵用武立國安邦佐中興一代賢

明將怎生來險幸如狼蓄禍心奸私放黨附權
臣構陷忠良朝堂上把一箇精忠岳王屈死葬

錢塘

一泰定甲子秋後閱前輩餘論四海之大皆稱父去聲母爲姥音廣韻父扶雨切上聲母在有韻婦亦在有韻卦古賣切與怪通副富敷救切在有韻道士呼爲討死之類猶
平聲之所論也入聲以平聲次第調之互有可
調之音且以開口陌以唐内盲至德以登五韻
閉口緝以侵至乏以凡九韻逐一字調平上去

入必須極力念之悉如今之搬演南宋戲文唱
念聲腔玫自漢魏無製韻者按南北朝史南朝
吳晋宋齊梁陳建都金陵齊史沈約字休文吳
興人將平上去入製韻仕齊爲太子中令梁武
時爲尚書僕射詳約製韻之意寧忍弱其本朝
而以敵國中原之音爲正耶不取所都之内通
言却以所生吳興之音蓋其地隣東南海角閩
浙之音無疑故有前病且六朝所都江淮之間
緝至乏俱無閉口獨浙有也以此論之止可施

於約之鄉里矣又以史言之約才如此齊爲史
職梁爲大臣孰不行其聲韻也歷陳陳亡流入
中原自隋至宋國有中原才爵如約者何限惜
無有以辨約之韻乃閩浙之音而製中原之韻
者嗚呼年年依樣畫葫蘆耳南宋都杭吳興與
切隣故其戲文如樂昌分鏡等類唱念呼吸皆
如約韻昔陳之後庭花曲未必無此聲也總以
國之音奚足爲明世法惟我　聖朝興自北方
五十餘年言語之間必以中原之音爲正鼓舞

歌頌治世之音始自太保劉公牧菴姚公踈齋
盧公輩自成一家今之所編得非其意乎彼之
沈約不忍弱者私意也且一方之語雖渠之南
朝亦不可行況四海乎予生當混一之盛時耻
爲亾國搬戲之呼吸以中原爲則而又取四海
同音而編之實天下之公論也余曰晦菴有云
世無督連子千載徒悲傷信矣

一辨明古字略

東鍾

菄東臾冬营芎仝同戜戎蝀螽宗崇崧嵩憁鬷
窯松襛濃襛農並膏庸圭封夆峰丯丰蠭蜂飌風
兇凶傯總犨擁冈兄恿勇忢恐湩動翾鳳瘮夢
江陽
灮光匨臧邫邦鋹缸羫腔暘場羗羌疆畺畕疆
曩嚷剏蒼桊喪對剛柍殃暘䬬並唐网兩亯享
鷔鶯罔網室調脼諒並朗瘬脹瘴障牆墻並醬
嬪嬪
支思
嘯餘譜卷六 十四
㞢之峕時恖思䚡眡並視𢻫跂秲蒔竢俟𦘔詞
丣三並四狐紙翅
齊微
秕移麞靡犎垂闚窺㒟熙多㝖並宜荾芰並萎
黽龜蟻儀夓夔眉眉濂湄丕丕㧙紕棋綦嘷啼
卤西靁雷積頹㠯以諧揩磥磊骸腿皐罪𡋯誼
觜智彨魅嚞吹釆穗嘳喟墬坔並地蹦躝閈閉
炁氣𣊻替弫羿丗世復退並退泰鐵弋一纍桌粟並
𡌰奇㕡赤㡿斥㭊析遰遞豸家猊剔䥒狍並賤

閹閣鄴則並則遘及逷逖戠埴
漁模
仔好奄蛛扙扶伖奴乎乎辵徒舁與鬻煑晦畝
鏞斧㿽覷䖒齒豎竪妒妬衮俗遡泝悑怖屋屋
秃秃豚居遬警速並舣服簟蔡佰佰並夙𦗁僕臬粟
皆來
䵽埋菲乖菭苦栽扻並灾抬胎捭擺匃丐攨琹拜並
㦖態黱黛瑇玳㑆袋攺迫厇宅𤓰脈箖冊尼尼
眞文
嘯餘譜卷六 十五
𡆸茵寴親軙呻賔賓𡍮憐麐麟敶陳雔津賮贐
麇磨穷貧匀均𠣜旬桼膝䦨閭蟁蚊㹞朔筍笋
蓁秦眘慎吏埃屖舜
寒山
倉看韓韓鶾翰𩈄難韉艱笴笴繖傘組綻撒散
桓歡
纅槃柈並盤园刓毀役拉短暖暖㬉煖毌貫
攤跘判
先天

殀萸並天 卉前 槧箋 窒烟 嘂吹 屦展 研硯 綫線
箾葥

蕭豪
鼂兆 翰朝 爒焦 褒袍 嘈曹 擾擾 表表 鶩炒 衜道
跚叶 皎爵 腳脚

歌戈
梭梭 譌訛 羸騾 龢和 皤播 礳磨 堊坐 盋鉢 欲奈
澂瀉

家麻
嘯餘譜卷六　十六
誇譁 梌茶 邁篨過並 𤺅痖 冎剐 擠拉 瀗法 鞬鍗

車遮
裒斜 簷若 埜野 銕鐵 飻餮 劉列 悊喆嚞並哲 䨮雪
乑厥 叶協 蜨蝶

庚青
鷰英 稉梗 硎阬並坑 纘觥 盟盟 鎗鎗 廬原 徃徑
剿剌並黥 錚鉦 盯眖 嵤嶸 鞫轟 脛䯒 璚瓊 延征
㚘生 鮏鯹 霧雹並霊 荓萍 冋坰 澂澄 勝凌 悔恒
陵菱 粟殑並乘 儆瞥 銔鏦 頃頃 甭甭 夻寺 梗硬

靚淨 敁孥 齭穧並靚

尤侯
沶流 逰遊 搊抽 北丘 逑求 厍侯 鉦鍮 栟梂 晉首
丣酉 羑誘 溝㴉 交叟 呴吽並吼 垕厚 𠷎冑 匱㮆
鬭鬪 槈鎒並耨 復復 甯岫 逡後

侵尋
沈沉 㩌揞並擒 龄吟 裣襟 曑參 蔘人參 歆飲 向原
鯵朕 稽蔭

監咸
嘯餘譜卷六　十七
栟楠 諵喃 弎三 歆鵮 敔敢並敢 掔攬 嚂暫

廉纖
黏粘 箝鉗 猒饜 讇諂 豓豔 爓焰

一畧舉釋疑字樣
閼氏音烟支　可汗音克寒　冒頓音墨特
龜般下音班　契於期於音烏　嫪毒音勞靄
角里先生角音鹿　酈食其音異飢　甯馨兒甯去聲
万俟卨音木奇府　僕射下音夜　姑射下音益
無射下音益　龜茲音丘慈國名　番禺音潘愚縣名

牂牁音臧歌郡名　滹池音烏馱河名　疆場下音益
盟津上音孟　國土下音度　陶甄音眞音堅[illegible]
緡繳下音一勺　枹鼓上音敷　琅琊下音耶郡名
邪谷上音耶　綸巾綸關二音皆可　犧樽上音梭
率更上音律　盤飧下音孫熟食也　矛盾食蠢切
黃能奴來切三足鱉　委蛇音威移　彳亍音躑躅小步也
朝請去聲漢官名春曰朝秋曰請　於戲音嗚呼嘆辭
尸解下音尸　欸乃音襖靄漁歌　宿留音秀溜
般若音鉢惹釋經　衆生上音中釋經　句讀下音豆

嘯餘譜卷六　樂府　廿八

落魄下音託　隱几隱去聲　野燒燒去
閤閣上音割黃閤東閤之類下音各天祿石渠諸閣之類　雨水雨去聲
俊與儁通　遠去聲遠害全身遠市朝　涯音牙詞押音移詩押
些息个切楚辭　祆音軒胡神　造二音造作之造造次之造
扁音貶牌額也　殷烏關切赤黑也　溺奴料切尿也沛公溺儒冠
闘去聲闘于天　臨去聲哭也　繇卑于傳有咎繇音肉又音
螺螄螄也　臉桃腮杏臉則呼爲儉若美臉兒當呼爲斂平音
大大都大路不可同語

樂府共三百三十五章自軒轅制律一十七宮調今之所傳者一十有二

黃鍾二十四章

醉花陰　喜遷鶯　出隊子
刮地風　四門子　水仙子
寨兒令　神仗兒亦作煞　節節高
者剌古　願成雙　賀聖朝
紅錦袍即紅衲襖　晝夜樂　人月圓
綵樓春即抛毬樂　侍香金童　降黃龍衮
雙鳳翹即女冠子　傾盃序　文如錦
九條龍　興隆引　尾聲

嘯餘譜卷六　樂府　廿九

正宮二十五章

端正好　衮繡毬亦作子母調　倘秀才亦作子母調
靈壽杖即呆骨朵　叨叨令　塞鴻秋
脫布衫　小梁州　醉太平
伴讀書即村裏秀才　笑和尚　白鶴子
雙鴛鴦　貨郎兒入南呂轉調　蠻姑兒
窮河西　芙蓉花　菩薩蠻
黑漆弩即學士吟鸚鵡曲　月照庭
六么遍即柳梢青　甘草子　三煞

啄木兒煞（亦入中呂）　煞尾

大石調二十一章

六國朝　歸塞北（即望江南）　卜金錢（即初問口）

怨別離　鴈過南樓　催花樂（即擂鼓體）

淨瓶兒　念奴嬌　喜秋風

好觀音（亦作煞）　青杏子　蒙童兒（即憨郭郎）

還京樂　茶蘼香　催拍子

陽關三疊　驀山溪　初生月兒

百字令　玉翼蟬煞　隨煞

小石調五章

青杏兒（即青杏子亦入大石調）　天上謠

惱煞人　伊州遍　尾聲

仙呂四十二章

端正好（楔兒）　賞花時　八聲甘州

點絳唇　混江龍　油葫蘆

天下樂　那吒令　鵲踏枝

寄生草　六么序　醉中天

金盞兒（即醉金錢）　醉扶歸　憶王孫

一半兒　瑞鶴仙　憶帝京

村裏迓古　元和令　上馬嬌

遊四門　勝葫蘆　後庭花（亦作煞）

柳葉兒　青哥兒　翠裙腰

六么令　上京馬　祆神急

大安樂　綠窗愁　穿窗月

四季花　鴈兒落　玉花秋

三番玉樓人（亦入越調）　錦橙梅

雙鴈子　太常引　柳外樓

賺煞尾

中呂三十二章

粉蝶兒　叫聲　醉春風

迎仙客　紅繡鞋（即朱履曲）　普天樂

醉高歌　喜春來（即陽春曲）　石榴花

鬬鵪鶉　上小樓　滿庭芳

十二月　堯民歌　快活三

鮑老兒　古鮑老　紅芍藥

剔銀燈　蔓菁菜　柳青娘

道和　朝天子卽謁金門　四邊靜
齊天樂　紅衫兒　蘇武持節卽山坡羊
賣花聲卽升平樂亦作煞　四換頭
攤破喜春來　喬捉蛇　煞尾
南呂二十一章
一枝花卽占春魁　梁州第七　隔尾
牧羊關　菩薩梁州　玄鶴鳴卽哭皇天
烏夜啼　罵玉郎　感皇恩
採茶歌卽楚江秋　賀新郎　梧桐樹

嘯餘譜卷三　務頭

紅芍藥　四塊玉　草池春卽鬭蝦蟆
鵪鶉兒　閱金經卽金字經　翠盤秋亦大中呂卽乾
荷葉　玉交枝　煞
黄鍾尾
雙調一百章
新水令　駐馬聽　喬牌兒
沉醉東風　步步嬌卽潘妃曲　夜行船
銀漢浮槎卽喬木查　慶宣和　五供養
月上海棠　慶東原　撥不斷卽續斷絃

攪筝琶　落梅風卽壽陽曲　風入松
萬花方三臺　鴈兒落卽平沙落鴈　德勝令卽摩陣凱歌回
一水仙子卽凌波仙湘妃怨馮夷曲　大德歌
鎭江廻　殿前歡卽小婦孫兒鳳將雛
滴滴金卽甜水令　折桂令卽秋風第一枝天香引蟾宮曲步蟾宮
清江引　春閨怨　牡丹春
漢江秋卽荆襄怨　小將軍　慶豊年
太清歌　小陽關　搗練子卽胡搗練
秋蓮曲　掛玉鉤序　荆山玉卽側磚兒

嘯餘譜卷六　務頭

竹枝歌　沽美酒卽瓊林宴　太平令
快活年　亂柳葉　豆葉黄
川撥棹　七弟兄　梅花酒
收江南　掛玉鉤卽掛搭沽　早鄉詞
石竹子　山石榴　醉娘子卽醉也摩挲
駙馬還朝卽相公愛　胡十八　一錠銀
阿納忽　小拜門卽不拜門　慢金盞卽金盞兒
大拜門　也不羅卽野落索　小喜人心
風流體　古都白　唐元夕

河西水仙子　華嚴讚　行香子
錦上花　碧玉簫　祆神急
驟雨打新荷　駐馬聽　金娥神曲
神曲纏　德勝樂　大德樂
楚天遙　天仙令　新時令
阿忽令　山丹花　十棒鼓
殿前喜　播海令　大喜人心
醉東風　間金四塊玉　减字木蘭兒
高過金盞兒　對玉環　青玉案

魚遊春水　秋江送　枳郎兒
河西六娘子　皂旗兒　本調煞
鴛鴦煞　離亭宴帶歇指煞
收尾　離亭宴煞
越調三十五章
鬪鵪鶉　紫花兒序　金蕉葉
小桃紅　踏陣馬　天淨紗
調笑令（即含笑花）　禿厮兒（即小沙門）　聖藥王
麻郎兒　東原樂　絡絲娘

送遠行　綿搭絮　拙魯速
雪裏梅　古竹馬　鄆州春
眉兒彎　酒旗兒　青山口
寨兒令（即柳營曲）　黃薔薇　慶元貞
三臺印（即鬼三台）　凭闌人　要三台
梅花引　看花回　南鄉子
糖多令　雪中梅　小絡絲娘
煞　尾聲
商調十六章

集賢賓　逍遥樂　上京馬
梧葉兒（即知秋令）　金菊香　醋葫蘆
掛金索　浪來裏（亦作煞）　雙鴈兒
望遠行　鳳鸞吟　玉胞肚（亦入雙調）
秦樓月　桃花浪　高平煞
尾聲
商角調六章
黃鶯兒　踏莎行　蓋天旗
垂絲釣　應天長　尾聲

般涉調八章

哨遍　臉兒紅 即麻婆子　墻頭花

瑤臺月　急曲子 即促拍令　耍孩兒 即魔合羅

煞　尾聲 與中呂煞尾同

名同音律不同者一十六章

黃鍾 水仙子　雙調 水仙子　黃鍾 寨兒令

越調 寨兒令　仙呂 端正好　正宮 端正好

仙呂 袄神急　雙調 袄神急　仙呂 上京馬

商調 上京馬　中呂 鬬鵪鶉　越調 鬬鵪鶉

中呂 紅芍藥　南呂 紅芍藥　中呂 醉春風

雙調 醉春風

句字不拘可以增損者一十四章

正宮

端正好　貨郎兒　煞尾

仙呂

混江龍　後庭花　青哥兒

南呂

草池春　鵪鶉兒　黃鍾尾

中呂

道和

雙調

新水令　折桂令　梅花酒

尾聲

大凡聲音各應於律呂分於六宮十一調共計十

七宮調

仙呂調淸新綿邈　南呂宮感嘆傷悲

中呂宮高下閃賺　黃鍾宮富貴纏綿

正宮惆悵雄壯　道宮飄逸淸幽

大石風流醞藉　小石旖旎嫵媚

高平條拘滉漾　般涉拾掇坑塹

歇指急併虛歇　商角悲傷宛轉

雙調健捷激裊　商調悽愴怨慕

角調嗚咽悠揚　宮調典雅沉重

越調陶寫冷笑

有子母調有字多聲少有聲多字少所謂一串

珠也

凡作樂府古人云有文章者謂之樂府如無文飾
者謂之俚歌不可與樂府共論也又云作樂府
切忌有傷於音律且如女眞風流體等樂章皆
以女與人音聲歌之雖字有舛訛不傷於音律
者不爲害也大抵先要明腔後要識譜審其音
而作之庶無劣調之失而知韻造語用事用字
之法名人詞調可爲式者幷列於後

一作詞十法

知韻 無入聲止有平上去三聲

平聲 有陰有陽入聲作平聲俱屬陽

上聲 無陽無陰入聲作上聲亦然

去聲 無陰無陽入聲作去聲亦然

造語

可作

樂府語　經史語　天下通語

未造其語先立其意語意俱高爲上短章辭
旣簡意欲盡長篇要腰腹飽滿首尾相救造
語必俊用字必熟太文則迂不文則俗文而
不文俗而不俗要聳觀又聳聽格調高音律
好襯字無平仄穩

不可作

俗語　蠻語　謔語　嗑語

市語　方語 各處鄉談也

書生語 書之紙上詳解方曉歌則莫知所云

譏誚語 諷刺古有之不可直述託一景託一物可也

全句語

短章樂府務頭上不可多用全句還是自立

一家言語爲上全句語者惟傳奇中務頭上
用此法耳

拘肆語

不必要上紙但只要好聽俗語謔語市語皆
可前輩云街市小令唱尖新茜意成文章曰
樂府是也樂府小令兩途樂府語可入小令
小令語不可入樂府

張打油語

吉安龍泉縣水滸米倉有于志能號無心者

欲縣官利塞其口作水仙子示人自謂得意末句云早難道水米無交觀其全集自名之曰樂府悉皆此類士大夫評之曰此乃張打油乞化出門語也敢曰樂府作者當以爲戒

雙聲疊韻語

如故國觀光君未歸是也夫樂府貴在音律瀏亮何乃反入艱難之鄉此體不可無亦不可專意作而歌之但可拘肆中白念耳

六字三韻語

前輩周公攝政傳奇太平令云口來豁開兩腮西廂記麻郎么云忽聽一聲猛驚本宮始終不同韻脚俱用平聲若雜一上聲更屬第二着皆於務頭上使近有折桂令皆二字一韻不分務頭亦不能喝采全淳則已若不淳則句句急口令矣所謂畫虎不成反類犬也殊不知前輩止於全篇中務頭上使以別精粗如衆星中顯一月之孤明也可與識者道

語病

如達不着主母機有答之曰燒公鴨亦可似此之類切忌

語澁

句生硬而平仄不好

語粗

無細膩俊美之言

語嫩

謂其言太弱既庸且腐又不切當鄙猥小家而無大氣象也

用事

明事隱使隱事明使

用字

切不可用

生硬字　太文字　太俗字

襯墊字套數中可摘爲樂府者能幾每調多則無十二三句每句七字而止却用襯字加倍則刺眼矣倘有人作出協音俊語無此節病我不及矣緊戒勿言妄亂板行寨鴻秋末

句本七字有云今日箇病懨懨剛寫下兩箇
相思字却十四字矣此何等句法而又託名
於時賢沒與遭此誚謫無爲雪冤者已辨於
序

入聲作平聲 施於句中不可不謹皆不能正其音

澤國江山入戰圖 第一澤字無害

紅白花開煙雨中 第二白字

瘦馬獨行真可哀 第三獨字若施於仄仄平平仄仄平平之句則可施於他調皆不可

人生七十古來稀 第四十字

點溪荷葉叠青錢 第五叠字

劉項元來不讀書 第六讀字

鳳凰不共雞爭食 第七食字

陰陽

用陰字法

點絳脣首句韻脚必用陰字試以天地玄黃爲
句歌之則歌黃字爲荒字非也若以宇宙洪荒
爲句協矣蓋荒字屬陰黃字屬陽也

用陽字法

寄生草末句七字内第五字必用陽字以歸來
飽飯黃昏後爲句歌之協矣若以昏黃後歌之
則歌昏字爲渾字非也蓋黃字屬陽昏字屬陰
也

務頭

要知某調某句某字是務頭可施俊語於其上
後註於定格各調内

對耦

逢雙必對自然之理人皆知之

扇面對

調笑令 第四句對第六句第五句對第七句

駐馬聽 起四句是也

重疊對

鬼三臺 第一句對第二句第四句對第五句第一第二第三句却對第四第五第六句是也

救尾對

紅綉鞋 第四句第五句第六句爲三對

寨兒令第九句第十句第十一句爲三對
二調若是末句稍弱卽以此法救之
末句
詩頭曲尾是也如得好句其句意盡可爲末
句前輩已有其調末句是平煞其調末句是
上煞其調末句是去煞照依後項用之夫平
仄者平者平聲仄者上去聲也後云上者必
要上去者必要去上去者必要上去去上
者必要去上仄仄者上去去上皆可上上去

去若得迴避尤妙若是造句且熟亦無害
去上 去平屬第二着 切不可上平
慶宣和
仄平平
鴈兒落 一 漢東山
平去平 平去上屬第三着
山坡羊 四塊玉
仄仄平平
折桂令 水仙子 殿前歡

喬木查 普天樂
平平去上
醉太平
仄仄仄平平
金盞兒 賀新郎 喜春來
滿庭芳 小桃紅 寨兒令
小梁州 賞花時
平平上去平 仄平平去平 亦可
呆古朵 牧羊關 德勝令

仄平平去平
喬牌兒
上平平去平
凭闌人
仄平平去上
紅繡鞋 黃鍾尾
仄仄平平去 上聲屬第二着
醉扶歸 迎仙客 朝天子
快活三 四換頭 慶東原

笑和尚　白鶴子　堯民歌
碧玉簫　端正好　步步嬌
仄仄仄平平
新水令　胡十八
平平去平上
越調尾　離亭宴歇指鴛鴦殺
平平仄仄平平
天淨沙　醉中天　調笑令
風入松　祆神急

仄平平仄平平去
落梅風　上小樓　夜行船
撥不斷　賣花聲
平仄仄平平平去
太平令
平仄仄平平去上 去平屬第二着
村裏迓鼓　醉高歌　梧葉兒
沉醉東風　願成雙　金蕉葉
平平仄仄仄平平

賺煞尾聲　採茶歌
平平仄平平去平
攪箏琶
平去仄平平去上
江兒水
平平仄仄平平去 上聲屬第二着
寄生草　塞鴻秋　駐馬聽
仄仄平平去平上
正宮中呂雙調尾聲

定格 四十首一

仙呂

寄生草　飲

長醉後方何礙不醒時有甚思糟醃兩箇功名字醅渰千古興亡事麴埋萬丈虹蜺志不達時皆笑屈原非但知音盡說陶潛是

評曰命意造語下字俱好最是陶字屬陽恊音若以淵明字則淵字唱作元字蓋淵字屬陰有甚二字上去聲盡說二字去上聲更妙

虹蜺志陶潛是務頭也

醉中天

疑是楊妃在怎脫馬嵬災曾與明皇捧硯來美臉風流殺叵奈揮毫李白覷着嬌態灑松烟點破桃腮

評曰體詠最難音律調暢捧硯點破俱是上去聲妙第四句末句是務頭

醉扶歸 秃指甲

十指如枯筍和袖捧金樽搊殺銀箏字不眞揉

痒天生鈍縱有相思淚痕索把拳頭揾

評曰筍字若得去聲字好字不二字去上聲便不及前詞音律餘無玼第四句末句是務頭

鴈兒落

洞賓出世超凡本有神仙分一抹條九陽巾君人眞人

評曰此調極罕伯牙琴也妙在君字屬陰

一半兒 春妝

白將楊柳品題人笑撚花枝比較春輸與海棠三四分再偷匀一半兒胭脂一半兒粉

評曰一樣八首臨川陳克明所作俊詞也此調作者雖衆音律獨先

金盞兒 岳陽樓

據胡床對瀟湘黃鶴送酒仙人唱主人無量醉何妨若捲簾邀皓月勝開宴出紅粧但一尊留墨客是兩處夢黃粱

評曰此是岳陽樓頭摺中詞也妙在七字黃

鶴送酒仙人唱俊語也況酒字上聲以轉其音務頭在其上有不識文義以送爲齎送之義言黃鶴豈能送酒乎改爲對舞殊不知黃鶴事仙人用榴皮畫鶴一隻以報酒家客飲撫掌則所畫黃鶴舞以送酒初無雙鶴豈能對舞且失飲酒之意送者吳姬壓酒之謂甚矣俗士不可醫也

中呂

迎仙客 登樓

雕簷紅日低畫棟綵雲飛十二玉闌天外倚望
中原思故國感慨傷悲一片鄉心碎
評曰妙在倚字上聲起音一篇之中唱此一
字况務頭在其上原思字屬陰感慨上去尤
妙迎仙客累百無此調也美哉德輝之才名
不虛傳

朝天子 廬山

早霞晚霞粧點廬山畫仙翁何處鍊丹砂一縷
白雲下客去齋餘人來茶罷歎浮生指落花楚

家漢家做了漁樵話

紅繡鞋 隱士

歎孔子嘗聞俎豆羨嚴陵不事王侯百尺雲帆
洞庭秋醉呼元亮酒懶上仲宣樓功名不掛口
評曰二詞對偶音律語句平仄俱好前詞務
頭在人字後詞妙在口字上聲務頭在其上
知音傑作也

普天樂 別友

浙江秋吳山夜愁隨潮去恨與山疊鴻鴈來芙
蓉謝冷雨青燈讀書舍怕離別又早離別今宵
醉也明朝去也留戀些二些二
評曰妙在芙字屬陽取務頭造語音律對偶
平仄皆好看他用疊字與別字俱是入聲作
平聲字下得妥貼可敬冷雨二字去上爲上
平上上上去次之去去屬下着讀書舍方
是別友也又第八句是務頭也字上聲妙

喜春來 春思

鬧花醞釀蜂兒蜜細雨調和燕子泥綠窗蝶夢

覺來遲誰喚起簾外曉鶯啼
評曰調字遲字俱屬陽妙蜜字去聲好切不
可上聲但要喚字去聲起字平上皆可

滿庭芳 春晚

知音到此舞雩點也脩禊羲之海棠春已無多
事雨洗胭脂誰感慨蘭亭古紙自沉吟桃扇新
詞急管催銀字哀絃玉指忙過賞花時
評曰此一詞但取其平仄庶幾若此字是平
聲屬第二着喜羲字屬陰妙可惜第四第五

句上下失粘妙在紙字上聲起音扇字去聲
取務頭若是紙字平聲屬第二着扇字上聲
止可作折桂令中一對多了怎管二字不成
調得一意結之方好吁今之樂府難而又難
爲格之詞不多見也
十二月堯民歌 情詞
自别後遥山隱隱更那堪遠水粼粼見楊柳飛
綿衮衮對桃花醉臉醺醺透内閣香風陣陣掩
重門暮雨紛紛怕黄昏不覺又黄昏不銷魂怎

地不銷魂新啼痕壓舊啼痕斷腸人憶斷腸人
今春香肌瘦幾分摟帶寬三寸
評曰對偶音律平仄語句皆妙務頭在後詞
起句
四邊靜 西廂
今宵歡慶軟弱鶯鶯可曾慣經欵欵輕輕燈下
交鴛頸端詳着可憎好殺無乾淨
評曰務頭在第二句及尾可曾俊語也
醉高歌 懷古

十年燕市歌聲幾點吳霜鬢影西風吹老鱸魚
興晚節桑榆暮景
評曰妙在點節二字上聲起音務頭在第二
句及尾
南吕
四塊玉
買笑金纏頭錦得遇知音可人心怕逢狂客天
生沁紐死鵪鶉砕琴不害碜
評曰纏字屬陽妙對偶音調俱好詞也可宗

務頭在第二句及尾
罵玉郎 感皇恩 採茶歌 得書
長江有盡思無盡空目斷楚天雲人來得紙真
實信親手開在意讀從頭認
織錦回文帶草連真意誠實心想念話懃懃佳
期未准愁黛長顰怨青春捱白晝怕黄昏
叙寒温問緣因斷腸人憶斷腸人錦字香粘新
淚粉彩箋紅漬舊啼痕
評曰音律對偶平仄俱好妙在長字屬陽紙

字上聲起音務頭在上及感皇恩起句至斷
腸句上

正宮

醉太平 感懷

人皆嫌命窘誰不見錢親水晶丸入麫糊盆纔
粘拈便衮文章糊了盛錢囤門庭改做迷魂陣
清廉貶入睡餛飩葫蘆提倒穩

評曰窘字若平屬第二着平仄好務頭在三
對末句收之

塞鴻秋 春怨

腕氷消鬆却黃金釧粉脂殘淡了芙蓉面紫霜
毫蘸濕端溪硯斷腸詞寫在桃花扇風輕柳絮
天月冷梨花院恨鴛鴦不鎖黃金殿

評曰音律瀏亮貴在却濕二字上聲音從上
轉取務頭也韻脚若用上聲屬下着切不可
以傳奇中全句比之若得天字屬陽更妙在
字上聲尤佳

商調

山坡羊 春睡

雲鬆螺髻香溫鴛被掩春閨一覺傷春睡柳花
飛小瓊姬一片聲雪下呈祥瑞把團圓夢兒生
喚起誰不做美呸却是你

評曰意度平仄俱好止欠對耳務頭在第七
句至尾

梧葉兒 別情

別離易相見難何處鎖雕鞍春將去人未還這
其間殃及殺愁眉淚眼

評曰如此方是樂府音如破竹語盡意盡冠
絕諸詞妙在這其間三字承上接下了無瑕
玼殃及殺三字俊哉語也有言六句俱對非
調也殊不知第六句止用三字歌至此音促
急欲過聲以聽末句不可加也兼三字是務
頭字有顯對展才之調眼字上聲尤妙平聲
屬第二着

越調

天淨沙 秋思

枯藤老樹昏鴉小橋流水人家古道西風瘦馬
夕陽西下斷腸人在天涯
評曰前三對更瘦馬二字去上極妙秋思之
祖也

小桃紅 情
斷腸人寄斷腸詞詞寫心間事事到頭來不由
自自尋思思量往日真誠志志誠是有有情誰
似似俺那人兒
評曰頂真妙且音律諧和

凭闌人 章臺行
花陣贏輸隨鏝生桃扇炎涼逐世情雙郎空藏
甁小卿一塊氷
評曰陣有贏輸扇有炎涼俊語也妙在小字
上聲務頭在上鏝世二字去聲皆妙

寨兒令 漁夫
烟艇閑雨簑乾漁翁醉醒江上還啼鳥關關流
水潺潺樂似富春山數聲柔櫓江灣一鈎香餌
波寒回頭觀兔魄失憶放魚竿看流下蓼花灘

評曰緊要在兔魄二字去上取音且看字爲
陰妙還字平聲好若上聲紐屬下下着

雙調

沉醉東風 漁夫
黃蘆岸白蘋渡口綠楊堤紅蓼灘頭雖無刎頸
交却有忘機友點秋江白鷺沙鷗傲殺人間萬
戶侯不識字烟波釣叟
評曰妙在楊字屬陽以起其音取務頭殺字
上聲以轉其音至下戶字去聲以承其音緊

在此一句承上接下末句收之刎頸二字若
得若上去聲尤妙萬字若得上聲更好

落梅風 切鱠
金刀利錦鯉肥更那堪玉葱纖細若得醋來風
韻美試嘗着這生滋味
評曰第三句承上二句第四句承上三句生
末句緊要美字上聲爲妙以起其音切不可
平聲錦鯉二字若得上去聲尤妙

撥不斷 歸隱

利名竭是非絕紅塵不向門前惹綠樹偏宜屋
角遮青山正補墻頭缺竹籬茅舍
評曰務頭在三對急以尾收之
水仙子 夜雨
一聲梧葉一聲秋一點芭蕉一點愁三更歸夢
三更後落燈花棊未收嘆新豐逆旅淹留枕上
十年事江南二老憂都在心頭
評曰賦者甚多但第二句第五字第六字及
棊未二字秤二老二字但得上去爲上平去

次之平上下下着惜哉此詞評好而平仄不
稱也
慶東原 奇遇
參旗動斗柄挪爲多情攬下風流禍眉攢翠蛾
裙拖絳羅襪冷凌波耽驚怕萬千般得受用些二
兒箇
評曰冷字上聲妙務頭在上轉急以對收斗
柄二字上去妙落梅風得此起二句平仄尤
妙

鴈兒落　德勝令 指甲
宜將鬭草尋宜把花枝浸宜將綉線勻宜把金
針紝
宜操七絃琴宜結兩同心宜託香腮邊玉宜圈鞋
上金難禁得一掐通身沁知　治相思十箇針
評曰俊詞也平反對偶音律皆妙務頭在德
勝令起句頭字要扁陽及在中一對後必要
扇面對方好
殿前歡 醉歸來

醉歸來入門下馬笑盈腮笙歌接乜朱簾外夜
安重開十年前一秀才黃虀菜打敖做文章伯
江湖氣慨風月情懷
評曰妙在馬字上聲笑字去聲一字上聲秀
字去聲歌至才字音促黃字急接且要陽字
好氣慨二字若得去上尤妙三對者非也自
有三對之調伯字若得去聲尤妙
慶宣和 五柳莊
五柳莊前陶令宅大似彭澤無限黃花有誰

去來去來
評曰妙在彭字屬陽僅二十二字愈字少愈
難作五字絕句法也佳詞與鴈兒同意
賣花聲 香茶
細研片腦梅花粉新剝珍珠豆蔻仁依方修合
鳳團春醉魂清爽舌尖香嫩這孩兒那些風韻
評曰俊詞也務頭在對起及尾
清江引 九日
蕭蕭五株門外柳屈指重陽又霜清紫蟹肥露

冷黃花瘦白衣不來琴當酒
評曰柳酒二字上聲極是切不可作平聲曾
有人用拍拍滿懷都是春語固俊矣然歌爲
都是蠢甚遭譏誚若用之於攙筝琶以四字
承之有何不可第三句切不可作仄仄平平
屬下着
折桂令 金山寺
長江浩浩西來水面雲山山上樓臺山水相連
樓臺上下天地安排詩句就雲山失色酒杯寬

天地忘懷醉眼睜開回首蓬萊一半雲遮一半
烟埋
評曰此詞稱賞者衆妙在色字上聲以起其
意平聲便屬第二着平聲若是陽字僅可若
是陰字愈無用矣歌者每歌天地安排爲天
巧安排失色字爲用色取其便於音而好唱
也改此平仄極是然前引雲山天地後說雲
山失色天地忘懷若此則損其意失其對矣
安排上天地二字若得去上爲上上去次之

餘無用矣蓋務頭在上失色字若得去上爲
上餘者風斯下矣若全句是平平上上歌者
不能改矣嗚呼前輩尚有此失後學可不究
乎
套數
雙調 秋思
夜行船
百歲光陰如夢蝶重回首往事堪嗟昨日春來
今朝花謝急罰盞夜闌燈滅

喬木查
秦宮漢闕都做了衰草牛羊野不恁漁樵無話
說縱荒墳橫斷碑不辨龍蛇
慶宣和
投至狐蹤與兔穴多少豪傑冉足三分半腰折
魏耶晉耶
落梅風
天教富莫太奢無多時好天良夜看錢奴硬將
心似鐵空辜負錦堂風月

風入松
眼前紅日又西斜疾似下坡車曉來清鏡添白
雪上床和鞋履相別莫笑鳩巢計拙葫蘆提一
恁粧呆
離亭宴歇 指煞鴛鴦煞尾聲
蛩吟一覺纔寧貼雞鳴萬事無休歇爭名利何
年是徹密匝匝蟻排兵亂紛紛蜂釀蜜鬧穰穰
蠅爭血裴公綠野堂陶令白蓮社愛秋來那些
和露摘黃花帶霜烹紫蟹煮酒燒紅葉人生有
限杯幾箇登高節囑付俺頑童記者便北海探
吾來道東籬醉了也
評曰此詞迺東籬馬致遠先生所作也此方
是樂府不重韻無襯字韻險語俊諺曰百中
無一余曰萬中無一看他用蝶穴傑別竭絕
字是入聲作平聲闕說鐵雪拙缺貼歇徹血
節字是入聲作上聲滅月葉是入聲作去聲
無一字不妥後輩學法

中原音韻卷六

程允昌本《中原音韻》

程允昌本說明

上海圖書館所藏西爽堂刻本《南九宮十三調曲譜》是明末江左程允昌編選的南曲選集，又稱《九宮詞譜》。先于程氏《南九宮十三調曲譜》的南曲選集有明嘉靖間蔣孝的《南九宮譜》、萬曆間沈璟據蔣孝的書重編的《增定南九宮詞譜》等。程氏書當是據這些書重編的。

《南九宮十三調曲譜》分兩部分：首卷有程允昌自序，不題年月，序後收有騷隱生的《南曲叢説》、王世貞的《作詞十法》（據《中原音韻》之《起例》）、魏良輔的《曲律》、沈寵綏的《論四聲》、周德清的《中原音韻》等；《曲譜》部分的開頭收有明人蔣孝、可可生、李維楨等人的序，接著是"秘書閣凡例"、《中原音韻》和《南曲譜》。上海圖書館藏書目錄稱為明刻本。

西爽堂為明人吳琯（字仲虛）在徽州創辦的著名書坊，清代仍在刻書，以刻印精美而聞名。該本在程允昌及其他作序者名前皆署"明"，當是明亡之際或清初的刻本。該本在《曲譜》諸序後有"秘書閣凡例"，署"甲申秋月快雪堂偶識"，好像是後加的，不是程允昌的原作。聯繫該本在書名部分題：秘書閣手定、陳氏白氏古本、蔣氏原本、沈氏原本、龍氏原本之注文，説明這本書是經人校訂過的，其中秘書閣當是某人之官職稱呼，再與快雪堂相聯繫，我們推測這個校訂本或為明末清初馮銓所訂。馮銓（1595—1672），明末貪官，魏忠賢之同黨，曾任禮部尚書兼文淵閣大學士；降清後任禮部尚書、加少傅兼太子太傅、弘文院大學士等。稱其秘書閣，當之。他築室曰"快雪"，收藏王羲之"快雪時晴"法帖，並以此聞名文化界，所以有"快雪堂偶識"之語。題"甲申"，即明亡之年（1644）。該本在明人之前皆加“明”，以示時代。譚笑在《沈璟〈南曲全譜〉版本系統考論》（《戲曲研究》第115輯，文化藝術出版社2020年版）文中推測秘書閣可能是程允昌的室名或别稱，但無法解釋其與快雪堂之間的關係。史實到底如何，尚有待考證。

《南九宫十三調曲譜》所收《中原音韻》（本《叢刊》稱程允昌本），不分卷，《起例》在前（題“元周德清挺齋氏著、明程允昌孚吉氏訂”），《韻譜》部分在後（題“元周德清挺齋氏著、明程允昌孚吉氏注”）。根據“秘書閣凡例”之《中原音韻》條：“中原音韻，詞曲家守為金湯，唯明分平仄陰陽而已，而四聲之中，有如唇上、舌頭、撮唇、捲舌、開唇、齊齒、正齒、穿牙、引喉、隨鼻、開喉、平牙、縱唇、送氣、合口、開口之别，不能縷舉，即譜中詞隱先生，亦僅止○開口耳。坊刻如《吳歈萃雅》《古今奏雅》等書亦止傍注撮開鼻閉四者而已，而《萃雅》中之○止及庚青一韻，而不及東鍾、江陽收尾之鼻音，缺略如此，令後學何所取法。今皆一一補注韻内，使學者得睹大全，亦快事也。又南詞有入聲而中原韻闕焉，故附錄《洪武正韻》，以正入聲之偽，共為全卷。”

該本最大的變化是把每一韻目後加注該韻的語音特點，並把周德清的字音辯正也寫在韻目下。每一韻的語音特點與沈寵綏的《度曲須知》相類。

祕書閣手訂

九宮詞譜

陳氏白氏古本　蔣氏原本

沈氏原本　龍氏原本

中原音韻　南曲叢說

西爽堂梓行

序

客曰。子訂九宮譜。又爲之輯論。註韻。辨聲。毋慮十脊餘種。誠僃且審矣。或者亏性情奐當歟。予聳之所然而笑曰。昔先王協律呂。龢陰陽。調八風。通九謌。盖以謳唫者。蔑埜之聲。中龢之紀也。人情喜斯陶。陶斯咏。咏斯猶。猶斯手舞之。足蹈

黃忠甫刻

之。性情之變。胥盡於此矣。予治詩。請合詩而言曲。自詩降而樂府。而詞曲。曲雖詞餘。猶然三百篇之讃意也。曲之塡詞之敎曰。諷詠寓言。含蓄闇藏。則詩之惇厚龢平之旨也。曲之聲韻之敎曰。音不振。律押不借韻。則詩之永言諧聲之旨也。曲之音律之敎曰。五音

四聲。叶被管絃。則詩之聲歌入樂之旨也。三者胥一不合。則謂之不能明譜。曲譜之設。其亦與三百篇相爲表裏者哉。客曰。是則朕矣。其婬其豔。或可廢歟。予曰否。三百篇中男女相悅。則胥如伊其相謔。贈之以芍藥。又如視爾如荍。貽我握椒之句。稱美容飾。則胥

序三

如螓首蛾眉。齒如瓠犀。蒙彼縐絺。是紲袢也等語。婬豔已甚。吾夫子存而不刪。自世人視之。果與無邪之義胥當乎。無當乎。不寧惟是。天下無不兒女之英雄。亦無不放誕之忠孝。何也。蓋兒女情真。放誕骨勁。人能以真情勁骨。移而事父而事君。忠孝始無慚悳。古

序四

來英雄。不符而合。均此物此志也。居恒文章節義自命。弌旦臨難。遂至偷生苟免者。真情勁骨。究竟安在。昔魏武欲見禰正平。而禰素輕之。自稱狂病不肯往。又數有傲言。魏武懷怒而以才名不欲殺之。聞其善擊鼓。廼召爲鼓吏。本欲辱衡。後反爲衡所辱。周公瑾

少精於音樂。雖三爵之後。其有闕誤。必知之。知之必顧。故時人謡曰。曲有誤。周郎顧。兹兩人者。文章節義並爲古今人所推許。若使俗子當此。不免同伶人優隸乎。繇是觀之。俗子不能如此。不敢如此。政亦不許其如此也。是集立言大要。詳畧斟酌。期於當乎三百

篇之讃意而止。世胥衞周其人。必能解此。張洪陽謂湯若士曰。君胥此玅才。何不講學。若士荅曰。此正是講學。公所講者是性。吾所

講者是情。蓋離情而言性者。式家之私言也。合情而言性者。天下之公言也。讀是集者能作如是觀。則性也。情也。性情之變也。曷遑

而不得其解哉。客迺唯唯。

江左程允昌題

中原音韻目錄

中原音韻全卷

元周德清挺齋氏著　明程允昌孚吉氏訂

序

青原蕭存存。博學工於文詞。每病今之樂府。有遵音調作者。有增襯字作者。有陽春白雪集。得勝令花影壓重簷。沉烟裊繡簾。人去青鸞杳。春嬌酒病懨。眉尖常瑣傷春怨。忺忺忺的來不待忺。繡唱爲羞與怨字同押者。有同集。殿前歡白雪窩二段。俱八句白字不能歌者。有板行逢雙不對襯字尤多文律俱謬。而指時賢作者。有韻脚用平上去不一一云也唱得者。有句中用入聲不能歌者。有歌其字音非其字者。令人無所守。泰定甲子。存存托友張漢英以其說問作詞之法於予。予曰。言語一科。欲作樂府必正言語。欲正言語。必宗中原之音。樂府之盛。之備。之難。莫如今時。其盛則自縉紳及閭閻歌咏者衆。其備則自關鄭白馬。一新製作。韻共守自然之音。字能通天下之語。字暢語俊。韻促音調。觀其所述。曰忠。曰孝。有補於世。其難則有六字三韻。忽聽一聲猛驚是也。諸公已矣。後學莫及。何也。盖其不悟聲分平仄。字別陰陽。夫聲分平仄者。謂無入聲。以入聲派入平上去三聲也。作平者最爲緊切。施之句中不可不謹。派入三聲者。廣其韻耳。有才者本韻自足矣。字別陰陽者。陰陽字平聲有之。上去俱無。上去各止一聲。平上去有三聲。有上平聲。有下平聲。上平聲非指一東至二十八山而言。下平聲非指一先至二十七咸而言。前輩爲廣韻平聲多分爲上下卷。非分其音也。殊不知平聲字字俱有上平下平之分。但有有音無字之別。非一東至山

皆上平。一先至咸皆下平聲也。如東紅二字之類。東字下平聲屬陰。紅字上平聲屬陽。陰者即下平聲。陽者即上平聲。試以東字調平仄。又以紅字調平仄。便可知平聲陰陽字音。又可知上去二聲各止一聲。俱無陰陽之別矣。且上去二聲施於句中。施於韻脚。無用陰陽。惟慢詞中僅可曳其聲爾。此自然之理也。妙處在此。初學者何由知之。乃作詞之膏肓。用字之骨髓。皆不傳之妙。獨予知之。屢嘗揣其聲病於桃花扇影而得之也。吁考其詞音者。人人能之。究其詞之平

仄陰陽者。則無有也。彼之能遵音調而有協音俊語可與前輩頡頏。所謂成文章曰樂府也。不遵而增襯字名樂府者。自名之也。德勝令編字。慫字。殿前歡八句白字者。若以編字是珠字誤看。則烟字唱作去聲。爲沉宴裊珠簾。皆非也。呵呵忺忺者何等語句。未聞有如此平仄如此開合韻脚。德勝令亦未聞有八句。殿前歡此自已字之開合平仄。句之對偶短長。俱不知。而又妄編他人之語。奚足以知其妍媸歟。嗚呼。言語可不究乎。以板行謬語而指時賢作者。皆自爲之

詞。將正其已之是。影其已之非。務取媚於市井之徒。不求知於高明之士。能不受其惑者幾人哉。使眞時賢所作。亦不足爲法。取之者之罪。非公器也。韻脚用三聲何者。爲是不思前輩某字某韻必用某聲。却云也唱得。乃文過之詞。非作者之言也。平而仄。仄而平。上去而去上。去上而上去者。謬云鈕折樑子是也。其如歌姬之喉咽。何入聲於句中不能歌者。不知入聲作平聲也。歌其字音非其字者。合用陰而陽。陽而陰也。此皆用盡自已心。徒快一時意。不能傳久。深可哂

哉深可憐哉。惜無有以訓之者。予甚欲爲訂砭之文
以正其語便其作。而使成樂府。恐起爭端。別爲人之
學乎。因重張之請。遂分平聲陰陽。及撮其三聲同音。
兼以入聲派入三聲。如碑字次本聲後。撮成一帙。分
爲十九。名之曰中原音韻。并起例以遺之。可與識者
道。秋九日高安挺齋周德清書。

起例

音韻不能盡收廣韻。如嗟峒之嵯。嬰鴛之嬰。侄傯之
侄。鶉鴿之鶉字之類。皆不可施於詞之韻脚。毋譏其

中原音韻　起例　四

不備。
龐涓呼爲龐堅。泉堅堅而如流可乎。陶淵明呼爲陶
烟明。魚躍於烟可乎。一堆兒爲一醉平聲兒。捲起千醉
平聲雪可乎。羊尾子爲羊椅子。吳頭楚椅可乎。泰也未。
爲來也。異辰巳午異可乎。此類未能從命以待士夫
之辨。
余與清原曾玄隱言世之有呼屈原之屈爲屈伸之
屈字同音非也。因註其韻。玄隱曰。嘗聞前輩有一對
何可正之。投水屈原終是屈。殺人曾子又何曾。明矣

平上去入四聲。音韻無入聲。派入平上去三聲。前輩
佳作中間備載明白。但未有以集之者。今撮其同聲。
或有未當。與我同志改而正諸。
入聲派入平上去三聲者。以廣其押韻。爲作詞而設
耳。然呼吸言語之間。還有入聲之別。
入聲派入平上去三聲。如碑字次本韻後。使黑白分
明。以別本聲外來。庶使學者有才者本韻自足矣。
平聲如尤侯韻浮字。否字。阜字等類。亦如鞞字收入
各韻平上去字下。以別本聲外來。更不別立名頭。

中原音韻　起例　五

中原音韻的本內平聲。陰如此字。陽如此字。蕭存存
欲鋟梓以啓後學。值其早逝。泰定甲子以後嘗寫數
十本。散之江湖。其韻內平聲陰如此字。陽如此字。陰
陽如此字。夫一字不屬陰則屬陽。不屬陽則屬陰。豈
有一字而屬陰又屬陽也哉。此蓋傳寫之謬。今旣的
本刊行。或有得余墨本者。幸毋譏其前後不一。
分別陰陽二義。熟看諸序。
東鍾韻三聲內鼻字。許與庚青韻出入通押。
音韻內每空是一音。以易識字爲頭。止依頭一字呼

以更不別立切脚。

漢書東方朔滑稽。滑字讀爲骨。金日磾。日字讀爲密。諸韻皆不載。亦不敢擅收。況不可押於韻脚。姑錄以辨其字音耳。

漢書曹大家之家。字讀爲姑。可押。然諸韻不載。亦不敢擅收。附此以備採取。

廣韻入聲緝至乏。中原音韻無合口。派入三聲亦然。切不可開合同押。陽春白雪集水仙子。壽陽宮額得魁名。南浦西湖分外清。橫斜疏影窗間市。惹得詩人

說到今。萬花中先綻瓊英。自古詩人愛騎驢。踏雪尋凍在前村。開合同押。用了三韻。大可笑焉。詞之法度全不知。妄亂編集板行。其不耻者如是。作者緊戒。逐一字解註。中州音韻見行刊雕。

齊微韻璽字。前輩刪王荊傳奇與支思韻通押。

有客謂世有稱往爲網。桂爲寄。美爲選。到爲豆。叢爲從。此乃與稱陶淵明之淵字爲烟字之所同也。

亳州友人孫德卿長於隱語。謂中原音韻三聲乃四海所同者。不獨止語作詞。夫曹娥義社。天下一家。雖有謎韻學者。反被其誤。半是南方之音。不能施於四方。非一家之義。今之所編四海同音。何所往而不可也。詩禪得之。字字皆可爲法。余曰。嘗有此恨。切謂言語既正。謎字亦正矣。從葺音韻以來。每與同志包猜用此爲則。平上去本聲則可。但入聲作三聲。如平聲伏與扶。上聲拂與斧。去聲屋與誤字之類。俱同聲則不可。何也。入聲作三聲者。廣其押韻。爲作詞而設耳。毋以此爲比。當以呼吸言語還有入聲之別而辨之可也。德卿曰然。

歡娛之娛（廣韻音愚）四海之人皆讀爲吳。提撕之撕（廣韻音西）四海之人皆讀爲斯。有謂之者。謂讀白字。依其邊傍字音也。犁牛之子騂且角之騂字（廣韻息營切音星）而讀爲辛。却依其邊傍字音。謂之者而不謂之。蓋知其彼之誤。而不知此之謬。前輩編字有云。日月象形。江河諧聲。止戈爲武。如此取義。娛撕二字。依傍有吳斯。讀之又何害於義理。豈不長於傍。是辛而讀爲星字之音乎。

余嘗於天下都會之所聞。人間通濟之言。世之泥古

非今不違時變者衆。呼吸之間。動引廣韻爲證。寧甘受鴂舌之誚而不悔。亦不思混一日久。四海同音。上自縉紳講論治道。及國語勸譯。國學教授言語。下至訟庭理民。莫非中原之音。不爾止依廣韻呼吸上去入聲。姑置未暇殫述。略舉平聲。如靴（許戈切）在戈韻。車邪遮嗟却在麻韻。靴不協車。車却協麻。元暄鴛言褰焉。俱不協先。却與魂痕同押。煩翻不協寒山。亦與魂痕同押。靴與戈。車與麻。元與煩。煩與魂。其音何以相著。佳街同音。與皆同押。不協咍。咍却與灰同押。灰不

中原音韻　起例　八

協揮杯。不協碑。梅不協糜。雷不協羸。必呼梅爲埋。雷爲來。方與咍協。如此呼吸。非鴂舌而何。不獨中原盡使天下之人。俱爲閩海之音。可乎。切聞太學中庸。乃禮記中語。程子取爲二經。定其闕疑。如在親民之親字。當作新字之類是也。聖經尚然。况於韻乎。今於四海同音。分豁而歸併之。與堅守廣韻方語之徒。轉其喉舌。換其齒牙。使執而不變。迂闊庸腐之儒。皆爲通儒。道聽塗說。輕浮市廛之子。悉爲才子矣。余曰。若非諸賢公論如此。區區獨力。何以爭之。

依後項呼吸之法。庶無之知不辨。王楊不分。及諸方語之病矣。

東鍾

宗有蹤　松有鬆　龍有籠　濃有膿

隴有攏　送有訟　從有綜

江陽

釭有缸　桑有雙　倉有窗　糠有腔

贓有粧　楊有王　杭有降　強有狂

藏有床　磉有爽　網有往　讓有釀

中原音韻　起例　九

奘有狀　唱有丈　胖有傍

支思

絲有師　死有史

齊微

知有之　癡有眵　耻有齒　世有市

智有志（以上三聲係與支思分别）　篦有杯　紕有丕

迷有梅　脾有裴　米有美　妣有彼

謎有媚　閉有避（以上三聲本聲自相分别）

魚模

蘇有疎　粗有初　吳有胡　殂有雛
祖有阻　楮有琴　素有數　措有助

皆來

猜有差　灾有齋　才有柴　孩有鞋
海有駭　採有揣　凱有揩　太有大
捱有艾　賽有曬

真文與庚青分別

真有貞　因有英　申有升　嗔有稱
欣有興　新有星　賓有氷　君有扃

中原音韻　十

榛有箏　莘有生　薰有兄　鯤有熊
溫有泓　奔有崩　巾有驚　親有青
恩有甖　噴有烹　哏有亨　津有精
昏有轟　隣有霻　貧有平　民有明
仁有仍　裙有瓊　勤有擎　門有萌
銀有嬴　盆有棚　塵有成　秦有情
雲有榮　神有繩　痕有莖　紉有寧
魂有横　緊有景　引有影　衮有礦
窘有炯　軫有整　悶有茗　儘有井

允有永　敬有近　印有映　訓有迥
鎮有正　運有詠　釁有病　吝有另
慎有聖　信有性　盡有淨　釁有與
趂有稱　遴有迸　悶有孟　混有横
襯有撐

寒山

跚有山　殘有潺　趲有盞　散有疝

桓歡

完有岏　官有關　慢有慢　患有緩

中原音韻　起例　十一

慣有貫

先天

年有妍　輾有輦　羨有旋

蕭豪

包有褒　飽有保　爆有抱　造有造上音皂下音操

歌戈

鵝有訛　和有何　過有箇　薄有箔

家麻

查有咱　馬有麼　罷有伯

車遮

爺有衙　也有雅　夜有亞

庚青與真文分别

尤侯

溲有搜　走有㑹　叟有搜　嗽有瘦

秦有皺

侵尋

針有真　金有斤　侵有親　深有申

森有莘　琛有嗔　音有因　心有辛

歆有欣　林有隣　壬有人　尋有信

吟有寅　琴有勤　沈有陳　恁有神

稔有忍　審有哂　錦有緊　枕有稹

飲有引　朕有鎮　甚有腎　任有認

禁有近　蔭有印　沁有信　浸有進

監咸

菴有安　擔有單　監有間　三有珊

貪有灘　酣有邯　南有難　咸有閑

藍有闌　談有壇　岩有顔　感有捍

覽有懶　膽有癉　毯有坦　減有簡

坎有侃　斬有盞　勘有看　啽有幹

𡸣有漢　淡有旦　陷有限　濫有爛

賺有綻　鑑有澗　暗有按　探有炭

廉纖

詹有氊　兼有堅　淹有烟　纖有先

僉有千　忺有掀　尖有煎　拈有顛

謙有牽　添有天　撏有涎　鉗有虔

廉有連　粘有年　甜有田　髯有然

蟾有纏　鹽有延　潛有前　嫌有賢

臉有輦　染有撚　掩有偃　撿有蹇

險有顯　颭有展　閃有儓　忝有腆

點有典　諂有闡　豔有硯　欠有撁

店有鈿　念有年去聲　劍有見　僭有箭

塹有倩　占有戰

泰定甲子秋。復聞前輩餘論四海之人皆稱父去聲母爲姥音　廣韻父扶雨切上聲　毋在有韻　婦亦在有韻古貴卦切與性通

副富敷救切在有韻道士呼爲討死之類。猶平聲之所論也。

入聲以平聲次第調之。互有可調之音。且以開口陌以唐內盲至德以登五韻。閉口緝以侵至乏以凡九韻。逐一字調平上去入。必須極力念之。悉如今之搬演南宋戲文。唱念聲腔。攷自漢魏。無製韻者。按南北朝史南朝吳晉宋齊梁陳建都金陵齊史沈約字休文。吳興人。將平上去入製韻。仕齊爲太子中令梁武時爲尚書僕射。詳約製韻之意。寧忍弱其本朝。而以敵國中原之音爲正耶。不取所都之內通言。却以所上吳興之音。葢其地隣東南海角閩浙之音無疑。故

有前病。且六朝所都江淮之間。緝至乏俱無閉口。獨浙有也。以此論之。止可施於約之鄉里矣。又以史言之。約才如此齊爲史職。梁爲大臣。孰不行其聲韻也。歷陳。陳亡。流入中原。自隋至宋國有中原。才爵如約者何限。惜無有以辨約之韻。乃閩浙之音。而製中原之韻者。嗚呼。年年依樣畫葫蘆耳。南宋都杭。吳興與切隣。故其戲文如樂昌分鏡等類。唱念呼吸皆如約韻。昔陳之後庭花曲。未必無此聲也。言語之間。必以中原之音爲正。鼓舞歌頌。治世之音。始自太保劉公。

牧菴姚公疎齋盧公輩。自成一家。今之所編得非其意乎。以中原爲則。而又取四海同音而編之。實天下之公論也。余曰。畸菴有云。世無魯連子。千載徒悲傷。信矣。

辨明古字略

東鍾

蕻東 奥冬 营弓 仝同 䖝戎 蜙螽 宻宗 嵸嵩 㦂鬆

衮松 農儂 襛齈 濃並 音庸 峑封 烾烽 峯丰 蠭蜂 䬠風

冽凶 㧾總 擁 宂兄 悤勇 忎恐 連動 夗鳳 寱夢

江陽

兇光 䢋臧 㟁邦 鈋缸 狴腔 鳴場 敹羌 薑畕疆

囊瀼 創瘡 㬮喪 對剛 䄠殃 昜歇並唐 㓰兩 亯享

鷟鷕 网網 㞷誆 脹誏並朗 痮脹 庳障 牆蠤並醬

爣曠

支思

㞢之 背時 息思 眎䀦並視 赦豉 秲蒔 竢俟 孶嗣

丣三並四 狋翅

齊微

秜移摩摩犂竒闚窺鬓黑匆冡並宜菱芆並叢
鼅龜巇儀覂蔓眉眉濼湄平丕跛批棋朞唬啼
卤西雷雷頹頹㠯以讇稽磦嵇骰腿臯罪逭踰
箉智彫毬翻吹采穗噴喟墜坐並地蹕騤閇閉
烝氣普替弖弃㳂世復退退並豢佚弋一㔽㮚栗並
曾音叁赤席斥拆拆遂笛冢寂勞剔蕣㦸並翼
閩閩劚則並則遺及湯狄截埴

魚模

伃好鼈蛛柭扶伖奴亏乎辻徒弃與鸞麦晦畝

中原音韻　起例　十六

鬴釜驢覷膚禹竪竪妒妒粢谷迦沂怖怖屋屋
乇禿豚居遨謦速並觚服篤筑佰佰夙並瞨僕臬粟

皆來

薶埋荓乖茖皆栽秋灾並佁胎捭擺匃丐搼𢬵拜並
㒧憊塍黛瑧㻿㑊袋畋迫厇宅觚脈筋册尼尼

真文

䋶茵亲親杺呻賓賓犇㤺廛鱗敐陳難津賔嬪
麎磨㝏貧匆㩤訇旬㮣㯋䦶閔㯷蚊㹝刎筍箏
㪺綮脊慎夷㦪㞕𡰪

寒山

斡看韓韓譇翰難難䪥䪥笴笴繖傘組綻撤散

桓歡

𩍠攢槃柈並盤囩刓豰發㮔短暖暄㬊煖毋貫
㸑追牉判

先天

兂蕇並天歬前蕑箋窒烟㘓咽㞡展研硯綫線
箾箾

蕭豪

中原音韻　起例　十七

鼂晁𥬇朝𩀋焦褒袍𣍼曹㨨擾衰表礬炒衙道
踋斗𣪠爵脚脚

歌戈

桫挼譌訛嬴騾龢和𣪠播䃺磨堊坐盋鉢欲奪
漵渴

家麻

謣譁𢳂佘遮㮴並𨔣瘷瘂冎剮撘拉灋法鏈鍤

車遮

㝗斜嗟嗟埜野鉄鐵飻餮㤠冽悊喆嚞並雪

乒屏叶娗蜓㻌

庚青

鶯鸎 粳粳 硎阬並坑 礦航 盟盟 鎗鐺 麖麖 狌猩

剄剄並頸 錚鏳 盯䁐 䈇嶸 鞫轟 脛鯖 璚璚 延征

壘星 鮏鯹 霧霒並靈 漭洴 冋坰 澂澄 脖凌 悔恒

薐菱 棄尭並乘 儆警 鉼鏆 頔頊 湏項 斉幸 鞕硬

靚淨 殸磬 醽鬻並甑

尤侯

泝流 逆遊 搊抽 丠丘 泉求 庆侯 鉒鍮 杍杻 皆背

中原音韻 起例 十八

玡酉 羡誘 藕藕 麥叟 呴吽並吼 垕厚 韋肯 匿樞

鬮鬮 㝢鍔並壽 復復 畜岫 逡後

侵尋

沈沉 襟捦並擒 黔吟 稔襟 曑參 蔘人參 歆飲 啇稟

鯸朕 稽蔭

監咸

㩭㯤 諵喃 弎三 欿鵮 菽敢並敢 擥攬 堑暫

廉纖

黏粘 箝鉗 猒厭 饜讇 諂黶 豔爓 焰

畧舉釋疑字樣

閼氏音煙支 可汗音克寒 冒頓音墨特

龜般下音班 樊於期於音烏 嫪毐音澇靄

角里先生角音鹿 酈食其音異飢 寧馨兒寧去聲

万俟高音木奇眉 僕射下音夜 姑射下音益

無射下音益 龜茲音丘慈國名 番禺音潘愚縣名

牂牁音臧歌郡名 滹沱音烏馱河名 疆場下音益

盟津上音孟 國土下音度 鬮甄音堅又音真

鏳繳下音勺 枹鼓上音敷 琅琊下音耶郡名

中原音韻 起例 十九

邪谷上音耶 綸巾綸音關二音皆可 㯶樽上音椶

率更上音律 盤飧下音孫熟食也 矛盾食蠢切

黃能奴來切三足鱉 委蛇音威移 彳亍音躑躅

朝請去聲漢官名春日朝秋日請 於戲音嗚呼嘆辭

尸䑪下音學 欸乃音襖靄漁歌 宿留音秀溜

般若音鉢惹釋經 衆生上音中釋經 句讀下音豆

落䰟下音託 隱几隱去聲 野燒燒去聲

閤閣上音尚黃閣東閣之類下音各天祿石渠麒麟之類 雨水水聲雨去

俊與儁通 遠去聲遠害全身遠市朝 涯音牙詞押音 [illegible]

些 楚辭……　祆 音軒 胡神　造 造二音 造 造火之造……

扁 音貶 牌額也　黳 烏開切 赤黑也　溺 奴料切 尿也 沛公溺儒冠

鬭 去聲 鬭于天　臨 去聲 哭也　盦 單于傳有盦音倚又音

螺 螺郛 郭也　臉 桃腮杏臉則呼爲檢若呼美臉兒當呼爲歛字音

大 大都大路 不可同語

中原音韻 內附字頭字尾字腹註

元周德清挺齋氏著　明程允昌孚吉氏註

東鍾 舌居中 緩入鼻中收 腹音陰翁陽紅 收音無啓口張牙之字 凡陰出陽收之字俱以、別通卷做此

平聲

陰 中非宗 充非匆

東冬○鍾鐘中忠衷終○通蓪○松嵩○冲充衝舂

伀搚艟穜狆种○邕嗈雍○空倥○宗椶騣○風楓

豐封葑峯鋒烽丰蜂○鬆憽○匆葱聰驄囪 烟突 ○蹤

縱蹤○穹芎傾○工功攻公蚣弓躬恭宮龔供肱觥

○烘叿 入聲 轟薨○凶兇匈洶兄○翁螉癰廱 砕 壅泓

○崩繃○烹

陽 容非雄 雄非雍

同筒銅桐峒童僮橦朣瞳潼鼕○戎茙駥絨毧茸○

龍隆癃窿○窮藭蛩邛笻○籠朧朧櫳瓏襱礱聾嚨

○膿農儂○濃穠醲○重蟲傭 崇○馮逢縫○叢

藂琮○熊雄○容溶蓉瑢鎔庸傭鄘鏞墉融榮○蒙

濛朦曚甍盲瞢萌○紅洪虹哄鴻宏紘橫嶸弘○蓬

蓬芃髼彭棚鬅○從
上聲
董懂○腫踵種冢○孔恐○桶統○汞澒○隴壠○
簣攏○洶詾○聳竦○拱鞏珙○勇擁涌踊涌永俑
○蠓懵猛艋蜢○總○捧○寵○宂○噴○唪
去聲　衆非粽
洞動棟凍蝀○鳳奉諷縫○貢共供○宋送○弄哢
磬○控空鞚○訟誦頌○甕罋齆○痛慟○衆中仲
重種○縱從粽○夢孟○用詠瑩○哄閧横○綜○
迸○銃
中原音韻　東鐘　二
江陽　口開張　緩入鼻中收　腹音骶　收音少含
脣斂舌之音
平聲
陰　雙非桑　粧非臧　聰非倉
姜江杠釭薑韁繮殭僵○邦梆幫○桑喪○雙艭霜
孀鸘驦○章漳獐樟璋彰麞張○商傷殤觴湯湯○
漿螿將○莊粧裝樁○岡剛鋼綱釭扛矼亢○康糠
○光胱○當璫簹襠鐺○荒巟肓○香鄉○鎊滂雱
○腔控蜣羌○鴦央殃秧泱○方芳枋妨坊肪○昌

猖娼菖閶○湯鏜○湘廂相箱襄瓖○槍鏘蹡○匡
筐眶○汪尪○倉蒼○蔥瘡○贓臧
陽　房非忘　徨非王　床非藏
陽揚楊暘易颺羊徉洋佯○忙茫印芒鋩尨龐厖○
娘良線涼輬粱梁量○穰禳瀼鑲○忘亡○郎榔廊
螂稂浪琅狼○杭行頏航○昂卬○床幢撞淙○傍
旁房龐逢○房防○長萇腸場常裳嚐償○唐搪塘
糖堂棠○詳祥翔○牆檣嬙戕○黃璜簧艎煌皇篁
凰惶艎遑隍○藏○強○娘○降○王○狂○囊
中原音韻　江陽　三
上聲　爽非磉
講港鑛○養痒鞅○蔣獎槳○兩魎○想鯗○蟒莽
漭○爽漺○響蠁享饗夯○敞氅昶○壤穰○髣倣
放訪眆○罔網輞○枉往○顙磉鬃○蕩榔○倘帑
○黨讜○掌長○朗○謊恍○仰○廣○沆沆蚟○髒
○強○搶○賞晌
去聲　蕩非盪
絳降洚虹糨強○象像相○亮諒量緉輛○漾恙煬
養様怏鞅漾恙○狀壯撞○上尚向○讓懹釀○帳

脹漲丈仗杖障瘴嶂○巷向項○匠將醬○唱倡暢

悵鬯○創刱○望忘妄○旺王○放訪○蕩宕碭

擋○浪閬○葬藏臟○謗傍蚌棒○炕亢抗○嚝賛

纊○晃幌○況貺○釀○仰○喪○胖○行○愴○

誑○盎○戧○鋼○盪湯

支思 韻 露齒 反切醫詩收 無脹音 難求咪嚜之

平聲

陰 支非知 眵非癡 下一字俱齊微韻收噫 去聲倣此

支枝吱巵氏梔榰之芝脂胝○髭貲觜茲孳孜滋資

中原音韻 支思 四

咨淄諮姿秄○眵曬差○施詩師獅螄尸屍鳲蓍○

斯撕厮澌鷥颸思司私絲偲罳○雌

陽

兒而洏○慈鶿磁茲餈茨疵玼茈○時塒鰣匙○詞

祠辭辤

上聲

紙砥厎旨指止沚芷阯祉阯址徵咫○爾邇耳餌珥

駬○此玼泚泚○史駛使弛豕矢始屎菌○子紫姊

梓○死○齒仔

入聲作上聲

澀瑟 音史 ○塞 音死

去聲 市非誓 志非智 試非世

是氏市柿侍士仕使示謚蒔恃事施嗜豉試弒筮視

噬○似兕賜姒巳汜祀嗣飼笥耜次俟寺食思四肆

泗駟○次刺莿○字漬牸自恣骴胔○志至誌○二

貳餌○翅○廁

齊微 嘻嘻皮 非于是噫收 無脹音

平聲

中原音韻 齊微 五

陰

機璣磯璣譏肌飢笄朞箕基雞稽饑姬奇羈羇○歸

圭邽龜閨規○齏齊擠躋○睢荽綏雖尿○邸觝磾

氐氏底○妻萋淒悽棲○西犀嘶○灰揮暉輝翬麾

微厖○杯悲卑碑陂○追騅錐○威偎隈煨○非扉

緋霏騑誹菲妃飛○溪欺欹○希稀晞羲犧曦醯熹

噫僖熙○衣依伊醫鷖漪猗噫○吹炊推○醅披邳

丕伾胚紕○魁盔虧窺瑰奎○笞癡郗蚩媸螭鴟絺

○崔催衰榱○紕批鈚○堆磓○箆鎞○知蜘○梯

陽 微非肥　回非爲　奚非夷　隨非誰　誰非鞋　鞋非垂　垂非摧
微薇維惟○黎藜犂梨藜瓈離璃籬醨罹离鸝驪
貍蜊蘺鬁漓○泥尼㹸○梅莓枚媒煤眉湄楣嵋麋
糜蘼座○雷檑纍壘羸○觽隨○齊臍○迴徊廻○
圍闈幃幃違嵬巍危桅爲○肥淝○奇騎琦祺其期
旗旂棊祈祁其畿祇耆鬐芪岐麒琪蘄○奚兮畦攜
蹊○移扅兒鯢霓倪猊輗姨夷痍疑嶷鷖沂宜儀鸃
夔貽怡眙飴圯頤遺蛇○啼蹄提題醍綈稊○錘垂
陲○裴陪培皮○葵馗夔逵○池馳遲墀篪持○頹
中原音韻 齊微 六
雖○髀痹比妣羆○迷𦈼彌○誰○摧○鞋
入聲作平聲
陽 後同
實十什石射食蝕拾○直值姪秩擲○疾蒺葺集寂
○夕昔席襲○荻狄敵滌笛糴○及極○惑○逼○
劾○賊
去聲作平聲
陽
鼻

上聲
邐旖○尾亹○倚椅錡扆偯蟻矣已以苡顗擬艤○
浼美○蟣幾已几麂紀○耻侈○捶箠○痞否鄙圮
秕○鬼簋癸軌詭晷宄○悔賄毀卉譭燬虺○妣比
匕○禮醴里裏理鯉娌李蠡履○濟擠○底邸詆抵
眡○洗璽枲徙屣○起棨啓綮綺杞豈○米弭眯○
伱旎禰○彼鄙○喜蟢○委猥骳隗葦偉○壘磊儡
蕾○體○腿○蕊○觜○髓○水○餒
入聲作上聲
中原音韻 齊微 七
質隻炙織隲汁只○七戚漆刺○匹闢僻劈○吉擊
激極棘戟急汲給○筆北○失室識適拭軾飾釋濕
奭○唧積稷績跡脊鯽○必畢弼蓽碧璧壁甓○昔
惜息錫淅○尺赤喫勅叱鶒○的靮嫡滴○德得○
滌剔踢○吸隙翕檄覡○乞泣訖○國○黑○一
去聲 稅非銳　銳非碎　醉非贅　遂非墜
未味○胃蝟渭謂蝟尉慰緯穢衛魏畏餧位飫○貴
櫃匱愧悸桂檜膾鱠跪劊繪○吠沸費肺廢芾○會
悔誨諱惠蕙慧潰闠○翠脃顇倅萃粹淬悴○異裔

義議誼毅藝易翳瘞勩枻曳縊詣億刈乂意劓懿○
氣器棄憩契禊○霽濟祭際劑○替剃涕嚏○帝諦
締弟娣第睇地遞帶棣○背貝狽焙倍婢備避輩被
臂幣嬖㡼詖怭○利痢莉例俐唳戾沴離隸癘礪厲
莅荔詈劙麗○砌妻○細壻○罪醉最○對隊碓兑
○計記寄繫繼妓忮技髻偈忌季繼騎旣驥兾薊鱖
○閉蔽畀箆篦嬖庇比秘陛貴○謎𥐒○睡稅說瑞
○退蜕○歲碎粹祟邃繸穟燧隧遂彗○墜贅綴縋
懟○製制置滯雉稚致彘治智幟熾質○世勢逝誓

○淚累酹擂纇類誄耒礧○配佩珮轡霈沛悖誖○
妹昧媚魅袂瑁寐○戲系係○費蕢揆○殢膩泥○
蚋芮銳蜹○吠喙○內

入聲作去聲

日入○覓密○墨密○立粒笠曆歷櫪瀝癧靂蝶力
栗○逸易埸譯驛益溢鎰鷁液腋掖疫役一佾泆逆
乙邑憶揖射翊翼○勒肋○劇○匿

魚模 撮口呼 魚于收 模嗚收 無廢音 模韻滿 魚韻撮脣

平聲

陰 初非麤 於非于

居裾琚鶋車駒拘俱○諸豬猪朱姝株邾誅珠邾侏
○蘇酥穌甦○逋餔晡○樞樗攄○粗麁○梳蔬疏
疎○虛墟嘘噓歔吁○蛆趍○疽沮趄苴蛆雎○孤
姑辜鴣酤沽蛄菰觚○枯刳○迂紆於○嗚汚烏○
書舒輸紓○區軀驅嶇軀○須需鬚胥諝需繻○膚
夫鈇玞趺敷麩孚郛筟枹桴郛○呼○初○都○租

陽 吳非胡 殊非加 扶非無 胡非何

廬閭驢臚蔞○如茹駑儒蕠襦孺嚅濡○無蕪巫誣

○模謨摸謀○徒圖荼屠菟途瘏駼塗○奴孥帑駑
○盧蘆顱鱸罏爐櫨瀘纑艫○魚漁虞余餘竽予畬
雩與輿歟璵舁妤歟礜愚盂隅禺臾揄愉俞覦毹瑜
齋逾渝閭于諛萸○吾浯鋙蜈珸吳梧娛䲣○雛鉏
○殊茱銖洙○渠蕖磲蘧劬瞿衢臞○除蜍滁躇廚
幮躕儲○扶夫蚨符芙鳧浮○蒲脯酺捕○胡糊湖
醐瑚鶘壺狐弧乎○殂徂○徐○

入聲作平聲

獨讀牘瀆犢毒突纛○復佛伏鵩袱服○鵠鶻斛槲

○贖屬述秫術木○俗續○逐軸○族鏃○僕○局
○淑蜀孰熟塾

上聲

語雨與圄圉齬敔禦愈羽宇禹庾○呂侶旅膂縷僂
○主煮拄渚麈墅翥○汝乳○鼠黍暑○阻俎○杵
楮緒處杼○數所○祖組○武舞鵡儛廡○土吐○
魯櫓虜鹵滷○覩堵賭○古罟詁沽牯蠱估盬鼓瞽
股羖賈○五伍午仵忤塢鄔○虎滸○補浦圃鵏○
普溥譜○甫斧撫黼脯府俯腑父否○母某牡姥䣒

中原音韻　魚模　十

○楚礎憷○舉莒矩榉○弩努○許詡○取○苦○
咀○女璵○傴去

入聲作上聲

谷穀轂骨○蔌縮謖速○復福幅蝠腹覆拂○卜不
○菊匊局 廷 ○笏忽○築燭粥竹○粟宿○曲麯屈
伸 ○哭窟酷○出黜畜○叔菽○督篤○暴撲○觸
束○簇○足○促○禿○卒○蹙○屋沃兀

去聲 故非過

御馭遇嫗裕諭芋譽豫預○慮濾屢○鋸懼句據詎

巨拒秬距炬苣踞屨絢具○恕庶樹戍豎署曙○覷
趣娶○注澍住著柱註鑄霔炷駐紵苧貯竚○數疏
○絮序敘緒○孺茹○杜妒肚渡鍍斁度蠹○赴父
釜輔付賦傅富仆鮒駙蚹祔婦附阜負○戶扈護瓠
互戽頀岵怙○務霧騖戊○素訴塑遡泝愫○暮慕
墓募○路潞鷺輅露賂○故錮固顧雇○誤悞悟寤
惡污○布怖佈部簿哺捕步○醋措錯○做祚胙詛
○兔吐○怒○鋪○處○去○聚○助

入聲作去聲

中原音韻　魚模　十一

祿鹿漉麓○木沐楘睦沒牧目鶩○錄籙綠醁陸戮
律○物勿○辱褥入○玉獄欲浴郁育鵒○訥

皆來 扯口開 噫收 陰哀陽孩腹音 莫太張牙 喊凝犯家麻口法

平聲

陰 衰非篩 篩非腮 差非猜 揣非揉 齋非哉

皆堦階喈街偕楷揩○該垓荄陔○哉栽災○釵差
○台胎駘咍邰○哀挨唉○猜○挨○衰○腮○歪
○開○揩○齋○乖○篩○揣

陽 柴非才

來萊騋○鞋諧骸○排牌簰俳○懷淮槐褢瀤○埋
霾○騃皚○孩頦○柴柴豺儕○崖厓捱○才材財
裁纔○臺薹擡儓苔炱籉○能

入聲作平聲

白帛舶○宅擇澤擇○畫劃

上聲

海醢○騃詒紿○駭蟹○宰載○采彩採寀綵○靄
藹乃毒○奶乃○擺拐夬○凱鎧塏○揣○擺○矮
○解○楷○買○改

入聲作上聲

拍珀魄○策冊柵測𠕋○伯百栢迫擘檗○骼革隔
格○客刻○責幘摘謫側窄仄昃簀迮○色穡索○
摑○摔○嚇○則

去聲　卹非賽

懈械薤解獬○寨豸瘵債蠆眦○態泰太汰○蓋丐
○艾愛噫餲○捱隘阨搤○柰奈耐鼐○害亥妎○
帶戴怠迨待代袋大黛岱○戒誡廨解界介芥疥屆
玠犗慦○外聵○快噲塊○在再載○賣邁○賴籟
瀨賚癩○拜湃敗憊粺○菜蔡○曬灑煞鎩○賽塞
○怪○壞○慨○派○帥率○溢

入聲作去聲

麥貊陌驀脈○額厄咯鞨○搦

真文　鼻不吞　舒收　腹音陰恩陽痕　鼻鮮舒音

平聲

陰　諄非真　春非嗔　荀非新　尊非榛

分紛氛芬汾○昏惛婚葷閽○因姻茵湮殷闉○申
紳伸身○嗔瞋○春椿○詢荀○吞○暾○諄迍○

逡皴○根跟○欣忻昕○氳熅○真珍振甄○新薪
辛○賓濱鑌彬○坤髡○君麇軍皸均鈞○榛臻○
莘詵○薰醺勳曛燻○鯤鵾裩昆○溫瘟○孫飧蓀
猻○尊樽○敦墩燉○奔賁犇○巾斤筋○村○親
○遵○恩○噴○哏○津

陽　脣非陳

隣鄰麟磷驎粼轔○貧瀕頻蘋顰嚬○民珉緡旻○
人仁○倫綸掄輪淪○群羣○勤懃芹○門捫○論
崙○文紋聞蚊○銀誾鄞垠寅夤嚚鄞○盆湓○陳

臣塵娠辰晨宸○秦蓁○脣蓴淳純醇錞鶉○廵旬
馴循○雲芸云紜耘匀負伍負人名筠○墳焚棼○魂渾
○豚屯飩臀○神○存蹲○痕○紉

上聲 准非軫

軫疹診稹○肯懇墾齦○緊謹槿巹瑾○隱引蚓尹
○閔憫泯愍敏○准準○刎吻○筍隼○允殞隕狁
○本畚○閫壼咽悃○窘囷○哂蜃○牝品○很○
不○忍○盾○撙○損○蠢○忖○粉○穩○衮○
辴○儘

中原音韻 真文 十四

去聲 峻非信 俊非進 順非慎

震陣振賑鎮○信訊迅燼爐○刃訒仞認○吝恪藺
磷○鬢殯臏○腎愼○醞慍運藴惲暈韻○盡晉進
璡○忿分糞奮○近覲○櫬齔○印孕○峻浚竣㻐
○遜巽○俊畯○舜順○閏潤○問紊○頓囤鈍遁
盾沌○悶懣○遴儕○訓○郡○困○噴○釁○論
○混○寸○恨○嫩○褪○搵諢○趁疢
寒山 喉没攔 舐舌腰音陰安陽寒

平聲

陰 山非珊

山刪潸○丹單殫鄲簞○千竿肝玕乾○安鞍○姦
奸間艱菅○刊看○闌綸鰥擐○摻拴○斑班般扳
頒○彎灣○灘攤○番蕃翻轓旛藩反○珊跚○攀
○慳○趙○餐○跧○殷

陽

寒邯韓汗翰○闌蘭欄斕襴攔○還環鬟寰闤闌鐶
○殘戔○閑鷴癇○壇檀彈○煩繁膰礬礬帆樊凡
○難○巒○顏○潺○頑

中原音韻 寒山 十五

上聲 盞非趙

反返坂○散傘撒○晚挽○板鈑○簡揀○產鏟剗
○癉亶○趕稈幹○坦袒○罕○侃○懶○趲○綰
○赧○盞棧○眼

去聲 涎非燕 萬非飯

旱悍銲漢翰瀚汗軒骭○旦誕嘽彈憚但○萬蔓曼
○嘆炭○案按岸犴肝閈㖨○幹榦○粲燦璨○棧
綻組○盼襻○撰饌○渲灤○慢嫚謾○慣卝摜○
贊讚瓚酇○患幻宦擐豢○間澗諫覸○訕疝汕○

辦辧扮絆○飯販畈範泛范犯○限閒莧○鴈贗晏
鷃○看○爛○㜷○散○難○脘
桓歡 口吐丸舐舌腹音陰安陽寒無啓齒張牙之字
平聲
陰
冠寇棺觀○潘般○歡讙驩貛獾○湍拚○端耑○
剜豌蜿○酸狻○寬○鑽○湍○攛
陽 桓非丸
鸞鑾巒欒灤圞○瞞謾縵漫鞔饅㒼鏝○桓紈○丸

中原音韻　桓歡　十六

刓蚖綄紈完豲岏○團摶漙傳○盤槃瘢磐𪔂般鞶
鞶磻蟠胖弁幋○攢欑
上聲 纂非㜷
館管痯琯脘○纂纘攢鄹○款○盥澣○滿懣○暖
㑌○椀○畽○卵○短
去聲 換非玩 慢非慢
喚換煥渙緩逭奐○翫玩脘惋○鏝慢漫墁○竄爨
攛竄○斷鍛段○算蒜○判拚○貫冠觀灌裸矔鸛
○半伴泮沜畔絆○鑽○亂○[illegible]愞

先天 [illegible]舐舌[illegible]音旋音陰烟陽言先天若過開喉唱恐他像却寒山
平聲
陰 痊非千
先仙㒨鮮○煎湔箋韉濺籛○堅肩甄○顛瘨巔○
鵑涓娟蠲○邊籩編鞭鯿○喧暄萱塤諠○氈鸇饘
饘邅旃栴○羶扇煽○專磚○千阡芊遷韆○軒掀
袄○烟燕胭咽嫣○牽愆褰騫○篇扁翩偏翩○淵
冤宛鵷鴛蜿○痊詮筌銓悛㥕荃○宣揎瑄○川穿
○圈○天○鐫

中原音韻　先天　十七

陽 然非壖 壖非傳 賢非言 前非旋 玄非元 全非前 旋非涎
連蓮憐○眠綿○然燃○壖廛纏禪蟬○前錢○田
畋闐填鈿○賢絃弦舷懸○玄○延筵蜒埏蜒綖妍
言研焉沿○乾虔○元黿圓員掾圜園猿轅原嫄
源垣鉛鳶湲援○全泉○旋還璇○船傳椽○拳顴
權鬈○胼駢軿便○聯攣○年○涎
上聲 喘非闡 轉非展 選非鮮
遠阮苑畹○兗偃演堰衍巘○卷捲○鮮跣洗銑毨
筅繭輦撵○腆殄診○謇蹇繭筧梘蔵○剪翦○撚

輾碾譾○輦撻○孌攣○囀轉○貶扁匾褊緶○泫
湎黽免冕勉俛𠋡○喘舛○闡蕆○典○巘○犬○
淺○展○遣○吮○軟○選○編
去聲 院非縣 篆非轉 戀非練 賤非漸
院願愿怨遠援○勸券○見建徤絹件○獻現憲縣
○鞬眩絢○電殿甸佃鈿填闐靛奠○硯燕嚥讌諺
堰緣掾宴彥喭嬿○眷倦圈綣絹狷罥○面麪○片
騙○變便遍徧辨辮卞汴弁○線羨霰○釧穿○
扇善嬗蟮禪繕擅墠單○箭薦煎賤濺餞戔牮○鏇
中原音韻 先天 十八
選旋漩○傳囀轉篆○戰顫纏○譴牽○練煉楝○
戀

蕭豪 音甚清高 略收 臉音鏖 不發沉幽之韻
平
陰 嘲非啁 抄非操 梢非騷
蕭簫瀟蟰颾綃消銷宵霄硝蛸痟魈翛○刀貂琱彫
鵰凋○梟鴞囂枵嘵歊○梢捎弰筲艄髾鞘颾○嬌
驕○蕉焦椒燋憔○標幖臕鑣杓飆○交蛟咬郊茭
鮫膠教○包胞苞○嘲抓啁○高篙膏羔糕槔皋橐

鏖○刀叨舠魛○騷搔艘臊繅颾○遭糟○麈鏖熝
○昭招朝○邀夭訞幺喓腰朓要葽○飄漂○拋胞
脬○條掏饕叨滔韜慆○超怊○哮虓休嗃詨○敲
磽○抄謅○坳凹○蒿薅○滮○褒○挑○超○鍬
○操
陽 巢非曹
豪毫號濠嗥○寮遼僚鷯憀聊○僥橈蕘○苗描貓
○毛芼旄茅蝥貓髦○猱獶鐃呶怓撓譊○牢勞轑
澇醪撈○迢髫蜩調條佻跳○潮朝鼂○遙搖謠
中原音韻 蕭豪 十九
瑤颻窯堯陶姚嶢○樵瞧譙○鼇聱嗷厫敖璈摮獒
鷔鄡遨熬謷○喬蕎橋僑翹○爻肴淆殽○袍炰咆匏
匏咆庖○桃逃咷鼗陶萄綯醄洮濤檮○曹漕槽嘈
螬○瓢薸○巢漅
入聲作平聲
濁濯鐲擢○鐸度踱○薄箔泊博○學鷽○縛○鶴
涸○鑿○鑊○著○芍杓
上聲 瓜非皁 炒非草
小篠謏○皎繳蟜矯○梟鳥嫋裊○了蓼燎蓼○杳

夭殀昋○遶繞嬈擾○眇渺杪藐淼○悄愀○寶保
堡褓葆○夘昴○狡攪鉸姣芠絞○老栳獠潦撩橑
○腦惱碯堖○掃嫂○殍漂僄剽勡○早棗澡藻蚤
璪○倒島搗禱○杲藁縞槁鄗槁○襖懊媼○考栲
○挑窕○沼○少○表○巧○曉○飽○爪○炒○
討○草○好○撓○皦○稍○剖○缶
入聲作上聲
角覺腳桷○捉卓琢○斫酌繳灼○爍鑠爚○鵲雀
趙○託拓橐魄飥柝○縩索捺○郭廓○朔稍○剝
中原音韻　蕭豪　二十
駮○爵○削○作作鑿○錯遣○閣各○壑熇○縛
薄○謔○戳擉
去聲　哨并噪
笑嘯肖鞘○耀眺跳○釣吊寫調掉○豹爆瀑○抱
報暴鉋鞄鮑○竈皂造漕燥躁○料鐐廖暴療○傲
奡鰲○趙兆照旐詔召肇○少紹邵燒○號皞好昊
皞耗浩顥灝○道翿纛纛盜導悼蹈稻到倒○曜耀
臛要鷂○叫嬌嶠○醮噍○糙操造慥○俏峭誚○
傚皦醲○孝効傚校○窖校教覺珓鉸較較徼○罩

笊棹○拗靿樂四○貌冒帽耄旄茂○砲泡○告誥
郜○澇勞嫪○喿燥譟掃○妙廟○鬧淖○奧懊澳
○鈔○竅○溺○哨○覆
入聲作去聲
岳樂藥約躍鑰淪○搦諾○末幕漠寞莫沫○落絡
烙洛酪樂珞○萼鶚鰐惡愕○弱蒻箬○略掠○虐
瘧
歌戈　莫混魚模　嗚收輕　無廢音　歌戈牛吐
平聲
中原音韻　歌戈　二十一
陰　戈非姑
歌哥柯牁○科蝌窠○軻珂○戈過鍋○莎蓑唆梭
梭娑挲○磋瑳蹉瘥醝槎○他拖佗訑○阿痾○窩
渦倭踒○坡頗○波玻嶓番○呵訶○多○麼
陽
羅蘿籮儸囉鑼螺騾灑欏螽鑹○摩磨魔劘𪎊○梛
那挪儺○禾和○何河荷苛渮○駝紽陀沱跎舵酡
沱鼉馱○矬痤○哦蛾娥峨莪鵝俄○婆皤鄱膰○
訛鈋

入聲作平聲
合盒鶴盍○跋魃○縛佛○活鑊○薄箔勃泊渤○
鐸度○濁濯鐲○學○鑿○奪○着○杓
上聲 可非苦 坷非枯
鎖瑣䢧○果裹粿○裸𧀹攞𩮝㑩○舸哿○朶趓𨉖
亸鬌○娜那○荷歌○可坷軻○頗叵○妸○跛簸
○我○左○妥○火○顆○嫷○脞
入聲作上聲
葛割鴿閣蛤○鉢撥䟦○潑粕鏺○聒括○渴㵣○
中原音韻 歌戈 二十二
闊○撮○掇○脫○抹
去聲 賀非户
賀荷檟○佐左坐座○舵墮髾惰剁垛大馱瘅○銼
挫剉莝磋○禍貨和○邏囉摞○簸播譒○磨麼○
臥涴○糯懦那奈○箇个○餓○些○過○課○唾
○破○塩
入聲作去聲
岳樂藥約躍鑰○幕末沫莫寞○諾搙○若弱蒻○
落洛絡酪樂烙○萼鶚鰐惡堊鄂○略掠○瘧虐

家麻之音 啟口張牙 哀巴收 無腹音 少含脣斂舌
平聲
陰 鴉非牙 巴非琶 查非撾
家加跏珈笳枷袈迦痂葭豭麚佳嘉○巴疤笆羓芭
○蛙洼窪哇媧蝸○沙砂紗鯊裟○查楂蹅吒○撾
抓髽○鴉丫呀○叉杈靫差槎鎈○誇夸○蝦○葩
○花○瓜
陽 咱非查
麻蟆痲靡○譁划華驊○牙芽衙涯衙窪○霞遐瑕
中原音韻 家麻 二十三
○琶杷爬○茶槎搽○拏○咱
入聲作平聲
達撻踏沓○滑猾○押轄鍩俠峽洽匣祫○乏伐筏
罰○拔○雜○閘
上聲
馬媽○雅瘂○洒傻傻俏不作○賈假斝○寡呙剮○奼
詫○把○瓦○鮓○打○耍
入聲作上聲
塔獺榻塌○殺霎○劄扎○啞匣○察插鍤○法髮

[illegible]○呷胛夾○荅搭嗒蹹○颯撒薩𢿘○笈○刮○
瞎○八○恰掐
訝非下
駕嫁稼　宼○跨胯髁○亞迓訝砑婭○
汊咤姹詫　○詐乍榨楂○下芐夏嚇罅
暇廈○化畫華鱯樺話○那○罷霸欛靶壩把弝○
卦掛○厤傍星○大○罵
入聲作去聲
臘蠟鑞拉爉辣○納衲○壓押鴨○抹○襪○刷
中原音韻〈家麻〉　廿四
車遮　口畧開些　遏平收　無腹音
平聲
陰
嗟罝○奢賒○車○遮○爹○靴○些
陽
爺耶琊鎁呆○斜邪○蛇佘○佅○爇
入聲作平聲　絕非截
協穴俠挾纈○傑竭碣○疊迭牒揲喋諜垤絰凸蝶
[illegible]○鐝撅○折舌涉○捷𡛸睫○別○絕○拔

上聲
野也冶○者赭○寫瀉○捨舍○惹若喏○撦哆○
姐○且
入聲作上聲
屑薛紲泄媟褻㸐屧疶○切竊妾沏○結潔劫頰鋏
莢○怯挈篋客○節接楫癤○血歇蝎蠍○闕鈌闋
○玦決訣譎蕨鴂○鐵餮帖貼○瞥撇○鼈別鱉○
拙輟○轍撤澈掣○哲褶摺折浙○設攝灄○啜○
雪○說
中原音韻〈車遮〉　廿五
去聲
舍社射麝貰赦○謝卸榭瀉○夜射○柘鷓炙蔗○
借藉○趄○偖
入聲作去聲　褻非熱
捏聶躡鑷囓臬蘖○滅篾蔑○拽噎謁葉燁○業鄴
額○裂列獵鬣列○月悅說閱軏越鉞樾刖○爇○
褻○劣
庚青　鼻裏出聲　急轉鼻音收　腹音但　舌不舐腭
平聲

陰
生非僧　箏非噌　貞非眞　英非因　升非申　稱非嗔　星非新　冰非賓　扃非君　青非親　崩非奔　鶯非巾　烹非噴　亨非哏　精非津　轟非昏　興非欣
京麖庚鶊賡更粳羹畊驚荊經兢矜涇○精睛晶旌
鶄菁○生甥笙牲猩○箏爭○丁釘玎仃○扃坰○
征正貞禎徵蒸烝○冰兵幷○登簦豋甏燈○轟薨
○憎曾矰罾增○鐺錚楟琤撐瞠○稱秤赬檉蟶○
英瑛鷹應膺櫻嬰嚶膺鸚纓瓔縈○輕坑鄉誙硜罄
傾鏗○馨興○青清鯖○聲升勝昇陞○汀廳聽[illegible]
鞕○星醒惺鯹腥騂○崩繃○觥肱○罿○僧○[illegible]

中原音韻　八　庚青　二十六

○兄○泓○京
陽
行非盈　橫非魂　靈非鄰　擎非勤　平非貧　明非民　萌非門　瓊非裙　棚非盆　贏非銀　情非秦　成非塵　繩非神　仍非仁
平評苹枰凴馮凭屏瓶俜娉○明盟瑦名銘鳴冥溟
瞑螟蓂○靈櫺醽鷹令零苓伶聆鈴齡蛉泠瓴翎鴒
陵凌菱綾夌○鵬朋棚○楞稜○層曾○能儜○藤
滕騰螣謄疼○莖恒○盈贏嬴攍瀛塋螢營迎蠅凝
○擎檠鯨黥勍○行形刑邢桁衡鉶珩硎○情睛晴
繒○亭停婷廷庭蜓霆○瓊勞惸○澄呈程酲成城
宬誠盛丞承懲乘塍○熒瞢○盲甍莔○橫宏紘
閎嶸鋐弘○橙棖定○榮○寧○仍○繩○餳
上聲
影非郢　景非緊　炯非窘　井非儘　整非軫　茗非閔
景儆璟憼䫖鯁綆梗警境頸耿哽○頃檾○丙炳邴
秉餅屏○惺醒省瘖○影郢穎癭○省眚○礦獷懭
○炯冋○艇蜓○整拯○茗皿酩○騁逞○領嶺○
鼎酊頂○艇挺誔町奵○冷○井○請○等○永○
涬
去聲
興非欣　孟非悶　稱非趁　淨非盡　病非鬢　媵非印　正非鎮　性非信

中原音韻　八　庚青　二十七

敬徑俓經鏡獍竟競勁更○映應膺凝硬○慶罄磬
罄罄○命暝○鄧凳嶝隥鐙磴○迥詗敻○倩請○
諍掙○正政鄭證○詠瑩○病並柄凭○令凌○聖
賸勝乘剩盛○性姓○娉聘○佞濘甯○淨靜穽靚
靖倩圊○杏幸倖脛興行○稱秤○定錠矴釘訂飣
○蹭○聽○迸○孟○橫○撐○且
尤侯　音出在喉嗚收　腹音陰侯鴞歐
平聲
陰　搜非收

啾揫湫○鳩鬮○捜颼○鄒諏鯫陬騶緅○休咻貅
㾄○謳鷗漚甌歐區○鉤勾篝溝韝緱○兜篼○秋
鰍鞦楸鰌鶖○憂幽優耰麀○脩修羞饈○抽瘳○
周賙啁週洲州舟輈○丘坵○偷媮鍮○篘搊○溲
鎪餿○彪○收○鵃○摳
陽 紬非愁
尤蚰疣訧遊游蝣由油郵牛庮猷蕕輶猶繇猶楢悠
攸○侯、猴、喉、餱、篌、○劉留遛瘤榴鶹騮流旒○柔揉
鏐璆蟉○杯裒○繆矛眸蝥蟊牟麰侔○樓婁髏摟
中原音韻　尤侯　二十八
髏僂○囚泅○紬、稠、綢犨讎酬籌儔疇幬惆○求賕
銶毬逑球俅仇梂裘虯○酋遒○頭、投、骰○愁
入聲作平聲
軸逐○熟
上聲 走非肘 叟非守
有酉牖羑友誘莠黝○柳罶懰○杻狃紐鈕忸○丑
醜○九韭久玖糾灸疚○首手守○叟瞍藪○斗枓
蚪陡抖○狗垢苟耇枸○藕耦偶嘔毆○樓塿簍○
肘箒帚○朽○酒○拓○剖○吼○走○否○搽○

口○偶○懕
入聲作上聲
竹燭粥○宿
去聲 獸非瘦 瘦非獸 奏非皺
又右佑祐狖宥柚幼囿侑○晝呪胄紂宙籀咮○臼
舅舊咎救柩廄究○受授綬壽獸首售狩○秀岫袖
繡琇宿○嗽漱○皺驟○溜霤留餾鎦瘤瀏窌○扣
寇蔻○后、逅、候、堠、後、厚、○就鷲○豆痘竇鬬逗○搆
遘、媾購姤彀詬勾○湊輳凑○漏陋鏤瘻○謬繆○
中原音韻　尤侯　二十九
臭○嗅○瘦○僦○耨○奏○透○貿懋
入聲作去聲
肉褥○六
侵尋 閉口眞文 閉口收 腹音恩
平聲
陰 森非孫 針非眞 金非斤 侵非親 深非申 音非因 心非辛 歆非欣
針斟箴砧椹鱵瑊○金今衿襟禁○駸綅浸祲○深
槮○簪鐕○森摻參○琛綝郴○音瘖陰喑○心杺
○欽衾嶔○侵○歆

陽 沈非存 吟非寅 琴非勤 沉非陳 林非隣
杼淋琳痳霖臨綝箖○壬任紝鵀○尋潯鱘鐔燖覃
○吟淫崟婬霪蟫○琴芩禽檎擒黔○岑、鸑鐕、涔霽
○沉霃鈂湛○忱煁
上聲 稔非忍 審非哂 錦非緊
廩懍凜○稔飪淰荏荏○審嬸沈瞫○錦噤○㵉墋
○枕○飲○您○怎○寑
去聲 任非認 蔭非印 浸非進
朕沈鴆枕○甚葚○任衽紝妊○禁噤澿矜○蔭瘖
中原音韻 侵尋 三十
窨飲𢘅○沁𢗴○浸祲○臨淋○滲罧○讖○譖○
賃○啉○㖗
監咸 閉口寒山 閉口收 腹音卷
平聲
陰 菴非安 擔非單 貪非灘 酣非邯 探非炭
菴庵鵪鞌㛪諳○擔聃儋耽湛酖眈○監緘椷○堪
龕戡弇○三毿毵○甘柑疳泔○杉衫○貪探○㮂
驂○憨酣○簪參膹鐟○嵌○鵮○詀喃○涔○攙
陽 咸非言 藍非闌 談非壇 岩非顏 南非難

南諵喃楠男○咸、鹹、諴函、銜啣○婪爁燣藍籃嵐○
覃、譚談、餤潭、燂蕁曇痰○蠶慚○含、涵邯、○讒毚饞
鑱劖巉○巖岩○喒
上聲 覽非懶 膽非癉 坎非侃 斬非盞
感鱤㦃敢○覽攬欖爦○膽紞○慘黲○揞唵䅁
○㨛獫○毯禫倓萏窞○咸鹻○坎○砍○昝歘○
俺○黲○黯○斬○臁
去聲 監非間 勘非看 陷非限 濫非爛 賺非綻 鑑非澗 暗非按
勘磡○贛淦紺○憾撼頷琀菡晗○淡啖倓擔○艦、
中原音韻 監咸 三十一
檻、艦餡、陷、○濫醶纜攬○瞰嵌闞○蘸站賺湛○鑑
監○暫鏨蔘揝○暗闇○三○探○滲○慘○懺○
訕
廉纖 閉口先天 閉口收 腹音盐
平聲
陰 詹非氈 淹非煙 僉非千 尖非煎 兼非堅 纖非先 掂非顛 謙非牽 添非天 粘非年
瞻詹占粘沾霑○兼縑鶼鰜○淹腌醃猗閹厭懨○
纖銛憸暹韱○僉槧籤○襜韂覘○枚忺○尖漸殲

○掂○苫○謙○添

陽　甜非田　蟾非纏　潛非前　鹽非延　嫌非賢　簾非連

廉簾臁奩帘○鮎黏拈○撏燖○鈐鉗黔○蟾儋○

鹽炎閻簷巖○甜恬○髯○潛○嫌

上聲　臉非輦　掩非偃　撿非蹇　險非顯　忝非腆　點非典　諂非闡

掩魘黶埯奄晻崦琰剡○撿儉臉○歛臉○染苒冉

○閃陝○忝餂○險譣○颭○點○諂

去聲　豔非硯　欠非揵　劍非見　僭非箭　塹非倩　占非戰

豔焰厭饜驗灩釅奄○贍苫○欠芡歉○玷店墊墊

○瀲斂殮○念艌○劍儉○僭漸○塹茜壍○染○

占○譫

中原音韻後序

泰定甲子秋予既作中原音韻幷起例以遺青原蕭存存未幾訪西域友人瑣非復初同志羅宗信見餉攜山東之妨開北海之樽于時英才若雲文筆如槊復初舉觴命謳者歌樂府四塊玉至彩扇歌青樓飲宗信止其音而謂余曰彩字對青字而歌青字爲晴吾揣其音此字合用平字聲必欲揚其音而青字乃抑之非也噫昔嘗聞蕭存存言君所著中原音韻迺正語作詞之法以別陰陽字義予因大笑越席捋其

鬚而言曰信哉吉之多士而君又士之俊者也嘗遊江海觀其稱豪傑者非富即貴求能正其音之訛顧其曲之誤者鮮矣復初前驅紅袖而自用調歌曰買笑金纏頭帛以証其非復初知某則是矣乃復嘆曰予作樂府三十年未有如今日之遇宗信知某曲之非某曲之是也舉首四顧螺山之色鷺渚之波爲之改容遂捧巨觴于二公之前口占折桂詞一闋煩皓齒歌以送之以報其能賞音也明當盡攜音韻的本幷諸起例以歸知音調曰宰金頭黑腳天鵝客有鍾

期座有韓娥吟旣能吟聽還能聽歌也能歌和白雪
新來較可放行雲飛去如何醉覩銀河燦爛蟾孤點
點星多歌旣畢客醉予亦大醉莫知所云挺齋周德
清書

《四庫全書》本《中原音韻》

《四庫全書》本說明

文淵閣《四庫全書》集部“詞曲類南北曲之屬”收有《中原音韻》二卷（本《叢刊》稱《四庫全書》本）。據《四庫全書總目提要》說，該本據內府藏本，版本來源不清楚。從該本的內容結構和小韻、韻字的情況看，與明刻《嘯餘譜》本相近，可能又據其他版本訂正過。卷首載虞集序及周德清自序，自序改題《中原音韻起例》。該本將《中原》離析為上、下二卷，上卷韻譜，下卷起例。韻譜部分各小韻之間不加“○”號，而是用空格（空一字）表示隔離。

欽定四庫全書　集部

中原音韻卷上

詳校官檢討臣羅國俊

侍讀臣孫球覆勘

總校官編修臣王燕緒

校對官中書臣宋枋遠

謄錄監生臣張鈞

中原音韻　詞曲類五 南北曲之屬

提要

臣等謹案中原音韻二卷元周德清撰德清字挺齋高安人是書成於泰定甲子原不分卷帙考其中原音韻起例以下即列諸部字數正語作詞起例以下即列作詞諸法蓋前為韻書後為附論畛域顯然今據此釐為二

卷以便省覽其音韻之例以平聲分為陰陽以入聲配隸三聲分為十九部一曰東鍾二曰江陽三曰支思四曰齊微五曰魚模六曰皆來七曰真文八曰寒山九曰桓歡十曰先天十一曰蕭豪十二曰歌戈十三曰家麻十四曰車遮十五曰庚青十六曰尤侯十七曰侵尋十八曰監咸十九曰廉纖蓋全為北曲而作考齊梁以前平上去無別至唐時如元

稹諸人作長律尚有遺風惟入聲則各自為部不叶三聲然如檀弓稱君辱與彌牟之弟遊注謂文子名目緩讀之則為彌牟又古樂府江南曲以魚戲蓮葉北韻魚戲蓮葉西注亦稱北讀為悲是以入叶平已萌於古又春秋盟於蔑穀梁作盟於昧春秋定姒卒公羊作定弋卒是亦方言相近故上去入可以轉通也北音舒長遲重不能作收藏短促之聲

凡入聲皆讀入三聲自其風氣使然樂府既為北調自應歌以北音德清此譜蓋亦因其自然之節所以作北曲者沿用至今言各有當此之謂也至於因而梏繫古音則拘於一偏主持太過夫語言各有方域時代遞有變遷文章亦各有體裁三百篇中東陽不叶而孔子象傳以中韻當老子道經以聲韻盲此參用方音者也楚騷之音異於風雅漢魏之

音異於屈宋此隨時變轉者也左思作三都賦純用古體則純用古音及其作白髮賦與詠史招隱諸詩純用晉代之體則亦純用晉代之音沈約詩賦皆用四聲至於冠子祝文則化字乃作平讀又文章用韻各因體裁之明鏡也詞曲本里巷之樂不可律以正聲其體創於唐然無詞韻凡詞韻與詩皆同唐初回波諸篇唐末花間一集可復按也其法密於宋漸有以入代平以上代平諸例而三百年作者如雲亦無詞韻間或參以方音但取歌者順吻聽者悦耳而已矣一則去古未遠方音猶與韻合故無所出入一則去古漸遠知其不合古音而又諸方各隨其口語不可定以一格故均無書也至元而中原一統北曲盛行既已別立專門自宜各為一譜此亦理勢之自然德清乃以後來變例據一時以

排千古其傎殊甚觀其瑟注音史塞註音死今日四海之內寧有此音不又將執此以排德清哉然德清輕詆古書所見雖謬而所定之譜則至今為北曲之準繩或以變亂古法詆之是又不知樂府之韻本於韻外別行矣故今錄存其書以備一代之學而併論其源流得失如右乾隆四十六年九月恭校上

總纂官臣紀昀臣陸錫熊臣孫士毅

總校官臣陸費墀

中原音韻原序

樂府作而聲律盛自漢以來然矣魏晉隋唐體製不一音調亦異往往於文雖工於律則弊宋代作者如蘇子贍變化不測之才猶不免製詞如詩之誚若周邦彥姜堯章輩自製譜曲稍稱通律而詞氣又不無卑弱之憾辛幼安自北而南元裕之在金末國初雖詞多慷慨而音節則為中州之正學者取之我朝混一以來朔南暨聲教士大夫歌詠必求正聲凡所製作皆足以鳴國家

氣化之盛自是北樂府出一洗東南習俗之陋大抵雅樂之不作聲音之學不傳也久矣五方言語又復不類吳楚傷於輕浮燕冀失於重濁秦隴去聲為入梁益平聲似去河北河東取韻尤遠吳人呼饒為堯讀武為姥說如近魚切珍為丁心之類正音豈不誤哉高安周德清工樂府善音律自製中原音韻一帙分若干部以為正語之本變雅之端其法以聲之清濁定字為陰陽如高聲從陽低聲從陰使用字者隨聲高下措字為詞各有攸當則清濁得宜而無凌犯之患矣以聲之上下分韻為平仄如入聲直促難諧音調成韻之入聲悉派三聲誌以黑白使用韻者隨字陰陽置韻成文各有所協則上下中律而無拘拗之病矣是書既行於樂府之士豈無補哉又自製樂府若干調隨時體製不失法度屬律必嚴比事必切審律必當擇字必精是以和於工商合於節奏而無宿昔聲律之弊矣余昔在朝以文字為職樂律之事每與聞之嘗恨世之儒者薄其事而不究

心俗工執其藝而不知理由是文律二者不能兼美每朝會大合樂樂署必以其譜來翰苑請樂章唯吳興趙公承旨時以屬官所撰不協自撰以進弁言其故為延祐天子嘉賞焉及余備員亦稍為隱括終為樂工所哂不能如吳興時也當是時苟得德清之為人引之禁林相與討論斯事豈無一日起予之助乎惜哉余還山中眊且廢矣德清留滯江南又無有賞其音者方今天下治平朝廷將必有大製作興樂府以協律如漢武宣之

世然則頌清廟歌郊祀攄和平正大之音以揄揚今日
之盛者其不在於諸君子乎德清勉之前奎章閣侍書
學士虞集書

中原音韻起例

青原蕭存存博學工於文詞每病今之樂府有遵音調
作者有增襯字作者有陽春白雪集德勝令花影壓重
簷沉烟裊繡簾人去青鸞杳春嬌酒病懨眉尖常鎖傷
春怨忺忺忺的來不待忺繡唱為羞與怨字同押者有
同集殿前歡白雪窩二段俱八句白字不能歌者有板
行逢雙不對襯字尤多文律俱謬而指時賢作者有韻
脚用平上去不一一云也唱得者有句中用入聲不能

歌者有歌其字音非其字者令人無所守泰定甲子存
存托其友張漢英以其說問作詞之法於予予曰言語
一科欲作樂府必正言語必宗中原之音樂府之盛之
府之盛之備之難莫如今時其盛則自搢紳及閭閻歌
咏者衆其備則自關鄭白馬一新製作韻共守自然之
音字能通天下之語字暢語俊韻促音調觀其所述曰
忠曰孝有補於世其難則有六字三韻忽聽一聲猛驚
是也諸公已矣後學莫及何也蓋其不悟聲分平仄字别

陰陽夫聲分平仄者謂無入聲以入聲派入平上去三聲也作平者最為緊切施之句中不可不謹派入三聲者廣其韻耳有才者本韻自足矣字別陰陽者陰陽字平聲有之上去俱無上去各止一聲平上去有三聲有上平聲有下平聲上平聲非指一東至二十八山而言下平聲非指一先至二十七咸而言前輩為廣韻平聲多分為上下卷非分其音也殊不知平聲字字俱有上平下平之分但有有音無字之别非一東至山皆上平

一先至咸皆下平聲也如東紅二字之類東字下平聲屬陰紅字上平聲屬陽陰者即下平聲陽者即上平聲試以東字調平仄又以紅字調平仄便可知平聲陰陽字音又可知上去二聲各止一聲俱無陰陽之别矣且上去二聲施於句中施於韻脚無用陰陽惟慢詞中僅可曳其聲爾此自然之理也妙處在此初學者何由知之乃作詞之膏肓用字之骨髓皆不傳之妙獨予知之嘗屢揣其聲病於桃花扇影而得之也吁考其詞音者

人人能之究其詞之平仄陰陽者則無有也彼之能遵音調而有協音俊語可與前輩頡頏所謂成文章曰樂府也不遵而增襯字名樂府者自名之也德勝令䠆字怨字殿前歡八句白字者若以䠆字是珠字誤看則烟字唱作去聲為沉宴是珠簾皆非也呵呵忺忺者何等語句未聞有如此平仄如此開合韻脚德勝令亦未聞有八句殿前歡此自己字之開合平仄句之對偶短長俱不知而又妄編他人之語奚足以知其妍媸鄙陋呼

言語可不究乎以板行謬語而指時賢作者皆自為之詞將正其已之是影其已之非務取媚於市井之徒不求知於高明之士能不受其惑者幾人哉使真時賢所作亦不足為法取之者之罪非公器也韻脚用三聲何者為是不思前輩某字某韻必用某聲却云也唱得乃文過之詞非作者之言也平而仄仄而平上去而去上去上而上去者諺云鈕折嗓子是也其如歌姬之喉咽何入聲於句中不能歌者不知入聲作平聲也歌其字

音非其字者合用陰而陽陽而陰也此皆用盡自己心徒快一時意不能久傳深可哂哉深可憐哉惜無有以訓之者予甚欲為訂砭之文以正其語便其作而使成樂府恐起爭端矧為人之學乎因重張之請遂分平聲陰陽及撮其三聲同音兼以入聲派入三聲如鞞字次本聲後葺成一帙分為十九名之曰中原音韻并起例以遺之可與識者道秋九日高安挺齋周德清書

欽定四庫全書

中原音韻卷上

元　周德清　撰

東鍾

平聲

陰

東冬　鍾鐘中忠衷終　通蓪　松嵩　冲充衝舂忡摏艟罿衶种　邕嗈雝　空崆　宗椶騣　風楓豐封葑峯鋒烽丰蜂　鬆憁　匆蔥聰驄囪烟突　蹤縱樅　穹芎傾　工功攻公蚣弓躬恭宮龔供肱觥　烘叿人聲　雝癰　凶兇胷洶兄　翁鶲癰灉碎壅泓　崩繃　烹

陽

同筒銅桐峒童僮橦曈瞳潼犝　戎羢駥絨氄茸　龍隆癃窿　窮藭蛩邛笻　籠曨朧櫳瓏礱礲聾嚨　膿農儂　濃穠醲　重蟲慵鱅崇　馮逢縫　叢藂琮熊雄　容溶蓉瑢鎔庸傭鄘鏞墉融榮　蒙濛朦艨甍

甍瞢萌 紅谼虹哄鴻宏紘横嶸弘 蓬篷芃髼彭棚
鵬 從
上聲
董懂 腫踵種冢 孔恐 桶統 汞嗊 隴壠 蓊
攏 洶詾 聳竦 拱鞏珙 勇擁湧踴悀永俑 蠓
懵猛艋蜢 總 捧 寵 冗 噥 唪
去聲
洞動棟凍蝀 鳳奉諷縫 貢共供 宋送 弄哢齆
欽定四庫全書
中原音韻 卷上 二
控空鞚 誦訟頌 甕齆罋 痛慟 衆中仲重種
縱從粽 夢孟 用詠瑩 哄閧横 綜 迸 銃
江陽
平聲
陰
姜江杠釭薑韁繮疆僵 邦梆幫 桑喪 雙艭霜孀
鸘驦 章漳獐樟璋彰麞張 商傷殤觴湯栱 漿螿
將 莊粧裝樁 岡剛鋼綱缸扛玒亢 康糠 光胱

當璫簹襠鐺 荒慌肓 香鄉 鎊滂雱 腔椌蜣
羌 鴦央殃秧泱 方芳枋妨坊肪 昌猖娼菖閶
湯鏜 湘廂相箱襄瓖 槍鏘蹌 匡筐眶 汪尫
倉蒼 牕瘡 贓臧
陽
陽揚楊暘昜颺羊徉洋佯 忙茫邙芒鋩杗牻尨 粮
良綡涼輬梁粱量 穰欀瀼瓤 忘亡 郎榔廊螂狼
浪琅狼 杭行頏航 昂卬 床幢撞淙 傍旁房龐
欽定四庫全書
中原音韻 卷上 三
逢 房防 長萇腸場常裳嘗償 唐糖塘餹堂棠
祥詳翔 牆檣嬙戕 黃璜簧艎蝗皇篁凰惶遑隍
藏 強 娘 降 王 狂 囊
上聲
講港鏹 養癢鞅 蔣獎槳 兩魎 想鯗 蟒莽漭
爽漺 響蠁享饗夯 敞氅昶 壤攘 舫倣放訪
昉 罔網輞 枉往 顙磉嗓 榜搒 倘帑 黨讜
掌長 朗 謊恍 仰 廣 沆 瀣沆 髒 強 搶

賞晌

去聲

絳降洚虹糨強　象像相　亮諒量緉輛　瀁羕煬養

樣怏鞅漾恙　狀壯撞　上尚餉　讓懹釀　悵脹漲

丈仗杖障瘴嶂　巷向項　匠將醬　唱倡暢悵鬯

創愴　望忘妄　旺王　放訪　蕩宕碭當擋　浪閬

葬藏臟　謗傍蚌棒　炕亢抗　曠壙纊　晃恍

況貺　釀　仰　喪　胖　行　愴　誑　盎　戧

鋼　盪湯

支思

平聲

陰

支枝肢巵氏梔榰之芝脂胝　髭貲觜菑孳孜滋資咨

淄諮姿秄　眵鴟差　施詩師獅螄尸屍鳲蓍　斯撕

厮澌鷥颸思司私絲偲罳　睢

陽

兒而洏　慈鶿磁茲餈次疵玼茈　時塒鰣匙　詞祠

辭辤

上聲

紙秖底旨指止沚芷趾祉阯址徵咫　爾邇耳餌珥駬

此玼跐泚　史駛使弛豕矢始屎菌　子紫姊梓

死　齒仔

入聲作上聲

澀瑟音史　塞音死

去聲

是氏市柿侍士仕使示謚蒔恃事施嗜豉試弒莁視噬

似兕賜姒巳汜祀嗣飼笥耜涘俟寺食思四肆泗駟

次刺㓨　字漬牸自恣胔觜　志誌至　二貳餌

翅　廁

齊微

平聲

陰

機幾磯璣譏肌飢笄朞箕基雞稽饑姬奇羈羇 歸圭
邽龜閨規 齏齎擠躋 雖荽綏雎屎 邸觝殫張氐
底 妻淒萋悽棲 西犀嘶 灰揮暉輝翬麾徽虺
杯悲卑碑陂 追騅錐 威偎隈煨 非扉緋霏騑誹
菲妃飛 溪欺欹 希稀睎羲犧曦醯熹嘻僖熙 衣
依伊醫鷖漪猗臆 吹炊推 醅披邳丕呸胚秠 魁
盔虧窺瑰奎 笞痴郗蚩媸螭鴟絺 崔催衰榱 紕
批鈚 堆鎚 篦鎞 知蜘 梯

陽
微薇維惟 黎黧犂梨藜瓈離璃蘺醨羅离鸝驪麗狸
蜊釐氂漓 泥尼麑 梅莓枚媒煤眉湄楣嵋糜縻醾
壘 雷櫑纍罍羸 隋隨 齊臍 回洄迴 圍闈韋
幃違嵬巍危桅為 肥淝 奇騎琦祺萁期旗蘄綦祈
祁其畿祇耆鬐芪岐麒琪蘄 奚兮畦攜蹊 移扅兒
鯢霓倪猊輗姨夷荑疑嶷鷖沂宜儀鸃彝貽怡眙飴圯
頤遺蛇 啼蹄提題醍綈稊 鎚垂陲 裴陪培皮
葵馗夔逵 池馳遲墀篪持 頹魋 脾疲比毗羆
迷糜彌 誰 摧 纍

入聲作平聲

陽 後同
實十什石射食蝕拾 直值姪秩擲 疾嫉蒺集寂
夕昔席襲 荻狄敵迪笛糴 及極 惑 逼 劾
賊

去聲作平聲

陽
鼻

上聲
迤旖 尾亹 倚椅錡扆偯蟻矣已以苡顗擬艤 浼美
蟣幾己几麂紀 恥侈 捶箠 痞否嚭把秕 鬼
簋癸軌詭晷宄 悔賄毀卉譭燬虺 妣比匕 禮醴
里裏理鯉娌李蘂履 濟擠 底邸詆柢牴 洗璽枲
徙屣 起棨啟綮綺杞豈 米弭眯 你旎禰 彼鄙

喜嬉　委猥唯隗葦偉　壘磊儡蕾　體　腿　蕊
觜　髓　水　餧

入聲作上聲

質隻炙織隲汁只　七戚漆刺　匹闢僻　吉擊激極
棘戟急汲給　筆北　失室　適拭軾飾釋濕奭　唧
積稷績跡脊鯽　鞞畢蹕篳碧璧壁覓　昔惜息錫淅
尺赤勅喫叱鶒　的菂嫡滴　德得　滌剔踢　吸
隙翕檄覡　乞泣訖　國　黑　一

去聲

未味　胃蝟渭謂䲁尉慰緯穢衛魏畏餧位飫　貴櫃
餽愧悸桂檜膾鱠跪撌繪　吹沸費肺廢芾　會悔誨
諱惠蕙慧潰闠　翠脆顇倅萃粹淬悴　異裔義議誼
毅藝易羿瘞勩世曳翳詣饐刈乂意劓懿　氣器棄憩
契㮣　霽濟祭際劑　替剃涕嚏　帝諦締弟娣第睇
地遞蒂棣　背貝狽焙倍婢備避輩被臂幣斃髲詖悖
利痢莉俐例唳戾洌離隸癘莅荔詈剓麗　砌妻

細壻　罪醉最　對隊碓兌　計記寄繫繼妓忮技髻
偈忌季檵騎旣驥冀罽鱖　閉蔽畀箆斃嬖庇比秘陛
貴　謎余　睡稅說瑞　退蛻　歲碎粹祟邃繸穗燧
隧遂彗　墜贅綴縋懟　製制置滯稚穉致緻治智幟熾
質　世勢逝誓　淚累酹擂類纇誄耒礧　配佩珮
霈沛悖誖　妹昧媚魅袂瑁寐　戲系係　簣蕢揆
殢膩泥　吶芮銳蚋　吠喙　內

入聲作去聲

日入　覔蜜　墨密　立粒笠厯歷櫪瀝癧靂轢力栗
逸易埸譯驛益溢鎰鷁液腋掖疫役一佾泆逆乙邑
憶揖射蜴翼　勒肋　劇　匿

魚模

平聲

陰

居裾琚鶋車駒拘俱　諸豬猪朱姝株蛛誅珠邾侏
蘇酥甦穌　逋餔晡　樞樗攄　粗芻　梳蔬疏踈

虛墟噓嘘歔吁 蛆趍 疽沮趄苴蛆雎 孤姑辜鴣酤
沽蛄菰觚 枯刳 迂紆扜 嗚汚烏 書舒輸紓
區軀驅嶇貙 須嬃鬚胥醑需繻 膚夫鈇玞趺敷麩
孚鄜莩枹桴郛 呼 初 都 租

陽

廬閭驢臚蔞 如茹駕儒薷檽孺嚅濡 無蕪巫誣
模謨摸謀 徒圖菟屠荼途瘏駼塗 奴砮駑駑 盧
蘆顱鱸轤爐櫨瀘纑艫 魚漁虞余餘竽予畬雩輿轝

歈璵舁妤歟譽愚盂隅禺臾榆愉俞覦䮛瑜窬逾渝闟
於諛萸 吾浯鋙蜈珸吳梧娛鼯 雛鋤 殊茱銖洙
渠蘧磲蘧劬瞿衢臞 除蜍滁躇廚櫥蹰儲 扶夫
蚨符芙鳧浮 蒲脯酺蒱 胡猢湖醐瑚鶘壺狐弧乎

殂徂 徐

入聲作平聲

獨讀牘瀆犢毒突纛 復佛伏鵩袱服 鵠鶻斛槲
贖屬述秫術朮 俗續 逐軸 族鏃 僕 局 淑

蜀孰熟塾

上聲

語雨與圄圉齬敔禦愈羽宇禹庾 呂侶旅膂縷僂
主煮拄渚麈竪翥 汝乳 鼠黍暑 阻俎 杵楮褚
處杵 數所 祖組 武舞鵡侮廡 土吐 魯櫓虜
鹵滷 覩堵睹 古罟詁沽牯蠱估盬鼓瞽股羖賈
五午仵忤塢鄔 虎滸 補浦圃鵏 普溥譜 甫斧
撫黼脯府俯腑父否 母某牡姥畝 楚礎憷 舉莒

矩櫸 弩努 許詡 取 苦 咀 女 嶼 傴 去

入聲作上聲

谷穀轂骨 蔌縮謖速 復福幅蝠腹覆拂 卜不
菊踘局 足 笏忽 菽燭粥竹 粟宿 曲麴屈 仲
哭窟酷 出黜畜 叔菽 督篤 暴撲 觸束 簇
足 促 禿 卒 蹙 屋沃兀

去聲

御馭遇嫗裕諭芋譽預豫 慮濾屢 鋸懼句據詎巨

拒秬距炬苣踞屨絇具　詎虡樹戍豎署曙　覷趣娶
注澍住著柱註鑄翥炷駐紵苧貯竚　數疏　絮序
敘緒　孺茹　杜妬肚渡鍍數度蠹　赴父釜輔付賦傅
富仆鮒賻訃拊婦附阜負　戶扈護瓠互冱頀岵怙
務霧鶩戊　素訴塑遡泝嗉　暮慕墓募　路潞鷺輅
露賂　故錮固顧雇　誤悞悟寤惡汙　布怖佈部簿
哺捕步　醋措錯　做祚胙詛　兎吐　怒　鋪　處
去　聚　助

入聲作去聲
祿鹿漉麓　木沐穆睦沒牧目鶩　錄籙綠騄陸戮律
物勿　辱褥入　玉獄欲浴郁育鷸　訥

皆來
平聲
陰
皆揩階喈街偕稭楷　該垓荄陔　哉栽災　釵差
台胎駘咍郚　哀挨唉　猜　揩　衰　腮　歪　開
揩　齋　乖　篩　揣
陽
來萊騋　鞋諧骸　排牌簰俳　懷淮槐褱瀤　埋霾
騃皚　孩頦　柴柴豺儕　崖厓涯　才材財裁纔
臺擡抬儓苔炱薹　能
入聲作平聲
白帛舶　宅擇澤擇　畫劃
上聲

海醢鞋詒紿　駭蟹　宰載　采彩採寀綵　靄藹乃
毒　奶乃　擲拐夬　凱鎧塏　揣　擺　矮　解
楷　買　改
入聲作上聲
拍珀魄　策冊柵測蹢　伯百栢迫擘檗　骼革隔格
客刻　責幘摘謫側窄仄昃簀迮　色穡索　摑
摔嚇　則
去聲

懈械薤解獬 寨豸瘵債蠆眦 態泰太汰 葢丐
艾愛噫餲 捱隘阨搤 柰奈耐鼐 害亥妎 帶戴
怠迨待代袋大黛岱 戒誡廨懈界介芥疥届玠犗恝
外聵 快噲塊 在再載 賣邁 賴籟瀨賚癩
拜湃敗憊粺 菜蔡 曬灑殺鎩 賽塞 怪壞
慨 派 帥率 溢

入聲作去聲

麥貊陌驀脈 額厄客額 搦

真文

平聲

陰

分紛芬氛汾 昏惛婚葷閽 因姻茵湮殷闉 申紳
伸身 嗔瞋 春椿 詢荀 吞 暾 諄迍 逡皴
根跟 欣忻昕 氳煴 真珍振甄 新薪辛 賓
濱鑌彬 坤髡 君麏軍皸均鈞 榛臻 莘詵 薰
醺勳曛燻 鯤鵾裩昆 溫瘟 孫飧蓀猻 尊樽
敦墩燉 奔賁犇 巾斤筋 村 親 遵 恩 噴
哏 津

陽

隣燐鱗璘麟鄰轔 貧瀕頻蘋顰嚬 民珉緡旻 人
仁 倫綸掄輪淪 裙羣 勤懃芹 門捫 論崙
文紋聞蚊 銀誾齦垠寅夤鄞 盆湓 陳臣塵娠
辰晨宸 秦蓁 唇蒓淳純醇錞鶉 巡旬馴循 雲
芸云紜耘勻員 伍員人名 筠 墳焚棼 魂渾 豚屯鈍臀

神 存蹲 痕 紉

上聲

軫疹診縝 肯懇墾齦 緊謹槿巹瑾 隱引蚓尹
閔憫泯愍敏 准準 刎吻 筍隼 允殞隕狁 本
畚 閫壼悃梱 窘囷 哂蜃 牝品 狠 不 忍
盾 撙 損 蠢 忖 粉 穩 袞 瞬 儘

去聲

震陣振賑鎮 信訊迅賑燼 刃訒仞認 吝悋藺磷

鬢殯臏 胥憤 醞愠運蘊惲暈韻 盡晉進璡
忿分糞奮 近覲 櫬齔 印孕 峻浚殉巽 遜巽
俊駿 舜順 閏潤 問紊 頓囤鈍遁盾沌 悶
懣 遴僯 訓 郡 囷 噴 釁 論 混 寸
恨 嫩 褪 搵諢 趂疢

寒山

平聲

陰

山刪潸 丹單殫鄲簞 干竿肝玕乾 安鞍 姦奸
間艱菅 刊看 關綸鰥擐 攙拴 斑班般扳頒
彎灣 灘攤 番藩翻轓旛潘反 珊跚 攀慳
赸 餐 跧 般

陽

寒邯韓汗翰 闌蘭欄瀾讕斕 還環鬟寰闤圜鐶
殘戔 閑鷴癇 壇檀彈 煩繁膰礬蠜帆樊凡 難
蠻 顏 潺 頑

上聲

反返坂 散傘糤 晚挽 板鈑 簡揀 產鏟剗
癉亶 赶稈䵎 坦袒 罕 侃 嬾 趲 綰 赧
盞琖 眼

去聲

旱悍銲漢翰瀚汗釬骭 旦誕嘽彈憚但 萬蔓曼
嘆炭 案按岸犴矸閈喭 幹榦 粲燦璨 棧綻組
盼襻 譔饌 澶灘 慢謾嫚 慣丱摜 贊讚灒瓚酇

患幻宦擐豢 間澗諫覸 訕疝汕 辦瓣扮絆
飯販畈範泛范犯 限閬莧 雁贗晏鷃 看 爛
篡 散 難 腕

桓歡

平聲

陰

官冠棺觀 搬般 懽讙驩貛獾 潘拚 端耑 剜
豌蜿 酸狻 寬 鑽 湍 攛

陽
鸞鑾巒孿灤圞 瞞謾縵漫鞔饅䰋鏝 桓紈 丸刓
蚖絖紈完攔岏 團摶漙慱 盤槃瘢磐鬆般鞶媻磻
蟠胖弁幣 攢攅
上聲
館管痯琯脘 纂纘攢鄼 款 盌浣 滿懣 暖煖
椀 疃 卵 短
去聲

喚換煥渙緩逭奐 翫玩酛惋 鏝慢漫墁 竄爨攛
躥 斷鍛段 算蒜 判拚 貫冠觀灌祼瓘鸛 半
伴泮沜畔絆 鑽 亂 彖 愞
先天
平聲
陰
先仙躚鮮 煎湔箋韉濺籛 堅肩甄 顛瘨巔 鵑
涓捐蠲 邊籩編鞭鯿 喧暄萱塤諠 氈鸇鱣饘邅

旃栴 羶扇煽 專磚 千阡芊遷韆 軒掀祆 烟
燕胭咽嫣 騫愆褰鶱 篇扁蹁偏翩 淵冤宛鵷鴛
蜿 痊詮荃銓悛睃筌 宣揎瑄 川穿 圈 天
鐫
陽
連蓮憐 眠綿 然燃 廛躔纏禪蟬 前錢 田畋
闐填鈿 賢絃弦舷懸 玄 延筵蜒埏蜒緣 妍言研
焉沿 乾虔 元黿圓員捐園圜袁猿轅原嫄源垣鉛

爰湲援 全泉 旋還璇 船傳椽 拳顴權鬈 胼
駢軿便 聯攣 年 涎
上聲
遠阮苑畹 宛偃演郾衍鼴 卷捲 鮮跣洗銑毨筅
獮蘚癬 腆殄沴 謇蹇繭筧梘戭 剪翦 撚輾碾
讞 輦璉 臠孌 囀轉 貶扁匾褊緶 沔湎黽免
冕勉俛娩 喘舛 闡蕆 典 顯 犬 淺 展
遣 吮 軟 選 諞

去聲

院願愿怨遠援　勸券　見建健絹件　獻現憲縣

韃眩絢　電殿甸佃鈿填闐靛奠　硯燕嚥讌諺堰緣

椽宴彥唁嬿　眷倦圈綣絹狷罥　面麪　片騙　變

便遍徧辨辯卞汴弁　線羨霰　釧穿串　扇善煽饍

禪鐥擅墠單　箭薦濺賤濺餞踐牮　鏇進旋漩　傳

囀轉篆　戰顫纏　譴牽　練煉楝　戀

蕭豪

平聲

陰

蕭簫瀟蟰颾綃消銷宵霄硝蛸痟魈翛　刁貂琱彫鵰

凋　梟鴞貫枵驍歊　梢捎弰筲旓髾鞘颵　嬌驕

蕉焦椒燋憔　標幖膘鑣杓飆　交蛟咬郊茭鮫膠教

包胞苞　嘲抓啁　高篙膏羔糕槔皋櫜鼛　刀叨

舠魛　騷搔艘臊繅颾　遭糟　鏖鑣爊　昭招朝

邀夭訞幺喓腰㕭要葽　飄漂　拋胞脬　絛掏饕叨

滔韜慆　趫橇　哮虓烋嚆詨　敲磽　抄謅　坳凹

蒿薅　澆　褒　挑　超　鍬　操

陽

豪毫號濠嘷　寮遼僚鷯憀聊　饒橈蕘　苗描貓

毛芼旄茅蝥猫髦　猱獶鐃呶怓撓譊　牢勞轑澇醪

撈　迢髫蜩調條佻跳　潮朝鼂鼉　遙搖謠瑤颻窯

堯陶桃嶢　樵憔譙　鼇聱嗷廒敖璈聱嫯鷔囂遨嶅

聱　喬蕎橋僑翹　爻肴淆殽　袍炮跑鞄匏咆庖

桃逃咷鼗陶萄綯醄淘濤檮　曹漕槽嘈螬　瓢薸

巢漅

入聲作平聲

濁濯鐲擢　鐸度踱　薄箔泊博　學鷽　縛　鶴涸

鑿　鑊　着　芍杓

上聲

小篠謏　皎繳蟜矯　裊鳥蔦褭　了蟟燎蓼　杳夭

殀舀　遶繞嬈擾　眇渺杪藐淼　悄愀　寶保堡褓

篠 夘昴 狡攪鉸姣爻絞 老栳獠潦撩橑 腦惱
碯瑙 掃嫂 殍漂僄剽勡 早棗澡藻蚤璪 倒島
搗禱 杲槀縞鎬鄗槁 襖懊媼 考栲 挑窕 沼
少 表 巧 曉 飽 爪 炒 討 草 好
撓 皷 稍 剖 缶

入聲作上聲

角覺腳桷 捉卓琢 斫酌繳灼 爍鑠嚛 鵲雀趞
託拓橐魄飥柝 續索摍 郭廓 朔矟 剝駁

爵 削 柞作鑿 錯 道 閣各 壑熇 綽婥
謔 戳槊

去聲

笑嘯肖鞘 糶眺跳 釣弔窵調掉 豹爆瀑 抱報
暴鮑靤鉋 竈皂造漕燥躁 料鐐廖尞療 傲奡鏊
趙兆照旐詔召肇 少紹邵燒 號皓好昊暤耗浩
顥灝 道翿纛纛盜導悼蹈稻到倒 曜耀燿要鷂
叫轎嶠 醮噍 糙操造慥 俏峭誚 俵鰾醥 孝

効傚校 窖校教覺珓鉸較酵徼 罩笊棹 拗靿樂
凹 貌冒帽耄眊茂 砲泡 告誥郜 澇勞嫪 噪
燥譟掃 妙廟 鬧淖 奥懊澳 鈔 竅 溺 哨
覆

入聲作去聲

岳樂嶽約躍鑰瀹 搦諾 末幕漠寞莫沫 落絡烙
洛酪樂珞 萼鶚鰐惡愕 弱蒻箬 略掠 虐瘧

歌戈

平聲

陰

歌哥柯牁 科蝌窠 軻珂 戈過鍋 莎蓑唆睃梭
娑挲 磋瑳蹉瘥醝搓 他拖佗詑 阿痾 窩渦倭
踒 坡頗 波玻皤番 呵訶 多 麼

陽

羅蘿籮儸囉鑼螺騾邏欏蠃饠 摩麼魔劘磨 挪那
挼儺 禾和 何河荷苛渮 駝紽迱陀跎舵酡沱鼉

馱　𡰯䂖　哦蛾娥峨莪䳘俄　婆皤鄱膰　訛鈋

入聲作平聲

合盒鶴盍　跋魃　縛佛　活鑊　薄箔勃泊渤　鐸

度　濁濯鐲　學　鑿　奪　著　杓

上聲

鎖瑣璅　果裹蜾　裸蠃攞夥㦬　舸哿　朵趓嚲跢

𤁋　娜那　荷歌　可坷軻　頗叵　妸　跛簸　我

左　安　火　顆　孋　脞

入聲作上聲

葛割鴿閤蛤　鉢撥跋　潑粕鏺　聒括　渴㵣　闊

撮　掇　脫　抹

去聲

賀荷㧖　佐左坐座　舵墮𩨨惰剁垜大馱癉　銼挫

剉莝磋　禍貨和　邏囉摞　簸播譒　磨䃺　卧涴

糯懦那柰　箇个　餓　些　過　課　唔　破

嗑

入聲作去聲

岳樂㯉約躍鑰　幕末沫莫寞　諾搭　若弱蒻　落

洛絡酪樂烙　萼鶚鰐堊惡鄂　略掠　虐瘧

家麻

平聲

陰

家加跏珈茄枷袈迦痂葭豭麚佳嘉　巴疤笆豝芭

蛙洼窪哇媧緺　沙砂紗㴽裟　查楂䶥吒　撾抓髽

鴉丫呀　叉杈扠差艖鎈　誇夸　蝦　葩　花

瓜

陽

麻蟆痲麼　譁划華驊　牙芽衙涯衙崖　霞遐瑕

琶杷爬　茶搓搽　拏　咱

入聲作平聲

達撻踏沓　滑猾　狎轄鍩俠峽洽匣祫　乏伐筏罰

拔雜閘

上聲
馬媽 雅瘂 洒傻 傻俏不仁 賈假斝 寡咼剮 奼詫
把瓦 鮓 打 耍
入聲作上聲
塔獺榻塌 殺霎 劄扎 哑匝 察插鍤 法發髮
甲胛夾 荅搭嗒踏 颯撒薩靸 笈 刮 瞎
八 恰掐
去聲

駕稼榢價架假 凹窊 跨胯髁 亞迓訝砑婭 汉
咤姹詫靘釋靘 帕怕 詐乍榨蜡 下芐夏罅罅暇廈
化畫華䲨樺話 那 罷霸壩靶壩鈀弝 卦掛 㕦
傪屘 大 罵
入聲作去聲
臘蠟鑞拉攋辣 納衲 壓押鴨 抹 襪 刷
車遮
平聲

陰
嗟罝 奢賒 車 遮 爹 靴 些
陽
爺耶琊鋣呆 斜邪 蛇佘 俅 瘸
入聲作平聲
協穴俠挾纈 傑竭碣 疊迭牒揲喋諜垤絰凸蝶跌
鐝撅 折舌涉 捷截睫 別 絶 撥
上聲

野也冶 者赭 寫瀉 捨舍 惹若喏 撦哆 姐
且
入聲作上聲
屑薛紲泄媟褻燮屧疶 切竊妾沏 結潔刼頰鋏莢
怯挈篋客 節接楫癤 血歇蠍蝎 闕缺闋 玦
決訣譎蕨鴂 鐵餮帖貼 瞥撇 鼈別鱉 拙輟
轍撤澈掣 哲褶摺折浙 設攝灄 啜 雪 說
去聲

舍社射麝貰赦　謝卸榭瀉　夜射　柘鷓炙　蔗借
藉　趄　偖
入聲作去聲
揑齧躡鑷囓臬蘖　滅篾蔑　拽噎謁業𤒹　業鄴額
裂冽獵鬣列　月悅説閱軏越鉞樾刖　熱　爇
劣
庚青
平聲

陰
京麖庚鶊鶄更粳䔔畊驚荆經兢矜涇　精睛晶旌鶄
菁　生甥笙牲猩　箏爭　丁釘玎仃　扃坰　征正
貞禎徵蒸烝　氷兵并　登簦甑䉢燈　轟薨　憎曾
矰罾增　鐺錚橙琤撑瞠　稱秤赬檉蟶　英瑛鷹應
嚶櫻嬰嚶膺鸚纓瓔縈　硜坑卿誙硜罄傾鏗　馨興
青清鯖　聲升勝昇陞　汀廳聽鞓綎　星醒惺鯹
腥騂　崩繃　觥肱　罌　僧　亨　兄　泓　烹

陽
平評萍枰憑馮凭屏瓶俜娉　明盟鳴名銘鳴冥溟螟
螟蓂　靈櫺醽麢令零苓伶聆鈴齡蛉泠瓴翎鴒陵淩
菱綾凌　鵬朋棚　楞稜　層曾　能獰　藤滕騰縢
謄疼　莖恒　盈贏嬴攍瀛瑩螢營迎蠅凝　擎檠鯨
黥勍　行刑形邢桁衡鉶珩硎　情晴睛繒　亭停婷
廷庭蜓霆　瓊煢惸　澄呈程酲成城宬誠盛承丞懲
乘塍　熒瞢　盲氓甍萌　橫宏紘閎嶸鋐弘泓橙棖

嵉　榮　寧　仍　繩　餳
上聲
景儆璟擏憼綆綆梗警境頸耿哽　頃檾　丙炳邴秉餅
屏　惺醒省瘖　影郢穎癭　眚　礦鑛懭　恫冋
艋蜢　整拯　茗皿酩　騁逞　領嶺　鼎酊頂
艇梃鋌町圢　冷　井　請　等　永　涬
去聲
敬徑俓經鏡獍竟競勁更　映應譍凝硬　慶罄磬磬

罃 命瞑 鄧凳嶝隥鐙磴 迥詗敻 倩請 諍掙
正政鄭證 詠瑩 病並柄倂 令凌 聖賸勝乘
剩盛 性姓 娉聘 佞濘甯 淨靜穽甑靖凊圊
杏幸倖脛興行 稱秤 定錠矴釘訂飣 贈 聽
迸 孟 橫 撐 亙

尤侯

平聲

陰

啾揫湫 鵃鬮 搜颼 鄒諏鯫陬騶緅 休咻貅庥
謳鷗漚甌歐區 鉤勾篝溝韝緱 兜篼 秋鰍鞦
楸鍬鶖 憂幽優耰麀 脩修羞饈 抽瘳 周賙啁
週洲州舟輈 丘坵 偷媮鍮 篘搊 溲餿餿 彪
收 齁 摳

陽

尤蚰疣訧遊游蝣由油郵牛庮猷蕕輶猶繇蝤楢悠攸
侯猴喉餱篌 劉留遛瘤榴鶹騮流旒 柔揉鍒蹂
鞣 抔裒 繆矛眸蝥蟊牟麰侔 樓摟婁艛髏慺
囚泅 紬裯綢犨讎酬籌儔躊疇惆 求賕銶毬逑球
俅仇樛裘虯 酋遒 頭投骰 愁

入聲作平聲

軸逐 熟

上聲

有酉牖羑友誘莠黝 柳罶飀 杻狃紐鈕忸 丑醜
九韭久玖糾灸疚 首手守 叟瞍擻 斗枓蚪陡

抖 狗垢苟耇枸 藕耦偶嘔毆 摟塿簍 肘箒酎
朽 酒 抷 剖 吼 走 否 糅 口 偒
腬

入聲作上聲

竹燭粥 宿

去聲

又右佑祐狖宥柚幼囿侑 晝呪冑紂宙籀咮 臼舅
舊咎救柩廄究 受授綬壽獸首售狩 秀岫袖繡琇

宿 嗽漱 皺驟 溜霤留餾鎦瘤瀏窌 扣冦蔻

后逅候堠後厚 就鷲 豆脰竇鬭逗 構遘媾購姤

瞉詬勾 湊輳梵 漏陋鏤瘻 謬繆 臭嗅 瘦

僽耨 奏 透 貿 懋茂 復

入聲作去聲

肉褥 六

侵尋 閉口韻

平聲

陰

針斟箴砧椹鱵瑊 金今衿襟禁 駸綅浸祲 深㴱

簪鮗 森槮參 琛賝郴 音瘖陰喑 心杺 欽

衾嶔 侵 歆

陽

林淋琳痳霖臨綝箖 壬任紝鵀 尋潯鱘鐔燖蕈

吟淫崟婬霪蟫 琴芩禽檎擒噙 岑鵭鍼涔霠 沉

霃鈂湛 忱煁

上聲

廩懍凜 稔餁淰袵荏 審嬸沈瞫 錦噤 磣墋碜

枕 飲 恁 怎 寑

去聲

朕沈鴆枕 甚䊿 任衽紝妊 禁噤澿紟 蔭廕窨

飲恁 沁伈 浸祲 臨淋 滲槑 讖 譖 賃

啉 喑

監咸

平聲

陰

菴庵鵪葊唵諳 擔聃儋耽湛酖躭 監緘椷 堪龕

戡弇 三毿毵 甘柑疳泔 杉衫 貪探 參驂

憨酣 簪篸䁪鐕 嵌 䳺 詀喃 㴸 攙 杉

陽

南諵喃楠男 咸鹹諴函銜啣 婪爁爦藍籃嵐 覃

潭談餤譚燂蕁曇燂 蠶慚 含涵邯 讒毚饞鑱劖

䆘 巖岩 喒

上聲

感鰄㖦敢 覽攬欖爁 膽𥗽紞 慘黲 揞晻罯

喊獭 毯禫倓菡窞 減𪉳 坎砍 昝歛 俺

糝 黵 斬 腩

去聲

勘㯩 贑淦紺 撼撼頷琀莟唅 淡啖惔擔 轞檻

艦餡陷 濫醂纜攬 瞰嵌闞 蘸站賺湛 鑑監

暫蹔㜗揞 暗闇 三 探 淦 慘 懺 訕

廉纖

平聲

陰

瞻詹占粘沾霑 蒹縑鶼鰜 淹腌醃㡊閹猒懨 纖

銛憸暹䨮 僉𩎖籤 襜譫覘 杴忺 尖漸殲 掂

苫 謙 添

陽

廉簾蠊奩帘 鮎黏拈 撏燖 鈐鉗黚 蟾憺 塩

炎閻詹巖 甜恬 髯 潛 嫌

上聲

掩魘黶埯奄晻崦琰剡 撿鐮 瞼歛臉 染苒冉

閃陝 忝舔 險譣 颭 點 諂

去聲

艷焰厭饜驗灩釅菴 贍苫 欠芡歉 玷店墊墊

瀲斂殮 念唸 劒儉 僭漸 塹𦉥塹 染 占

譫

中原音韻卷上

欽定四庫全書　集部

中原音韻卷下

詳校官檢討臣羅國俊

侍讀臣孫球覆勘

總校官編修臣王燕緒

校對官中書臣宋枋遠

謄錄監生臣張　鈞

欽定四庫全書

中原音韻卷下

元 周德清 撰

中原音韻正語作詞起例

一音韻不能盡收廣韻如崆峒之崆要駕之要悾惚之悾鵓鴿之鵓字之類皆不可施於詞之韻脚毋譏其不偹

一龐涓呼為龐堅泉堅堅而始流可乎陶淵明呼為陶烟明魚躍於烟可乎一堆兒為一醉平聲兒捲起千醉平聲雪可乎羊尾子為羊椅子吳頭楚椅可乎來也未為來也巽辰巳午巽可乎此類未能從命以待士夫之辨

一余與清原曾玄隱言世之有呼屈原之屈為屈伸之屈字同音非也因注其韻玄隱曰嘗聞前輩有一對句可正之投水屈原終是屈殺人曾子又何曾明矣

一平上去入四聲音韻無入聲派入平上去三聲前輩佳作中間倫載明白但未有以集之者今撮其同聲或有未當於我同志改而正諸

一入聲派入平上去三聲者以廣其押韻為作詞而設耳然呼吸言語之間還有入聲之別

一入聲派入平上去三聲如碑字次本韻後使黑白分明以別本聲外來庶使學者有才者本韻自足矣

一平聲如尤侯韻浮字否字阜字等類亦如鞞字收入各韻平上去字下以別本聲外來更不別立名頭

一中原音韻的本內平聲陰如此字陽如此字蕭存存欲鋟梓以啟後學值其早逝泰定甲子以後嘗寫數十本散之江湖其韻內平聲陰如此字陽如此字陰陽如此字夫一字不屬陰則屬陽不屬陽則屬陰豈有一字而屬陰又屬陽也哉此蓋傳寫

之謬今既的本刊行或有得余墨本者幸毋譏其前
後不一
一分别陰陽二義熟看諸序
一東鍾韻三聲内轟字許與庚青韻出入通押
一音韻内每空是一音以易識字為頭止依頭一字
呼吸更不别立切脚
一漢書東方朔滑稽滑字讀為骨金日磾日字讀為
密諸韻皆不載亦不敢擅收況不可押於韻脚姑

録以辨字音耳
一漢書曹大家之家字讀為姑可押然諸韻不載亦
不敢擅收附此以備採取
一廣韻入聲緝至乏中原音韻無合口派入三聲亦
然切不可開口同押陽春白雪集水仙子壽陽宫
額得魁谷南浦西湖分外清横斜疎影寛閒印惹
詩人說到今萬花中先綻瓊英自古詩人愛騎驢
踏雪尋凍在前村開合同押用了三韻大可笑馬

詞之法度全不知妄亂編集板行其不耻者如是
作者㬰戒
一逐一字解註中原音韻見行刊雕
一齊微韻璽字前輩剛王莽傳奇與支思韻通押
一有客謂世有稱往為網桂為寄美為選到為豆叢
為從此乃與陶淵明之淵字為烟字之所同也
一亳州友人孫德卿長於隱語謂中原音韻三聲乃
四海所同者不獨正語作詞夫曹娥義社天下一

家雖有謎韻學者反被其誤半是南方之音不能
施於四方非一家之義今之所編四海同音何所
往而不可也詩禪得之字字皆可為法余曰嘗有
此恨竊謂言語既正謎字亦正矣從葺音韻以來
每與同志包猜用此為則平上去本聲則可但入
聲作三聲如平聲伏與扶上聲拂與斧去聲屋與
誤字之類俱同聲則不可何也入聲作三聲者廣
其押韻為作詞而設耳毋以此為比當以呼吸言

語還有入聲之别而辨之可也德卿曰然

一歡娛之娛虞韻音愚四海之人皆讀為吳提撕之撕廣韻音西四海之人皆讀為斯有謂之者謂讀别字依其邊傍字音也犂牛之子騂且角之騂字廣韻息營切音星而讀為辛却依其邊傍字音謂之者而不謂之盍知其彼之誤而不知此之謬前輩編字有云日月象形江河諧聲止戈為武如此取義娛撕二字依傍有吳斯讀之又何害於義理豈不長於傍是辛

而讀為星字之音乎

一余嘗於天下都會之所聞人間通濟之言世之泥古非今不達時變者衆呼吸之間動引廣韻為證寧甘受鴂舌之誚而不悔亦不思混一日久四海同音上自縉紳講論治道及國語翻譯國學教授言語下至訟庭理民莫非中原之音不爾止依廣韻呼吸上去入聲姑置未暇殫述略舉平聲如靴許戈切在戈韻車邪遮嗟却在麻韻靴不協車車却協麻元暄鴛言褰焉俱不協先却與魂痕同押煩翻不協寒山亦與魂痕同押靴與戈車與麻元與煩煩與魂其音何以相着佳街同音與皆同押不協咍咍却與灰同押灰不協揮杯不協碑梅不協麋雷不協羸必呼梅為埋雷為來方與咍協如此呼吸非鴂舌而何不獨中原盡使天下之人俱為閩海之音可乎切聞大學中庸乃禮記中語程子取為二經定其闕疑如在親民之親字當作新字

之類是也聖經尚然況於韻乎合於四海同音分豁而歸併之與堅守廣韻方語之徒轉其喉舌換其齒牙使執而不變迂闊庸腐之儒皆為通儒道聽塗說輕浮市㕓之子悉為才子矣余曰若非諸賢公論如此區區獨力何以爭之

一依後項呼吸之法庶無之知不辨王楊不分及諸方語之病矣

東鍾

宗有蹤　松有鬆　龍有籠　濃有膿　隴有攏　送有訟　從有綜

江陽

缸有釭　桑有雙　倉有窗　糠有腔　贓有粧　楊有王　杭有降　強有狂　藏有床　磉有爽　網有往　讓有釀　葬有狀　唱有丈　胖有傍

支思

絲有師　死有史

齊微

知有之　癡有眵　恥有齒　世有市　智有志以上三聲係與支思分別

篦有杯　紕有紑　迷有梅　脾有裴　米有美　妣有彼　謎有媚　閉有避以上三聲本聲自相分別

魚模

蘇有疎　粗有初　吳有胡　殂有雛　祖有阻　櫓有弩　素有數　措有助

皆來

猜有差　災有齋　才有柴　孩有鞋　海有駭　揉有揣　凱有楷　太有大　捱有艾　賽有曬

真文與庚青分別

真有貞　因有英　申有升　嗔有稱　欣有興　新有星　賓有冰　君有扃　榛有箏　莘有生　薰有兄　鯤有觥　温有泓　奔有崩　巾有驚　親有青　恩有罌　噴有烹　哏有亨　津有精　昏有轟

隣有靈　貧有平　民有明　仁有仍　裙有瓊　勤有擎　門有萌　銀有贏　盆有棚　塵有成　秦有情　雲有榮　神有繩　痕有莖　紉有寧　魂有橫

緊有景　引有影　袞有礦　窘有炯　軫有整　閔有茗　儘有井　允有永　敬有近　印有映　訓有迥　鎮有正　運有詠　鬢有病　吝有另　慎有聖　信有性　盡有淨　釁有興　趁有稱　進有迸

悶有孟　混有橫　櫬有撐

寒山

珊有山　殘有潺　趲有盞　散有疝

桓歡

完有岏　官有關　慢有慢　患有緩　慣有貫

先天

年有妍　碾有輦　羨有旋

蕭豪

包有褒　飽有保　爆有抱　造有造上音皂下音躁

歌戈

鵝有訛　和有何　過有箇　薄有箔

家麻

查有咱　馬有麼　罷有怕

車遮

爺有衙　也有雅　夜有亞

庚青與真文分別

尤侯

溲有搜　走有㤘　叟有搜　嗽有瘦　奏有皺

侵尋

針有真　金有斤　侵有親　深有申　森有莘　琛有嗔　音有因　心有辛　歆有欣　林有隣　壬有人　尋有信　吟有寅　琴有勤　沈有陳　忱有神

稔有忍　審有哂　錦有緊　枕有瑱　飲有引

朕有鎮　甚有腎　任有認　禁有近　蔭有印　沁有信　浸有進

監咸

菴有安　擔有單　監有間　三有珊　貪有灘　酣有邯　南有難　咸有閑　藍有闌　談有壇　岩有顏　感有捍　覽有懶　膽有癉　毯有坦　減有簡

坎有侃　斬有盞　勘有看　淦有幹　憾有漢

淡有旦　陷有限　濫有爛　賺有綻　鑑有間　暗有按　探有炭

廉纖

詹有鐘　兼有堅　淹有烟　纖有先　僉有千　忺有掀　尖有煎　拈有顛　謙有牽　添有天　㝷有涎　鉗有虔　簾有連　粘有年　甜有田　髯有然

蟾有纏　鹽有延　潛有前　嫌有賢　臉有輦

染有撚　掩有偃　檢有蹇　險有顯　颭有展　閃有僐　忝有腆　點有典　諂有闡　艷有硯　欠有搟　店有鈿　念有年去聲　劍有見　僭有箭　塹有倩

占有戰

看岳王傳

披文握武建中興廟宇載青史圖書功臣却被權臣妬正落奸謀閃殺人望旌節中原士夫誤殺人棄丘陵南渡鑾輿錢塘路愁風怨雨長是洒西湖

韓世忠

安危屬君立勤王志節比翊漢功勲臨機料敵存威信除會風雲似托地盡忠勇匡君報本也消得坐都堂秉笏垂紳閒評論中興宰臣萬古揖清芬

誤國賊秦檜

官居極品欺天誤主賊土輕民把一場和議為公論妬害功臣通敵國懷奸誑君那些兒立朝堂使義依仁英雄恨使飛雲幸存那裏有南北二朝分

張浚

謀淵畧廣論兵用武立國安邦佐中興一代賢明將怎生來險幸如狼蓄禍心奸私放黨附權臣構陷忠良朝堂上把一箇精忠岳王屈死葬錢塘

一泰定甲子秋後聞前章餘論四海之人皆稱父去聲母為姥音　廣韻父扶雨切上聲　母在有韻　婦亦在有韻　卦古賣切　與怪通　副富敷救切在有韻　道士呼為討死之類猶平聲之所論也入聲以平聲次第調之互有可調之音且以開口陌以唐內言至德以登五韻閉口緝以侵至乏以凡九韻逐一字調平上去入必須極力念之悉如今之搬演南宋戲文唱念聲腔考自漢魏無製韻者按南北朝史南朝吳晉宋齊梁陳建都金陵齊史沈約字休

文吳興人將平上去入製韻仕齊為太子中令梁武時為尚書僕射詳約製韻之意寧忍弱其本朝而以敵國中原之音為正耶不取所都之内通言却以所生吳興之音蓋其地隣東南海角閩浙之音無疑故有前病且六朝所都江淮之間緝至乏俱無閉口獨浙有也以此論之止可施於約之鄉里矣又以史言之約才如此齊為史職梁為大臣孰不行其聲韻也歷陳陳亡流入中原自隋至宋國有中原才爵如約

者何限惜無有以辨約之韻乃閩浙之音而製中原之韻者嗚呼年年依樣畫葫蘆耳南宋都杭吳興與切隣故其戲文如樂昌分鏡等類唱念呼吸皆如約韻昔陳之後庭花曲未必無此聲也總亡國之音奚足為盛世法惟我聖朝興興自北方五十餘年言語之間必以中原之音為正鼓舞歌頌治世之音始自太保劉公牧菴姚公疎齋盧公輩自成一家今之所編得非其意乎彼之

沈約不忍弱者私意也且一方之語雖渠之南朝亦不可行況四海乎予生當混一之盛時耻為亡國搬戲之呼吸以中原為則而又取四海同音而編之實天下之公論也余曰晦菴有云世無魯連子千載徒悲傷信矣

一辨明古字略

東鍾

茦東 奧冬 营芎 仝同 戙戎 蝀螽 宼崇 崧嵩 悤驄 寀松

農蕽欁並農 膏庸 生封 逢烽 半丰 颿風 弘山 愡總 孶擁

肉凡 恿勇 忎恐 連動 絧鳳 寱夢

江陽

兊光 瓹臧 凿邦 鋧釭 羫腔 啺塲 衇羌 蘿薑 畕疆 囊瀼

創瘡 蜝喪 對剛 袂䄃 喝歁並唐 网兩 亯享 鷔鷩 冈網

寚調 粮誏並朗 瘬脹 廜障 糆醤並醬 爌曠

支思

屮之 眥時 恖思 䏌眡並視 攱豉 秲蒔 竢俟 孠嗣 卯三

並四[illegible]

齊微

秕彩麾魔箄垂闚窺䉶羆匇亏並宜荾芆並妾𠃙龜

㕒儀㲋夔眉眉濉湄丕丕㰻紕棋期嘨啼卣西雷雷

積額㠯以諳播磦磊骸腿㬅罪蜳諳謝智彫魅鶱吹

采穗嘳喟墜坠並地驓驟閇閉炁氣替替㢧羿世世

㣥遐並退袞帙弋一彙桌並栗簹音㽫赤庍斥柝折

遂笛冢叙務刹冀戢並翼闆闧剳剽並則逓及遏迭

戢埴

漁模

伃好蠹妹枝扶佞叔兮乎迖徒异與䉤賁晦畝䭾釜

矑覼㕙寓豎竖妒柘䘮裕遡泝悑怖屋屋秃秃豚豚

遬謷並速舦眼簹築偭偭並夙䡟僕㕈粟

皆來

䪥埋菲乖落皆裁扶並灾抬胎捭擺㽴丐捧琴並拜

憣憊騰黛瑇玳俙袋敀迫庑宅䑛脉䕒册㞑尼

真文

䩞茵寨親軙呻賓賓粦憐麐麟敒陳䧳津蕒蘋麇麐

穷賓匀嫩㽵旬秉椿㒟闡蝨蚊㢧刹筍笋䔲蠢昚慎

袁燔羼犇

寒山

翰看韓韓鶾翰雞難雗艱笴幹繖傘組綻擻散

桓歡

鑁糷槃柈並盤园刓豯豯挋短暖曖䁈煖毌貫㩴逭

牉判

先天

兲莧並天歬前菓蒐蜔烟眡昳㞡展研硯綫線箾箭

蕭豪

鼂晁翰朝樵焦袌袍螬曹搜搜褒表鬻炒衜道䠷叫

敹爵脚脚

歌戈

㮋梭謌課贏騾龢和數播礳磨㘴坐盋鉢敓奪㵣渴

家麻

誇譁榇茶簻篘並撾瘕瘂叧剮撸拉灋法鞬鍗

車遮

衺斜䰩嗟埜野銕鐵飻餮𠛊列悊喆嚞並哲雪雪𡚁厥

叶協蝫蝶

庚青

鸎鶯梗粳硎阬並坑䯒骯盥盟鎗鐺鏖膺狌猩㓾黥

剠黥鉧鉼甿氓㘵嚶鞫轟胆鯖璚瓊迊征曐星鮏鯹

霧霝並靈洴萍同㖯澂澄縢凌悔恆陵菱棻兢並乘

儆警鉼鑌頙頃𩕄頂夆幸鞕硬瀞淨㲄磬醴鸎並凱

尤侯

泍流遅遊搊抽丠丘求求厌侯鉅鍮杻杻眥首丣卯

菽誘㵄耦叜叟呴吼並吼垕厚嶹冑匶柩䦨鬮㯓鏤

並耨復復宻岫逡後

侵尋

沈沉揲搇並擒訡吟襟襟㕘參蔘人參㰬欽亩廩朕朕

揞蓁

監咸

枏楠諵喃弎三㪉鵮敢𣪘並敢擥攬蹔暫

廉纖

黏粘箝鉗㱈饜謟諂豓艷熖焰

一畧舉釋疑字樣

閼氏音烟支 可汗音克寒 冒頓音墨特

魯般下音班 樊於期於音烏 嫪毐音澇靄

角里先生角音鹿 酈食其音異飢 寧馨兒寧去聲

万俟卨音木奇屑 僕射下音夜 姑射下音益

無射下音益 龜茲音丘慈國名 番愚音潘愚縣名

牂牁音臧歌郡名 滹沱音烏駝河名 疆場下音益

盟津上音孟 國土下音度 陶甄音堅又音真

矰繳下音灼 枹鼓上音數 琅邪下音耶郡名

邪谷上音耶 綸巾綸音關二音皆可 欃槍上音棧

率更上音律 盤飧下音孫熟食也 矛盾食蠢切

黃能奴來切三足鼈　委蛇音威移　彳亍音躑躅小步也

朝請去聲漢官名春曰朝秋曰請　於戲音嗚呼嘆辭

尸解下音蟹　欸乃音襖靄漁歌　宿留音秀溜

般若音鉢惹釋經　衆生上音中釋經　句讀下音豆

落魄下音託　隱几隱去聲　野燒燒去聲

閼閣上音劉黃閣東閣之類下音各天祿石渠諸閣之類　雨水雨去聲

俊與雋通　遠去聲遠害全身遠市朝　涯音牙詞押音移崖詩押

些息个切楚辭　祅音軒湖神　造二音造作之造造次之造

扁音貶牌額也　殷烏閑切赤黑色　溺奴料切尿也沛公溺儒冠

闞去聲闞拾天　瞰去聲視也　蠡單于傳有谷蠡音鹿又音螺蠡瓢也

臉桃腮杏臉則呼為撿若呼為美撿兒當呼為斂字音　大大都大路不可同語

樂府共三百三十五章自軒轅制律一十七宮調今之所傳者一十有二

黃鍾二十四章

醉花陰　喜遷鶯　出隊子

刮地風　四門子　水仙子

寨兒令　神仗兒亦作煞　節節高

者剌古　願成雙　賀聖朝

紅錦袍即紅衲襖　晝夜樂　人月圓

綵樓春即抛毬樂　侍香金童　降黃龍袞

雙鳳翹即女冠子　傾盃序　文如錦

九條龍　興隆引　尾聲

正宮二十五章

端正好　衮繡毬亦作子母調　倘秀才亦作子母調

靈壽杖即呆骨朵　叨叨令　塞鴻秋

脫布衫　小梁州　醉太平

伴讀書即村裏秀才　笑和尚　白鶴子

雙鴛鴦　貨郎兒入南宮轉調　蠻姑兒

窮河西　芙蓉花　菩薩蠻
黑漆弩(即學士吟 鸚鵡曲)　月照庭　六幺遍(即柳梢青)
甘草子　三煞　啄木兒煞(亦入中呂)
煞尾

大石調二十一章

六國朝　歸塞北(即望江南)　卜金錢(即初問卜)
怨別離　雁過南樓　催花樂(即擂鼓體)
淨瓶兒　念奴嬌　喜秋風

好觀音(亦作煞)　青杏子　蒙童兒(即憨郭郎)
還京樂　荼蘼香　催拍子
陽關三疊　蓦山溪　初生月兒
百字令　玉翼蟬煞　隨煞

小石調五章

青杏兒(即青杏子亦入大石調)　天上謠
惱煞人　伊州遍　尾聲

仙呂四十二章

端正好(楔兒)　賞花時　八聲甘州
點絳唇　混江龍　油葫蘆
天下樂　那吒令　鵲踏枝
寄生草　六幺序　醉中天
金盞兒(即醉金錢)　醉扶歸　憶王孫
一半兒　瑞鶴仙　憶帝京
村裏迓古　元和令　上馬嬌
遊四門　勝葫蘆　後庭花(亦作煞)

柳葉兒　青哥兒　翠裙腰
六幺令　上京馬　祆神急
大安樂　綠窗愁　穿窗月
四季花　雁兒落　玉花秋
三番玉樓人(亦入越調)　錦橙梅
雙雁子　太常引　柳外樓
賺煞尾

中呂三十二章

粉蝶兒　叫聲　醉春風
迎仙客　紅繡鞋（即朱履曲）　普天樂
醉高歌　喜春來（即陽春曲）　石榴花
鬬鵪鶉　上小樓　滿庭芳
十二月　堯民歌　快活三
鮑老兒　古鮑老　紅芍藥
剔銀燈　蔓菁菜　柳青娘
道和　朝天子（即謁金門）　四邊靜

齊天樂　紅衫兒　蘇武持節（即山坡羊）
賣花聲（即昇平樂亦作煞）　四換頭
攤破喜春來　喬捉蛇　煞尾

南呂二十一章

一枝花（即占春魁）　梁州第七　隔尾
牧羊關　菩薩梁州　玄鶴鳴（即哭皇天）
烏夜啼　罵玉郎　感皇恩
採茶歌（即楚江秋）　賀新郎　梧桐樹

紅芍藥　四塊玉　草池春（即鬬蝦蟆）
鵪鶉兒　閱金經（即金字經）　翠盤秋（亦入中呂即乾荷葉）
玉交枝　煞　黄鍾尾

雙調一百章

新水令　駐馬聽　喬牌兒
沉醉東風　步步嬌（即潘妃曲）　夜行船
銀漢浮槎（即喬木查）　慶宣和　五供養
月上海棠　慶東原　撥不斷（即續斷絃）

攪箏琶　落梅風（即壽陽曲）　風入松
萬花方三臺　雁兒落（即平沙落雁）　德勝令（即陣陣贏凱歌回）
水仙子（即凌波仙湘妃怨馮夷曲）　大德歌
鎮江回　殿前歡（即小婦孩兒鳳將雛）
滴滴金（即甜水令）　折桂令（即秋風第一枝天香引蟾宮曲步蟾宮）
清江引　春閨怨　牡丹春
漢江秋（即荊襄怨）　小將軍　慶豐年
太清歌　小陽關　搗練子（即胡搗練）

秋蓮曲　掛玉鈎序　荊山玉（即側磚兒）
竹枝歌　沽美酒（即瓊林宴）　太平令
快活年　亂柳葉　豆葉黃
川撥棹　七弟兄　梅花酒
收江南　掛玉鈎（即掛搭沽）　早鄉詞
石竹子　山石榴　醉娘子（即醉也摩挲）
駙馬還朝（即相公愛）　胡十八　一錠銀
阿納忽　小拜門（即不拜門）　慢金盞（即金盞兒）

大拜門　也不羅（即野落索）　小喜人心
風流體　古都白　唐元夕
河西水仙子　華嚴讚　行香子
錦上花　碧玉簫　袄神急
驟雨打新荷　駐馬聽　金娥神曲
神曲纏　德勝樂　大德樂
楚天遥　天仙令　新時令
阿忽令　山丹花　十棒鼓

殿前喜　播海令　大喜人心
醉春風　間金四塊玉　減字木蘭兒
高過金盞兒　對玉環　青玉案
魚遊春水　秋江送　枳郎兒
河西六娘子　皂旗兒　本調煞
鴛鴦煞　離亭宴帶歇指煞
收尾　離亭宴煞

越調三十五章

鬬鵪鶉　紫花兒序　金蕉葉
小桃紅　踏陣馬　天淨紗
調笑令（即含笑花）　禿厮兒（即小沙門）　聖藥王
麻郎兒　東原樂　絡絲娘
送遠行　綿搭絮　拙魯速
雪裏梅　古竹馬　鄆州春
眉兒彎　酒旗兒　青山口
寨兒令（即柳營曲）　黃薔薇　慶元貞

三臺印（即鬼三台）　凭欄人　耍三台
梅花引　看花回　南鄉子
糖多令　雪中梅　小絡絲娘
煞　尾聲

商調十六章

集賢賓　逍遥樂　上京馬
梧葉兒（即知秋令）　金菊香　醋葫蘆
掛金索　浪來裏（亦作煞）　雙雁兒

望遠行　鳳鸞吟　玉抱肚（亦入雙調）
秦樓月　桃花浪　高平煞
尾聲

商角調六章

黃鶯兒　踏莎行　蓋天旗
垂絲釣　應天長　尾聲

般涉調八章

哨遍　臉兒紅（即麻婆子）　墻頭花

瑶臺月　急曲子（即促拍令）　耍孩兒（即魔合羅）
煞　尾聲（與中呂煞尾同）

名同音律不同者一十六章

黃鍾水仙子　雙調水仙子　黃鍾塞兒令
越調塞兒令　仙呂端正好　正宮端正好
仙呂袄神急　雙調袄神急　仙呂上京馬
商調上京馬　中呂鬬鵪鶉　越調鬬鵪鶉
中呂紅芍藥　南呂紅芍藥　中呂醉春風

雙調醉春風

句字不拘可以增損者一十四章

正宮

端正好　貨郎兒　煞尾

仙呂

混江龍　後庭花　青哥兒

南呂

草池春　鵪鶉兒　黃鍾尾

中呂

道和

雙調

新水令　折桂令　梅花酒

尾聲

大凡聲音各應於律呂分於六宫十一調共計十七

宫調

仙呂調清新綿邈　南呂宫感嘆悲傷

中呂宫高下閃賺　黄鍾宫富貴纏綿

正宫惆悵雄壯　道宫飄逸清幽

大石風流醖藉　小石旖旎嫵媚

高平條抝滉漾　般涉拾掇坑塹

歇指急併虛歇　商角悲傷宛轉

雙調健捷激裊　商調悽愴怨慕

角調嗚咽悠揚　宫調典雅沉重

越調陶寫冷笑

有子母調有字多聲少有聲多字少所謂一串驪珠也

凡作樂府古人云有文章者謂之樂府如無文飾者謂之俚歌不可與樂府共論也又云作樂府切忌有傷於音律且如女真風流體等樂章皆以女真人音聲歌之雖字有舛訛不傷於音律者不為害也大抵先要明腔後要識譜審其音而作之庶無劣調之失而知韻造語用事用字之法名人詞調

可為式者并列於後

一作詞十法

知韻 無入聲止有平上去三聲

平聲 有陰有陽入聲作平聲俱屬陽

上聲 無陰無陽入聲作上聲亦然

去聲 無陰無陽入聲作去聲亦然

造語

可作

樂府語　　經史語　　天下通語

未造其語先立其意語意俱高爲上短章辭既簡意欲盡長篇要腰腹飽滿首尾相救造語必俊用字必熟太文則迂不文則俗文而不文俗而不俗要聳觀又聳聽格調高音律好襯字無平仄穩

不可作

俗語　　蠻語　　謔語

嗑語　　市語　　方語（各鄉談也）

書生語（書之紙上詳解方眈歌則莫知所云）

譏諷語（譏刺古有之不可直述或託一景託一物可也）　全句語

短章樂府務頭上不可多用全句還是自立一家言語爲上全句語者惟傳奇中務頭上用此法耳

拘肆語

不必要上紙但只要好聽俗語謔語市語皆可前輩云街市小令唱出新奇意成文章曰樂府是也樂府小令兩途樂府語可入小令小令語不可入樂府

張打油語

吉安龍泉縣水滄米倉有子志能號無心者欲縣官利塞其口作水仙子示人自謂得意末句云早難道水米無交觀其全集自名之曰樂府悉皆類此士大夫評之曰此乃張打油乞化出門語也敢曰樂府作者當以爲戒

雙聲疊韻語

如故國觀光君未歸是也夫樂府貴在音律瀏亮何

乃反入艱難之鄉此體不可無亦不可專意作而歌之但可拘肆中白念耳

六字三韻語

前輩周公攝政傳奇太平令云口來豁開兩腮西廂記麻郎幺云忽聽一聲猛驚本宮始終不同韻腳俱用平聲若雜一上聲便屬第二著皆於務頭上使近有折桂令皆二字一韻不分務頭亦不能喝采全淳則已若不淳則句句急口令矣所謂畫虎不成反類

犬也殊不知前輩止於全篇中務頭上使以别精粗如衆星中顯一月之孤明也可與識者道

語病

如達不著主母機有荅之曰燒公鴨亦可似此之類切忌

語澁

句生硬而平仄不好

語粗

無細膩俊美之言

語嫩

謂其言太弱既庸且腐又不切當鄙猥小家而無大氣象也

用事

明事隱使隱事明使

用字

切不可用

生硬字　太文字　太俗字

襯墊字套數中可摘爲樂府者能幾每調多則無十二三句每句七字而止却用襯字加倍則刺眼矣倘有人作出協音俊語無此等病我不及矣緊戒勿言妄亂板行塞鴻秋末句本七字有云今日箇病懨懨剛寫下兩箇相思字却十四字矣此何等句法而又託名於時賢没興遭此誚謗無爲雪寃者已辨於序

入聲作平聲 施於句中不可不謹皆不能正其音

澤國江山入戰圖 第一澤字無害

紅白花開煙雨中 第二白字

瘦馬獨行真可哀 第三獨字若施于仄仄平平仄仄平平之句則可施於他調皆不可

人生七十古來稀 第四十字

點溪荷葉疊青錢 第五疊字

劉項原來不讀書 第六讀字

鳳凰不共雞爭食 第七食字

陰陽

用陰字法

點絳唇首句韻脚必用陰字試以天地玄黄為句歌之則歌黄字為荒字非也若以宇宙洪荒為句協矣蓋荒字屬陰黄字屬陽也

用陽字法

寄生草末句七字内第五字必用陽字以歸來飽飯黄昏後為句歌之協矣若以昏黄後歌之則歌昏字為渾字非也蓋黄字屬陽昏字屬陰也

務頭

要知某調某句某字是務頭可施俊語於其上後註於定格各調内

對耦

逢雙必對自然之理人皆知之

扇面對

調笑令第四句對第六句第五句對第七句

駐馬聽起四句是也

重疊對

鬼三臺第一句對第二句第四句對第五句第一第二第三句却對第四第五第六句

救尾對

紅繡鞋第四句第五句第六句為三對

二調若是末句稍弱即以此法救之

末句

詩頭曲尾是也如得好句其句意盡可為末句前輩已有某調末句是平煞某調末句是上煞某調末句是去

煞照依後項用之夫平仄者平者平聲仄者上去聲也後云上者必要上去者必要去上去者必要上去去上者必要去上仄仄者上去去上皆可上上去去若得迴避尤妙若是造句且熟亦無害

去上去平屬第二著切不可上平

慶宣和

仄平平

雁兒落　漢東山

平去平 平去上屬第三着

山坡羊　四塊玉

仄仄平平

折桂令　水仙子　殿前歡

喬木查　普天樂

平平去上

醉太平

仄仄仄平平

金盞兒　賀新郎　喜春來

滿庭芳　小桃紅　寨兒令

小梁州　賞花時

平平上去平　仄平平去平亦可

呆古朵　牧羊關　德勝令

仄平平去平

喬牌兒

上平平去平

凭欄人

仄平平去上

紅繡鞋　黃鍾尾

仄仄平平去上聲第二着

醉扶歸　迎仙客　朝天子

快活三　四換頭　慶東原

笑和尚　白鶴子　堯民歌

碧玉簫　端正好　步步嬌

尸仄仄平平

新水令　胡十八

平平去平上

越調尾　離亭宴歇指鴛鴦煞

平平仄仄平平

天淨沙　醉中天　調笑令

風入松　袄神急

仄平平仄平平去

落梅風　上小樓　夜行船
撥不斷　賣花聲
平仄仄平平平去
太平令
平仄仄平平去上　去平屬第二著
村裏迓歌　醉高歌　梧葉兒
沉醉東風　願成雙　金蕉葉
平平仄仄仄平平

賺煞尾聲　採茶歌
平平仄平平去平
攪箏琶
平去仄平平去上
江兒水
平平仄仄平平去　上聲屬第二著
寄生草　塞秋鴻　駐馬聽
仄仄平平去平上

正宮中呂雙調尾聲

定格

仙呂

寄生草　飲

長醉後方何礙不醉時有甚思糟醃兩箇功名字醅渰千古興亡事麴埋萬丈虹蜺志不達時皆笑屈原非但知音盡說陶潛是

評曰命意造語下字俱好最是陶字屬陽協音若以

淵明字則淵字唱作元字蓋淵字屬陰有甚二字上去聲盡說二字去上聲更妙虹蜺志陶潛是務頭也

醉中天

疑是楊妃在怎脫馬嵬災曾與明皇捧硯來美臉風流殺叵耐揮毫李白覷著嬌態洒松烟點破桃腮

評曰體詠最難音律調暢捧硯點破俱是上去聲妙第四句末句是務頭

醉扶歸　禿指甲

十指如枯笋和袖捧金樽搊殺銀箏字不真揉癢天生鈍縱有相思淚痕索把拳頭揾

評曰笋字若得去聲字好字不二字去上聲便不及前詞音律餘無玼第四句末句是務頭

雁兒

你有出世超凡神仙分一抹條九陽巾君做箇真人

評曰此調極罕伯牙琴也妙在君字屬陰

一半兒 春粧

自將楊柳品題人笑撚花枝比較春輸與海棠三四分再偷勻一半兒胭脂一半兒粉

評曰一樣八首臨川陳克明所作俊詞也此調作者雖衆音律獨先

金盞兒 岳陽樓

據胡床對瀟湘黃鶴送酒仙人唱主人無量醉何妨若捲簾邀皓月勝開宴出紅粧但一樽留墨客是兩處夢黃粱

評曰此是岳陽樓頭摺中詞也妙在七字黃鶴送酒仙人唱俊語也況酒字上聲以轉其音務頭在其上也有不識文義以送為齎送之義言黃鶴豈能送酒乎改為對舞殊不知黃鶴事仙人用榴皮畫鶴一隻以報酒家客飲撫掌則所畫黃鶴舞以送酒初無雙鶴豈能對舞且失飲酒之意送者如吳姬壓酒之謂甚矣俗士不可醫也

中呂

迎仙客 登樓

雕簷紅日低畫棟綵雲飛十二玉闌天外倚望中原思故國感慨傷悲一片鄉心碎

評曰妙在倚字上聲起音一篇之中唱此一字況務頭在其上原思字屬陰感慨上去尤妙迎仙客累百無此調也美哉德輝之才名不虛傳

朝天子 廬山

早霞晚霞粧點廬山畫仙翁何處鍊丹砂一縷白雲下

客去齋餘人來茶罷嘆浮生指落花楚家漢家做了漁樵話

紅繡鞋 隱士

歎孔子嘗聞俎豆羨嚴陵不事王侯百尺雲帆洞庭秋醉呼元亮酒懶上仲宣樓功名不掛口

評曰二詞對偶音律語句平仄俱好前詞務頭在人字後詞妙在口字上聲務頭在其上知音憐作也

普天樂 別友

浙江秋吳山夜愁隨潮去恨與山疊鴻雁來芙蓉謝冷雨青燈讀書舍怕離別又早離別今宵醉也明朝去也留戀些些

評曰妙在芙字屬陽取務頭造語音律對偶平仄皆好看用疊字與別字俱是入聲作平聲字下得妥貼可敬冷雨二字去上為上平上上上去次之去去屬下著讀書舍方是別友也又第八句是務頭也字上聲妙

喜春來 春思

閒花醞釀蜂兒蜜細雨調和燕子泥綠窗蝶夢覺來遲誰喚起簾外曉鶯啼

評曰調字遲字俱屬陽妙蜜字去聲好切不可上聲但要喚字去聲起字平上皆可

滿庭芳 春晚

知音到此舞雩點也修禊羲之海棠春已無多事雨洗胭脂誰感慨蘭亭古紙自沉吟桃扇新詞急管催銀字

哀絃玉指忙過了賞花時

評曰此一詞但取其平仄庶幾若此字是平聲屬第二著喜義字屬陰妙可惜第四第五句上下失粘妙在紙字上聲起音扇字去聲取務頭若是紙字平聲屬第二著扇字上聲止可作折桂令中一對多了急管二字不成調得一意結之方好吁今之樂府難而又難為格之詞不多見也

十二月堯民歌 別情

自别後遥山隐隐更那堪遠水粼粼見楊柳飛綿滚滚對桃花醉臉醺醺透内閣香風陣陣掩重門暮雨紛紛怕黄昏不覺又黄昏不銷魂怎地不銷魂新啼痕壓舊啼痕斷腸人憶斷腸人今春香肌瘦幾分縷帶寛三寸

評曰對偶音律平仄語句皆妙務頭在後詞起句

四邊净 西廂

今宵歡慶軟弱鶯鶯可曾慣經款款輕輕燈下交鴛頸端詳著可憎好殺無乾净

評曰務頭在第二句及尾可憎俊語也

醉高歌 感懷

十年燕市歌聲幾點吴霜鬢影西風吹老鱸魚興晚節桑榆暮景

評曰妙在點節二字上聲起音務頭在第二句及尾

南吕

四塊玉

買笑金纏頭錦得遇知音可人心怕逢狂客天生泌紐死鶴劈碎琴不害磣

評曰纏字屬陽妙對偶音調俱好詞也可宗務頭在第二句及尾

罵玉郎 感皇恩 採茶歌 得書

長江有盡思無盡空目斷楚天雲人來得紙真實信親手開在意讀從頭認織錦回文帶草連真意誠實心想念話懇懇佳期未准愁黛長顰怨青春捱白晝怕黄昏

叙寒温問緣因斷腸人憶斷腸人錦字香粘新淚粉彩箋紅漬舊啼痕

評曰音律對偶平仄俱好妙在長字屬陽紙字上聲起音務頭在上及感皇恩起句至斷腸句上

正宫

醉太平 感懷

人皆嫌命窘誰不見錢親水晶丸入麪糊盆纔粘拈便袞文章糊了盛錢囤門庭改做迷魂陣清廉眨入睡餛

飩葫蘆提倒穩

評曰窨字若平屬第二着平仄好務頭在三對末句收之

塞鴻秋 春怨

腕氷消鬆却黄金釧粉脂殘淡了芙蓉面紫霜毫蘸濕端溪硯斷腸詞寫在桃花扇風輕柳絮天月冷梨花院恨鴛鴦不鎖黄金殿

評曰音律劉亮貴在却濕二字上聲音從上轉取務

頭也韻脚若用上聲屬下着切不可以傳奇中全句比之若得天字屬陽更妙在字上聲尤佳

商調

山坡羊 春睡

雲鬆螺髻香溫鴛被掩春閨一覺傷春睡柳花飛小瓊姬一片聲雪下呈祥瑞把團圓夢兒生喚起誰不做美呸却是你

評曰意度平仄俱好止欠對耳務頭在第七句至尾

梧葉兒 別情

別離易相見難何處鎖雕鞍春將去人未還這其間殃及殺愁眉淚眼

評曰如此方是樂府音如破竹語盡意盡冠絶諸詞妙在這其間三字承上接下了無瑕玼殃及殺三字俊哉語也有言六句俱對非調也殊不知第六句止用三字歇至此音促急欲過聲以聽末句不可加也兼三字是務頭字有顯對展才之調眼字上聲尤妙

平聲屬第二着

越調

天淨沙 秋思

枯藤老樹昏鴉小橋流水人家古道西風瘦馬夕陽西下斷腸人在天涯

評曰前三對更瘦馬二字去上極妙秋思之祖也

小桃紅 情

斷腸人寄斷腸詞詞寫心間事事到頭來不由自尋

思思量往日真誠志志誠是有有情誰似似俺那人兒

評曰項真妙且音律諧和

凭闌人 章臺行

花陣贏輸隨鏝生桃扇炎涼逐世情雙郎空藏瓶小卿一塊冰

評曰陣有贏輸扇有炎涼俊語也妙在小字上聲務頭在上鏝世二字去聲皆妙

寨兒令 漁夫

烟艇閒雨簑乾漁翁醉醒江上還啼鳥關關流水潺潺樂似富春山數聲柔櫓江灣一鉤香餌波寒回頭觀兔魄失憶放魚竿看流下蓼花灘

評曰緊要在兔魄二字去上取音且看字屬陰妙還字平聲好若上聲細屬下下著

雙調

沉醉東風 漁夫

黃蘆岸白蘋渡口綠楊堤紅蓼灘頭雖無刎頸交卻有忘機友點秋江白鷺沙鷗傲殺人間萬戶侯不識字烟波釣叟

評曰妙在楊字屬陽以起其音取務頭殺字上聲以轉其音至下戶字去聲以承其音緊在此一句承上接下末句收之刎頸二字若得上去聲尤妙萬字若得上聲更好

落梅風 切鱠

金刀利錦鯉肥更那堪玉葱纖細若得醋来風韻美試

嘗着這生滋味

評曰第三句承上二句第四句承上三句生末句緊要美字上聲爲妙以起其音切不可平聲錦鯉二字若得上去聲尤妙

撥不斷 隱居

利名竭是非絕紅塵不向門前惹綠樹偏宜屋角遮青山正補墻頭缺竹籬茅舍

評曰務頭在三對急以尾收之

水仙子 夜雨

一聲梧葉一聲秋一點芭蕉一點愁三更歸夢三更後落燈花棊未收嘆新豐逆旅淹留枕上十年事江南二老憂都在心頭

評曰賦者甚多但第二句第五字第六字及棊未二字并二老二字但得上去為上平去次之平上下下著惜哉此詞語好而平仄不稱也

慶東原 奇過

參旗動斗柄挪為多情攬下風流禍眉攢翠蛾裙拖絳羅襪冷凌波恥鸞怕萬千般得受用些兒箇

評曰冷字上聲妙務頭在上轉急以對妝斗柄二字上去妙落梅風得此起二句平仄尤妙

雁兒落　德勝令 指甲摘

宜將鬬草尋宜把花枝浸宜將繡線勻宜把金針紉宜操七絃琴宜結兩同心宜託腮邊玉宜圈鞋上金雛禁得一掐通身沁知音治相思十箇針

評曰俊詞也平仄對偶音律皆妙務頭在德勝令起句頭字要屬陽及在中一對後必要扇面對方好

殿前歡 醉歸來

醉歸來入門下馬笑盈腮笙歌接至珠簾外夜宴重開十年前一秀才黃虀菜打熬做文章伯江湖氣慨風月情懷

評曰妙在馬字上聲笑字去聲一字上聲秀字去聲歌至才字音促黃字急接且要陽字好氣慨二字若

得去上尤妙三對者非也自有三對之調伯字若得去聲尤妙

慶宣和 五柳庄

五柳庄前陶令宅大似彭澤無限黃花有誰栽去來去來

評曰妙在彭字屬陽僅二十二字愈字少愈難作五字絕句法也佳詞與雁兒同意

賣花聲 香茶

細研片腦梅花粉新剝珍珠豆蔻仁依方修合鳳團春醉魂清爽舌尖香嫩這孩兒那些些風韻

評曰俊詞也務頭在對起及尾

清江引 九日

蕭蕭五株門外柳屈指重陽又霜清紫蟹肥露冷黃花瘦白衣不來琴當酒

評曰柳酒二字上聲極是切不可作平聲曾有人用拍拍滿懷都是春語固俊矣然歆為都是蠢甚遭譏

諳若用之於攪箏琶以四字承之有何不可第三句切不可作仄仄平平屬下著

折桂令 金山寺

長江浩浩西來水面雲山山上樓臺山水相連樓臺上下天地安排詩句就雲山失色酒杯寬天地忘懷醉眼睜開回首蓬萊一半雲遮一半烟埋

評曰此詞稱賞者衆妙在色字上聲以起其意平聲便屬第二著平聲若是陽字僅可若是陰字愈無用矣歌者每歌天地安排為天巧安排失色字為用色取其便於音而好唱也改此平仄極是然前引雲山天地後說雲山失色天地忘懷若此則損其意失其對矣安排上天地二字若得去上為上上去次之餘無用矣蓋務頭在上失色字若得去上為上餘者風斯下矣若全句是平平上上歌者不能改矣嗚呼前輩尚有此失後學可不究乎

套數

雙調 秋思

夜行船

百歲光陰如夢蝶重回首往事堪嗟昨日春來今朝花謝急罰盞夜闌燈滅

喬木查

秦宮漢闕都做了衰草牛羊野不恁漁樵無話說縱荒墳橫斷碑不辨龍蛇

慶宣和

投至狐踪與兔穴多少豪傑罰足三分半腰折魏耶晉耶

落梅風

天教富莫太奢無多時好天良夜看錢奴硬將心似鐵空辜負錦堂風月

風入松

眼前紅日又西斜疾似下坡車曉來清鏡添白雪上床和鞋履相別莫笑鳩巢計拙葫蘆提一德粧呆

撥不斷

利名竭是非絕紅塵不向門前惹綠樹偏宜屋角遮青山正補墻頭缺竹籬茅舍

離亭宴歇指雙鴛鴦煞尾聲

蛩吟一覺纔寧貼雞鳴萬事無休歇爭名利何年是徹密匝匝蟻排兵亂紛紛蜂釀蜜鬧穰穰蠅爭血裴公綠野堂陶令白蓮社愛秋來那些和露摘黃花帶霜烹紫蟹煮酒燒紅葉人生有限杯幾箇登高節囑付俺頑童記者便北海探吾來道東籬醉了也

評曰此詞乃東籬馬致遠先生所作也此方是樂府不重韻無襯字韻險語俊諺曰百中無一余曰萬中無一看他用蝶穴傑別竭絕字是入聲作平聲闕說鐵雪拙缺貼歇徹血節字是入聲作上聲滅月葉是入聲作去聲無一字不妥後輩學法

中原音韻卷下

中原音韻後序

泰定甲子秋予既作中原音韻并起例以遺青原蕭存存未幾訪西域友人瑣非復初同志羅宗信見餉攜東山之妓開北海之樽於時英才若雲文筆如槊復初舉觴命謳者歌樂府四塊玉至彩扇歌青樓飲宗信止其音而謂予曰彩字對青字而歌青字為晴吾攜其音此字合用平字聲必欲揚其音而青字乃抑之非也疇昔嘗聞蕭存存言君所著中原音韻乃正語作詞之法以

別陰陽字義予因大笑越席捋其鬚而言曰信哉吉之多士而君又士之俊者也嘗遊江海觀其稱豪傑者非富即貴求能正其音之訛顧其曲之誤者鮮矣復初前驅紅袖而自用調歌曰買笑金纏頭錦以證其非復初知某則是矣乃復歎曰予作樂府三十年未有如今日之遇宗信知某曲之非某曲之是也舉首四顧螺山之色鷺渚之波為之改容遂捧巨觴於二公之前口占折桂詞一闋煩皓齒歌以送之以報其能賞音也明當盡

攜音韻的本并諸起例以歸知音調曰宰金頭黑腳天鵝客有鍾期座有韓娥吟既能吟聽還能聽歌也能歌和白雪新來較可放行雲飛去如何醉覩銀河燦燦蟾孤點點星多歌既畢客醉予亦大醉莫知所云挺齋周德清書

《古今圖書集成》本
《中原音韻》

《古今圖書集成》本《中原音韻》說明

康熙四十四年（1705）陳夢雷編輯完成的《古今圖書集成》是我國現存規模最大、搜集最廣博的大型類書，共分為六編三十二典。其中《理學彙編·文學典》部分收有《嘯餘譜》本周德清《中原音韻》，具體情況如下：

（1）《古今圖書集成·理學彙編·文學典·第二百四十九卷詞曲部·彙考七》收"《嘯餘譜》中原音韻"。

該"《嘯餘譜》中原音韻"係從《嘯餘譜》中抄録。僅存周德清自序和韻譜部分。韻譜部分各小韻之間不加"○"號，而是用空格（空一字）表示隔離。

（2）《古今圖書集成·理學彙編·文學典·第二百五十卷詞曲部·彙考八》收"《嘯餘譜》務頭"。

該"《嘯餘譜》務頭"係將《嘯餘譜》"務頭"（《正語作詞起例》）部分的"辨明古字略"删除後的剩餘的部分，無周德清《中原音韻後序》。

《古今圖書集成》第二百四十九、第二百五十卷所收合併起來即是一部較完整的《中原音韻》（本《叢刊》稱《古今圖書集成》本）。

欽定古今圖書集成理學彙編文學典

第二百四十九卷目錄

詞曲部彙考七

嘯餘譜 中原音韻

文學典第二百四十九卷

詞曲部彙考七

嘯餘譜

中原音韻

青原蕭存存博學工於文詞每病今之樂府有遵音調作者有增襯字作者有陽春白雪集得勝令花影壓重簷沉烟裊繡簾人去青鸞杳春嬌酒病懨眉尖常鎖傷春怨忺忺的來不待忺繡唱爲羞與怨字同押者有同集殿前歡白雪窩二段俱八句白字不能歌者有板行逢雙不對襯字尤多文律俱謬而指時賢作者有韻脚用平上去不一一云也唱得者有句中用入聲不能歌者有歌其字音非其字者令人無所守泰定甲子存存托友張漢英以其說問作詞之法於予予曰言語一科欲作樂府必正言語欲正言語必宗中原之音樂府之盛之備之難莫如今時其盛則自縉紳及閭閻歌咏者衆其備則自關鄭白馬一新製作韻共守自然之音字能通天下之語字暢語俊韻促音調觀其所述曰忠曰孝有補於世其難則有六字三韻忽聽一聲猛驚是也諸公已矣後學莫及何也蓋其不悟聲分平仄字別陰陽夫聲分平仄者謂無入聲以入聲派入平上去三聲也作平者最爲緊切施之句中不可不謹派入三聲者廣其韻耳有才者本韻自足矣字別陰陽者陰陽字平聲有之上去俱無上去各止一聲平聲有三聲有上平聲有下平聲上平聲非指一東至二十八山而言下平聲非指一先至二十七咸而言前輩爲廣韻平聲多分爲上下卷非分其音也殊不知平聲字字俱有上平下平之分但有有音無字之別非一東至山皆上平一先至咸皆下平聲也如東紅二字之類東字下平聲屬陰紅字上平聲屬陽陰者即下平聲陽者即上平聲試以東字調平仄又以紅字調平仄便可知平聲陰陽字音又可知上去二聲各止一聲俱無陰陽之別矣且上去二聲施於句中施於韻脚無用陰陽惟慢詞中僅可曳其聲爾此自然之理也妙處在此初學者何由知之乃作詞之膏肓用字之骨髓皆不傳之妙獨予知之屢嘗揣其聲病於桃花扇影而得之也吁考其詞音者人人能之究其詞之平仄陰陽者則無有也彼之能遵音調而有協音俊語可與前輩頡頏所謂成文章曰樂府也不遵而增襯字名樂府者自名之也德勝令繡字怨字殿前歡八句白字者若以繡字是珠字誤看則煙字唱作去聲爲沉宴裊珠簾皆非也呵呵忺忺者何等語句未聞有如此平仄如此開合韻脚德勝令亦未聞有八句殿前歡此是已字之開合平仄句之對偶短長俱不知而又妄編他人之語奚足以知其妍媸歟嗚呼言語可不究乎以板行謬語而指時賢作者皆自爲之詞將證其己之是隱其己之非務取媚於市井之徒不求知於高明之士能不受其惑者幾人哉使眞時賢所作亦不足爲法取之者之罪非公器也韻脚用三聲何者爲是不思前輩某字某韻必用某聲却云也唱得乃文過之詞非作者之言也平而仄仄而平上去而去上上而上去者謬云鈕折嗓子是也其如歌姬之喉咽何入聲於句中不能歌者不知入聲作平聲也歌其字音非其字者合用陰而陽陽而陰也此皆用盡自己心徒快一時意不能傳久深可哂哉深可憐哉惜無有以訓之者予甚欲爲訂砭之文以正其語便其作而使成樂府恐起爭端矧爲人之學乎因重張之請遂分平聲陰陽及撮其三聲同音兼以入聲派入三聲如碑字夫本聲後葺成一帙分爲十九名之曰中原音韻幷起例以遺之可與識者道秋九日高安挺齋周德清書

東鍾

平聲

東冬　鍾鐘中忠衷終　通蓪　松嵩　冲充衝舂

忡舂艟橦狆种　邕噰雍　空倥　宗椶騣　風楓

豐封葑峰鋒烽丰蜂　鬆忪　匆蔥聰驄囪（樬突）　蹤

縱樅　穹芎傾　工功攻公蚣弓躬恭宮龔供肱觥

烘叿（入聲）　轟薨　凶兇胷洶兄　翁螉雍廱（砰）　壅泓

崩繃　烹（已上陰）

同筒銅桐峒童僮橦瞳曈潼犝　戎茙駥絨毴茸

龍隆癃窿　窮藭蛩邛笻　籠曨朧櫳瓏礱礲聾嚨

朧農儂　濃穠醲　重蟲傭　崇　馮逢縫　蓬

蓊琮　熊雄　容溶蓉瑢鎔庸傭鄘鏞墉融榮　蒙
濛艨朦甍盲瞢萌　紅谼虹哄鴻宏紘橫嶸弘　蓬
篷芃髼彭棚鵬　從已上陽

上聲

董懂　腫踵種冢　孔恐　桶統　汞嗊　隴壠
蓊攏　洶詾　聳竦　拱鞏珙　勇擁涌踊俑末偪
蠓懵猛艋蜢　總　捧　寵　冗　㶇　唪

去聲

洞動棟凍蝀　鳳奉諷縫　貢共供　宋送　弄哢
礱　控空鞚　訟誦頌　甕齆罋　痛慟　衆中仲
重種　縱從粽　夢孟　用詠瑩　哄閧橫　綜
迸　銃

江陽

平聲

姜江杠釭薑疆殭韁繮僵　邦梆幫　桑喪　雙艭霜
孀鸘驦　章漳獐樟璋彰麞張　商傷殤觴湯　漿
螿將　莊粧裝樁　岡剛鋼綱缸扛矼亢　康穅
光胱　當璫簹襠鐺　荒巟肓　香鄉　鎊滂雱
腔羫蜣羌　鴦央殃秧泱　方芳枋妨坊肪　昌倡
娼菖閶　湯鏜　湘廂相箱襄瓖　槍鏘蹡　匡筐
眶　汪尪　倉蒼　牕瘡　贓臧已上陰
陽揚楊暘昜颺羊徉洋佯　忙茫邙芒鋩杗牻厖
糧良綀涼輬粱梁量　穰瀼瓤　忘亡　郎榔廊
螂稂浪琅狼　杭行頏航　昂卬　牀幢撞　傍旁
房龐逄　房防　長萇腸場常裳嘗償　唐螗塘糖
堂棠　詳祥翔　牆檣嬙戕　黃璜簧艎蝗皇篁鳳
惶遑隍　藏　強　娘　降　王　狂　囊已上陽

上聲

講港鏹　養痒鞅　蔣奬槳　兩魎　想鯗　蟒莽
漭　爽㼽　響蠁享饗夯　敞氅昶　壤穰　舫倣
放訪昉　罔網輞　枉往　顙磉嗓　榜搒　倘帑
黨讜　掌長　朗謊恍　仰　廣　沆蘯沆　髒
強　搶　賞晌

去聲

絳降洚虹餯強　象像相　亮諒量緉輛　瀁恙煬
養樣怏鞅漾恙　狀壯撞　上尚餉　讓懹釀　帳
脹漲丈仗杖障瘴嶂　巷向項　匠將醬　唱倡暢
悵韔　創刱　望忘妄　旺王　放訪　蕩宕碭當
擋　浪閬　葬藏臟　謗傍蚌棒　炕亢抗　曠壙
纊　晃幌　況貺　釀　仰　喪　胖　行　愴
誑　盎　餓　鋼　盪湯

支思

平聲

支枝肢巵氏梔榰之芝脂胝　髭貲觜茲孳孜滋資
咨淄諮姿耔　眵鴟差　施詩師獅螄尸屍鳲蓍
斯撕廝澌鷥颸思司私絲偲罳　雌已上陰
兒而洏　慈鶿磁茲餈茨疵玼茈　時塒鰣匙　詞
祠辭辤已上陽

上聲

紙砥底旨指止沚芷趾祉阯址徵咫　爾邇耳餌珥
髀　此玼跐泚　史駛使弛豕矢始屎菌　子紫姊
梓　死　齒仔

入聲作上聲

澀瑟音史　塞音死

去聲

是氏市柿侍士仕使示諡蒔恃事施嗜豉試弒筮視
噬　似兕賜姒巳汜祀嗣飼笥耜涘俟寺食思四肆
泗駟　次刺莿　字漬牸自恣胾齒　志至誌　二
貳餌　翅　廁

齊微

平聲

機幾磯璣譏肌飢笄朞箕基鷄稽饑姬奇羈覊　歸
圭邽龜閨規　齏齊擠躋　雖荽綏睢尿　邸觝彈
弤氐底　妻凄萋悽棲　西犀嘶　灰揮暉輝翬麾
徽虺　杯悲卑碑陂　追騅錐　威偎隈煨　非扉
緋霏騑誹非妃飛　溪欺欹　希稀睎羲犧曦醯熹
嘻僖熙　衣依伊醫鷖漪猗噫　吹炊推　醅披邳
丕伾胚紕　魁盔虧窺瑰奎　笞癡郗蚩媸螭鴟絺
崔催衰榱　紕批鈚　堆餽　篦鎞　知蜘　梯
已上陰
微薇維惟　黎黧犂梨藜瓈離璃籬醨羅离鸝驪麗
狸蜊釐氂漓　泥尼鶃　梅莓枚媒煤眉湄楣嵋麋
糜醾麼　雷檑纍罍羸　隋隨　齊臍　回徊迴
圍闈韋幃違嵬巍危桅爲　肥淝　奇騎琦祺其期
旗旂綦蘄祁其畿祇耆鬐芪岐麒琪蘄　奚兮畦攜
蹊　移扅兒鯢霓倪猊輗姨夷痍疑嶷鷖沂宜儀蟻
彝貽怡眙飴圯頤遺蛇　啼蹄提題醍綈稊　鎚垂
陲　裴陪培皮　葵馗夔逵　池馳遲墀箎持　頹
魋　脾疲比毗羆　迷彌瀰　誰　摧　蕤已上陽

入聲作平聲

實十什石射食蝕拾　直值姪秩擲　疾嫉葺集寂

夕昔席襲　荻狄敵逖笛糴　及　極　惑　逼
劾　賊已上陽 後同
去聲作平聲
鼻陽
上聲
迤旖　尾亹　倚椅錡扆偯蟻矣已以苡顗擬艤
浼美　蟣幾己几庪紀　恥侈　捶箠　痞否嚭圮
秕　鬼簋癸軌詭晷宄　悔賄毀卉譭燬虺　妣比
七　禮醴里裏理鯉娌李蠡履　濟擠　底邸詆柢
胝　洗璽枲徙屣　起棨啓綮綺杞豈　米弭眯
倷旎禰　彼鄙　喜蟢　委猥唯隗葦偉　壘磊儡
蕾　體　腿　蕊　蔿　髓　水　餒
入聲作上聲
質隻炙織鷙汁只　七戚漆刺　匹闢僻劈　吉擊
激極棘戟急汲給　筆北　失室識適拭軾飾釋濕
爽　唧積稷績跡脊鯽　必畢蹕蓽碧璧壁覺　昔
惜息錫淅　尺赤喫勑叱鶒　的靮嫡滴　德得
滌剔踢　吸隙翕檄覡　乞泣訖　國　黑　一
去聲
未味　胃蝟渭謂驥尉慰緯穢衞魏畏餧位餧　貴
櫃餽愧悸桂檜膾鱠跪獪繪　吠沸費肺廢芾　會
悔誨諱惠蕙慧潰闠　翠脆額倅萃粹淬悴　異裔
義議誼毅藝易翳瘞勩枻曳羿詣饐刈乂意劓懿
氣器棄憩契褉　霽濟祭際劑　替剃涕嚏　帝諦
絺弟娣第睇地遞蒂棣　背貝狽焙倍婢備避鼻被
臂皆譬髲詖帔帔　利痢莉俐例唳戾沴離隸癘礪
厲莅荔詈劙麗　砌妻　細壻　罪醉最　對隊碓
兌　計記寄繫繼妓伎技髻偈忌季悸騎旣驥冀罽
鱖　閉蔽畀箆斃嬖庇比祕陛賁　謎糸　睡稅說
瑞　退蛻　歲碎粹祟邃燧穗燧隧遂彗　墜贅綴
綴對　製制置滯雉稚致龔治智幟熾質　世勢逝
誓　淚累酹擂類纇誄耒磓　配佩珮轡霈沛悖詩
妹昧媚魅袂瑁痱　戲系係　贊蕢揆　殢膩泥
蚋芮銳蜹　吠喙　內
入聲作去聲
日入　覓蜜　墨密　立粒笠曆歷櫪瀝靂靂皪力
栗　逸易埸譯驛益溢鎰鷁掖液腋疫役一佾泆逆
乙邑憶揖射謚翼　勒肋　劇　匿
魚模
平聲
居裾琚鶋車駒拘俱　諸猪豬朱株姝蛛咮味邾侏
蘇酥蘇甦　逋餔晡　樞樗攄　粗麤　梳蔬疏疎
虛墟噓嘘歔吁　蛆趍　疽沮趄苴蛆雎　孤枯
辜鴣酤沽蛄菰　枯刳　迂紆於　嗚汙烏　書紓
輸紓　區軀驅嶇貙　須鬚鬚胥醑需繻　盱夫鈇
玞趺敷麩孚郛莩枹桴罦　呼　初　都　租已上陰
盧閭驢臚蔞　如茹鴽儒蕠孺嚅濡　無蕪巫誣
模謨摸謀　徒圖菟屠荼途瘏駼塗　奴孥砮駑
盧蘆顱鑪艫爐櫨濾纑蠦　魚漁虡余餘竽于畬
雩與輿歟璵舁好歟譽愚盂隅禺臾楡愉俞覦毹瑜
畬逾渝闟于諛萸　吾浯鋙蜈珸吳梧娛鼯　雛鋤
殊茱銖洙　渠蕖磲籧劬瞿衢臞　除蜍滁躇廚
蝓䠐儲　扶夫蚨苻芙鳧浮　蒲脯酺蒱　胡糊湖
醐瑚鶘壺狐弧乎　徂殂　徐已上陽
入聲作平聲
獨讀牘瀆犢毒突纛　復佛伏鵩袱服　鵠鶻斛槲
贖屬逑秫術朮　俗續　逐軸　族鏃　僕　局
淑蜀孰熟塾
上聲
語雨與圄圉齬敔禦愈羽宇禹庾　呂侶旅膂縷僂
主麈拄渚麈墅書　汝乳　鼠黍暑　阻俎　杵
楮緒處杼　數所　祖組　武舞鵡侮廡　土吐
舁櫓虜鹵滷　覩堵睹　古罟詁沽估蠱估盬鼓瞽
股羖賈　五伍午仵忤塢鄔　虎滸　補浦圃鵏
普溥譜　甫斧撫黼脯府俯腑父否　母某牡姥畝
楚礎憷　舉莒矩榉　弩努　許詡　取　苦
咀　女璵　傴去
入聲作上聲
谷穀轂骨　蔌縮謖速　復福幅蝠腹覆拂　卜不
菊跼局延　笏忽　築燭粥竹　粟宿　曲麴屈
律　哭窟酷　出黜畜　叔菽　督篤　暴樸　觸
束　簇　足　促　禿　卒　蹙　屋沃兀
去聲
御馭遇嫗裕諭芋譽預豫　慮濾屢　鋸懼句據詎
巨拒秬距炬苣踞屨絇具　恕庶樹戍豎署曙　覷
趣娶　注澍住著柱註鑄鼻炷駐紵苧貯竚　數疏
絮序敘緒　孺茹　杜妒肚渡鍍斁度蠹　赴父
釜輔付賦傅富仆鮒賻訃拊婦附阜負　戶扈護瓠
五耳護岵怙　務霧騖戍　素訴塑遡泝嗉　暮慕
墓慕　路潞鷺輅露賂　故錮固顧雇　誤悞悟寤
惡汚　布怖佈部簿哺捕步　醋措錯　做祚胙詛

兔吐　怒　鋪　處　去　聚　助
入聲作去聲
祿鹿漉麓　木沐穆睦沒牧目鶩　錄籙綠醁陸戮
律　物勿　辱褥入　玉獄欲浴郁育鵒　訥
皆來
平聲
皆堦階喈街偕稭楷　該垓荄陔　哉栽災　釵差
台胎駘咍邰　哀挨唉　猜　揩　衰　腮　歪
開　揩　齋　乖　篩　揣已上陰
來萊騋　鞋諧骸　排牌簰俳　懷淮槐褢瀤　埋
霾　騃皚　孩頦　柴柴豺儕　崖厓捱　才材財
裁纔　臺薹擡儓苔炱籉　能已上陽
入聲作平聲
白帛舶　宅澤擇　畫劃
上聲
海醢　毷詒紿　駭蟹　宰載　采彩採寀綵　靄
靄乃毒　奶乃　蒯拐夬　凱鎧塏　揣　擺　矮
解　楷　買　改
入聲作上聲
拍珀魄　策冊柵測躡　伯百柏迫擘檗　骼革隔
格　客刻　責幘摘謫側窄仄昃簀迮　色穡索
摑　摔　嚇　則
去聲
懈械薤解澥　寨豸瘵債蠆眥　態泰太汰　蓋丐
艾愛噫餲　捱隘阨搤　柰奈耐鼐　害亥妎
帶戴怠迨待代袋大黛岱　戒誡廨解界介芥疥屆
玠犗䂂　外聵　快噲塊　在再載　賣邁　賴癩

瀨賚癩　拜湃敗憊稗　菜蔡　曬灑殺鎩　賽塞
怪　壞　慨　派　帥率　灑
入聲作去聲
麥貊陌驀脈　額厄蛒額　搦
真文
平聲
分紛氛芬汾　昏惛婚葷閽　因姻茵湮殷闉　申
紳伸身　嗔瞋　春椿　詢荀　吞　暾　諄迍
逡皴　根跟　欣忻昕　氳熅　真珍振甄　新薪
辛　賓濱鑌彬　坤髡　君麕軍皸均鈞　榛臻
莘詵　薰醺勳曛燻　鯤鵾裩昆　溫瘟　孫飧蓀
孫　奔㡘　敦墩燉　奔賁犇　巾斤筋　村　親
遵　恩　噴　哏　津已上陰
鄰燐麟磷麟粼轔　貧瀕頻蘋顰嚬　民珉緡旻
人仁　倫綸掄輪淪　裊羣　勤懃芹　門捫　論
嵛　文紋聞螡　銀誾齦垠寅黃鄙鄞　盆湓　陳
臣塵娠辰晨宸　秦蓁　脣尊淳純醇錞鶉　巡旬
馴循　雲芸云紜耘勻員伍員人名　筠　墳焚棼　魂
渾　豚屯飩臀　神　存蹲　痕　紉已上陽
上聲
軫疹診稹　肯懇墾齦　緊謹槿卺瑾　隱引蚓尹
閔憫泯愍敏　准準　刎吻　筍隼　允殞隕狁
本畚　閫壼悃梱　窘困　哂蝨　牝品　很
忍　盾　撙　損　蠢　忖　粉　穩　衮　瞬
儘
去聲
震陣振賑鎮　信訊迅贐燼　刃訒仞認　吝悋藺
磷　鬢殯臏　腎慎　醞慍運蘊惲暈韻　盡晉進
璡　忿分糞奮　近覲　櫬齔　印孕　峻浚殉巽
遜巽　俊駿　舜順　閏潤　問紊　頓囤鈍遁
盾沌　悶懣　遴吝　訓　郡　困　噴　嚕　論
混　寸　恨　嫩　襯　搵諢　趂疢
寒山
平聲
山刪潸　丹單殫鄲簞　干竿肝玕乾　安鞍　姦
奸間艱菅　刊看　關綸鰥擐　攌拴　斑班般扳
頒　彎灣　灘攤　番蕃翻幡旛藩反　珊跚　攀
慳　趄　餐　跧　殷已上陰
寒邯韓汗翰　闌蘭欄斕襴攔　還環鬟寰闤圜鍰
殘戔　閑鷴癇　壇檀彈　煩繁膰礬蠜帆樊凡
難　蠻　顏　潺　頑已上陽
上聲
反返坂　散傘繖　晚挽　板鈑　簡揀　產鏟剗
趲亶　赶稈簳　坦袒　罕　侃　懶　趲　綰
赧　盞琖　眼
去聲
旱悍銲漢翰瀚汗射骭　旦誕嘽彈憚但　萬蔓曼
歎炭　案按岸犴盱閈嫚　幹榦　粲燦璨　棧
綻袒　盼襻　譔饌　莧瀨　慢嫚謾　慣丱摜
贊讚濽瓚鄼　患幻宦擐豢　間澗諫覵　訕疝汕
辦瓣扮絆　飯販畈範泛范犯　限閒莧　鴈贗
晏鷃　看　爛　篡　散　難　腕
桓歡
平聲

官冠棺觀 撒般 歡讙驩貛 潘拚 端耑
剜豌蜿 酸夋 寬 鑽 湍 攛已上陰
鸞鑾欒欒灤圝 瞞謾縵漫鞔饅蔓鏝 桓綄 丸
刓蚖紈完巑岏 團摶漙慱 盤槃瘢磐鬆般鎜鞶
磻蟠胖弁幣 攢欑已上陽

上聲

館管痯琯脘 纂纘欑鄹 款 盥澣 滿懣 暖
飯 椀 疃 卵 短

去聲

喚換煥渙緩逭奐 翫玩腕惋 鏝幔漫墁 竄爨
攛 斷鍛段 算蒜 判拚 貫冠觀灌祼瓘鸛
半伴泮泮畔絆 鑽 亂 彖 愌

先天

平聲

先仙蹮鮮 煎湔箋韉濺籛 堅肩甄 顛癲巔
鵑涓娟蠲 邊邉編鞭鯿 喧暄萱塤諠 氈鸇鱣
饘邅旃栴 羶扇煽 專磚 千阡芊遷韆 軒掀
祆 煙燕胭咽嫣 牽愆褰騫 篇扁蹁偏翩 淵
冤鵷鴛蜿 痊詮筌銓悛朘荃 宣揎瑄 川穿
圈 天 鐫已上陰
連蓮憐 眠綿 然燃 廛躔纏禪蟬 前錢 田
畋闐填鈿 賢絃弦舷懸 元 延筵綖埏蜒緣妍
言研焉沿 乾虔 元黿圓員捐園圜袁猿轅原嫄
源垣鉛鳶湲援 全泉 旋還璇 船傳椽 拳顴
權鬈 胼駢䶘便 聯攣 年 涎已上陽

上聲

遠阮苑畹 兗偃演堰衍甗 卷捲 鮮跣洗銑毨
筅獮蘚癬 腆殄沴 騫蹇繭筧挸巘 剪翦 撚
輾碾鬜 輦璉 臠孌 囀轉 貶扁匾褊編緶 沔
湎黽兗冕勉俛眄 喘舛 闡蕆 典 顯 犬
淺 展 遣 吮 軟 選 諞

去聲

院願愿怨遠援 勸券 見建健絹件 獻現憲縣
楦眩絢 電殿甸佃鈿填闐靛奠 硯燕嚥讌諺
堰緣掾宴彥喭嬿 眷捲圈綣絹狷脊 面麪 片
騙 變便遍徧辮辯卞汴弁 線羨霰 釧穿串
扇善煽繕擅禪饍墠單 箭薦煎賤濺餞踐栫 鏇
選旋漩 傳囀轉篆 戰顫纏 譴綣 練煉楝
戀

蕭豪

平聲

蕭蕭瀟蟰颾綃消銷宵霄㳙蛸痟魈翛 刁貂琱彫
鵰凋 梟鴞鷕枵驍敲 梢捎弰筲旓髾鞘髗 嬌
驕 蕉焦椒燋噍 標幖臕鑣杓飆 交蛟咬郊茭
鮫膠教 包胞苞 嘲抓啁 高篙膏羔糕槔皐櫜
韜 刀叨舠魛 騷搔艘臊鱢颾 遭糟 麃鑣儦
昭招朝 邀夭妖訞么喓腰要葽 飄漂 拋胞
脬 條掏饕叨滔韜慆 迢髫 哮虓休嘐譊 敲
磽 抄謅 坳凹 蒿薅 澆 褒 挑 超 鍫
操已上陰
豪毫號濠嚎 寮遼僚鷯嘹聊 鐃橈蕘 苗描緢
毛芼旄茅蝥貓髦 猱獶鐃呶怓撓譊 牢勞轑
澇醪撈 迢髫蜩調條佻跳 潮朝韶鼂 遙搖謠
瑤飄窑堯陶姚嶢 樵瞧譙 鼇鼈嗷廒敖璈聱獒
鷔璈遨熬謷 喬蕎橋僑翹 爻肴淆殽 袍炮跑
鞄匏咆庖 桃逃咷鼗陶萄綯醄淘濤檮 曹漕槽
嘈螬 瓢薸 巢漅已上陽

入聲作平聲

濁濯鐲擢 鐸度踱 薄箔泊博 學鷽 縛 鶴
涸 鑿 鑊 著 芍杓

上聲

小篠謏 皎繳矯橋 梟鳥嫋裊 了瞭燎蓼 杳
夭殀舀 遶繞嬈擾 眇渺杪藐淼 悄愀 寶保
堡褓葆 卯昴 狡攪鉸佼茭絞 老姥獠潦橑轑
腦惱碯嫋 掃嫂 殍縹膘剽勦 早棗澡藻蚤
璪 倒島擣禱 杲槀縞鎬鄗槁 襖懊媼 考栲
挑窕 沼 少 表 巧 曉 飽 爪 炒
討 草 好 撓 皺 稍 剖 缶

入聲作上聲

角覺腳桷 捉卓琢 斫酌繳灼 爍鑠爍 鵲雀
趞 託拓橐魄飥柝 綀索摍 郭廓 朔矟 剝
駁 爵 削 柞作鑿 錯逪 閣各 壑熇 綽
婥 謔 戳槊

去聲

笑嘯肖鞘 糶眺跳 釣弔寫調掉 豹爆瀑 抱
報暴鮑鞄鉋 竈皂造漕慥躁 料鐐廖撩燎 傲
奡鏊 趙兆照旐詔召肇 少紹邵燒 號皓好昊
皡耗浩顥灝 道翿纛燾盜導悼蹈稻到倒 曜燿
曜要鷂 叫轎嶠 醮噍 糙操造慥 俏峭誚
俵鰾醥 孝効傚校 窖校教覺珓鉸較酵徼 罩
笊棹 拗靿樂凹 貌冒帽耄眊茂 砲泡 告誥

郜　澇勞嫪　噪燥譟掃　妙廟　鬧淖　奧懊澳
鈔　窽　溺　哨　覆
入聲作去聲
岳樂藥約躍鑰瀹　掿諾　末幕漠寞莫沫　落絡
烙洛酪樂珞　萼鶚鰐惡愕　弱蒻箬　略掠　虐
瘧

歌戈

平聲
歌哥柯牱　科蝌窠　軻珂　戈過鍋　莎蓑唆睃
梭娑挲　磋瑳蹉瘥髊槎　他拖佗詑　阿痾　窩
渦倭踒　坡頗　波玻嶓番　呵訶　多　麽巳上
陰
羅蘿籮儸囉鑼螺騾邏欏蠡羸　摩磨魔劘𧄍　梛
那挪儺　禾和　何河荷苛菏　駝紽陀沱跎鮀酡
沱鼉馱　矬鹺　哦蛾娥峨峩鵝俄　婆皤鄱膰
訛吪巳上陽
入聲作平聲
合盒鶴盍　跋魃　縛佛　活鑊　薄箔勃泊渤
鐸度　濁濯鐲　學　鑿　奪　著　杓
上聲
鎖瑣顡　果裹蜾　裸臝攞躶儸　舸哿　朶趓嚲
跢嚲　娜那　荷欹　可坷軻　頗叵　婀　跛簸
我　左　妥　火　顆　嫷　脞
入聲作上聲
葛割鴿閤蛤　鉢撥跋　潑粕醱　聒括　渴𤸷
闊　撮　掇　脫　抹
去聲
賀荷檟　佐左坐座　舵墮鬌惰剁垛大馱癉　銼
挫剉莝磋　禍貨和　邏囉摞　簸播譒　磨麽
臥涴　糯懦那奈　箇个　餓　些　過　課　唾
破　嗑
入聲作去聲
岳樂藥約躍鑰　幕末沫莫寞　諾掿　若弱蒻
落洛絡酪樂烙　萼鶚鰐惡堊鄂　略掠　虐瘧

家麻

平聲
家加跏珈笳枷袈迦痂葭豭麚佳嘉　巴疤笆豝芭
蛙洼窪哇媧蝸　沙砂紗鯊裟　查楂齄吒　撾
抓髽　鴉丫呀　叉靫杈差艖㛽　誇夸　蝦　葩
花　瓜巳上陰
麻蟆痲摩　譁划華驊　牙芽枒涯衙窊　霞遐瑕
琶杷爬　茶槎搽　拏　咱巳上陽
入聲作平聲
達撻踏沓　滑猾　狎轄鍘俠峽洽匣祫　乏伐筏
罰　拔　雜　閘
上聲
馬螞　雅瘂　灑傻不仁傻俏　賈假斝　寡咼剮　姹
詫　把　瓦　鮓　打　耍
入聲作上聲
塔獺榻塌　殺霎　劄扎　呷匣　察插鍤　法發
髮　甲胛夾　答搭嗒踏　颯撒薩靸　筏　刮
瞎　八　恰掐
去聲
駕嫁稼價架假　凹窊　跨胯髁　亞迓訝砑婭
汊咤姹詫䰩釋號　帕怕　詐乍榨醡　下芐夏嚇罅
暇廈　化畫華舙樺話　那　罷霸𣴎壩靶鈀弝
卦掛　庌傍屋　大　罵
入聲作去聲
臘蠟鑞拉擸辣　納衲　壓押鴨　抹　襪　刷

車遮

平聲
嗟罝　奢賒　車　遮　爹　靴　些巳上陰
爺耶揶鋣呆　斜邪　蛇佘　倈　瘸巳上陽
入聲作平聲
協穴俠挾纈　傑竭碣　疊迭牒揲喋諜垤絰凸蝶
跌　蹩撇　折舌涉　捷截睫　別　絕　蔑
上聲
野也冶　者赭　寫瀉　捨舍　惹若喏　撦哆
姐　且
入聲作上聲
屑薛紲泄媟褻爕屧痄　切竊妾沏　結潔刦頰鋏
莢　怯挈篋客　節接楫癤　血歇蠍蝎　闕缺闋
抉決訣譎蕨鴂　鐵餮帖貼　瞥撇　鼈別鱉
拙輟　轍撤澈掣　哲褶摺折浙　設攝灄　啜
雪　說
去聲
舍社射麝貰赦　謝卸榭瀉　夜射　柘鷓　炙蔗
借藉　趄　著
入聲作去聲
捏聶躡鑷囁臬蘖　滅篾蔑　拽噎謁葉燁　業鄴
額　裂冽獵鬣列　月悅說閱軏越鉞樾刖　熱

葜劣
庚青
平聲
京麖庚鶊賡更粳羹睜驚荆經兢矜涇　精睛晶旌
鶄菁　生甥笙牲猩　箏爭　丁釘玎仃　扃垌
征正貞禎徵蒸烝　冰兵井　登簦鐙甑燈　轟薨
憎曾矰罾增　鐺錚琤琤撐瞠　稱秤赬檉蟶
英瑛鷹應膺櫻嬰嚶膺鸚纓瓔縈　輕坑卿誙硜鏗
傾鏗　馨興　青清鯖　聲升勝昇陞　汀聽廳鞓
鞕　星醒惺鯹腥騂　崩繃　皏肱　甍　僧　亨
兄　泓　亨烹已上陰
平評苹枰憑馮凭屏瓶傳娉　明盟鳴名銘鳴冥溟
暝螟蓂　靈櫺醽鷹令零苓伶聆鈴齡蛉泠瓴翎鴒
陵淩菱綾凌　鵬朋棚　楞稜　層曾　能獰　滕
藤騰滕謄疼　莖恆　盈贏瀛攖瀛塋螢營迎蠅凝
擎檠鯨鯨勍　行形刑邢桁衡鉶珩硎　情晴睛
𦁤　亭停婷廷庭蜓霆　瓊煢惸　澄呈程酲城成
宬誠盛承丞懲乘塍　熒膋　盲氓甍萌　橫宏紘
閎嶸鋐弘　橙棖棠　榮　寧　仍　繩　餳已上陽
上聲
景儆璟撤礮餅梗綆警境頸耿哽　頃檾　丙炳邴
秉餅屏　惺醒省瘖　影郢穎癭　省眚　礦鑛懭
惘冏　艋蜢　整拯　茗皿酩　騁逞　領嶺
鼎酊頂　艇挺誔町圢　冷　井　請　等　汞
倖
去聲

敬徑俓經鏡獍竟競勁更　暎應膺凝硬　慶罄磬
謦磬　命暝　鄧凳嶝隥鐙磴　詗迥夐　倩請
諍掙　正政鄭證　詠瑩　病並柄凭　令凌　聖
賸勝乘剩盛　性姓　娉聘　佞濘寗　淨靜穽甑
靖倩圊　杏幸倖脛興行　稱秤　定錠矴釘訂飣
瞪　聽　迸　孟　橫　撐　亙
尤侯
平聲
啾揫湫　鳩鬮　搜颼　鄒諏鯫陬騶掫　休咻貅
麻　謳鷗漚甌歐區　鉤勾篝溝構緱　兜篼　秋
鰍楸鰍鶖　憂幽優耰瀀　脩修羞饈　抽瘳　周
賙啁週洲州舟輈　丘坵　偷媮鍮　篘搊　溲鎪
餕　彪　收　齁　摳已上陰
尤蚰疣訧遊游蝣由油郵牛㾩猷繇輶猶繇蝤楢悠
攸　侯猴喉餱篌　劉留遛瘤榴鶹鶹流旒　柔揉
鍒蹂鞣　抔裒　繆矛眸鍪蝥牟䋷侔　樓婁艛摟
讎儔　囚泅　紬稠綢犨儲酬籌儔躊疇幬　求賕
銶毬逑球俅仇裘虬　酋遒　頭投骰　愁已上陽
入聲作平聲
軸逐　熟
上聲
有酉牖羑友誘莠黝　柳罶飀　杻狃紐鈕忸　丑
醜　九韭久玖糾灸疚　首手守　叟瞍藪　斗枓
蚪㪷抖　狗垢苟耇枸　藕耦偶嘔毆　摟塿簍
肘箒酎　朽　酒　扭　剖　吼　走　否　揉
口　傷　聦
入聲作上聲

竹燭粥　宿
去聲
又右佑祐狖宥柚幼囿侑　晝呪冑紂宙籀咮　臼
舅舊咎救柩廐究　受授綬壽獸首售狩　秀岫袖
繡琇宿　嗽漱　皺驟　溜霤留餾鎦瘤溜卯　扣
寇蔻　后逅候堠後厚　就鷲　豆脰竇鬬逗　搆
遘媾購姤彀詬勾　湊輳虢　漏陋鏤瘻　謬繆
臭　嗅　瘦　慾　耨　奏　透　貿懋
入聲作去聲
肉褥　六
侵尋
平聲
針斟箴砧椹鍼瑊　金今衿襟禁　駸祲浸祲　深
蓡　簪鱗　森槮參　琛踸郴　音瘖陰喑　心杺
欽衾嶔　侵　歆已上陰
林淋琳痳霖臨綝箖　壬任紝鵀　尋潯鱘鐔燖
吟淫崟婬霪蟫　琴芩禽檎擒噙　岑鵀鬵涔鬵
沉霃鈂湛　忱煁已上陽
上聲
廩懍稟　稔飪荏荏　審嬸沈瞫　錦噤　磣墋
瘮　枕　飲　您　怎　寢
去聲
朕沈鴆枕　甚鞿　任袵紝妊　禁噤襟紟　蔭癊
窨飲恁　沁伈　浸祲　臨淋　滲疹　讖　譖
賃　啉　唔
監咸
平聲

菴庵鵪馣晻諳 擔聃儋耽湛酖躭 監緘椷 堪
龕戡弇 三鬖毿 甘柑疳泔 杉衫 貪探 忝
驂 憨酣 簪篸𠻤鐕 嵌 鵮 詀譫 㳘 攙
巳上陰
南諵喃楠男 咸鹹諴函銜㘅 婪爁燷藍籃嵐
覃譚談餤潭燂潭曇痰 蠶慚 含涵邯 讒毚饞
鑱劖巉 巖岩 喒巳上陽
上聲
感鱤噉敢 覽攬欖爦 膽黵紞 慘黲 揞晻馣
㨔㯿 毯禫倓萏窞 咸鹻 坎 砍 昝歁
俺 糝 黯 斬 腩
去聲
勘磡 贛淦紺 撼憾頷琀萏唅 淡啖倓擔 艦
檻爁餡陷 濫艦纜欖 瞰嵌闞 蘸站賺湛 鑑
監 暫鏨鏨槧 暗闇 三 探 淬 慘 懺
訕
廉纖
平聲
瞻詹占粘沾霑 兼縑鶼鰜 淹腌醃稽閹猒懕
纖銛憸暹孅 僉槧籤 襜幨覘 杴忺 尖漸殲
拈 苫 謙 添巳上陰
廉簾臁奩帘 鮎黏拈 撏燖 鈐鉗黔 蟾憯
鹽炎閻簷嚴 甜恬 髯 潛 嫌巳上陽
上聲
掩魘黶埯奄晻崦琰剡 撿鐮驗 斂臉 染苒冉
閃陝 忝㮁 險譣 颭 點 諂
去聲

豔焰厭饜驗灩釅窆 贍苫 欠芡歉 玷店墊墊
瀲斂殮 念唸 劍儉 僭漸 塹茜嬱 染
占 韂

欽定古今圖書集成理學彙編文學典

第二百五十卷目錄

詞曲部彙考八

嘯餘譜（務頭）

文學典第二百五十卷

詞曲部彙考八

嘯餘譜

務頭

一音韻不能盡收廣韻如崆峒之崆悤篤之悤倥偬之倥鵓鴿之鵓字之類皆不可施於詞之韻脚毋譏其不備

一龐涓呼為龐堅泉堅堅而始流可乎陶淵明呼為煙明魚躍于煙可乎一堆兒為一醉（平聲）兒捲起于醉雪可乎羊尾子為羊椅子奐頭楚椅可乎來也未為來也異辰巳午異可乎此類未能從命以待士夫之辨

一余與清原會元隱言世之有呼屈原之屈為屈伸之屈字同音非也因註其韻元隱曰嘗聞前輩有一對句可正之投木屈原終是屈殺人曾子又何曾明矣

一平上去入四聲音韻無入聲派入平上去三聲前輩佳作中間備載明白但未有以集之者今撮其同聲或有未當與我同志改而正諸

一入聲派入平上去三聲者以廣其押韻為作詞而設耳然呼吸言語之間還有入聲之別

一入聲派入平上去三聲如碑字次本韻後使黑白分明以別本聲外來庶使學者有才者本韻自足矣

一平聲如尤侯韻浮字否字阜字等類亦如韓字收入各韻平上去字下以別本聲外來更不別立名頭

一中原音韻的本內平聲陰如此字陽如此字蕭存存欲鋟梓以啓後學值其早逝泰定甲子以後嘗寫數十本散之江湖其韻內平聲陰如此字陽如此字陰陽如此字夫一字不屬陰則屬陽不屬陽則屬陰豈有一字而屬陰又屬陽也哉此蓋傳寫之謬今既的本刊行或有得余墨本者幸毋譏其前後不一

一分別陰陽二義熟看諸序

一東鍾韻三聲內轟字許與庚青韻出入通押

一音韻內每空是一音以易識字為頭止依頭一字呼吸更不別立切脚

一漢書東方朔滑稽滑字讀為骨金日磾日字讀為密諸韻皆不載亦不敢擅收況不可押於韻脚姑錄以辨其字音耳

一漢書曹大家之家字讀為姑可押然諸韻不載亦不敢擅收附此以備採取

一廣韻入聲緝至乏中原音韻無合口派入三聲亦然切不可開合同押陽春白雪集水仙子壽陽宮額得魁名南浦西湖分外清橫斜疎影窗間印惹得詩人說到今萬花中先綻瓊英自古詩人愛騎驢踏雪尋凍在前村開合同押用了三韻大可笑焉詞之法度全不知妄亂編集板行其不恥者如是作者緊戒

一逐一字解註見中州音韻

一齊微韻璽字前輩剛王莽傳奇與支思韻通押

一有客謂世有稱往為網柱為寄美為選到為豆叢為從此乃與稱陶淵明之淵字為煙字之所同也

一亳州友人孫德卿長於隱語謂中原音韻三聲乃四海所同者不獨正語作詞夫曹娥義社天下一家雖有謎韻學者反被其誤半是南方之音不能施於四方非一家之義今之所編四海同音何所往而不可也詩禪得之字字皆可為法余曰嘗有此恨謂言語既正謎字亦正矣從葺音韻以來每與同志包猜用此為則平上去本聲則可但入聲作三聲如平聲伏與扶上聲拂與斧去聲屋與誤字之類俱同聲則不可何也入聲作三聲者廣其押韻為作詞而設耳毋以此為比當以呼吸言語還有入聲之別而辨之可也德卿曰然

一歡娛之娛（廣韻音愚）四海之人皆讀為奐提撕之撕（廣韻音西）四海之人皆讀為斯有誚之者謂讀白字依其邊傍字音也犂牛之子騂且角之騂字（廣韻息營切音星）而讀為辛却依其邊傍之字音誚之者而不誚之蓋知其彼之誤而不知此之謬前輩編字有云日月象形江河諧聲止戈為武如此取義娛撕二字依傍有奐斯讀之又何害於義理豈不長於傍是辛而讀為星字之音乎

一余嘗於天下都會之所聞人間通濟之言世之泥古非今不達時變者衆呼吸之間動引廣韻為證寧甘受鴂舌之誚而不悔亦不思混一日久四海同音

上自縉紳講論治道及國語翻譯國學教授言語下至訟庭理民莫非中原之音不爾止依廣韻呼吸上去入聲姑置未暇殫述略舉平聲如靴（許戈切）在戈韻車邪遮嗟却在麻韻靴不協車車却協麻元暄鴛言褰焉俱不協先却與魂痕同押煩翻不協寒山亦與魂痕同押靴與戈車與麻元與煩煩與魂其音何以相著佳街同音與皆同押不協哈哈却與灰同押灰不協揮杯不協碑梅不協麋雷不協羸必呼梅爲埋雷爲來方與哈協如此呼吸非鴂舌而何不獨中原盡使天下之人俱爲閩海之音可乎切聞大學中庸乃禮記中語程子取爲二經定其闕疑如在親民之親字當作新字之類是也聖經尚然況於韻乎合於四海同音分豁而歸併之與堅守廣韻方語之徒轉其喉舌換其齒牙使執而不變迂闊庸腐之儒皆爲通儒道聽塗說輕浮市廛之子悉爲才子矣余曰若非諸賢公論如此區區獨力何以爭之

一依後項呼吸之法庶無之知不辨王楊不分及諸方語之病矣

東鐘

宗有蹤　松有鬆　龍有籠　濃有膿　隴有攏

送有訟　從有綜

江陽

缸有釭　桑有雙　倉有窻　糠有腔　贓有樁

楊有王　杭有降　強有狂　藏有牀　磉有爽

網有往　讓有釀　葬有狀　唱有丈　胖有傍

支思

絲有師　死有史

齊微

知有之　癡有眵　恥有齒　世有市　智有志（以上）

（三聲係與支思分別）篦有杯　紕有紑　迷有梅　脾有裴

米有美　媲有彼　謎有媚　閉有避（以上三聲本聲自相分別）

魚模

蘇有疎　粗有初　吳有胡　殂有雛　祖有阻

樝有砮　素有數　措有助

皆來

猜有差　災有齋　才有柴　孩有鞋　海有駭

採有揣　凱有楷　太有大　捱有艾　賽有曬

眞文（與庚青分別）

眞有貞　因有英　申有升　嗔有稱　欣有興

新有星　賓有冰　君有扃　榛有箏　莘有生

薰有兄　鯤有鯱　溫有泓　奔有崩　巾有經

親有青　恩有甖　噴有烹　哏有亨　津有精

忻有轟　鄰有靈　貧有平　民有明　仁有仍

裙有瓊　勤有擎　門有萌　銀有贏　盆有棚

塵有成　秦有情　雲有榮　神有繩　痕有莖

紛有寧　魂有橫　緊有景　引有影　衮有礦

窘有烱　軫有整　閔有茗　儘有井　允有永

敬有近　印有暎　訓有迥　鎮有正　運有詠

釁有病　吝有另　愼有聖　信有性　盡有淨

釁有興　趁有稱　迸有迸　悶有孟　混有橫

櫬有橕

寒山

珊有山　殘有潺　趲有盞　散有疝

桓歡

完有岏　官有關　慢有幔　患有緩　慣有貫

先天

年有妍　碾有輦　羨有旋

蕭豪

包有褒　飽有保　爆有抱　造有造（上音皂下音操）

歌戈

鵝有訛　和有何　過有箇　薄有箔

家麻

查有咱　馬有麼　罷有怕

車遮

爺有衙　也有雅　夜有亞

庚青（與眞文分別）

尤侯

溲有搜　走有㑳　叟有搜　嗽有瘦　奏有皺

侵尋

針有眞　金有斤　侵有親　深有申　森有莘

琛有嗔　音有因　心有辛　歆有欣　林有鄰

壬有人　尋有信　吟有寅　琴有勤　沈有陳

忱有神　稔有忍　審有哂　錦有緊　枕有瑱

歆有引　朕有鎭　甚有腎　任有認　禁有近

蔭有印　沁有信　浸有進

監咸

庵有安　擔有單　監有間　三有珊　貪有灘

酣有邯　南有難　咸有閑　藍有闌　談有壇

岩有顏　感有捍　覽有懶　臉有壜　毯有坦

減有簡　坎有侃　斬有盞　勘有看　淦有幹

憾有漢　淡有旦　陷有限　濫有爛　賺有綻

鑑有澗　暗有按　探有炭

廉纖

詹有氈　兼有堅　淹有烟　纖有先　僉有千
忺有掀　尖有煎　拈有顛　謙有牽　添有天
撏有涎　鉗有虔　簾有連　粘有年　甜有田
髯有然　蟾有纏　鹽有延　潛有前　嫌有賢
臉有輦　染有燃　掩有偃　檢有蹇　險有顯
颭有展　閃有僐　忝有腆　點有典　諂有闡
豔有硯　欠有搴　店有鈿　念有年（去聲）　劒有見
僭有箭　塹有倩　占有戰

看岳王傳

披文握武建中興廟宇載青史圖書功成却被權臣妒正落姦謀閃殺人望旌節中原士夫悞殺人棄丘陵南渡鑾輿錢塘路愁風怨雨長是灑西湖

韓世忠

安危屬君立勤王志節比姻漢功勳臨機料敵存威信際會風雲似恁地盡忠勇匡君報本也消得坐都堂秉笏垂紳閑評論中興宰臣萬古揖清芬

悞國賊秦檜

官居極品欺天悞主賊士輕民把一場和議爲公論妒害功臣通賊虜懷姦誑君那些兒立朝堂仗義依仁英雄恨使飛雲幸存那裏有南北二朝分

張俊

謀淵略廣論兵用武立國安邦佐中興一代賢明將怎生來險幸如狠蓄禍心姦私放黨附權臣構陷忠良朝堂上把一箇精忠岳王屈死葬錢塘

一泰定甲子秋復聞前輩餘論四海之人皆稱父（去聲）母（爲姥音）廣韻父（扶雨切上聲）母（在有韻）婦（亦在有韻）卦（古賣切）與怪通副富（敷救切在有韻）道士呼爲討死之類猶平聲之所論也入聲以平聲次第調之互有可調之音且以開口陌以唐內盲至德以登五韻閉口緝以侵至乏以凡九韻逐一字調平上去入必須極力念之悉如今之搬演南宋戲文唱念聲腔攷自漢魏無製韻者按南北朝史南朝吳晉宋齊梁陳建都金陵齊史沈約字休文吳興人將平上去入製韻仕齊爲太子中令梁武時爲尚書僕射詳約製韻之意寧忍弱其本朝而以敵國中原之音爲正耶不取所都之內通言却以所生吳興之音蓋其地鄰東南海角閩浙之音無疑故有前病且六朝所都江淮之間緝至乏俱無閉口獨浙有也以此論之止可施於約之鄉里矣又以史言之約才如此齊爲史職梁爲大臣孰不行其聲韻也歷陳陳亡流入中原自隋至宋國有中原才爵如約者何限惜無有以辨約之韻乃閩浙之音而製中原之韻者嗚呼年年依樣畫葫蘆耳南宋都杭吳興與切鄰故其戲文如樂昌分鏡等類唱念呼吸皆如約韻昔陳之後庭花曲未必無此聲也總亡國之音奚足爲明世法惟我聖朝興自北方五十餘年言語之間必以中原之音爲正鼓舞歌頌治世之音始自太保劉公牧庵姚公疎齋盧公輩自成一家今之所編得非其意乎彼之沈約不忍弱者私意也且一方之語雖渠之南朝亦不可行況四海乎予生當混一之盛時恥爲亡國搬戲之呼吸以中原爲則而又取四海同音而編之實天下之公論也余曰晦庵有云世無魯連子千載徒悲傷信矣

樂府共三百三十五章　自軒轅制律一十七宮調今之所傳者一十有二

黃鐘二十四章

醉花陰　喜遷鶯　出隊子　刮地風　四門子
水仙子　寨兒令　神仗兒（亦作煞）　節節高
者刺古　願成雙　賀聖朝　紅錦袍（即紅衲襖）
晝夜樂　人月圓　綵樓春（即抛毬樂）　侍香金童
降黃龍衮　雙鳳翹（即女冠子）　傾盃序
文如錦　九條龍　興隆引　尾聲

正宮二十五章

端正好　衮繡毬（亦作子母調）　倘秀才（亦作子母調）
靈壽杖（即呆骨朵）　叨叨令　塞鴻秋　脫布衫
小梁州　醉太平　伴讀書（即村裏秀才）　笑和尚
白鶴子　雙鴛鴦　貨郎兒（入南呂轉調）　蠻姑兒
窮河西　芙蓉花　菩薩蠻　黑漆弩（即學士吟鸚鵡曲）
月照庭　六么遍（即柳梢青）　甘草子　三煞
啄木兒煞（亦入中呂）　煞尾

大石調二十一章

六國朝　歸塞北（即望江南）　上金錢（即初開口）
惡別離　鴈過南樓　催花樂（即擂鼓體）
淨瓶兒　念奴嬌　喜秋風　好觀音（亦作煞）
青杏子　蒙童兒（即憨郭郎）　還京樂　酴醾香
催拍子　陽關三疊　驀山溪　初生月兒
百字令　玉翼蟬煞　隨煞

小石調五章

青杏兒（即青杏子亦入大石調）　天上謠　惱煞人
伊州遍　尾聲

仙呂四十二章

端正好（楔兒） 賞花時 八聲甘州 點絳脣
混江龍 油葫蘆 天下樂 那吒令 鵲踏枝
寄生草 六幺序 醉中天 金盞兒（即醉金錢）
醉扶歸 憶王孫 一半兒 瑞鶴仙 憶帝京
村裏迓鼓 元和令 上馬嬌 遊四門
勝葫蘆 後庭花（亦作煞） 柳葉兒 青哥兒
翠裙腰 六幺令 上京馬 祆神急 大安樂
綠窗愁 穿窗月 四季花 鴈兒落 玉花秋
三番玉樓人（亦入越調） 錦橙梅 雙鴈子 太常引
柳外樓 賺煞尾

中呂三十二章

粉蝶兒 叫聲 醉春風 迎仙客 紅繡鞋（即朱履曲）
普天樂 醉高歌 喜春來（即陽春曲）
石榴花 鬭鵪鶉 上小樓 滿庭芳 十二月
堯民歌 快活三 鮑老兒 古鮑老 紅芍藥
剔銀燈 蔓菁菜 柳青娘 道和 朝天子（即謁金門）
四邊靜 齊天樂 紅衫兒 蘇武持節（即山坡羊）
賣花聲（即昇平樂 亦作煞） 四換頭
攤破喜春來 喬捉蛇 煞尾

南呂二十一章

一枝花（即占春魁） 梁州第七 隔尾
牧羊關 菩薩梁州 元鶴鳴（即哭皇天）
烏夜啼 罵玉郎 感皇恩 採茶歌（即楚江秋）
賀新郎 梧桐樹 紅芍藥 四塊玉 草池春（即鬭蝦蟆）
鵪鶉兒 閱金經（即金字經） 翠盤秋（亦入中呂 即乾荷葉）
玉交枝 煞 黃鍾尾

雙調一百章

新水令 駐馬聽 喬牌兒 沉醉東風
步步嬌（即潘妃曲） 夜行船 銀漢浮槎（即喬木查）
慶宣和 五供養 月上海棠 慶東原
撥不斷（即續斷絃） 攪箏琶 落梅風（即壽陽曲）
風入松 萬花方三臺 鴈兒落（即平沙落鴈）
德勝令（即陣陣贏 凱歌回） 水仙子（即凌波仙 湘妃怨 馮夷曲）
大德歌 鎮江迴 殿前歡（即小婦孩兒 鳳將雛） 滴滴金（即甜水令）
折桂令（即秋風第一枝 天香引 蟾宮曲 步蟾宮） 清江引
春閨怨 牡丹春 漢江秋（即荊襄怨） 小將軍
慶豐年 太清歌 小陽關 搗練子（即胡搗練）
秋蓮曲 掛玉鉤序 荊山玉（即側磚兒）
竹枝歌 沽美酒（即瓊林宴） 太平令 快活三
亂柳葉 豆葉黃 川撥棹 七弟兒 梅花酒
收江南 掛玉鉤（即掛搭沽） 早鄉詞 石竹子
山石榴 醉娘子（即醉也摩挲） 駙馬還朝（即相公愛）
胡十八 一錠銀 阿納忽 小拜門（即不拜門）
慢金盞（即金盞兒） 大拜門 也不羅（即野落索）
小喜人心 風流體 古都白 唐元夕
河西水仙子 華嚴讚 行香子 錦上花
碧玉簫 祆神急 驟雨打新荷 駐馬聽
金娥神曲 神曲纏 德勝樂 大德樂
楚天遙 天仙令 新時令 阿忽令 山丹花
十棒鼓 殿前喜 播海令 大喜人心
醉東風 間金四塊玉 減字木蘭兒
高過金盞兒 對玉環 青玉案
魚遊春水 秋江送 枳郎兒
河西六娘子 皂旗兒 本調煞 鴛鴦煞
離亭宴帶歇指煞 收尾 離亭宴煞

越調三十五章

鬭鵪鶉 紫花兒序 金蕉葉 小桃紅
踏陣馬 天淨紗 調笑令（即含笑花） 禿廝兒（即小沙門）
聖藥王 麻郎兒 東原樂 絡絲娘
送遠行 綿答絮 拙魯速 雪裏梅 古竹馬
鄆州春 眉兒彎 酒旗兒 青山口 寨兒令（即柳營曲）
黃薔薇 慶元貞 三臺印（即鬼三台）
凭闌人 耍三台 梅花引 看花回 南鄉子
糖多令 雪中梅 小絡絲娘 煞
尾聲

商調十六章

集賢賓 逍遙樂 上京馬 梧葉兒（即知秋令）
金菊香 醋葫蘆 掛金索 浪來裏（亦作煞）
雙鴈兒 望遠行 鳳鸞吟 玉胞肚（亦入雙調）
秦樓月 桃花浪 高平煞 尾聲

商角調六章

黃鶯兒 踏莎行 蓋天旗 垂絲釣 應天長
尾聲

般涉調八章

哨遍 臉兒紅（即麻婆子） 牆頭花 瑤臺月
急曲子（即促拍令） 耍孩兒（即魔合羅） 煞
尾聲（與中呂煞尾同）

名同音律不同者一十六章

黃鍾（水仙子） 雙調（水仙子） 黃鍾（寨兒令）
越調（寨兒令） 仙呂（端正好） 正宮（端正好）

仙呂賺神急　雙調賺神急　仙呂上京馬
商調上京馬　中呂鬭鵪鶉　越調鬭鵪鶉
中呂紅芍藥　南呂紅芍藥　中呂醉春風
越調醉春風

句字不拘可以增損者一十四章

正宮
端正好　貨郎兒　煞尾
仙呂
混江龍　後庭花　青哥兒
南呂
草池春　鵪鶉兒　黃鍾尾
中呂
道和
雙調
新水令　折桂令　梅花酒　尾聲

大凡聲音各應於律呂分於六宮十一調共計十七宮調

仙呂調清新綿邈　南呂宮感嘆傷悲
中呂宮高下閃賺　黃鍾宮富貴纏綿
正宮惆悵雄壯　道宮飄逸清幽
大石風流醞藉　小石旖旎嫵媚
高平條暢滉漾　般涉拾掇坑塹
歇指急併虛歇　商角悲傷宛轉
雙調健捷激裊　商調悽愴怨慕
角調嗚咽悠揚　宮調典雅沉重
越調陶寫冷笑

有子母調有字多聲少有聲多字少所謂一串驪珠也

凡作樂府古人云有文章者謂之樂府如無文飾者謂之俚歌不可與樂府共論也又云作樂府切忌有傷於音律且如女眞風流體等樂章皆以女眞人音聲歌之雖字有舛訛不傷於音律者不爲害也大抵先要明腔後要識譜審其音而作之庶無劣調之失而知韻造語用事用字之法名人詞調可爲式者幷列於後

一作詞十法

知韻無入聲止有平上去三聲

平聲有陰有陽入聲作平聲俱屬陽

上聲無陰無陽入聲作上聲亦然

去聲無陰無陽入聲作去聲亦然

造語

可作　樂府語　經史語　天下通語　未造其語先立其意語意俱高爲上短章辭既簡意欲盡長篇要腰腹飽滿首尾相救造語必俊用字必熟太文則迂不文則俗文而不文俗而不俗要聳觀又聳聽格調高音律好襯字無平仄穩

不可作　俗語　蠻語　謔語　嗑語　市語　方語各處鄉語也　書生語書之紙上詳解方曉歌則莫知所云　譏誚語諷刺古有之不可直述託一景託一物可也　全句語

短章樂府務頭上不可多用全句還是自立一家言語爲上全句語者惟傳奇中務頭上用此法耳

拘肆語　不必要上紙但只要好聽俗語謔語市語皆可前輩云街市小令唱尖新茜意成文章曰樂府是也樂府小令兩途樂府語可入小令小令語不可入樂府

張打油語　吉安龍泉縣水滸米倉有于志能號無心者欲縣官刋塞其卩作水仙子示人自謂得意末句云早難道水米無交觀其全集自名之曰樂府悉皆此類士大夫評之曰此乃張打油乞化出門語也敢曰樂府作者當以爲戒

雙聲疊韻語　如故國觀光君未歸是也夫樂府貴在音律瀏亮何乃反入艱難之鄉此體不可無亦不可專意作而歌之但可拘肆中白念耳

六字三韻語　前輩周公攝政傳奇太平令云卩來豁開兩腮西廂記麻郎么云忽聽一聲猛驚本宮始終不同韻腳俱用平聲若雜一上聲便屬第二著皆於務頭上使近有折桂令皆二字一韻不分務頭亦不能喝采全淳則已若不淳則句句急口令矣所謂畫虎不成反類犬也殊不知前輩止於全篇中務頭上使以別精粗如衆星中顯一月之孤明也可與識者道

語病　如達不著主母機有答之曰燒公鴨亦可似此之類切忌

語澀　句生硬而平仄不好

語粗　無細膩俊美之言

語嫩　謂其言太弱既庸且腐又不切當鄙猥小家而無大氣象也

用事

明事隱使隱事明使

用字

切不可用　生硬字　太文字　太字俗

襯貼字套數中可摘爲樂府者能幾每調多則無十二三句每句七字而止却用襯字加倍則刺眼矣倘有人作出協音俊語無此節病我不及矣緊戒勿言妄亂板行塞鴻秋末句本七字有云今日箇病懨懨剛寫下兩箇相思字却十四字矣此何等句法而又託名於時賢没興遭此誚謗無爲雪冤者已辨於序

入聲作平聲施於句中不可不謹皆不能正其音

澤國江山入戰圖第一澤字無害

紅白花開煙雨中第二白字

瘦馬獨行眞可哀第三獨字若施於仄仄平平仄仄平平之句則可施於他調皆不可

人生七十古來稀第四十字

點溪荷葉疊青錢第五疊字

劉項元來不讀書第六讀字

鳳凰不共鷄爭食第七食字

陰陽

用陰字法　點絳脣首句韻脚必用陰字試以天地元黄爲句歌之則歌黄字爲荒字非也若以宇宙洪荒爲句協矣蓋荒字屬陰黄字屬陽也

用陽字法　寄生草末句七字内第五字必用陽字以歸來飽飯黄昏後爲句歌之協矣若以黄昏後歌之則歌昏字爲渾字非也蓋黄字屬陽昏字屬陰也

務頭

要知某調某句某字是務頭可施俊語於其上後註於定格各調内

對耦

逢雙必對自然之理人皆知之

扇面對

調笑令第四句對第六句第五句對第七句

駐馬聽起四句是也

重疊對

鬼三臺第一句對第二句第四句對第五句第一第二第三句却對第四第五第六句是也

救尾對

紅繡鞋第四句第五句第六句爲三對

寨兒令第九句第十句第十一句爲三對

二調若是末句稍弱即以此法救之

末句

詩頭曲尾是也如得好句其句意盡可爲末句前輩已有某調末句是平煞某調末句是上煞某調末句是去煞照依後項用之夫平仄者平者平聲仄者上去聲也後云上者必要上去者必要去上者必要上去去上者必要去上仄仄者上去去上皆可上上去去若得廻避尤妙若是造句且熟亦無害

去上去平屬第二著切不可上平

慶宣和

仄平平

鳫兒落　漢東山

平去平平去上屬第三著

山坡羊　四塊玉

仄仄平平

折桂令　水仙子　殿前歡　喬木查　普天樂

平平去上

醉太平

仄仄仄平平

金盞兒　賀新郎　喜春來　滿庭芳　小桃紅

寨兒令　小梁州　賞花時

平平上去平　仄平平去平亦可

呆古朵　牧羊關　德勝令

仄平平去平

喬牌兒

上平平去平

凭闌人

仄平平去上

紅繡鞋　黄鍾尾

仄仄平平去上聲屬第二著

醉扶歸　迎仙客　朝天子　快活三　四換頭

慶東原　笑和尚　白鶴子　堯民歌　碧玉簫

端正好　步步嬌

仄仄仄平平

新水令　胡十八

平平去平上

越調尾　離亭宴帶歇指煞

平平仄仄平平

天淨沙　醉中天　調笑令　風入松　祆神急

仄平平仄平平去

落梅風　上小樓　夜行船　掇不斷　賣花聲

平仄仄平平平去

太平令

平仄仄平平去上去平屬第二著

村裏迓鼓　醉高歌　梧葉兒　沉醉東風

願成雙　金蕉葉

平平仄仄仄平平

賺煞尾聲　採茶歌

平平仄平平去平

攪箏琶

平去仄平平去上

江兒水

平平仄仄平平去 上聲屬第二著

寄生草　塞鴻秋　駐馬聽

仄仄平平去平上

正宮中呂雙調尾聲

定格四十首

仙呂

寄生草 飲

長醉後方何礙不醒時有甚思糟醃兩箇功名字醅渰千古興亡事麯埋萬丈虹蜺志不達時皆笑屈原非但知音盡說陶潛是

評曰命意造語下字俱好最是陶字屬陽協音若以淵明字則淵字唱作元字蓋淵字屬陰有甚二字上去聲盡說二字去上聲更妙虹蜺志陶潛是務頭也

醉中天

疑是楊妃在怎脫馬嵬災曾與明皇捧硯來美臉風流殺叵奈揮毫李白覷著嬌態灑松烟點破桃腮

評曰體詠最難音律調暢捧硯點破俱是上去聲妙第四句末句是務頭

醉扶歸 禿指甲

十指如枯筍和袖捧金樽搊殺銀箏字不眞揉痒天生鈍縱有相思淚痕索把拳頭揾

評曰筍字若得去聲字好字不二字去上聲便不及前詞音律餘無疵第四句末句是務頭

鴈兒落

洞賓出世超凡本有神仙分一抹條九陽巾君人眞人

評曰此調極罕伯牙琴也妙在君字屬陰

一半兒 春粧

自將楊柳品題人笑撚花枝比較春輸與海棠三四分再偷勻一半兒胭脂一半兒粉

評曰一樣八首臨川陳克明所作俊詞也此調作者雖衆音律獨先

金盞兒 岳陽樓

據胡牀對瀟湘黃鶴送酒仙人唱主人無量醉何妨若捲簾邀皓月勝開宴出紅粧但一尊留墨客是兩處夢黃粱

評曰此是岳陽樓頭摺中詞也妙在七字黃鶴送酒仙人唱俊語也况酒字上聲以轉其音務頭在其上有不識文義以送爲齋送之義言黃鶴豈能送酒乎改爲對舞殊不知黃鶴事仙人用橘皮畫鶴一隻以報酒家客飲撫掌則所畫黃鶴舞以送酒初無雙鶴豈能對舞且失飲酒之意送者吳姬壓酒之謂甚矣俗士不可醫也

中呂

迎仙客 登樓

雕簷紅日低畫棟彩雲飛十二玉闌天外倚望中原思故國感慨傷悲一片鄉心碎

評曰妙在倚字上聲起音一篇之中唱此一字况務頭在其上原思字屬陰感慨上去尤妙迎仙客累百無此調也美哉德輝之才名不虛傳

朝天子 廬山

早霞晚霞糚點廬山畫仙翁何處煉丹砂一縷白雲下客去齋餘人來茶罷歎浮生指落花楚家漢家做了漁樵話

紅繡鞋 隱士

歎孔子嘗聞俎豆羨嚴陵不事王侯百尺雲帆洞庭秋醉呼元亮酒懶上仲宣樓功名不挂口

評曰二詞對偶音律語句平仄俱好前詞務頭在人字後詞妙在口字上聲務頭在其上知音傑作也

普天樂 別友

浙江秋吳山夜愁隨潮去恨與山壘鴻鴈來芙蓉謝冷雨青燈讀書舍怕離別又早離別今宵醉也明朝去也留戀些些

評曰妙在芙字屬陽取務頭造語音律對偶平仄皆好看他用壘字與別字俱是入聲作平聲字下得妥貼可敬冷雨二字去上爲上平上上上上去次之去去屬下著讀書舍方是別友也又第八句是務頭也字上聲妙

喜春來 思春

閑花醞釀蜂兒蜜細雨調和燕子泥綠窻蝶夢覺來遲誰喚起簾外曉鶯啼

評曰調字遲字俱屬陽妙蜜字去聲好切不可上聲但要喚字去聲起字平上皆可

滿庭芳 春晚

知音到此舞雩點也修禊義之海棠春已無多事雨洗胭脂誰感慨蘭亭古紙自沉吟桃扇新詞急管催銀字哀絃玉指忙過賞花時

評曰此一詞但取其平仄庶幾若此字是平聲屬第二著喜義字屬陰妙可惜第四第五句上下失粘妙在紙字上聲起音扇字去聲取務頭若是紙字平聲屬第二著扇字上聲止可作折桂令中一對多了急管二字不成調得一意結之方好吁今之樂府難而又難入格之詞不多見也

十二月堯民歌 別情

自別後遙山隱隱更那堪遠水粼粼見楊柳飛綿衮衮對桃花醉臉醺醺透內閣香風陣陣掩重門暮雨紛紛怕黃昏不覺又黃昏不銷魂怎地不銷魂新啼痕壓舊啼痕斷腸人憶斷腸人今春香肌瘦幾分摟帶寬三寸

評曰對偶音律平仄語句皆妙務頭在後詞起句

四邊靜 西廂

今宵歡慶軟弱鶯鶯可曾慣經款款輕輕燈下交鴛頸端詳著可憎好殺無乾淨

評曰務頭在第二句及尾可曾俊語也

醉高歌 感懷

十年燕市歌聲幾點吳霜鬢影西風吹老鱸魚興晚節桑榆暮景

評曰妙在點節二字上聲起音務頭在第二句及尾

南呂

四塊玉

買笑金纏頭錦得遇知音可人心怕逢狂客天生沁紐死鶴劈碎琴不害磣

評曰纏字屬陽妙對偶音調俱好詞也可宗務頭在第二句及尾

罵玉郎　感皇恩　採茶歌 得書

長江有盡思無盡空目斷楚天雲人來得紙真實信親手開隨意讀從頭認織錦回文帶草連真意誠實心想念話慇懃佳期未准愁黛長顰怨青春捱白晝怕黃昏敘寒溫問緣因斷腸人憶斷腸人錦字香粘新淚粉彩箋紅漬舊啼痕

評曰音律對偶平仄俱好妙在長字屬陽紙字上聲起音務頭在上及感皇恩起句至斷腸句上

正宮

醉太平 感懷

人皆嫌命窘誰不見錢親水晶丸入麪糊盆纔粘拈便袞文章糊了盛錢囤門庭改做迷魂陣清廉貶入睡餛飩葫蘆提倒穩

評曰窘字若平屬第二著平仄好務頭在三對末句收之

塞鴻秋 春怨

腕冰消鬆却黃金釧粉脂殘淡了芙蓉面紫霜毫蘸濕端溪硯斷腸詞寫在桃花扇風輕柳絮天月冷梨花院恨鴛鴦不鎖黃金殿

評曰音律瀏亮貴在却濕二字上聲音從上轉取務頭也韻脚若用上聲屬下著切不可以傳奇中全句比之若得天字屬陽更妙在字上聲尤佳

商調

山坡羊 春睡

雲鬆螺髻香溫鴛被掩春閨一覺傷春睡柳花飛小瓊姬一片聲雪下呈祥瑞把團圓夢兒生喚起誰不做美呸却是你

評曰意度平仄俱好止欠對耳務頭在第七句至尾

梧葉兒 別情

別離易相見難何處鎖雕鞍春將去人未還這其間殃及殺愁眉淚眼

評曰如此方是樂府音如破竹語盡意盡冠絕諸詞妙在這其間三字承上接下了無瑕玼殃及殺三字俊哉語也有言六句俱對非調也殊不知第六句止用三字歌至此音促急欲過聲以聽末句不可加也兼三字是務頭字有顯對展才之調眼字上聲尤妙平聲屬第二著

越調

天淨沙 秋思

枯藤老樹昏鴉小橋流水人家古道西風瘦馬夕陽西下斷腸人在天涯

評曰前三對更瘦馬二字去上聲極妙秋思之祖也

小桃紅 情

斷腸人寄斷腸詞詞寫心間事事到頭來不由自尋思思量往日真誠志志誠是有有情誰似俺那人兒

評曰頂真妙且音律諧和

凭闌人 章臺行
花陣贏輸隨鏝生桃扇炎涼逐世情雙郎空藏瓶小卿一塊冰
評曰陣有贏輸扇有炎涼俊語也妙在小字上聲務頭在上鏝世二字去聲皆妙
寨兒令 漁夫
煙艇閑雨蓑乾漁翁醉醒江上還啼鳥關關流水潺潺樂似富春山數聲柔櫓江灣一鉤香餌波寒回頭觀兔魄失憶放魚竿看流下蓼花灘
評曰緊要在兔魄二字去上取音且看字屬陰妙還字平聲好若上聲紐屬下下著
雙調
沉醉東風 漁夫
黃蘆岸白蘋渡口綠楊堤紅蓼灘頭雖無刎頸交却有忘機友點秋江白鷺沙鷗傲殺人間萬戶侯不識字煙波釣叟
評曰妙在楊字屬陽以起其音取務頭殺字上聲以轉其音至下戶字去聲以承其音緊在此一句承上接下末句收之刎頸二字若得上去聲尤妙萬字若得上聲更好
落梅風 切鱠
金刀利錦鯉肥更那堪玉葱纖細若得醋來風韻美試嘗著這生滋味
評曰第三句承上二句第四句承上三句生末句緊要美字上聲爲妙以起其音切不可平聲錦鯉二字若得上去聲尤妙
撥不斷 隱居
利名竭是非絕紅塵不向門前惹綠樹偏宜屋角遮青山正補牆頭缺竹籬茅舍
評曰務頭在三對急以尾收之
水仙子 夜雨
一聲梧葉一聲秋一點芭蕉一點愁三更歸夢三更後落燈花棋未收嘆新豐逆旅淹留枕上十年事江南二老憂都在心頭
評曰賦者甚多但第二句第五字第六字及棋未二字并二老二字但得上去爲上平去次之平上下下著惜哉此詞語好而平仄不稱也
慶東原 奇遇
參旗動斗柄挪爲多情攬下風流禍眉攢翠蛾裙拖絳羅襪冷凌波耽驚怕萬千般得受用些兒箇
評曰冷字上聲妙務頭在上轉急以對收斗柄二字上去妙落梅風得此起二句平仄尤妙
鴈兒落 德勝令 指甲摘
宜將鬬草尋宜把花枝浸宜將繡線勻宜把金針紝宜操七絃琴宜結兩同心宜託香腮邊玉宜圈鞋上金難禁得一掐通身沁知是治相思十箇針
評曰俊詞也平仄對偶音律皆妙務頭在德勝令起句頭字要屬陽及在中一對後必要扇面對方好
殿前歡 醉歸來
醉歸來入門下馬笑盈腮笙歌接至珠簾外夜宴重開十年前一秀才黃虀菜打熬做文章伯江湖氣槩風月情懷
評曰妙在馬字上聲笑字去聲一字上聲秀字去聲歌至才字音促黃字急接且要陽字好氣槩二字若得去上尤妙三對者非也自有三對之調伯字若得去聲尤妙
慶宣和 五柳莊
五柳莊前陶令宅大似彭澤無限黃花有誰戴去來去來
評曰妙在彭字屬陽僅二十二字愈字少愈難作五字絕句法也佳詞與鴈兒同意
賣花聲 香茶
細研片腦梅花粉新剝珍珠豆蔻仁依方修合鳳團春醉魂清爽舌尖香嫩這孩兒那些風韻
評曰俊詞也務頭在對起及尾
清江引 九日
蕭蕭五株門外柳屈指重陽又霜清紫蟹肥露冷黃花瘦白衣不來琴當酒
評曰柳酒二字上聲極是切不可作平聲會有人用拍拍滿懷都是春語固俊矣然歌爲都是蠢甚遺譏誚若用之於攪箏琶以四字承之有何不可第三句切不可作仄仄平平屬下著
折桂令 金山寺
長江浩浩西來水面雲山山上樓臺山水相連樓臺上下天地安排詩句就雲山失色酒杯寬天地忘懷醉眼睜開回首蓬萊一半雲遮一半煙埋
評曰此詞稱賞者衆妙在色字上聲以起其意平聲便屬第二著平聲若是陽字僅可若是陰字愈無用矣歌者每歌天地安排爲天巧安排失色字爲用色取其便於音而好唱也改此平仄極是然

前引雲山天地後説雲山失色天地忘懷若此則
損其意失其對矣安排上天地二字若得去上爲
上上去次之餘無用矣蓋務頭在上失色字若得
上去爲上餘者風斯下矣若全句是平平上上歌
者不能改矣嗚呼前輩尚有此失後學可不究乎

套數　雙調 秋思

夜行船

百歲光陰如夢蝶重回首往事堪嗟昨日春來今朝
花謝急罰盞夜闌燈滅

喬木查

秦宮漢闕都做了衰草牛羊野不恁漁樵無話説縱
荒墳横斷碑不辨龍蛇

慶宣和

投至狐蹤與兔穴多少豪傑鼎足三分半腰折魏耶
晉耶

落梅風

天教富莫太奢無多時好天良夜看錢奴硬將心似
鐵空辜負錦堂風月

風入松

眼前紅日又西斜疾似下坡車曉來清鏡添白雪上
牀和鞋履相别莫笑鳩巢計拙葫蘆提一恁糊呆

離亭宴歇 指雙鴛鴦欲尾聲

蛩吟一覺纔寧貼鷄鳴萬事無休歇爭名利何年是
徹密匝匝蟻排兵亂紛紛蜂釀蜜鬧穰穰蠅爭血裴
公綠野堂陶令白蓮社愛秋來那些和露摘黄花帶
霜烹紫蟹煮酒燒紅葉人生有限杯幾箇登高節囑
付俺頑童記者便北海探吾來道東籬醉了也

評曰此詞迺東籬馬致遠先生所作也此方是樂
府不重韻無襯字韻險語俊諺曰百中無一余曰
萬中無一看他用蝶穴傑别竭絶字是入聲作平
聲闕説鐵雪拙缺貼歇徹血節字是入聲作上聲
滅月葉是入聲作去聲無一字不妥後輩學法

卓從之《中州樂府音韻類編》

卓從之《中州樂府音韻類編》説明

常熟瞿氏鐵琴銅劍樓藏元人楊朝英編《朝野新聲太平樂府》卷首收有元人楊朝英所編《中州樂府音韻類編》一卷。據《鐵琴銅劍樓藏書目錄》（瞿鏞編纂、瞿果行標點、瞿鳳起覆校，上海古籍出版社2000年版）："《（朝野新聲）太平樂府》，九卷，明活字本。明萬曆間擺（按，擺字，疑誤）印，即楊氏所編者。卷首冠以燕山卓從之《中州樂府音韻類編》一卷。邑人孫唐卿所藏，以元刻本校過並跋。卷首有'虞山錢曾遵王藏書'、'孫唐卿氏'二朱印。"其他各版本的《朝野新聲太平樂府》皆不見《中州樂府音韻類編》。

瞿氏藏《朝野新聲太平樂府》書前巴西鄧子晉序稱"且以燕山卓氏《北腔韻類》冠之"，看來這書又稱為《北腔韻類》。燕山卓從之生平無所考，但是楊氏書刊於1351年（元至正辛卯）是明確的。那麼，《中州樂府音韻類編》應當在1351年之前問世。《續修四庫全書》第1739册所收《朝野新聲太平樂府》亦是瞿氏藏本。陸志韋、廖珣英編校《中原音韻》（中華書局1964年版）所附本也是根據瞿藏本的，並做了修版，把原書的前半頁去除，並抹去了黑斑塊。下圖一為原刊書影，圖二為陸廖編校書影。

有關《中州樂府音韻類編》與《中原音韻》關係可參張玉來《中原音韻的著作權問題》（《浙江大學學報》2011年第5期）和《〈中原音韻〉史實研究辯證》（載《行走在語言與哲學之間——慶祝李開先生八十壽誕學術論文集》，鳳凰出版社2022年版）。

編選《朝野新聲太平樂府》的楊朝英，號淡齋，青城人，生平事蹟不詳。元代以青城為縣名者有二：山東、四川。楊氏到底是山東人還是四川人待考定。明人王世貞在《曲藻》裏批評楊氏的散曲說："蓋楊本蜀人，故多川調，不甚諧南北本腔也。"從楊氏請巴西鄧子晉為其所編《朝野新聲太平樂府》作序推測，楊氏為四川人的可能性比較高。該書與《中原音韻》同出一源，是《中原音韻》編纂時的重要參考文獻，應算作《中原音韻》系統，它在校訂《中原音韻》的小韻和韻字方面具有重要的參考價值。

瞿氏藏《朝野新聲太平樂府》所收《中州樂府音韻類編》印製粗糙，漫漶不清、錯訛、異體字、簡體字觸目皆是，韻譜內小韻間牽合不清之處甚多。

校訂過該書的有如下幾家，可供參考。

一、盧前校訂本。

盧前（1905—1951），江蘇南京人，原名正紳，字冀野，自號飲虹、小疏，戲曲史家。盧前所校本收入商務印書館 1936 年出版的《萬有文庫》第二集和 1939 年出版的《國學基本叢書》。另外，1955 年文學古籍刊行社出版由其校勘的《朝野新聲太平樂府》也收有該書。

盧校花費氣力甚多，但從其校勘中可見，盧氏缺乏必要的音韻知識，對小韻間的錯誤不能把握，對前後聯出的小韻不知如何處理。故此，該校本除文字校勘可以參證外，其他不足為據。

二、隋樹森校訂本。

隋樹森（1906—1989），字育楠，山東省招遠縣東良村人，元曲研究專家。中華書局 1958 年出版隋樹森校勘的《朝野新聲太平樂府》，內有其校勘過的《中州樂府音韻類編》。

隋校比盧校在小韻的處理上稍優，文字校勘也有出盧校之上者，但整體看，該校本不明各小韻間的音韻關係，不能正確分辨前後聯出的小韻。

三、陸志韋、廖珣英校訂本。

中華書局 1978 年出版的訥菴本《中原音韻》後附瞿氏藏《中州樂府音韻類編》，陸志韋、廖珣英寫有校語。

陸、廖二位係音韻學名家，故該校本對大多數前後聯出小韻的分合都作了比較精確的處理，所作文字校勘也大都言之有據，可從者甚多。

本《叢刊》所據本為《續修四庫全書》第 1739 冊所收瞿氏《朝野新聲太平樂府》本。

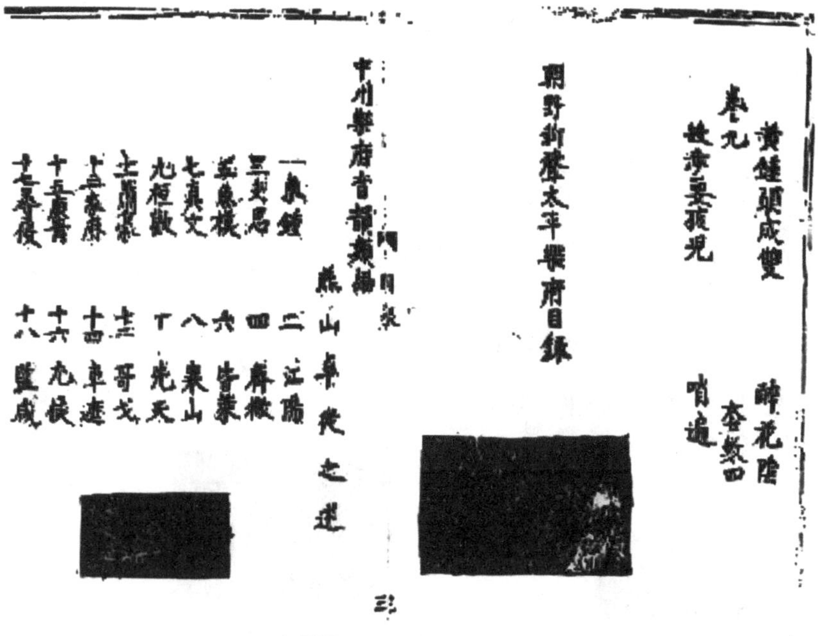
朝野新聲太平樂府目錄
中州樂府音韻類編
燕山卓從之述
一東鐘 二江陽
三支思 四齊微
五魚模 六皆來
七真文 八寒山
九桓歡 十先天
十一蕭豪 十二哥戈
十三家麻 十四車遮
十五庚青 十六尤侯
十七侵尋 十八監咸

圖一　瞿藏元刊書影

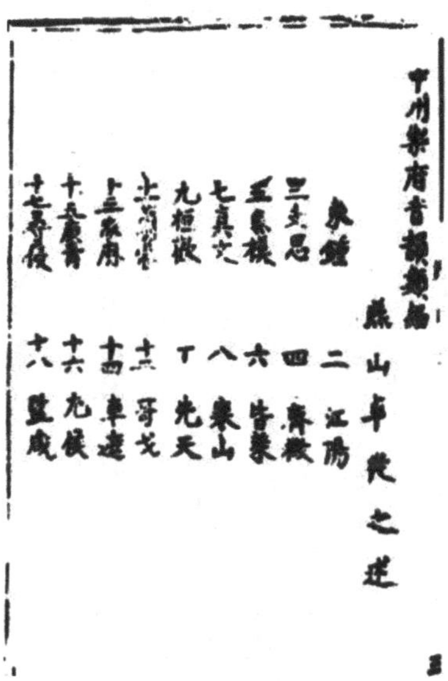
中州樂府音韻類編
燕山卓從之述
東鐘 二江陽
三支思 四齊微
五魚模 六皆來
七真文 八寒山
九桓歡 十先天
十一蕭豪 十二哥戈
十三家麻 十四車遮
十五庚青 十六尤侯
十七侵尋 十八監咸

圖二　陸廖編校本書影

黄鍾顛成雙　醉花陰

叄九　套數四

般涉耍孩兒　哨遍

朝野新聲太平樂府目錄

中州樂府音韻類編　目錄

燕山卓從之述

三

海宁盛治朔南同聲中州小樂府今之學詞者
輒用其調音歌者即按其聲然或押韻未諧其
出入變換調音未合其平亥轉切此燕山卓氏韻編
所以作也是用家刊予樂府之前庶使作者歌者
皆有所本而識音韻之音合律度之正雖引商刻
羽雜以流徵之曲亦當有取於斯焉

一東鍾

平聲陰　東冬　中衷忠終鍾鐘　松嵩　公躬攻功
工蚣攻宮供肱觥上三字叔　空悾　翁泓上二字　宗椶騣　鬆忪
蹤縱　崩繃上二字叔　烘戎茸　龍隴癃　恭濛
陽平　膿農儂　濃醲穠從
籠朧聾嚨櫳瓏上三字叔
陽　同童銅桐峒筒瞳潼蓼　冲充衝　重蟲鋪
崇上二　容融溶庸墉鎔蓉榮上二字叔　胸凶兇上字叔
風楓豐封峯鋒蜂烽　馮逢縫　烘轟薨轟上二字叔　紅烘虹
鴻宏紘嶸橫弘上四字叔　葱怱匆聰驄　叢蓬篷烝彭硼鵬上四字叔
上聲　董懂　孔恐　懵蠓猛艋蜢上三字叔　桶統　總　汞嗊
捧　寵　篢　隴壠　腫踵種　冗擁勇甬踴永上一字叔
聳　噥
去聲　送宋　鳳奉縫　貢共供　弄哢　㧛
凍蝀洞動　控空鞚　訟頌誦　竃蹿　痛慟　衆
重中種仲　夢孟　用詠瑩上二字叔　綜　糉從糉　迸　横

二江陽
平聲陰 姜江釭薑殭韁 邦梆幫 雙霜孀鷞 章
樟張障彰麞 商傷殤觴 漿將 莊粧椿
椿 岡剛鋼綱亢杠釭扛舡 康糠光胱 當璫
腔恇滄㢡尨卬芒笀 良涼量糧梁粱 穰瓤瀼 忘
亡娘卬狼榔廊琅 航杭抗頏 囊 昂 陰陽 隱磨
床幢撞淙 香鄉 降 鎊霶 傍旁 逄
腔 強 忕 央泱秧 陽揚颺羊徉楊洋佯 方芳枋芳妨
房防 昌菖娼閶 長腸場 常嘗裳償嫦 湯 唐 塘
堂棠糖 湘廂箱襄廂 詳祥翔 槍鏘 牆檣薔墻
匡筐眶 狂汪王 倉蒼 藏 荒肓 黃皇篁
簧湟凰惶遑 上聲 講港 養癢鞅 槳獎蔣
兩魎 強 搶 想 鯗 掌長 爽 響嚮享饗養
敞氅昶 壤攘 賞 倣 舫 罔 網輞 枉往顙
磉嗓 榜綁鎊 倘帑 黨 莽蟒 朗 謊晃
仰 去聲 絳降虹洚糨強 喪 胖 象相像 恙
煬漾樣怏 亮量緉輛狀狀壯 戇 上尚餉 讓 悵脹
漲仗杖障嶂瘴 巷向項 匠將醬 唱暢悵倡
創剏 搶 望忘妄 誑旺 放訪盎宕鬯 浪 行 葬
謗傍 當蕩 亢炕抗 擴曠

三支思
平聲陰 支巵梔枝肢氏胭楮之芝脂 髭貲茈觜茲
孜滋緇資咨姿粢 差眵媸嗤 陽 兒而洏
慈鶿磁茲鷀瓷餈茨 疵玼茈施詩師獅螄尸著 時塒 上聲 雌
匙 斯廝澌鷥颸司私思緦偲 詞祠辭辤 上聲 紙
旨指止沚趾 址芷 邇爾耳餌 此玼跐 史駛弛豕矢始
屎使 子紫姊梓死 齒 入聲作上聲 塞澁瑟 去聲
是氏市柿恃士仕使示謚蒔侍事施嗜豉試視 似兕柹
姒巳祀飼笥泗涘俟寺食笥思四肆泗駟 次刺 字漬牸
自恣胔 翅 廁 志至誌 二貳餌

四齊微
平聲陰 機幾磯肌飢雞稽笄箕基璣姬譏 歸圭龜
閨規 低堤羝 西犀嘶 杯悲卑碑陂 箆 追騅錐知
陽 微薇 犁黎梨藜蠡黧離籬罹鸝璃狸蜊 迷泥
尼鬻 梅枚媒煤醾眉湄糜麋 雷礨櫑羸 隋隨
誰 陰陽 妻凄萋棲 齊臍 圭 揮徽暉輝 回徊 威
隈偎煨 圍幃闈違爲危嵬巍桅維惟遺 非飛扉緋
霏妃菲 肥淝 溪欺 奇祈期旗其棊畿騎琦 希稀醯
犧羲 衣依醫伊 鷖 奚兮攜畦 移姨沂蚚霓倪鯢
麥宜儀夷痍疑怡嶷頤 梯啼 提題蹄荑 吹炊推
錐垂陲 陪坯丕 裴陪培皮 嵬虧窺 葵馗夔逵
笞螭凝 池遲馳篪擇 椎 頹隤 崔催衰摧 紕批脾
疫 入聲作平聲 陽 十什石射食蝕拾 直姪秩值擲
疾嫉蒺集寂 夕席習襲 荻狄敵笛糴 及極 截 逼

鼻　上聲　尾亹　猗扆倚椅蟻矣以苡
蟣幾己几麂　鬼簋　悔賄毀燬　禮蠡俚鯉娌邐里理李裏
濟擠　體　底邸　洗璽徙蓰　起啓杞　米弭　髮洗　彼
姊秭　嘴觜　累壘儡蕾　腿　怎　觜水　耻　髓
入聲作上聲　質隻炙織　隲執汁　七戚漆刺　匹劈僻
劈　吉擊激棘汲戟急級給　失室識適拭飾軾濕釋奭
即積稷績跡脊鯽　必畢蹕碧璧壁　昔惜息錫淅
乞訖吃劾的　的菂嫡滴　德得　國　筆北　黑　滌
刖躑　隙　吸翕歙覡　乞泣　去聲作上聲　悔賄
未味　胃渭謂猬蝟尉慰畏衛餵　貴跪桂檜儈膾繪襘
吠廢肺　會繪　翠脆　異肄義議藝易驛
意薏　氣器棄　霽濟祭際　替剃涕帝地第悌遞
婿壻　背貝輩悖倍焙偝　吏利蒞麗隸例礪癘
砌契　細　罪最　對隊碓兌　計記寄芰繼妓忌季
繫閉蔽　謎　銳睿　稅說蛻　退蛻　歲碎粹祟
墜贅綴　制置滯彘稚智　世勢逝誓　淚累纇類
類　昧妹寐媚　費沸　配佩　內　入聲作去聲　日入
劑　墨　立粒笠曆瀝櫪歷　力栗　逸
溢　易　益鷁譯　液
翼勑

五　魚模

平聲　陰　居車駒拘俱　諸猪朱株蛛誅珠　蘇酥甦
麤粗蔍　烏洿鳴污杇　枯刳　疽沮雎　孤姑辜鴣沽菰觚酤
都闍　租　陽　廬閭驢　如儒濡襦嚅　無蕪巫　模謨謀摹徒
屠徒途涂塗荼　殂　廚躕蘧渠璩蠩　陰陽　浮蜉　魚漁于盂虞
餘輿與歟璵余舁　盂隅禺嵎瑜榆逾萸　吾梧吳浯娛鼯　和
雛　鉏　鋤　書舒輸　殊茱銖　區軀驅嶇　渠蕖衢臞
須需鬚胥　需　徐　樞　除蜍廚躕　胥夫膚趺　扶符芙蚨
鋪　蒲脯　呼　糊湖胡壺狐瑚葫乎瑚　入聲作平聲　陽　獨
讀犢瀆櫝牘黷　族鏃　伏服袱茯　斛鵠槲　逐軸妯　蜀
贖屬熟塾淑孰　僕　俗續　術述秫　佛　鵠局　上聲
語雨與圄禹羽宇庾　古賈估　主煑渚麈　汝乳　暑鼠
黍　杵處　女　嶼醑　許　數所　楚阻　祖組　魯　武舞鵡
侮甫斧撫否府俯　取　娶　魯櫓鹵　覩賭堵
古鼓股蠱羖詁　五伍午忤　虎滸　若　浦圃譜
補普溥　入聲作上聲　谷穀轂骨　哭窟禿　速縮簇
福腹幅覆蝠　卜不　菊掬　曲麯屈　叔　粥竹　燭
宿粟　束　足　促　忽笏　拂　去聲　御馭遇嫗裕諭
預豫　屨　鋸據懼句　恕庶樹戍　覰趣娶去　注澍住
炷駐紵苧　數疏　聚　絮序敍緒　助　處　孺茹
渡度蠹　赴父駙付賦傅婦阜　怒　戶互護瓠冱　庫　袴
務霧騖　素訴塑遡　暮慕墓募　路露鷺輅　兔　顧固故錮
布怖　步部捕簿　醋措　做　胙祚　入聲作去聲
木沐　沒　牧目　陸綠戮錄籙　辱

緻欲洛郤物勿厗入
六皆萊
平聲陰 階皆街楷乖齋揩開歪腮
該垓哉災栽哉衰陽諧骸鞋排牌懷
淮槐埋霾睚厓萊 能 孩頦 儕 差
柴豺儕 崖涯 挨 台胎駘 臺擡苔 哀埃唉
騃 猜 才裁財材纔 入聲作平聲陽 白帛舶
宅擇澤鐸 畫劃 蘚 買 擺 擺 矮 駭 海
醢 蟹駭 揩 凱 鎧 宰載 駘 改 采 綵彩
靄乃 奶 毒 剗 楞 歹 妳乃嬭 入聲作上聲 伯百
柏 策 栅 冊 測 珊 客 刻 拍 魄 格 骼 革 隔 色 穡

索 責 債 摘 謫 側 宋 仄 昃 摑 策 劈 摔 去聲 盖丐 艾愛
謝 蟹 薤 械 賽 曬 齋 債 奈大 汰態
礙 隘 捱 柰耐奈鼐 害亥 帶 戴 怠 待 代 袋 黛 大
咳 廨 懈 界 介 芥 疥 外 睚 快 噲 塊 在 再 戴 賣 邁
稗 癩 拜 敗 憊 派 菜 蔡 曬 殺 塞 賽 怪 壞
入聲作去聲 額 陌 驀 麥 脈 墨 額 厄 搦
七真文
平聲陰 真 珍 振 甄 新 薪 辛 賓 濱 鑌 彬
津 淳 巾 斤 君 軍 均 鈞 欣 遵 榛 臻 莘 詵 薰
熏 醺 親 溫 慍 孫 飧 尊 樽 敦 墩 奔 賁 犇
坤 髡 根 跟 恩 欣 陽 鄰 鱗 麟 鄰

貧頻蘋顰 民緡岷 人仁 倫綸掄淪 裙群 勤懃
芹 門捫 掄倫 文蚊聞蚊 因湮姻氤茵 銀齦痕寅
鶉 申紳身伸 伸嗔瞋 陳塵臣 辰晨宸 親
秦螓 春椿 唇純淳醇鶉 詢旬 巡旬馴 氳 雲匀紜
耘 云員 紛 分紛芬 墳焚 昏婚 暈 村 存 吞 墩
飩 囤 噴 盆 限 痕 上聲 軫 疹 診 稹 哂 忍 緊
謹 槿 巹 墐 窘 隱 引 蚓 閔 憫 敏 準 準 允 笋 損
盾 忖 刎 吻 粉 穩 本 畚 袞 很 閫 壺 咽 懇
肯 脗 不 品 收 去聲 震 振 陣 鎮 信 訊 燼 忍 認
仞 訒 吝 恡 藺 磷 鬢 殯 臏 腎 慎 醞 慍 運 暈 韻
盡 晉 進 分 忿 糞 奮 僨 遜 鄭 櫬 齔 印 孕 峻 浚

狗 巽 遜 巽 俊 駿 舜 順 閏 潤 問 紊 訓 郡
困 頓 囤 鈍 悶 悶 噴 褪 遁 奮 論 混 遜
倖 寸 恨 嫩
八寒山
平聲陰 冊 單 殫 安 鞍 山 刪 珊 干 竿 肝 玕
乾 姦 奸 間 艱 刊 看 關 鰥 拴 擐 班 斑 般 搬 攀
慳 慳 趨 陽 殘 邪 韓 汗 翰 難 闌 欄 蘭 瀾 還 環
蠻 鑾 頑 閑 鷳 潺 孱 餐 殘 灘 壇 檀 彈
灣 彎 頇 番 翻 幡 藩 反 蕃 顏 般 樊 攀 凡 帆
上聲 反 返 但 罕 侃 散 傘 懶 纜 攬 綰
版 板 赧 盞 簡 揀 產 鏟 眼 去聲 萬 蔓

限棧綻 撰 旱漢翰汗 旦誕嘽僤但 飯販範泛
范犯娩嬎嘆炭 按岸 榦 幹 看 粲燦 爛 贊讚
慣 患宦幻 間澗 諫 雁晏贗 訕 辦瓣扮絆
慢 篡 散

九桓歡

平聲 陰 端 酸 官冠棺觀寬 鑽 搬般 陽
鸞鑾巒欒 瞞謾縵漫 陰陽 歡驩 貛 桓紈 渦
丸 完紈 湍 團漙摶 攛 攢 潘拚 潘拌 盤槃
磻蟠胖 弁 瘢 齗 暖 館管脘 與 款 游 短
桃 疃 卵 纂纘 滿 斷 喚換煥 綫 鑽 翫玩
辦 慢鏝漫 竄爨 斷 鍛段 亂 算蒜 判拚 貫
冠觀灌 半伴泮 畔絆

十先天

平聲 陰 煎箋韉濺錢 賢肩 甄 顛巔 鵑涓娟
邊邊編鞭編 暄喧萱 氈鸇 羶煽 鐫專 磚
陽 連蓮憐 年 眠綿 然燃 廛纏躔蟬禪 辮
陰陽 先僊遷鮮 延 千阡芊遷韆 前錢 天闐
田 㽕鈿 軒掀 賢弦絃舷懸玄 煙燕 胭焉嫣 延筵
眩 妍言研焉 牽愆騫褰 乾虔 篇蹁 偏翩
便 淵鳶冤鴛 元圓員圓原源黿袁垣轅 捐 鉛鳶猿
沿 痊詮筌銓悛 全泉 宣揎 旋還 川穿 船傳椽
圈 拳權 上聲 遠阮 犬畎 免沉 偃堰演衍 卷捲
鮮跣洗洗銑 蘚癬 腆殄 典 蹇搴繭筧挸撚 撚輾
碾顯犬燹展 遣 剪 輦璉 儹僭 轉囀
軟喘舛 選 免冕勉 闡 匾貶 去聲 院願怨遠
撚券 見建健絹件 獻現憲縣 韆眩 電殿甸佃鈿
墳靛澱 硯嚥宴燕讌諺堰緣掾 練楝 眷倦圈綣
面麵 片騙 變辦遍汳便 線羨霰 釧穿串 扇善
煽鱔禪 箭薦荐賤濺餞踐羴 戀 鏇選旋 傳轉囀
戰顫

十一蕭豪

平聲 陰 蕭簫瀟綃銷修宵霄硝蛸魈 刁貂雕
彫凋 梟鴞囂 梢筲悄弰 嬌驕 蕉焦椒樵 燒
標飆杓臕膘 交鮫膠郊嘐教 包胞 褒 敲 嘲
枷凹 高糕羔篙膏皐膏 刀叨 騷艘臊搔繅
遭糟 麈爊昭朝招 陽 寮遼聊僚鷯膠 饒橈
苗描猫 毛猫髦茅 鐃呶猱 牢勞澇醪 陰陽 挑
迢 條髫蜩調 邀鍬 樵瞧譙 翹 喬橋 飄漂 瓢
哮 爻肴 抛豪號濠 條饕叨 滔 桃逃陶濤 跳
萄淘醄 猱 曹槽曹 入聲作平聲 陽 濁擢鐲
鐸度 學 薄泊 縛 鶴 鑿 鑊 着 杓 上聲
小篠 皎皦矯 鳥裊嫋 了瞭蓼 曉 杳夭 窕
沼少 擾遶 眇渺抄 表 悄愀 巧 飽 埽
卯昴 狡攪 爪 炒 老拷 討 腦惱瑙 嫂掃 草

早藻澡璪蚤 倒擣島禱 杲槀縞槁 姊 襖媼
考栲 拷 嶨 入聲作上聲 角覺脚 捉卓
朔剝斫酌繳 爍鑠 爵雀 鵲 削 託 拓槖
魄飥 作錯閣 壑 續索 廓郭 綽 謔
去聲 笑哨肖鞘 粜眺跳 釣弔寫調 棹 竅 趙兆
照詔召 少紹邵燒 浩號皓昊 道毒纛 盜導蹈 到倒
糶鷂要窖 校教酵覺罩棹 豹 爆瀑曝 抱報
造皂竈 拗靿樂 凹貌冒帽耄 砲泡 鬧 告誥 傲鏊
勞澇 操 奧 掃 鈔 入聲作去聲 岳樂藥葯
躍籥 搭諾 略 弱 蒻 霍 幕漠寞莫 落絡烙酪
樂 萼鶚鰐惡

十二哥戈
平聲 陰 歌哥柯 多 科窠 軻珂 戈過鍋 莎
簑唆䀑梭娑 波 陽 羅蘿儸囉鑼螺騾 那挼挪儺
禾和 俄娥 呵 何河荷苛 磋搓 矬 他 拖 馳鼉陀
佗跎鮀紽駝鴕沱 阿痾 哦峨莪娥蛾鵝 窩渦 坡頗
訛 婆皤 入聲作平聲 活 奪 合盒 跛鞁 上聲
舸 鎖瑣 我 可 左 果裹 裸蠃攞夥 朵埵嚲
妥 跛簸 火 荷 顆 娜 嫷 入聲作上聲 葛割鴿閣
撥缽 聒渴 闊 撮 掇 脫 潑 抹 粕 去聲 箇
賀荷 餓 佐左坐座 惰 垜墮惰 剁 大馱 些 過
銼挫挫 課 禍貨和 唾 歎播 磨麼 破 卧 涴

邏 糯懦那 嗑瞌 卜 入聲作去聲 岳藥樂約躍鑰
幕木沫莫 將 搭諾 略 弱蒻 雹 落絡烙洛酪
樂 萼鶚鰐惡
十三家麻
平聲 陰 家加傢嘉葭笳痂枷 蛙媧蝸洼娃 葩
巴疤 沙紗砂裟 查楂渣抓 陽 麻蟆 拏 咱
陰 陽 花 華划譁 鴉丫啞 牙涯衙芽呀 霞瑕遐
琵琶杷爬 叉杈差嵯槎 茶槎 入聲作平聲 陽
達踏 滑猾 轄 鍘 狹 雜 伐筏罰 閘 上聲 馬媽
雅啞 賈假斝 灑 把 寡剮 丫 鮓 妊詫 打
耍 入聲作上聲 塔獺 榻塌 殺霎 劄札 答插

八刹 瞎 答 颯撒薩 掐 法髮發 甲胛夾恰 去聲
罵 駕嫁價架假 亞迓訝砑 汊咤姹詫 詐乍榨
下夏暇廈 化畫華樺話 怕 跨 罷霸壩靶
大 卦掛 凹 入聲作去聲 脈帕襪拉蠟 納衲
壓押鴨 捺 潑
十四車遮
平聲 陰 車 遮 爺耶揶鄒哵 參 嗟 靴
陽 瘸 陰陽 奢賒 蛇 些 斜邪 入聲作平聲
蹶 協叶俠挾纈 傑竭碣 疊迭牒蝶諜垤絰凸
蝶跕 舌涉折 絕 別 截 睫捷 捷 嫾 怵 上聲
野也冶 者赭 寫瀉 捨 且 惹 磋 姐 搶 扯

入聲作上聲　屑薛紲媟褻䙝渫　切竊妾　結劫潔
頰莢　愜篋篋　節楫揖　血歇蠍蝎　闕缺闋　決訣譎
歜蠍　鐵餮怗怙貼　雪　蝎　鼈別徹　說　拙輟　轍徹
激擊　瞥　浙摺褶折　設攝　啜　去聲　舍社射麝　赦
謝卸榭瀉　夜　射　柘鷓炙蔗　借藉　趄七柘切　僁子柘切
入聲作去聲　捏聶躡鑷囓臬孽　滅篾蔑　拽噎
謁葉業鄴　列烈冽獵裂鬣　熱　月刖悅閱軏越鉞
械蠛　褻　劣

十五庚青

平聲陰　庚鶊更秔羹賡耕　驚京荊經兢矜　生
鐺錚牲猩　箏爭　丁釘　征正貞徵蒸烝　扃　冰兵
升登燈　僧　憎繒罾磳增　陽　平憑評凭屏瓶萍
盟明名銘鳴冥溟　靈令鈴翎齡伶聆苓櫺零泠陵
凌綾　寧　楞棱　曾層　能獰　藤騰滕疼謄　陰陽
鐺撐　橙　亨　莖　英鷹應膺鸚嬰纓　盈嬴
瀛贏營迎蠅　稱秤　澄程成城呈盛酲承丞懲乘塍
輕坑傾卿　擎檠鯨京　馨興　行形刑衡　青清
情繒晴　聲升昇陞　繩　汀廳聽鞓　亭庭廷停莛
蜓婷霆　星腥惺醒騂　餳　上聲　景梗哽骾警境頸
影郢潁癭　省惺醒　茗皿酩　冷　逞騁　領嶺　頃
井　請　鼎酊頂　艇挺　等　整　省　去聲　敬徑
鏡境競勁　映應譍硬　慶罄磬　命暝　病並併

併柄　鄧凳磴　諍掙　正政鄭證　聖勝盛乘剩
性姓　令　娉聘　淨靜穽甑靖清　倖涬　杏幸脛頸
行　贈　稱　秤　聽　定錠碇釘訂飣

十六尤侯

平聲陰　湫啾揪　鳩鬮　搜颼　鄒陬　休貅庥
謳鷗漚甌　彪　摳　鉤溝篝緱　鶖　秋鰍鞦
陽　劉留鶹流瑠旒遛　柔揉　牟眸矛蝥繆　樓婁
齁　猴　陰陽　憂幽優　遊尤郵牛猷悠油由蝣
修脩羞饈　囚泅　抽瘳　紬稠籌讎酬儔疇躊　周
舟洲州賙週　收　丘坵　求球毬虯裘　鵃　侯
喉猴篌　偷　頭投　鄒搊搊　愁　入聲作平聲　軸
逐燭熟　上聲　有酉牖友誘　柳　紐杻　丑醜　肘
箒帚　竹粥燭作去　朽　九久韭灸糺　首手守　酒　叟瞍嗾
瞍　斗陡蚪　剖　狗垢苟　藕耦偶嘔毆　吼　走
去聲　又右宥祐佑柚幼囿　晝咒　胄紂宙籀　舅臼舊
咎救柩廐　受壽獸首授售綬　臭嗅　秀岫袖繡宿
瘦　嗽漱　驟　皺縐　溜六留作去入　扣寇蔻　后後堠候
逅候厚　茂　豆　鬥荳逗鬬　耨　奏　透　構購
湊輳　謬　陋漏鏤

十七尋侵

平聲陰　侵　駸　針斟箴砧　深　歆　金今衿
襟禁　森參　簪　陽　林臨淋琳霖　壬任　岑

陰陽 心 尋潯鐔覃 琛郴 沉 音陰瘖 吟淫婬
欽衾 琴芩檎芩擒 上聲 寢 廩凜 稔飲衽
椹 簪 沈 磣七稔切 錦 飲 怎 怎 去聲 沁 浸
朕 沉鴆枕 甚椹 任妊 禁噤 賃恁 蔭廕窨歆
滲 甚 讖 闖

十八監咸

平聲 陰 菴諳庵 擔聃耽湛眈 堪龕 三鬖毿
北甜甘 杉衫 監緘械 陽 南男喃 咸醎函銜啣
婪 藍嵐籃林 陰陽 貪探 覃潭談譚曇痰
參驂 饞慚 憨酣 含涵 簪喈 咱 渰 巖
摻 讒饞攙 上聲 感敢 摻 俺 黯 覽攬欖

十六

贍 毯 慘黲 斬 喊 揜鴆切 敢 減 醶 坎砍 菼顑
勘 顴淦紺 憾撼頷 暗 淡啖惔餤 檻 轞艦
濫纜 瞰 嵌 三 陷餡 站 蘸 賺 儖監 擦
暫 鏨 擔 渰 傪七濫切

十九廉纖

平聲 陰 瞻占粘詹沾 尖 兼縑鶼 拈 苫
陽 簾廉臁奩鐮帘 髯 黏粘 陰陽 淹醃閹猒厭
憸炎閻簷嚴 纖蛅僉 持燖 僉 籤殲鑯 潛
覘 憸蟾 黔鉗黚箝 謙 添 甜恬 杴忺嫌 鬵
掩魘黶奄琰 撿臉 險 颭 點 染苒 閃陝
諂 忝舔 去聲 豔焰厭驗灧釅奄 染 贍苫

欠芡歉 玷店惦墊 墊茜 斂歛殮 劍 占 念唸
劒 儉 僭漸

王文璧《中州音韻》

王文璧《中州音韻》説明

王文璧，明代中期吳興人。他以《中原音韻》為依據，編成《中州音韻》。此書問世後，明人屢有刊刻或增訂，有稱《中州音韻》的，也有仍稱《中原音韻》的。

蔡清（1453—1508，字介夫，號虛齋，晉江人，進士，曾任南京文選郎中、江西提學使等職。閩中著名學者，理學家）為王文璧書作序（弘治本）稱："吳興王文璧先生，隱居樂道，沉潛書史，而不廢音韻之學。今年九十矣，乃能取家藏故本，大加訂正，視故本為益精且詳。以吾閩憲僉張公疊，其甥也，屬為梓行之。適漳守羅侯列及龍溪尹姚君某，獲見其書，遂請於公，以成其事。俾清識一言於其端。"張疊（王文璧外甥）跋："……先宜人母弟王文璧先生，通書史，善音律，參互考訂而加修飾焉。缺者補之，訛者正之，音切注釋，視舊本尤詳。"

蔡清的生平是非常明確的，因此，王文璧《中州音韻》的改編成書當在15世紀末、16世紀初。蔡清為王書作序，不是為周德清書作序。楊一潮《重訂中原音韻序》："予嘗讀《蔡虛齋先生文集》，有《中原音韻序》，為同邑暇堂周公德清先生作也。企慕於衷，欲見其書而不可得。"楊氏誤認蔡序是為周書所序。

王文璧《中州音韻》題高安周德清編輯、吳興王文璧校正，説明《中州音韻》係在周德清《中原音韻》基礎上修訂而成的。據日本內閣文庫本，《中州音韻》有凡例八條：

（1）翻切圈注一遵《洪武正韻》，其舊本有而《正韻》無者闕之，或《正韻》有而舊本少者補之。

（2）定字以聲之清濁，用字者當隨聲措字，分韻以聲之上下，用韻者當隨字成文。

（3）每韻各起平聲、次上聲、次去聲而入聲分隸三聲，叶而用之，總十九韻，而四聲皆在其中矣。

（4）牙舌唇齒喉及舌齒各半之音散出各韻，分別陰陽清濁而用。

（5）字同、義同或兩見者注切不同，有字同而義不同者隨韻分注，有一字而收入二三韻者各有所用並存之。

（6）韻字點畫並依《正韻》改正，如字同而點畫不同者去之。

（7）各韻以平聲提起而屬以上聲、去聲者聚以類也，以入聲難諧而隨韻分隸三聲者，協以正也。

（8）閉口字音類分在後三韻，間有一二當閉而收入開口韻者，葉之以正，不可得而閉也。

顯見，王文璧書主要是根據《洪武正韻》修訂《中原音韻》。其反切註解主要抄自《洪武正韻》，因此根據這書的反切研究其音系是很危險的。王文璧書大改《中原音韻》體例，已非《中原音韻》之原貌。蔡清所謂“大加增訂”，正説明王書之不同周書。比如：

中原音韻	中州音韻
鍾鐘中忠衷終	中之戎切－央又滿也衷誠也忠內其盡心終極也鍾酒器鐘樂器螽－斯蝗類也衆多也

王文璧書現保存版本較多，重要的有：

（1）日本内閣文庫藏本。

該本不分卷，二冊，現藏日本内閣文庫，黑口，雙魚尾，書題“高安周德清編輯、吳興王文璧校正”。該本無蔡清序，只有虞集《中原音韻》序，署為“雍虞集”，沒有日期，也沒有凡例。書後有中州音韻跋，殘缺，沒有署名人，據“……先宜人母弟王文璧先生”，當為張罍所作。

許德寶（《王文璧校正〈中州音韻〉初刻年代和諸版本的關係問題》，《中國語文》1991 年第 1 期）推測該本係初刊本，是王文璧外甥張壨刊行，早於弘治本。

（2）上海圖書館弘治十七年（1504）刊本。

該本不分卷，黑口，雙魚尾、四周雙邊，頁20行，共68頁，書前有錢式嘉的跋，署乙卯冬。該本板式類瞿藏本《中原》，非常清晰。這書的開頭是蔡清的序，署“弘治十七年龍集甲子夏五月望”，即1504年。該本存虞集序，其他諸序刪削，存目録、韻譜。該本沒有凡例。

據蔡清序看，該本當是根據內閣文庫藏本重刊，並請蔡清作序，刪除了凡例和跋文。

（3）明人程明善《嘯餘譜》本。

有明萬曆本、清康熙本兩種。明萬曆本為趙善達校，清康熙本為張漢校，兩者之間稍有差別。該本無任何序文，也沒有凡例，只有王文璧修訂後的“韻譜”。

清張漢校本後有單獨印本問世。

本《叢刊》所收為日本內閣文庫藏本。

中州音韻

樂府作而聲律盛自漢以來然矣魏晉隋唐體製不一音調亦異往往於文雖工於律則弊宋代作者如蘇子瞻變化不測之才猶不免製詞如詩之誚若周邦彥姜堯章輩自製譜曲稍稱通律而詞氣又不無卑弱之憾辛幼安自北而南元祐之在金末國初雖詞多慷慨而音節則為中州之正學者取之我朝混一以來朔南暨聲教士夫歌詠必求正聲凡所製作皆足以鳴國家氣化之盛自是樂府出一洗江南習俗之陋大抵雅樂之不作學者之不傳也久矣五方言語又復不類吳楚傷於輕浮燕冀失於重濁秦隴去聲為入梁益平聲似去河北河東取韻猶遠吳人呼饒為堯讀武為姥說如遵魚切珎為丁以之正音豈不誤哉高安周德清攻樂府善音律節著中州音韻一帙分若干部以為正語之本變化雅樂之端其法以聲之清濁定字為陰陽如高聲從陽低聲從陰使用字者隨聲高下措字為詞各有攸當則清濁得宜而無凌犯之患矣以聲之上下分韻為平仄如入聲直促難諧音調韻之入聲悉派三聲誌以黑白使用韻者隨字陰陽置韻成文各有所協則上下中律而無差拗之病矣是書既行於樂府之士豈無補哉又自製樂府若干調隨時體製不失法度屬律必嚴比事必切審韻必當擇字必精是以和於宮商合於節奏而無宿昔聲律之弊矣余昔在朝以文字為職樂律之事每與聞之嘗恨世之儒者薄其事而不究心俗工執其藝而不知理由是文律二

亦能蕪矣每朝會大合樂樂署必以其譜
來翰苑請樂章唯吳興趙公承旨時以屬
官所撰不協自撰以進并言其故為延祐
天子嘉賞焉及余備員亦稍為檃括終為
樂工所哂不能如吳興時也當是時苟德
清為人所引而之禁林相與討論斯事豈
無一日起余之助乎惜哉余還山中眊且
廢矣德清留滯江南又無有賞其音者方
今天下治平朝廷將必有大製作興樂府
以協律如漢武宣之世然則頌清廟歌郊
祀攄和平正大之音以揄揚今日之盛者
其不在於諸君子乎德清勉之

雍虞集書

中州音韻前序

凡例

一翻切圈注一遵
洪武正韻其舊本有而正韻無者闕之或
正韻有而舊本少者補之
一定字以聲之清濁用字者當隨聲措
字分韻以聲之上下用韻者當隨字
成文
一每韻各起平聲次上聲次去聲而入
聲分隸三聲叶而用之總十九韻而
四聲皆在其中矣
一牙舌唇齒喉及舌齒各半之音散出
各韻分別陰陽清濁而用
一字同義同或兩見者注切不同竹字
同而義不同者隨韻分注有一字而
收入二三韻者各有所用並存之
一韻字點畫並依正韻改正如字[illegible]

中州音韻凡例 八

點畫不同者去之
一各韻以平聲提起而屬以上聲去聲者聚以類也以入聲難諧而隨韻分隸三聲者協以正也
一閉口字音類分奩發三韻間有一二當閉而收入開口韻者叶之以正不可得而閉也
凡例畢

中州音韻

高安周德清編輯
吳興王文璧校正

中州音韻目錄畢

一東鍾

平聲 ○東多龍切春方也冬四時之末蝀螮丨虹也○中之戎
切丨央又渊也衷誠也忠内盡其心終極也鍾酒器鐘樂器螽
丨斯蝗類也衆多也○松西宗切木名淞江名嵩中岳○
公孤翁切背私為公蚣蜈丨躬身蚤為丨恭祇也弓弧也攻
治也宮丨謂之室供設也龔姓也肱臂幹觥酒器篢笠名功
丨績工匠也紅女工○鬆思宗切鬆亂貌菘菜名駥似鷹而小
能捕雀懵惺丨了慧○空枯紅切空虛也穹高也悾倥丨也䓗

乙

丨心草崆丨峒山箜丨篌樂器芎香草○翁烏公切丨猶父
也泓水深鞥吳人靴靿曰丨○宗茲鬆切本也椶木名騣
馬鬣鬉髮亂緵丨罟蹤跡也○崩逋蒙切山壞也繃束小兒衣
浜安舡溝栟使也絣人以繩直物𦨵攜丨舟具○濃尼容
切丨丨厚貌醲厚酒顒仰也穠華木稠多貌喁噰丨又相應和
聾○農奴東切丨耕夫也儂吳人謂我為丨膿癰潰噥多言
不中䁗目不明○戎而中切兵也助也茸草生貌絨細布
銊禺鳥毛可為布鰫魚名駥馬八尺羢丨丨毳貌毧髮丨亂也

蹤貴衸切踪也縱直也篵[illegible]也○龍盧東切虫之長
隆盛也癃病也窿穹丨天勢蘢篁竹也○籠盧東切養鳥丨
曨日出貌櫳養獸檻也瓏玲丨聾耳病嚨喉也𩟗丨餅龓
丨頭礱磨也朧月出襱袴也攏馬丨頭○蒙麻崩切覆也
濛空丨溦雨朦月將入也矇目有童子幪蓋衣也盲目無童子
氓民也蝱虫名蠓蛩蝀艨舟名萌草芽懵丨丨無知皃曚
日未明夢丨丨亂也○從齊松切順也○叢慈鬆切聚也
藂草丨生皃䉘取魚器潀水會琮瑞玉八寸從就也○同

中州音韻　二

徒龍切共也銅赤金桐木名筒竹名峒崆丨山名橦木名童
童子也潼水名瞳目丨子曈日出艟艨丨戰船僮丨僕也
朣月出氃毴丨毛散亂鼕鼓声彤赤色衕通街絧布名○
蟲池戎切有足曰丨虫同上重疊也崇高也慵懶也鱅魚名
○充初戎切滿也沖深也种稚也又姓翀直上飛衝通道
也忡憂也憧不絕皃忼心動橦矛也艟舟名○烘呼工
切烘燎轟群車之声薨公侯卒也洶水石声儚惽也○容
移濃切丨儀溶水皃蓉芙丨庸常也墉城也鎔鑄也融和也

鄘國也鏞大鐘瑢瑽丨䡥車行皃榕木名茸華也傭傭賃
○雄携容切飛日雌丨熊獸似豕○窮其容切極也藭
芎丨笻竹名蛩蟬蛉曰丨瓊赤玉邛地名○馮扶崩切姓逢
迎也縫衣會也○風夫崩切天地之使也楓木名豐登也酆
地名丰滿也鋒刃劍芒峯丨山螽丨生言衆多也封廷也葑
菜名烽丨燧蜂飛虫○紅胡工切淺赤色洪大也洚水不遵道
鴻丨鴈橫縱丨之對虹螮蝀弘宏大嶸崢丨山峻皃紘冠卷
宏大也谼大壑○邕衣容切和也雍和也壅塞也噰鳥声

廱辟丨学名雝丨渠鳥名䙕襪袎[illegible]鞾靿噰鳥聲雝丨齊饔
汲水餅○怱拉叢切遽也葱葷菜聰能聽耳力也鏦矛偶
蓯蓯蓉藥名從丨容舒緩皃驄馬青白色囱灶突○通他隆
切達也蓪藥草恫痛也侗未成器之人○蓬蒲蒙切編竹覆
舟車芃草盛皃韸丨鼓声鬆丨鬆髮亂菶丨丨茂皃朋五貝
日丨彭行也又姓膨丨脝張皃鵬鷦丨棚棧也蓬草名○舂
初戎切搗也蹖躘也樁撞也惷愚也[illegible]驚馬○凶希容切不
吉也胷膺也兄長也兇惡恭訩訟也洶水勢○烹鋪蒙切煑

也閧鬥声

上聲

○董多攏切督也懂懵丨心亂○孔枯拱切穴也空也
恐懼也悾誠心也倥丨總事多○懵叶蒙上声心亂懞丨丨
茂盛皃艋舴丨小船蜢蚱丨似螽而小猛勇也蠓蠛丨小飛虫
○桶叶通上声大器受六斗統總也捅丨進前也○總茲聳
切綂也鬆丨角○聳思拱切高也悚懼也竦恭也[illegible]捉也
○蓊烏拱切草木盛皃滃雲氣濃皃汞水銀澒○籠盧董
切箱丨攏丨畧隴天水大阪壟丘丨驡衆馬○嗊胡孔切囉

丨歌也○種之冗切丨類冢大也塚封曰丨腫脹也踵
足跟○寵初冗切恩也愛也喠不能言○勇因竦切猛也
湧泌丨泉上溢也涌同上俑送葬偶人踊跳也蛹蚕化為丨擁
衞也臾縱丨猶獎也永長也遠也埇道上加土○捧夫孔切兩
手承拱也覂泛覆逸駕○琫邊孔切刀下飾[illegible]丨急貌唪
多實貌○洶叶凶上聲水涌詾衆言也○拱居孔切叉
手也珙璧也鞏固也以皮束也礦銅鐵朴石○冗而隴切雜
也忙也茸草生貌又闒丨氄毛氄細密搑推也○烔胡勇切[illegible]

也明也 問 窓牖開明 週 達也

去聲 ○送 思綜切 餞也 宋 國名 ○閧 呼貢切 閧聲 頌 濛｜

大水 哄 衆声 烘 火燎乾也 橫 不以理也 ○凍 多貢切 冰｜ 棟

屋標 蝀 螮蝀虹也 ○動 徒弄切 ｜之也 洞 幽鑿 ○諷 夫貢切誦

也 葑 田｜ 奉 承也 俸 秩祿 鳳 瑞禽 縫 衣人 賵 贈死物 ○

總 臧送切數總 綜 機縷 粽 角黍 ○縱 賁送切肆也 從 隨行

○弄 盧凍切 玩也 哢 鳥吟聲 [illegible] 磬也 躘 蹱｜ 鞚 枯貢切 馬

勒 空 缺也 倥 ｜偬 困貌 ○貢 孤瓮切 獻也 [illegible] 至也 共 同也

中州音韻　五

供 陳設 ○瓮 烏貢切 罌也 甕 同上 齆 鼻塞曰｜ ○[illegible] 叶蒙

去聲 交為｜神 畜 長也 ○踵 叶充去聲 ｜行不正也 [illegible] 憃 愚也 銃

火也 ○衆 叶中去声 多也 中 當也 種 藝也 重 輕之｜｜ 仲

次也 ○用 衣使也 誦 切 泳 潛行水｜底 詠 歌｜吟也 謳 瑩

玉色絜也 ○咏 同詠 永 書歌｜言 醟 酒湛 ○齈 奴凍切 多涕鼻疾 ○

鬖 亂髮 ○嗅 虛用切 鼻審氣 迥 寥遠 敻 遠也 詷 同告言 ○

頌 詞綜切 你述也 誦 諷｜ 訟 爭責也 又 ○[illegible] 夢走 逸也

迸 同上 又涌也 蜙 蜙也

二江陽

平聲 ○江 吾羊切 ｜淮 姜 姓也 薑 菜名 疆 界也 韁 馬紲 繮

蠶白 玒 玉名 僵 仆也 釭 灯也 ○岡 歌杭切 山脊曰｜ 剛 勁也

綱 總｜ 缸 罌｜ 堈 甕也 亢 星名 扛 舉也 杠 旗竿 肛 脖肛腸大

也 矼 聚石度水 鋼 堅鐵 ○粧 之霜切 粉飾也 裝 裹也 樁 ｜橛

莊 嚴也 ○邦 逋忙切 小國曰｜ 鞤 鞋幫 皮用 幫 衣治鞋裏 梆 土墻

奴手在地 食之無病 [illegible] 捍也 搒 打答 幇 或曰副也 ○雙 師莊切

偶也 霜 凝露 騻 驌｜良馬 鸘 鷫｜ 孀 寡婦 艭 解｜舟名 ○

中州音韻　六

章 知傷切 文也 樟 豫樟木名 漳 水名 璋 半圭曰｜ 彰 著明也

麞 鹿屬 張 弦弓曰｜ 鄣 莒地名 嫜 姑｜ 障 擁蔽也 獐 麋屬

○商 尸張切 行賈也 傷 損也 殤 未成人喪 觴 酒卮總名 場 耕塲

湯 ｜｜流貌 ○螿 資相切 蟬屬 將 欲然也 漿 水｜ [illegible] 織屬

○桑 思藏切 木名 喪 持服曰｜ ○康 軻抗切 和也 安 穅

穀皮 糠 同上 慷 慨｜感 思也 ○光 黃切 明也 胱 膀｜ 水府

桄 木｜ 桹 ○當 多郎切 猶合也 襠 ｜ 袴屬 簹 篔｜ 竹名 璫

充耳之珠 [illegible] 耳｜ 鐺 鋃｜ 艡 艋｜船名 東 丁｜聲也 ○忘

無邦切不誌也亡死也逃也望瞻也○忙麻邦切也怖也芒
草端卭比丨山名嗆語雜亂尨犬𤞑毛者為丨狵犬多毛茫
滄丨水貌[illegible]屋上梁鋩丨刃之也鋒[illegible]大孚也也○良呂張切善
也梁丨棟粱穀名糧丨糗量丨槩火也度多涼微冷輬轀丨
車名踉丨蹡綡冠纓○穰禾仁莖張也切攘禳祀除殃也
[illegible]瀼露濃貌○娘尼姜切女之稱○郎盧當切男
子之稱廊廡也浪滄丨水名狼獸名琅丨玕蜋丨螳榔高木
榔丨檳○航何岡切舡也杭州名行列也頏丨頡○囊奴當

中州音韻　七

切袋也○昂吾岡切舉也[illegible]丨丨馬驚貌○窻初莊切通
孔也囪上同瘡傷也摐撞也○降奚江切服也○胖鋪忙
切丨張也滂沛也韸鼓聲也鎊丨削霶丨霈大雨磅石聲○
龐蒲忙切高屋又姓逄姓傍側也徬丨徨房丨秦作阿丨宮
螃丨蠏旁丨午交横也髈丨胱○腔丘羊切羊丨蜣蛣丨
羫腔同慶餘丨又福也○[illegible]鏘丨小箱切牀[illegible]漴水聲
噇喫貌橦木名疒病也○陽移江切丨二氣暘日出揚
發也楊木名颺風飛物羊柔毛畜洋丨丨盛大貌佯詐也

徉徜丨倚之貌鴹鶇丨鳥名煬融也昜日也○詳徐將切
也翔回飛祥福也庠商日丨○墻齊將切垣丨牆垣牆
檣船丨薔丨薇花名戕外殺又戕也嬙丨丨婦官○香希江
切芬芳氣薌穀氣鄉丨黨○房扶邦切室也魴魚名防隄也
衛也○昌[illegible]切盛也閶丨闔倡丨優女樂菖丨蒲猖丨狂
鯧丨魚名○長池傷切久也腸腹丨穀二道場治穀地也
尚主也嘗試味也又曾也償還也鱨魚名裳下衣曰丨又神張切
萇丨楚又姓常經也丨久也芳敷邦切芬丨方四方也枋

中州音韻　八

木名肪脂也祊祭四方也妨害也坊邑里○相西將切交相又
共也襄贊也纕佩帶緗淺黃驤馬昂帶廂廡也湘水名驤
馬躍騰箱丨籠○鏘妻相切丨玉聲鑾蹡行貌搶拒也蹌
動也戧傷也槍稍也○匡枯黃切正也筐飯器也眶目涯
羌四夷蜣丨蜋○王吳光切主也又姓○央衣江切中丨
殃咎禍鴦鴛丨秧禾苗泱水貌○彊渠良切健暴壯盛弓
有力也○強同上○狂渠王切心病○唐徒郎切大言也
又姓塘隄岸螳丨蜋棠丨梨傏丨[illegible]不搪丨揬餹丨餳

黍膏堂壂也糖餳也膛｜｜肥貌○倉粗蔬切藏穀廩蒼[illegible]

色滄｜浪水名鶬｜鶬鳥名○黃胡光切中央色璜半璧皇

居也徨恐也篁竹名鱑魚名隍城池無水徨徬｜遑暇也凰

｜[illegible]日艎餘｜舟名喤小兒聲煌焜煌簧笙｜蝗｜虫為灾

潢積水池○湯[illegible]即切熱水鏜鐘鼓聲○汪烏光切｜

洋浩瀚貌尫羸也○臧[illegible]桑切善也贓吏受賄戕｜殘又栽

也○荒花光切蕪薉也肓心上膏下衁血也[illegible]果蓏不熟

上聲

○講居養切論也港水派襁小兒綳膙筋頭鏹以｜

貫錢儻[illegible]○鞅於仰切牛羈也怏悵｜○養怡講

切也育癢瘡｜仰反首望也○蔣茲想切菰｜奬勸也槳

鏹萬○兩良獎切十四銖二魎魍｜山川精物蜽蝄｜虫名○

強[illegible]養切勉｜○想思蔣切思也鯗魚腊也○掌之賞

切手心又主也長凡齒高位尊背日｜仉姓｜[illegible]反爪○爽叶霜

上聲明也[illegible]或曰猴為○饗希講[illegible]聲饗鄉人飲酒又歆也

享同上夯或曰負也蠁肹｜布貌嚮兩背謂之｜○敞[illegible]賞

切高廠屋無壁[illegible]鳥羽明也○壤人掌切士無[illegible]柔

[illegible]

攘擾也穰豐也○上聲賞切也進也賞賜也餉向饟食也[illegible]

或曰日中也○紡方榜切｜績放｜縱倣[illegible]也髣｜髴彷

｜彿舫並兩舡訪謀也昉明也○罔無榜切無也又羅致也

網與罔同魍｜魎誷誣也輞車｜惘｜然失志貌○枉

[illegible]切曲也抑也往去也行也○搶[illegible]想切爭取也○顙[illegible]朗

切額也磉柱下石也[illegible]鼓用木也嗓或曰喉｜也○廣[illegible]

切大也闊也○榜逋莽切標｜蒡牛｜菜綁縛也○曩

奴黨切久也灢水名攮勇進也○盎衣朗切盆也咉｜｜

悲咽○沆呵黨切漭漭大水貌吭聲也○儻他囊切倜｜卓異

帑金帑所藏倘｜然曭｜謊月不明○黨多養切偏也讜

善[illegible]直言○莽[illegible]搒切草｜也蟒大蛇漭沆｜水大[illegible]鴻漾沆｜

○朗羅黨切明也俍｜[illegible]長貌○謊呼廣切中言也[illegible]慌

｜惚晃暉也○壙枯廣切穴也○駔[illegible]切牙儈也髒骯｜

[illegible]

去聲

○絳[illegible]漾切大赤色降下也虹工螮蝀洚水不遵道[illegible]或曰

[illegible]弶[illegible]子音義｜也強自是也[illegible]｜褓負兒衣○[illegible]

西醬切視也像形丨也象大獸○悵知上切惆也脹
漲大水貌障丨蔽瘴熱病嶂峰嶂○仗池上切兵器又隊仗
杖几丨丈十尺曰丨○巷奚降切里巾丨曲曰丨向對也項
頸後珦玉名○悵痴尚切失志望恨貌暢通也唱後歌謂之丨
鬯丨酵倡導引先韔弓衣○怏衣降切懟也恙病也煬
暴也漾水名颺風飛物養供丨瀁水溢蕩貌樣式也○亮
離丈切明也諒信也量度丨兩乘也緉屨兩枚踉丨蹡行不
迅也眼目病○壯叶莊去声強壯○狀叶牀去聲形象也撞

擊也戇愚也○蹡妻相切踉行不正貌鎗戧○
讓人帳切退丨責丨○上升帳切崇也餉饋也饟同上尚
高丨貴也飾也○釀泥降切醞酒○胖鋪謗切脹臭貌○將
賫相切主持也醬醢也○匠齊相切木工也○戧叶窓去声捍舡
朮也創始造也刱初也䚡視不明也○愴楚喪切悽丨○
放夫謗切肆也舫並兩舡訪謀也○望無放切瞻丨妄
誑也忘遺丨○晃胡誑切光美也幌帷幔也滉丨瀁波也○
况呼誑切發[illegible]文辭貺賜也況滋也○誑姑晃切欺也迋

丨爣光上色○旺吳誑切光美也九興○曠[illegible]切虛
大也壙穴也纊絮之細者曰丨○浪狼蕩切波丨閬高門○
桁霞浪切晒衣竿吭咽也行丨丨強貌沆丨碭白氣之貌○
奘茲喪切藏也○謗逋曠切毀也傍倚也棒杖也○當
都浪切贊丨也○蕩徒浪切放丨○藏慈喪切蓄物也臟五丨
○抗軻術切捍也亢丨陽伉丨儷配偶也炕水丨砊丨限
石声○吉忙浪切老人不知也漭丨浪大野也○盪他浪切滌
器也鍚工人治木器宕洞空碭山石○儾奴浪切緩也○

掆孤桁切捎丨舁也○[illegible]胡曠切醱丨酒○盎烏浪切盆丨
喪思葬切死也

三支思

平聲○支爭時切持也枝丨柯榰丨梧脂丨膏也巵酒器
梔丨子之適也芝瑞草祗恭也肢丨躰鳷鳥名氏月丨西域
国名○[illegible]抽支切目汁凝差不齊等也鴟丨鵂蚩輕侮也嗤
笑也○資曾思切助也髭口上鬚貲財也姿態也
[illegible]茲此也孳生息孜勤也滋液也耔壅禾根鷀鳥

圈檻上者鯔魚名黲染墨緇黑色繒也淄水名椔木死茈
丨具宿名訾丨之為言疊也輜軿車鎡鎡錤趑丨趄咨嗟也齊
裳下緝曰丨菑不耕田也○兒如之切丨象形嬰而汝也洏
連丨涕流輀喪車○時蛇之切辰也匙匕也鰣魚名蒔植也
泣也○慈疾茲切心柔也鶿鸕丨水鳥餈稻耳疵黑疾顏玼
玉病磁石可引鐵茨茅丨茈草名茲龜丨國名○師生之切範
施設也尸主也蓍蒿屬獅狻猊也屍在床曰丨詩志發於言
鳲丨鳩螄螺丨釃以篚盛酒篩草名○思僧盆切念也偲

中州音韻 十三

相切齊丨司主也斯此也澌水索也鷥鷺丨絲蠶所吐
緦相木丨罳罘丨屏也析分也鬆鬔丨多鬚緦十五升布廝
役也颸風貌私不公○雌增思切鳥丨雄翕○詞詳茲切言
也祠祭也辭却不受也柌鎌柄
入作平聲○蝨叶詩蟣丨
上聲○紙之始切楮籍砥礪石也旨美也徵火音祉福也
祿也沚水渚趾足丨止停也芷香草指示也阯交丨郡名咫
八寸曰丨枳似橘有刺址基也軹縣名黹箴縷底致也○紀

倉子切丨之對彼佌小丨也泚水清也跐蹈也玼玉色鮮○
爾而止切汝也邇近也耳聽官駬騄耳駿馬餌食也珥耳璫
○齒昌止切牙丨侈奢也○史詩止切作丨記事者也始
初也弛弓解也矢箭也豕猪彘使役也駛馬行疾屎糞也
○子孩死切也息也嗣訾譏也紫黑赤間色姊女兄也梓
木名跐行貌仔任也克也○死蘇子切殞也
入作上聲○澀生止切不滑也瑟樂器○塞思子切填也
○則叶子法丨

中州音韻 十四

去聲○至之是切到也志在心為丨痣黑子誌記也躓路丨
○是詩至切丨丨非也直也氏姓丨示垂也視瞻也侍
承也恃依也怙豉盐丨嗜欲也謚漢書賜之令丨柿果名士
丨卒仕筮丨初官曰筮丨市貿易為丨事世務蒔植立也筮
蓍卜曰丨丨噬齧也使將命者施布也試用也弒下殺上也啻
不止是也如蟦米穀中蠹○寺詞恣切司也廷也兕似牛一角
青色俟偵候也似類也祀祭也巳辰名食飯也飼以食丨入
嗣繼也笥竹器汜水名禩年也耜耒丨姒娣丨四倍二為字

泗水名 思意也 賜錫也 駟一乘四馬 肆陳也放也 伺候也
○恣縱也資四切 漬浸也 胔肉曰胔 骴殘骨 眥目際 澤
恣也 ○自慈四切 親也 字撫也 牸牝牛 ○次倉四切 第也
刺諷也｜譏 戳毛虫 厠圊也 ○二而至切 數之始 地 貳
副也 珥珠在耳 餌粉餅也 ○趣蟲翼也 切 幟旗也 ○

四 齊微

平聲

○微無非切 細也 溦小雨 惟謀也 維繫也 薇薔｜
花名 ○齊前西切 整也 臍肚｜ 蠐｜螬虫 ○機經緯

｜稽滑稽亂言辭 稽同上也 羈馬絡頭 奇不偶
也 畸田殘 敧 筋取物 肌肉膚 饑穀不熟 譏誹也 磯水中磧也
枅屋櫨 雞知時畜 剞剞劂也 羇旅寓 乩卜問 幾近也 饑
譏也 璣珠不圓 蟣蝨子 姬周姓 笄簪也 其語辭 基址也 朞
周年 畿方千里 箕｜帚 ○歸還也爲切 媯姓也 規圓爲
器 龜甲虫之長 圭端玉 珪同上 閨宮中門 ○低都切 隄高離
｜胝手｜也 胼足 堤岸也 磾染繒黑石 羝牡羊 隄防｜ 氐
鞮｜鞻也 ○西先齊切 犀獸名 栖禽所棲 嘶

嘶馬聲 撕提｜ 粞碎米也 ○盃酒器切 杯同上 悲感也
碑石銘 陂澤障 裨補也 卑下也賤也 ○追逐之 誰切
錐鑽也 騅馬雜毛 ○知真切 蜘蛛｜ ○迷
明非也切 彌縫｜ 獼猴｜ 瀰水大 罙深也 ○離
陂近 紙曰｜切 犁米名 犂耕具 黎衆也 狸狐｜ 鱺魚無鱗 鮀甲
其氣虫 蠡 黎｜破 鸝黃｜ 羅遭也 璃瑠｜ 麗高｜ 東國
謧弄語 剺剝也 鯬魚名 蜊蛤｜ 縭縭也 籬竹名 篱
婦無夫 鈹名 籬竹｜ 驪馬深黑色 灕滲水 醨薄酒 藜草似

蓬 蘩莢｜ 齏曰｜ ○泥奴雞切 也 鸍 泥水和
土 呢｜喃不了 言 怩忸｜心慚 ○梅謨悲切 果名 枚幹曰
｜ 煤煙墨 莓草名 每原田｜ 媒妁｜ 塺塵也 湄山名
皆肉 眉目上毛 湄水際 楣檐下 醾酴｜ 酒｜ 薑 齊
粢粥也 玫瑰｜ 縻羈｜又散也 靡不絕 麋鹿屬 ○雷盧堆切
陽 動 罍酒尊 櫑同上 纍黑索 蠃變也 樏山行所乘
纍聯絡 蘽盛土籠 礧研物也 ○隨詞從也切 隋
國名 ○妻青齊切 悽悲 凄寒也 萋草盛 棲鳥

也○移盈難徙也切迻㐌丨匜盥水沆手器疑不定也
嶷山名貽眙也頤頷也沂水出泰山彝常也飴餳也怡悅樂
倪端丨頭緒也霓雌虹輗大車轅端持衡木猊狻丨宜適理
儀容也夷傷也姨妻之姊妹洟鼻液痍瘡丨遺失也蛦虹丨
荑芟刈涯水際圯土橋名异舉也蛇委丨自得鯢魚名視
衣褫○奇攀移切異也芪丨毋藥草騎跨也祇地神期約也
萁豆莖旗旌丨耆六十曰丨蘄州名祈求也琪玉名琦玉名
玩也棊奕子頎長貌淇水名騏馬青驪色麒仁獸祺祥也綦

㑊蟡丨祁大也旂諸侯所建鬐馬鬣畿天子寰內地[illegible]參差
○希虛雞切罕也稀疏也羲太昊氏俙依丨仿彿也犧
牲也曦日光嬉戲也熹熾也僖樂也嘻噫丨歎聲睎觀也豨
豕也醯酢也巇山險戲嗚丨嘆辭欷歔丨禧福也熙和也唏
哀而不泣○欺輕和切詐也欹不正溪水注川曰丨谿同上
崎丨嶇僛醉舞○提傍兮切挈也啼鳴也蹄足也鵜
丨鷉水鳥騠駿馬駃丨䆺兔網綈厚繒稊似稗題品丨禔福也
[illegible]卉木貌切苐草名○癡昌知切不慧笞捶擊摛以發

鵗絲角絺葛布細曰鴟丨鴞郗邑名魑鬼魅黐所以黏鳥○衣
於難切上曰衣依附也漪漣丨水文猗嘆辭醫療也咿強笑語貌
噫恨聲黟黑木縣名又伊彼也鷖鳧屬○池陳知切沼也
墀丹丨馳疾驅也篪樂器遲徐也竹持執也蚳蟻子治
攻理也踟丨蹰○批偏迷切手擊[illegible]同丨砒霜丨[illegible]削也
[illegible]言謬紕繒疏鈹安器錍丨鈭○脾平迷切土藏疲勞力
也鼙騎上鼓罷倦也貔獸名琵丨琶比和也枇丨杷毗
厚也○非方微切不是也霏雨雪霧貌菲芳丨茂貌緋絳色扉

戶弱騑馬行驂妃嬪御之貴者飛丨翔馡丨丨香氣蜚丨英
聲○肥扶非切丨腯多肉也淝合丨水名○篦邦迷切竹器
鎞掠器○兮弦雞切語有所稽也奚何也畦田五十畝曰丨攜
提丨嵇山名蹊徑路鼷鼠名○齎將西切薑齏為之躋登也
賫持也擠排也齏送也○灰呼歸切火過為丨隳相擊麾
指丨也揮奮也撝裂也輝光也煇同上暉日光徽美也翬
雉名褘后夫人祭服○魁枯隈切斗首四星也恢大也悝病也
虧缺也盔丨器顝大頭窺小視睽日月相違奎宿名刲割也

○嵬吴歸切崔丨　圍環繞也　爲作造也　違背也　幃單帳
危不安也　桅小船檣也　常丨熟曰　惟十圍也　維繫也　巍
高大貌　遺失也　闈宮中相通小門　○煨烏圭切丨燼　隈水曲
偎愛也　椳門樞　萎草木枯　痿痺溫病　葳丨蕤　威尊嚴也
○垂待追切自上縋下　陲　錘權也　鎚金丨　椎檮也　槌
擊也　○吹齒誰切丨噓　炊爨也　推擇也　○醅鋪梅切酒未漉
披開也散也　坯未燒陶瓦　邳下丨地名　丕大也　胚孕一月　呸
或曰助語也　○裴蒲梅切衣長貌　陪助也　培擁也　皮丨膚肌表

也　○雖思推切設兩辭　綏安也　荽胡丨香菜　濉水名　豸當作
溺宜數切　睢丨陽縣名　○蕤渠回切菜也　馗鐘丨俗以辟惡　夔
舜典樂之官　逵通道　○甤兒追切賓律名　緌丨冠纓　○回
胡歸切轉也　洄逆流而上曰泝丨　廻還也　徊徘丨　蛔人腹中長
虫　佪丨丨惛也　隤徒雷切下墜也　頹暴風也　魋獸似熊而小
○崔思雖切色名　縗喪衣　榱椽也　催促也　衰殺也　○摧
慈隨切折也　崔山高　○堆都雷切聚土　鎚餅也　追戎狄國名
○推他雷切排也　[illegible]丨燼　○誰時追切

入作平聲
○窒張移切塞也　桎足械　帙書衣　秩職也　○
實繩知切誠也　食穀飯又茹也　石山骨　十數名　什丨物　射
以弓弩矢丨物　拾收丨　鉐鍮丨銅屬　蝕日月虧曰丨　殖蕃殖
也　植栽也　○姪征移切兄弟之子　擲抛也　直正丨不曲也
○疾精妻切病也急也　藉踏丨也　嫉丨妬　籍簿書　[illegible]語急
寂靜也　集聚也　[illegible]合也又　○夕星西切暮也　席
葦也　穸墓穴　汐海濤夕曰丨　蓆大也　襲重衣也　隰原丨州名
習鳥數飛也　○逼兵述切迫也　鸊丨鷉　愎狠也　踾蹋地聲

弼輔也　鼻面之中部　○狄丁離切北丨　荻蘆屬　覿見也　逖
遠也　笛樂器　翟姓　糴市穀米也　敵抵也　迪啓丨開發也　[illegible]
女髻　○及更移切連累也　給供丨　極至也　笈書籍　汲引也　○
惑胡歸切疑也　或未定之辭　○核叶黑平聲果中實又音胡　齕
齧也　覈考也　劾推窮罪人也　嚇怒也　赫赤也　○蠈叶則平聲
食苗節虫　賊寇丨

上聲
○尾忘彼切首尾　亹丨丨不倦之意　○比邦米切並也
匕丨首　妣母曰　彼對此　鄙鄙丨也　粃比丨　否臧

○倚因已切依也椅坐凳扆隱屏迤斜行偯哭餘聲旖
｜旎矣語辭已止也○以銀几切用也苡薏｜擬準｜
艤舡向岸顗謹莊也螘蚍蜉小者錡三足釜儗僭也蟻
與蟻同○起丘已切興也綺繒也杞木名啓開也棨戟｜
稽下拜手至地豈非然之辭企舉踵○洗相禮切滌也擠
徙遷移璽印也枲麻有子曰｜葸畏懼簁物數
五倍曰｜○米莫彼切穀實芊羊鳴又姓侎安也眯
物入目不明弭息也弓末又靡拔｜○旎寧已切旖｜禰

父禰泥露貌｜｜瀰絡絲伱汝也○几姜倚切凭器麂
麋屬己身也幾問多之辭蟣蝨子紀維也○李良以切果
名履皮｜禮理也理料｜裏衣內也里五為｜娌
妯｜澧水出山醴酒甘宿熟一邐迤行貌鯉魚名蠡蚌屬
俚鄙俗悝憂也○恥昌里切辱也侈泰也○喜
切也怡也嬉蟢子蟲○底丁禮切下也邸舍也詆也觝
觸也弤雕弓抵擠也○匪方尾切非也又文貌斐文貌朏月未
盛之悱口｜誹非議棐大也篚箱屬榧果名蜚同上

鞴也○體他里切身也躰同上○濟子禮切｜盛洗貌擠
排｜也○浼忙悔切水流平貌每常｜美喜也漇｜無○悔
荒鬼切懊也毀壞也詆也燬謗也卉草名虺蜥｜賄財也
燬火也焚○猥鄔鬼切鄙也委曲也洧水名唯應聲
䳄鷙鳥食已吐其皮毛如丸也韙是也煒盛赤韡霞屬偉奇也
痏瘡｜平頠閑習容止貌隗高也巋高峻貌○腿
湯類切股也○跪匡委切拜曰｜揆度也跬半步一足也○
鬼人死曰｜詭許也軌車｜晷日影簋盛黍稷器癸

十幹名宄姦｜○髓桑觜切骨中脂瀡滑也嶲越｜○觜
即腿切紫石狀纇絲節也壘壯貌｜累增也儡傀｜櫑古木
翻蕊花蓓｜藟｜蕤○嘴觜喙也○蘂如累切花
心須○捶吹上聲擊也箠杖也○水双類切五行之首○
圯房米切毀也否塞也痞腹內結痛嚭大也秠黑黍○
餧飲飯也鮾魚敗○蓓鋪每切蓓蕾

入作上聲

○貭張耻切樸也騭陰｜定也只辭專執持也
汁液也隻物單曰｜跖足履也匜盤名｜炙｜拾

職掌也 織組丨 陟升也 ○昔夜始也擗切 惜愛也 舄
稄稷 息呼吸氣也 熄畜火滅也 又悉詳盡也 膝脚丨 析分也
淅卜瀝 錫青金賜也 又蟋蟀丨 晳白色 蜥蜴丨 ○七倉流
切數也 漆膠丨 戚親也 慼痛也 緝績也 葺脩補也 刺蹐也
遬行趯貌丨 鏚斧鉞 楫擷丨 丨 ○匹鋪米切偶也 疋倍兩
丨爲之 僻乖丨邪哆也 闢開也 劈剖也 癖瘕丨腹病 ○吉
巾以切休祥也 級等也 急疾也 給贍也 吃言蹇 訖止也 戟戈丨
鬄丨鬚 棘木名棗也 小汲引水於井 擊扣也 激蕩也 姞姓也

中州音韻　廿三

佶正也 ○乞叶豈求丨 泣淚也 綌麄葛 詰問也 郄地名又姓
隙釁也 ○失傷以切錯也 室房也 濕不乾也 識知也 釋
拾也 適往也 式法也 飾裝丨 奭盛也 襫襏丨雨衣 義拭製也
軾車前軾 ○即將洗切就也 唧虫鳴 鯽魚名 跡足丨 汔
潛水 積累也 襀襞也 蹟不循道也 勣功也 借假也 脊背也 蹐
敫丨恭而不自安貌 績緝也 稷非土無以生非丨無以見生敎 蹐丨
迹足丨 ○必叶彼然也 畢終也 篳籓落 碧深青色 躄丨
入 壁墻丨 璧圭丨 躄跛丨 鼊䵶鼊 逼迫也 愊悃至誠丨 ○

尺叶耻寸名 赤南方色 敕書之命丨 鶒鸂丨 叱呵也 丨
喫嚙也 斥開拓也 咥笑也 ○吸叶喜入息 肸嚮也 布汔
水涸 虩恐懼貌 闃開也 歘笑聲 怵心不安也 欯笑也 翕合也
擲持丨 覡丨女曰 ○的叶底端丨 滴涓丨 鏑矢鏃 嫡
正室曰丨 靮馬韁 蹢蹄也 扚引也 ○剔叶躰解骨 趯跳躍 踢
獸跦名丨 惕怵丨憂也 倜儻丨 滌洗也 ○北邦每切朔方 筆
丨綸 ○得當式切凡求而獲皆曰得 德道丨 ○則滋美切法丨
○忒他美切差也 搨拳打也 慝惡也 ○克康黑切能也

中州音韻　廿四

尅損削也 刻鏤丨 ○國叶鬼邦丨 ○黑亨美切黯色 ○
壹叶以寘 一數之始也 乙甲丨
去聲 ○智張世切有所知也 躓跲丨 置設也 制節也 製裁也
致極也 識丨其記事 猘狂犬 鷙猛鳥也 摯握持 觶酒器 緻
密也 幟旗也 熾火盛也 ○滯長世切凝也 彘豕也 值遇也
雉人物幼小背日丨 雉翟 峙峻丨立也 治理也 痔
隱創 植種也又黍器 遲待也 ○記江興切誌也 十言葬也 寄
寓也 繫結也 髻挽髮 季少也 餼書也 鱀魚名 冀欲也 驥良馬

縊自盡 薊地名 覬|覦希幸也 妓女樂 忌長也 繼紹也 ○
技強異切百工|巧 芰菱也 騎馬單曰| 踦肉巴| 偈武貌
伎|倆巧也 洎潤也 ○ 閉邦謎切權也 祕密也 庇|蔭 敝
障也 賁飾也卦名 又 嬖便幸 柲戈戟柄也 ○ 陛旁謎切階也
箆次也又竹器 獘敗也 幣束帛 斃頓也 仆 髲鬄也 婢女奴
也 痺封貉有| 薜|荔香草 贔|屭作力貌 臂肱也 鼻面之
|中 避迴也 比卦名 ○ 譬旁謎切喻也 屁泄氣 ○ 祭精細
切|至也 祀 霽雨止 際邊也 濟渡也 ○ 薺青細切井菜名 嚌

刀急 剃分| 眥目際 ○ 涕湯利切鼻液 替代也 殢發中鷹也
剃鬚髮 ○ 帝當利切王君也 禘祭名 締結不解 蔕根|
螮|蝀虹也 諦審也 ○ 地唐利切王|也 第|宅 弟但也 悌
愷| 遞迢|遰也 棣車下|木 娣|姒 睇小視 ○ 戲興計切謔
也 屭|贔 係統屬也 繫世| 系繼也 徯恨遲 嬉可|美姿
頟也 禊祓|除惡祭名 餼牲腥曰| 欷泣餘聲 ○ 吏即帝切所
使者 利|擇也 離捐去也 麗美也 莉茉|花名 儷偶也 隸
附屬 戾乖也 荔果名也 唳鶴鳴 冽或曰冷冽 悷慄|悲

厲嚴正也 詈罵| 痢瀉|下也 謚臨也 礪砥石也 劙割也
沴妖氣 癘疾疫 濿褰衣渡水 勵勉也 捩琵琶撥也 蠣蚌屬 例
比也 盭彌也 ○ 意應計切志|心所嚮也 翳隱也蔽也 懿美也
易|不難也 衣著也 衣 饐飯傷食敗溼 劓刑截其鼻 乂治也 刈
割也 詣造也至也 羿古射師 異奇也分 曳引也 瘞埋也 餲
食敗 誼善也 枻檝也 藝才伎也 毅剛|有立也 義理也 議
謀也 裔胄也 睨睥|斜視 貤重物次第 ○ 氣區意切元|也 器
皿也 棄捐也 弃同上 愒息也 亟數也 契券也 揭褰裳水曰 |涉

跩垂足坐 ○ 媂寧計切滯也 膩肥| 泥執不通也 ○ 未
忘閒切猶|也 味滋|也 菋五|子藥名 ○ 沸方閉切泉涌也
費耗也 廢弛也 肺金臟 吠犬鳴也 蕟蘧篨別名 籧| 誹
言急 蔽蕝|小貌 第福也 ○ 切青細切衆也 妻以女嫁人曰|
砌階甃也 ○ 細桑際切小也微也 壻女夫曰| ○ 袂迷閉
切也 謎隱語也 ○ 背邦妹切也又脊|負 輩等也 狽狼屬
備毋|立 貝海介虫 焙煏也 倍具也 輩與輩同 被及也
[illegible]鄙|惡灰之言 ○ 佩傍妹切玉| 珮同上 悖

亂也誖言亂琲五百珠枚○配滂合切也佈仆蔽也丨浡
郡名霈霶丨雨貌帔帬丨衣披持若指轡馬也𩌏大帶珮
也旆旗○檜木名光長切儈丨牙鱠魚丨獪狡也澮
水注溝桂木名又姓襘瘠也嬇嫩也會計也貴尊也跪拜丨
膾細切肉櫃藏也饋餉也餽貽也檜取也○世申智切三
十年一丨為勢權丨逝往也誓約信也貰除也○渭注貴
切水名丨胃穀府蝟蟲也鰃魚名魏國名緭經丨曰位正也
爲緣也衛捍也餧飼也謂與言也尉候也慰安也之畏

怖也穢污也○匱竭也狂位切饋中丨蕢草器簣土籠餽
貽也跪拜丨○綴聯之也腄切贅以物質錢餟祭也酹○
酹以酒沃地叶雷去声耒耜丨累紫也淚眼目擂鼓丨纇等也
纇絲節也○墜隕落重腄切礧鎮也縋以繩懸物槌架蚕
蕭桂膇重下腫足○妹女妹背切眛目丨媚妩丨瑁玳丨
龜屬魅精怪寐寝也眛目不明○吹充丨之切也毳細毛
喙口丨出丨之也惴憂懼○稅師丨租赞切也征蛻蛇蟬
解也諉以言諉人帨紛帨巾丨睡坐寐瑞嘉祥符丨○芮

汭水涯切枘木耑銳利也蜹蠅蚋叡深明通達○碎粟碎
丨切細也睟周時也祟神禍也歲年丨粹純丨也誶諫也
○醉臧所為酒遂切曰丨最優也檇地名罪愆也○遂
辭成也酸切粹純丨彗帚竹燧火畫邃深遠穗禾穎
隧墓道○悴憔悴脆易斷倅副車翠鳥名顇顦丨
焠堅刃劍淬染也萃聚也○誨荒貴切教誨也晦月盡也
諱隱也靧洗面賄財也○會胡貴切聚也潰亂也匯水回
合闠市外門瞶目疾繪畫文惠仁也蕙似蘭而香譓注迪

嘒小声恚恨也憓恨○退他累切卻也蛻蛻蟬
○對當累切答也碓舂具敦器名○內奴對切裏也○
兌猶聚磊累切也隊群也懟怨也

入作去聲

○日人智切太陽馹驛傳○逆銀計切不順也
溺沉沒嗌丨咽奕圍棋也匿藏也弈美貌斁厭也瘞丨瘞
譯傳言之四丨掖丨也庭液津丨射無丨月律九逸超也
役使也溢丨滿翼宿名繹理也鷁水鳥域邦也腋肘丨
翊輔丨軼侵也鎰二十四兩弋繳也亦又也易周丨

一數之始也 ○驛馬丨 揖拱丨 益增也 浥漬也 憶念也 邑縣丨
佾舞行列 ○勒离妹切馬鑣銜 肋脅幹 鰳魚名 扐筮者箸簪
指閒 泐凝合也 ○劾强義切戲也 朸木棱 ○笠郎帝切箬
一十 力筋丨 栗果名 篥觱丨胡樂 慄懼也 曆數丨 瀝滲也 靂
霹丨 攊牛馬皁 礫水石曰丨 轢車踐 粒米顆 立置也 壢丨冪
劆劙開也 癧瘰丨 皪的丨白貌 歷經也 ○密忙背切靜也
墨膠煤爲之 默靜也 ○宓忙閉切祕也 覓求也 謐安也 宓
止也 蜜蜂餹 ○蔔蒲妹切蘆丨 僰犍爲蠻夷王制屏之遠方

五魚模

[平聲] ○魚移居切鱗物 漁捕丨 虞有也 愚戇也 隅陬也 禺
猴屬 揄白丨 臾須丨 腴腹下肥也 萸茱丨 諛諂丨 舁對舉 窬
門邊小竇 盂盤丨 竽管二十六黃 余我也又姓 予我也 餘賸也
妤婕丨婦官 與舒參貌 踰越進也 歟歎辭 璵璠丨 愉悅也
歈巴丨歌也 雩祈雨祭名 㥚憂也 瘉病也 俞然也 瑜美玉 嵎
山名 玗玉名 逾越也 輿車也 覦覬丨欲得也 畬三歲也 毹
氍丨毛席亦作書 渝變也 譽稱羨也 旟鳥隼爲丨 褕襜丨 于

於也入姓 娛樂也 ○謨忙逋切謀也 摸捫丨也蘇又 鏌毛
曰丨 謀議也 摹規也 模規丨範也 居更於切止也處也 車引重
致遠 駒稚馬 俱偕也 琚玉名 裾衣丨 拘執也 斞挹也 椐木名
○朱征如切赤也又姓 諸衆凡也 豬豕子 株木根 蛛蜘丨
珠蚌貝 邾國名 侏丨儒短人 咮多言貌 誅責也 殊丨砂 祩
詛也 ○蘇僧租切草名木名 酥醲丨酒名 甦息也 蘇[illegible]丨草[illegible]
穌舒悅也 ○葅滋須切雖 雎丨鳩鳥 粗猿屬 趄趑丨
進貌 苴麻有子者 沮水名 諏咨丨 娵火也 蛆唧丨 ○孤瓜胡

切也 辜罪也 姑父之姊妹 酤買酒也 觚飲器 菰彫丨 鴣
鷓丨 蛄螻丨 箍以篾束物 沽水名 柧丨稜 呱小兒啼聲 罛魚罟
○踈傷初切稀也 蔬菜名 梳櫛丨 疏通也 ○虛興居
切空也 歔欷丨 噓吹也 旴日始出 吁嘆也 盱張目 訏 ○
大也 ○騶倉須切車驅而丨 蛆蝍丨 趨走也 ○枯空乎切槁
也 刳剖也 恗怯也 ○都宗盧切松也 闍闉丨城上重門 ○
晡巴謨切日加申時 逋逃也 餔食也 ○廬郎居切舍也 閭
里門 櫚栟丨 驢馬類 蔞丨蒿 臚皮也陳也 藘茹丨蒨丨 爐

小儒 ○如人朱切似也 儒有道術皆曰| 襦短衣 茹恣也 [illegible]

鹿子 鴽鴾也 嚅囁|多言 懦駑弱 濡沾| ○無忘逋切有|之

對 亡|不所為 毋禁止勿為之辭 蕪荒也 巫巫覡又姓 誣詠也

无虛也| ○徒唐盧切步行也 塗泥也抹也 屠殺也 荼苦|

圖謀也 駼騊|獸名 菟楚人謂虎於| 途路也 酴酒名 ○奴

|帑奴都切 孥子也 駑駘|下乘 笯鳥籠 帑金帑所藏 砮石可

為矢鏃 ○蘆龍都切葦屬 盧黑也 顱首骨 鱸魚名 爐火牀

瀘水名 ○壚酒| 艫舳|舟名 纑布縷 轤汲| 鸕鷀 ○[illegible]

中州音韻　卷一　世

商朱切紀也 舒伸也 輸勝負|贏 為 紓緩也 踰溫窣覦毹

毛雜席也 ○殊異也 茱|萸 銖十黍曰| 重 殳擊也

○樞昌書切戶| 姝美好 攄舒也發也 摴|蒲入胡 老子作

貙獸似狸 樗惡木 ○渠求於切大也 磲硨|次玉 石

蘧|| 有形貌然 籧|竹篨席 衢街| 臞瘠也 癯上同 瞿齊隼

視 劬疲勞 鸜鵒| 蕖芙|荷花 璩環屬 ○須思斯|也 血切

鬚在下曰| 胥相也 需卦名 濡|頭 諝有才知 繻裂繒

○於依居切即也 迂遠也 紆詘也 淤泥淤 ○餘遲如切

也 滁水名 躇躊| 篨竹簟席| 廚庖屋 幮帳也 蜍蟾|

蝦蟆也 儲副也貯也 胥休王|奴 躕踟|不進 ○區

丘余切小空也 墟大丘也 驅馬馳也 嶇崎| 軀身也 袪衣袂

歐同嘔 驅 ○徐祥緩也 狙切 羭野羊 ○初始也

芻羊草又曰| ○鋤耕也 鋤|切 雛|鵝 鉏鋤也

○扶防無切佐也 扶助也 符契 夫發語辭 鳧野鷺 蚨青|

虫又青| 颫大風 浮泛也 蜉蝣| 巫|峽 芙蓉 ○數

方遮切 瘋也 夫丈夫 孚信也 桴鼓槌 趺足背 趺上同 麩

中州音韻　卷一　世

麩皮 俘因也 玞次玉 膚皮也 不不然 枹擊鼓 ○稃

稃生 殍餓死者 郛郭也 荂花盛 鄜州名 鈇斧也

蒲草名 又|地 酺飲酒作樂 莆|草名 ○|又 衢

匐| 脯胸或曰| 葡|萄 ○胡何切 鵠|鶘切 乎也疑辭

壺酒器 狐妖獸 餬饘也 醐醍| 葫草名 又鵜|鶘

水鳥 瑚|璉宗器 弧木弓 糊粘也 湖大陂 又|

衚| ○吳大王言 姑切也 吾我也又姓 梧木名 鋙|鋙之劍

鯢飛 生 娛樂也 浯水在|郡 鋘鋘|金山 ○呼

荒姑切嘆也滹丨沱水名膴無骨腊謼大叫戲古文呼字○
烏蛙孤切語辭也惡安也杇塗鏝器洿濁水不流汚同上嗚
丨嗚於丨呼嘆辭麤倉蘇切物不精也粗精丨麁疏也○鋪
滂模切設也隙也誧謀也痡病也○租藏蘇切田稅蒩茅丨
藉封諸侯用之○祖藏蘇切往也殂死也
入作平聲○熨叶於火長烏也育養也楕車履闌也○局
其余切曹也徭丨強貌豯豕丨也○俗詞俎切習也
續繼也○術繩徐切方丨述誤也蜀巴丨屬隸也贖貿也

塾家有丨孰誰也熟成也淑善也○躅成如切蹢丨行貌
朮藥名秫稷之粘者○獨東盧切單也髑丨髏讀誦丨瀆
溝丨匵匱也牘書板犢牛也突觸也堗竈突也毒亭丨化育也
纛皂丨軍中大旗篤實也督家丨陶朱長子○斛紅姑切十斗日
丨鵠黃丨觳丨觫懼貌槲木名鶻鷹屬○族從蘇切宗丨聚
也卒兵也○鏃聡蘇切矢鏑蔟聚也○僕邦撲切給事侍
從若曝日乾也濮水名又姓匐匍丨伏地孛悖氣也[illegible]
樸朴也暴顯也示瀑飛泉○伏房夫切匿也服衣

復反也鵩鳥屬紱車具茯丨苓袱或曰包丨也○佛彷彿
切西方神名○杌吳姑切木無枝兀高貌矹硉丨石崖扤搖動
舡舡不穩○逐長如切追也軸卷丨車丨○核胡姑切果中實
上聲○雨余矩切陰陽和為丨敔樂器圉養馬者圄囹丨齬
翽丨羽毛也禹舒也語論也宇氣丨也與施丨庾倉丨鋙
鉏丨予賜也斞量也○呂郎矩切姓也旅師丨侶伴也膂
脊骨縷絲藍丨丨又謱覼丨曲也委僂傴丨屢數也○主
張汝切掌也拄支也麈麋屬渚小洲曰丨煑烹也○汝儒主

切尒也乳湩也籹粔丨蜜餌女汝同○鼠傷主切或蚁獸善竊
暑蒸熱黍早熟禾也○杵昌汝切臼也處居丨褚綿絮裝衣
曰丨楮木名皮可為紙○醑須取切酒也嶼山在水中湑露貌
○許虛矩切與也詡和也珝玉名栩木名煦烝也呴吹也
○女尼矩切米嫁為之丨○咀趣字切咬丨嚼也沮止之也
○扵於舉切擊也窳苦丨器不中也愈進益也○舉居雨
切扛也苣草可為繩筥箱也矩法也櫸木名踽丨丨有威儀
○去叶區上聲徹也○取叶趣上聲索也○甫叶數上聲狀也

脯肉脯腑臟｜府官｜父尊也撫安也腐爛也否弗也
缶瓦器黼白黑相次簠簠｜斧鉞｜俯俛也○武叶無上声
舞文武威也舞歌｜侮慢也鵡鸚｜能言鳥碔｜砆石次玉珷
同上廡堂下周廊○覩叶都上声見也賭博財堵垣｜土國｜
獸城也○祖叶租上声始也珇美好也組印綬○數叶疎
上声計也所處也○楚叶初上声長｜礎石負擸憷痛也濋
水名○爼之所切祭器岨峻｜詛呪也阻隔也齟齬｜○
畝叶模上声文百為｜母父之｜姆女師牡牝｜某甫代名

姥女老稱拇大指莽宿草○傴叶於上声｜僂嫗老婦之稱
噢｜咻痛念之聲○土他魯切｜地吐出也稌沛国呼稻為｜
○魯郎堵切愚也滷鹹滷鹵｜薄虜獲也櫓大盾擄｜掠
也艣似槳而長擼提動○古公五切遠代久也鼓華音之器
瞽目有眹而无明曰｜罟網也估市稅久論價也賈坐販曰｜股
髀幹詁｜訓牯牡牛羖羊牡蠱卦名事也[illegible]与羖同○塢
汪古切山河也伍什｜午旁｜分布也仵偶敵迕逆也鄔縣名
五中數○虎荒古切猛獸滸水涯琥琮玉戽｜斗○[illegible]

[illegible]｜切砮石箭努用力也○苦匡五切困悴也楛濫惡
也箬竹名○普滂母切也大也溥博也圃種菜曰｜浦
水濱○補邦母切｜綴綻衣也譜籍錄圃園｜

入作上聲

○足臧酹切趾也○蹙叶取迫也促催也○
卒叶租終也捽擊也○澳於率切隈厓欝香草氣也又蔚
茂也熨火展帛也○矗叶楚直也觸觝也○粟叶須上声穀｜
[illegible]細切宿止息也肅恭敬也戍辰名恤憂也[illegible]擊也○
速叶蘇上声疾｜蔌菜茹挂名觫觳｜惧貌餗鼎實簌○

縮叶暑收也退也叔｜季也蹜足迫也倏｜忽俶厚也[illegible]
大也菽豆也束縛也謖起也○族叶粗上声聚也簇小竹也卒
悉也焌火燒亦火滅也○福叶府善也腹｜肚厚也幅布帛廣也
蝠蝙｜伏翼也覆反也拂拭也紼繫印組也髴髣｜紱印組
也黻袞冕芾草木盛也複重也○菊音矩秋華掬兩手奉物
[illegible]饘也鞠推窮也踘蹴｜[illegible]精也秋華也鞫窮理罪人鵴
結｜布穀橘果名獝狂也屈姓也譎｜詐○屈丘雨切拗曲
蛐蚓也曲不直麴酒媒○祝叶主巫｜燭蠋炬也鐲

筑以箏十二絃竺天竺西域國名築擣也竹艸木囑丨誡也
○旭叶許日旦出貌頊敬謹貌勗勉也畜丨淤也
○出叶入杵也丨黜貶斥畜大丨小丨卦名蓄積丨聚也怵
悽愴也觸觝也○屋叶烏台也沃灌也兀臬丨不安○哭
叶苦哀大聲曰丨酷苛虐窟孔穴勖用力也○谷叶古山丨
轂百丨揔名轂車丨梏手械汩湧出又亂也骨肉之覈也告
啓也丨硲大阜○禿叶土無髮也誘誑丨狡也○撲叶普
打也醭醋生白丨○欻叶虎械也笏手版寤睡覺惚恍丨熇

炎氣熱也○篤叶堵厚也督董也咄呵也柮榾丨短木启尾下
竅○卜叶補丨內不丨然也

去聲

○芋叶俞去聲草根可食御侍也禦捍也遇相逢也裕
饒也喻告也諭曉也寓託也雨自上而下之曰丨豫逸也預
安也譽稱美也蕷山藥嫗老婦之稱馭使馬欲情也舉兩手
對舉之車籲呼也和也齲齒蠹鑄張恕切鎔丨炷灯丨蛀丨虫
馵馬後左足白註訓釋也注灌也丨丨駐止馬宁門屏之間
苧草可績布佇久立杼機丨羜未成羊丨箸挾也注

止也柱撐也翥飛舉也澍時雨也貯積也竚與佇同紵
麻丨著述也○句告遇切章丨鋸刀丨詎豈也踞蹲丨遽
依也丨籧葦篨也倨傲丨懼怵也丨巨大也具備也遽
急也猝醵合錢飲酒拒捍也距雞丨勮勤務居止也絇絲數
○處昌恕切所也絮調丨猶也○絮叶須去聲敝綿也叙
次丨序庠丨溆浦丨緒絲端○恕叶書去聲仁丨庶衆也戍
守邊○樹猶注切植之揔名也豎立也曙旦也署部也豎
豎僕未冠者○去區遇切離也呿口開也○慮叶驢去聲

謀也思濾漉去滓也鑢錯銅屢頻數也窶貧無禮也○覷
叶趨去聲同覻視趣向也娶婦取索也趨疾也○孺叶如去聲
稚也茹食也乳育也○聚倉絮切會也墅田廬○付叶方
去聲授也與也傅相也賦丨貢仆僵也副貳也輔弼也富
財也婦妻也負擔也阜厚也附寄也鮒魚名賻助也訃
赴奔也缹火熟也腐朽也釜六斗四升也父丨母覆蓋也
祔合葬○妒叶都去聲爭也蠹蛀虫斁敗也杜空也肚
○度唐路切渡過也斁閉也白桑根柱

塗坐飾物○庫叶枯去聲貯物舍也袴脛衣○作叶遭去聲造也
做俗詛丨呪○胙祭餘祚福也秨佐也輔阼土階
○醋叶粗去聲酸也厝置也措擧置也錯金塗之丨謂○
布邦暮切丨帛也怖惶也悑惧也抪布散也佈徧也○步
旁暮切餘行簿籍也部署也篰篋也捕擒捉也哺食在口也
埠水陸交易處皆通○鋪旁暮切賈肆也誧謀也○惡汪故
切憎也堊塗也汚貪也○誤王故切謬也悞同上又歎也
寤寐覺悟覺丨晤明也忤逆也○怒囊妬切恚也○兔

中州音韻　卅九

湯路切獸名吐歐也○韄音丨葦故切湯樂名大戶門丨也護
擁之全也怙恃也岵山多草木祜福也沍寒凝瓠匏也扈丨跋
猶梁強也互丨差戽水丨斗器也○数叶踈去聲筭丨疏陳調
○務亡布切事丨也霧天地氣上不應戊衣名婺女丨星名鶩
目不明鶩亂馳曰丨丨○暮忙布切日晚墓墳丨慕思也募
廣求莫與暮同○路郎道切丨覲鷺鷥丨露潤也澤賂
遺贈也也輅車也潞水名璐玉名○故光互切舊也錮鑄塞
之也痼久病顧迴也固堅也雇庸也詁今丨訓古言也

中州音韻　卅

○足臧祭切丨恭便辟焉惧驟也○粟桑資丨故切訴也
逆像也泝逆流而上嗉鳥亢愬讚也遡迎也愫真清[illegible]
○玉于句切丨宝浴澡身育養也郁文彧貌
獄犴丨所以繫囚欲貪也慾情也淫也鵒鴝丨峪山名蓐草名
○入叶如去聲納也沒也褥裀丨辱恥也○綠叶慮青黃間色
錄撿束也籙圖書律萬法所去綷繩舡丄用六陰數陸高平
日丨戮刑也肆將也○物叶務丨也勿毋也○鹿叶路
獸名漉滲也祿福也丨麓山足醁醽丨美酒琭玉名○木

叶蓼五行二曰丨睦親也和也穆順也鶩舒鳧沒盡也目眼也
沐濯髮牧守養六畜殁終也○訥內叶怒言難也肭腽丨

六皆來

○皆雞鞋切俱也階級也喈和聲堦砌也稭麻稈街
葉丨安頓蠻來使之所偕俱也張也揩抹也名○揩立岸切擦也
緖文絲○垓歌八切極又陔也該備也載也荄根也丨
階次絯束也縛也○乖瓜歪切和也不戾也痱惡瘵○[illegible]
切開○崖鳥乖切○偈以淮切○[illegible]

切頷下也○揌丨搓毸毛羽丨偲意不合也䰄多鬚丨鬛丨
舁也○揌振試也衰切○災禍害也兹腮切𢦏始也栽種植
栽天火曰丨菑無害丨無○衰舒歪切微也鞋奚皆切革生履
諧和也骸脛骨鮭魚名○排推擠也蒲埋切牌丨牓俳優丨
雜戲簁大篩○懷胡乖切思也胸臆也槐木名淮水名褢藏也
瀼水名○埋麻皆切瘞也霾小雨晦也○來郎台切至也
萊藜草騋馬高七尺徠徂山名丨猍狸也棶麥也○能奴來
切三足鱉○孩何孩切小兒始生頦頤也咳小兒笑貌○崖

移山皆丨切涯水際厓山邊睚目際捱俄延也○挨衣皆
切推也○釵初柴切婦人岐笄也差擇簡也也○柴池齋切薪
也瘵瘦也豺狼屬儕等也柴丨祭天○𥸣疎齋切下物竹
器篩竹器也○㩟抽埋切拳加物也以○榸之乖切枯木根
膎灵淮切形貌瘦也膗丨膗淮切也○咍呼來切也
聲台天台山名駘駑馬鮐魚名郃地名胎婦孕三月也○
才慈腮切丨能也財貨也纔僅也裁製也材木挺之成也又才
○猜疑也㥅切○鰓魚開口霸敳理也○

於開切埃塵也細毒人無行也唉嘆欸嘆也○
懸也臺徒來切高而曰丨四方檯可築即也擡丨舉儓農夫之賤
辨炱煤也苔蘚也薹夫須草懛丨志懛失貌○齋莊皆
切潔也也

入作平聲

○白巴埋切西方色又潔也帛繒也舶海中大船
鮊魚名○舴叶齋蚱艋蜢丨○宅池齋切居也澤光潤
也翟陽丨鳥名檡木名擇選也襗袴丨○獲胡乖切得也
劃刮也剨破也㦎乖戾也捇裂也摑也畫指丨分也或

力破○寨叶腮窒也

上聲

○蟹希解切螃丨駭驚也○解叶皆上聲散之也○
買叶埋上聲市也蕒苦丨嘪羊聲○嬭叶囊上切乳母乃辭之
叜同上俗也○灑叶篩上聲汎也○矮叶挨上聲短不長也
○擺抽拐切擘也敱試也○枴叶乖上聲老人拄杖
同上夬易卦○海呵改切滄溟醢肉醬○紿叶台上聲絲勞
難理詒欺紿譺言不正騃馬色丨藹春○凱叶開上聲
善也愷樂也鎧甲也塏高燥咳嚏丨○㙉叶台上聲

正也○擺遍買切撥也捭兩手擊也○䏧叶鼓上聲更也○
宰叶乳上聲主也載年也○采叶猜上聲取也綵繒繒彩文色
也採摘也鬏｜髻寀寮｜官也○唉阿海切飽聲騃痴也
○拏鋪買切攙｜｜物倄不肯也○靄叶哀上聲雲集貌
藹草木叢雜貌乃欵｜靉雲盛貌毐嫪｜秦人名○劖
枯枴切姓也○楷溪駭切式也
入聲作上聲
○伯叶擺長也又第二等爵曰｜百數名栢木名
迫窘也蘗黃蘗也擘分｜○[illegible]升擺切頓也摔手｜蟀

蟋｜倅行貌○窄叶齋上聲狹也擳梳也責誅｜也簀床棧
幘巾｜摘手取側旁也昃日｜仄側傾謫罰也○色叶篩
上聲頻｜索求也瘶瘮｜寒貌摵縛｜捕鳥揀｜擇取物韄求堅硬
溹水名又｜兩下｜嗇慳積也濇不滑嬙女子穡稼｜○
客叶揩上聲賓客刻晷刻曰｜○策叶叡上聲籌也柝擊也皺
皺｜冊簡｜惻悽也測度也蹐躍也筴筮｜栅竪木立｜
○泊鎖買切消也魄魂｜珀琥｜劈剖也○格叶皆上聲
式也骼骨｜隔塞也膈胸｜轊車｜篙竹｜革改也｜○

虢叶乖上聲國名摑打也馘截耳碱破｜幗婦人喪冠嘓口｜
｜頰也○歹多乃切劉骨之殘穿地捕獸
去聲
○犗居拜切凡畜健強者皆曰｜戒警也屆至也界境也
疥瘡｜廨官舍解發也誡警敕之辭曰｜尬尷｜行不正芥
辛菜玠大圭介大也[illegible]無愁貌○獬奚介切｜豸似羊一角
邂｜逅不期而會懈懶也解散也澥渤｜海別枝械器具薤
萍菜似韭瀣沆｜蠏蟄八足○債叶齋去聲負也瘵病也蠆
蜂｜[illegible]｜祭國名又姓廌神羊寨羊宿栖寨砦山居又木柵

眦睚｜舉目相忤貌○帶當賴切紳也戴頂荷也襶縰｜
不曉事怠懈也倦也待俟也代世也更也黛眉｜大小大之對
貸施予瞹瞹｜明貌逮不及也靆靉｜雲貌袋囊也殆危也
迨及也埭壅水為堰○亥杭蓋切辰名害傷也妎妒也噯
｜氣也○帥叶衰去聲將｜○柰囊帶切果名鼐鼎之絕大也
耐｜事奈能如之何曰｜能｜｜寒暑○太湯賴切大也泰
通也汰沙｜態意也貸施予○蓋岡害切覆也○丐乞也
槩平斗斛溉灌｜○艾昂蓋切草也礙阻妨也

懇也丨餲敗飯餧也僾也○外王遠也切膭也
○蔡倉餐切國名又姓菜蔬也寀宦丨也○賴郎帶切特
也籟瀨水流沙上也籟三孔樂器癩疥也賚賜也睞勞丨
旁視徠勞也丨○賣忙拜切鬻物邁行進老也譪誇誕
○隘羊解切陋也捱或曰抵也睚怒視噫飽出息也呃不平
聲瘥叶差去聲病瘵祋衣丨○拜邦賣切手至地丨敗之丨
也敗旁賣切毀也稗草似穀憊病也韛以韋囊吹火
○派滂賣切水分流湃滂丨水聲○灑變債切暴也殺丨也

中州音韻

煞疾也鎩長刃也灑洗也○恠光外切異也壞毀之也
夬卦名○壞黃恠切物自敗話疾言也○快匡外切歉意
噲咽也塊土丨蒯草名又姓○儈於恠切惡見○噯抽恠
切隘一舉○載臧賽切承也再重也在存也○在叶才
去聲也○賽桑再切報也塞邊界也簺行棋相塞曰丨○
慨叶開去聲誠貌慷嘅歎也愒貪也咳小兒笑貌欬嗽丨
去聲
○陌叶賣阡陌貊蠻丨佰一百為丨也麥丨金
金王而生旺而死脈血丨驀越也駱駝文牛丨墨為膠

○額叶崖去聲顙也厄阻難災也搤持搤也○擷帶
切

七真文

平聲
○真遮人切為之反丨珍寶也振舉也甄陶也鎮鼓敌
丨謂之瑱玉充耳○新斯津切舊之對薪柴也辛苦丨
信誠實也丨慤○賓巴民切客也鑌鑌鐵為刀甚利濱水際
彬文質雜半斌同上邠州名繽紛丨亂之貌豳周始封國○
津資辛切水渡璡似玉之石溢氣液之也○諄朱純切誠懇貌

中州音韻

迍遭丨肫面也屯卦名窀丨下棺穸或曰純也淳沃也
○巾雜銀切釋名丨謹也首衣斤十六兩為丨筋骨絡釿
丨制焉語○君居雲切也群下歸心丨若群均平也鈞三十斤
皸皮裂也麇鹿屬軍旅丨○尊滋孫切貴也遵循也樽
酒器罇同上僎鄉飲酒禮輔主人者○榛之詵切小栗蓁草盛
溱至也溱水名○莘尸名桑切詵致言也粃紛切莘
寒病駪眾馬多貌甡眾生並立貌侁行貌○薰許君切香草
熏火煙上出臐勳功也燻火氣盛貌纁淺絳獯

獖奴號 ○鶤鳥名瓜温切 褌衣褌 昆同也兄也 鯤大魚
崑崙丨 琨美玉 ○温和也烏昆切 瘟疫丨 蕰丨藻水草
殟胎敗 ○孫思尊切子之子為丨 蓀香草 飧食也 猻猢丨 ○
敦都論切勉也 墩平地有堆者 惇丨厚也 驐去畜勢 錞
畫也弓 燉火色 ○奔巴門切走疾 犇牛驚 賁勇也 ○坤
謗温切道也 髡鬄髮 ○根歌痕切本也 跟足踵 ○恩阿跟
切澤也 ○欣希斤切喜也 忻同上 訢喜也 昕旦明日將出也
炘熱貌 ○鄰梨真切親也近 粼水在石間 疄田壟 粼也

中州音韻

麟麒丨牝曰丨又丨 轔車聲丨丨衆 鱗魚甲 燐野火 璘玉文 嶙
峋丨 ○貧昆民切無財曰丨 頻數也 顰丨眉蹙也 嬪丨婦
嚬笑也 瀕水厓 蘋大萍 翻飛貌 ○民迷賓切衆萌也 珉石似
玉 緡錢貫也 閩東南越 旻秋日丨天 岷山名 ○裙渠雲
切下裳 群衆也 ○人如真切天地人三才 仁愛人利物之謂丨
○倫鄒敦切次序也 淪沒也 輪車丨 掄擇也 綸絲丨 ○勤
其寅切勞也 懃慇丨 芹楚葵 ○門麻奔切戶謂之丨 捫合兩
撫持 璊玉色 ○論盧敦切 崙崑丨 ○文

彣丨美也 汶水名 紋丨綾 蚊齧人飛虫 聞耳受声 ○因
由也於斤切 茵丨褥也 姻丨婚 湮沉也 殷盛也 禋祭也敬也
堙塞也 氤丨氲氣貌 慇丨懃 闉丨闍 ○寅夷巾切辰名 夤
緣連也 銀白金 垠岸也崖也 齦齒根肉 誾和悅而諍 嚚愚也
鄞地名 ○申升真切辰名 紳大帶 伸舒也 信丨屈 身躬也
娠妊娠也 呻吟丨 ○嗔称人恚也 瞋怒而張目也 ○陳
池人切列也 塵鹿行揚土也 臣事人也 辰特也 晨昧爽也
宸帝居 ○親妻辛切姻眷也 ○秦齊津切國名又姓 螓虫似

中州音韻

蟬 蓁或曰樂器 ○春樞唇切歲之始 椿木名 輴載車 抠 ○
脣池論切口丨 純粹也 蓴蒲叢 醇醲也厚也 淳質也 鶉
鶉丨 錞金丨以和鼓角 瞤目動也 ○荀須雲切草名又姓 詢
咨也 峋嶙丨山貌 恂信也 ○旬徐雲切十日為丨 巡視貌又行
逡丨 馴擾也 循丨丨次亭貌 紃組丨紡繡 ○氳於君切氤氣
貌 奫水深黃 緼緼也 煴鬱煙 ○雲于切山川氣 勻均也
芸香草可辟書蠹 云言也 耘除苗間穢 沄水流轉 貟益也 筠
竹膚之美質 紜紛丨 ○分數奔切 紛丨緩也 棼丨也

雰｜氛 祲氣 祅｜ 饙 一蒸 飯也 坌 掃弃 之也 帉 巾也 ○ 濆 奔
切 墳 也 棼 複棟 壓 焚 燒也 汾 水名 枌 白楡 蕡 草木 多實 鼖
大鼓 八面 ○ 昏 花昆 冥也 切 惛 悶也 婚 嫁｜ 姻也 惛 心不 明也 閽
守門 隸 ○ 葷 臭菜 切 ○ 渾 華昆 濁也 切 魂 ｜魄 也 餛 ｜飩 ○
村 倉尊 聚落 切 邨 同上 ○ 存 在尊 切也 蹲 踞也 ○ 吞
拖根 咽也 切 暾 日出 始貌 啍 口氣 焞 明也 ○ 神 蛇真 靈也 切
○ 豚 都豚 小豕 切 屯 聚也 臀 腿底 也 餛 餛｜ ○ 盆 蒲門
切 也 溢 水名 ○ 噴 鋪門 切也 歕 吐也 ○ 哏 可根 切 或

曰 貌 ○ 痕 何根 瘢也 切 銀 華飾 ○ 圂 墟雲 圜藥 切
箘 竹名 ｜䈽 也 ○ 逡 且荀 巡切 却退 貌｜ 皴 皮細 皴也 踆 退也
䖘 狡兔 ○ 紉 尼斤 單繩 切
○ 軫 知忍 後橫 切木 車 ○ 㐱 稠髮 診 視也 鬒 稠髮 縝 緻也
又 聚物 ○ 畛 田間 道 紾 單衣 ○ 忍 ｜耐 切 ○ 哂 叶身
上聲 微笑 矧 況也 ○ 緊 叶斤 上声 ｜急也 謹 重也 槿 ｜木 瑾 叶
｜ 瑜玉 也 巹 婚禮 用之 ○ 儘 叶肆 上聲 或曰 盡也 ○ 窘 叶君
上聲 也 ○ 菌 ｜｜ 切 ○ 閩 ○ 隱 叶

䡎 車聲 礮 雷聲 引 導也 也 蚓 蚯｜ 尹 正也 治也 靷 引
𤸯 外｜ 小疹 起皮 ○ 閔 叶民 上聲 憂也 敏 聰也 泯 滅也 憫 恤也
黽 勉也 憋 憋也 潛 史記 ｜王 齊 ○ 準 平均 也 准 凖也 允 切
純 緣衣 ○ 允 叶雲 上聲 信也 鈗 兵器 狁 獫｜ 隕 落也 殞 殁也
○ 筍 叶詢 上聲 竹萌 隼 鷙鳥 簨 簨｜ ○ 蠢 叶春 上聲 不遜也
賰 肥也 偆 厚也 蹐 垂外 也 驐 駭馬 ○ 品 滂敏 類也 切 ○
吻 叶文 上聲 口邊 脣曰｜ 刎 割也 抆 揩拭 也 脗 ｜合 際貌
○ 粉 叶分 上聲 米細 也 ○ 忖 叶村 上聲 度也 刌 截也 ○ 本

叶奔 上聲 根也 畚 盛土 器｜ ○ 損 叶孫 上声 減也 傷也 ○ 穩 叶溫
上聲 安也 ○ 衮 叶昆 上声 ｜龍 衣也 鯀 魚名 也 輥 車轂 齊等 貌
惃 亂｜ 滾 水大 漾東 ○ 悃 叶坤 上聲 至誠 也 閫 門限 也
壼 宮中 道 䶗 齒｜ 起貌 ○ 綑 成熟 織也 稇 成熟 捲衣 又 捆 織
○ 狠 ｜呵 戾懇 切也 ○ 懇 懇狠 至誠 切也 墾 耕田 用力 也
可也 ○ 腯 豕豕 曰｜ 肥也 ○ 畽 他本 切 鹿行 無｜ 隅 ○ 怨
撙 叶尊 上聲 ｜節 ○ 囅 叶嗔 上声 ｜然 笑貌 ○ 牝 叶貧 上 母畜
○ 朓 多圂 切 或

真文 去声

○震叶真去声卦名動也 ○振舉救也 ○鎮壓也 ○賑贍也 ○陣

行列 ○陣長認切同上 ○蜃叶神去声大蛤 ○腎水藏 ○慎謹也

○進臧信切登也 ○晉卦名 ○縉縉丨 紳 ○璡玉美 ○盡竭也 ○盡

藏信切同上 ○贐贈行財 ○鬢叶賓去声鬢髮 ○殯黃塗 ○臏

刖膝刑去骨 ○擯斥也 ○吝叶鄰去声鄙丨 ○燐鬼火也 ○藺莞屬

又姓 ○磷薄石 ○蹸踐也 ○悋慳也 ○燐螢火也 ○醞於郡切釀也

慍怒也 ○蘊積也 ○縕枲也 ○韞包藏也 ○運叶雲去声轉也 ○韻

音諧也 ○暈日月氣 ○殞殁也 ○惲謀也 ○鄆地名兗州屬 ○隕落也

中州音韻　五十

員伍丨人名 ○舜書閏切虞氏號 ○蕣木槿 ○瞬目丨目動 ○循

姝閏切襴丨也 ○順從也 ○閏如舜切分附月也 ○潤澤也 ○覲

其印切見也 ○靳周也 ○饉菜不熟曰丨 ○近附也親也 ○信喪晉

切誠丨愨實也 ○顖頂門 ○迅疾也 ○訊問也 ○燼火餘燭餘 ○刃叶仁

去声鋒丨 ○仞八尺曰丨 ○認辨識 ○訒難也 ○軔礙車輪木上丶 ○韌堅柔

難斷 ○牣充滿 ○釁叶欣去声血塗器曰丨 ○焮炙也 ○脪腫起 ○

印叶因去声文合信也 ○孕羊進切懷丨 ○胤子孫相承續也

引紖引 ○趁叶嗔去声趂也 ○疢病也 ○濬叶詢去声

峻險峭也 ○鵔鵔丨似鳳 ○浚水名 ○殉以人送死 ○噀含水噴也 ○徇自衒

名行 ○俊臧峻切千人曰丨智過 ○儁同上 ○駿馬良逸 ○餕所食

之餘 ○訓叶薰去声教誨也 ○郡渠運切群也 ○奮叶分

去声揚也 ○憤怒也 ○坌拂除也 ○糞穢也 ○忿悁也 ○分名分也 ○

問叶文去声聘也 ○璺釁丨 ○紊絲亂 ○汶水出琅琊 ○聞名達曰丨

○巽叶孫去声卦名入也 ○遜順也 ○揾叶溫去声沒也 ○混

胡困切水雜流 ○慁汙辱也 ○溷濁也 ○顐頭形圓 ○倱丨伅 四

○棍叶昆去声緊也 ○諢順言諢弄戲 ○頓叶敦去声舒也 ○囤

中州音韻　五十一

笨丨盛穀 ○鈍不利也 ○圂叶昏去声見上 ○盾趙丨人名 ○沌混丨

遯隱也 ○遁同上 ○腯肥也 ○逩邦悶切急走也 ○奔或丨走丨 ○倴

或曰兵坌 問踏也 ○坌蒲悶切塵坌也 ○湓水声 ○悶叶門去声

須丨心鬱也 ○懣煩也 ○困匡悶切窮也 ○嫩奴損切弱也

○寸倉遜切十分為丨 ○刌断也 ○論郎頓切丨議也 ○惽

叶昏去声不憭又迷忘 ○諢叶溫去声弄言也 ○捘祖寸切捘揤

也 ○焌燃火 ○恨何艮切怨也 ○艮叶根去声卦名 ○亘通也

○褪叶吞去声卸也 ○硍石立恨切 ○珢石

王○襯初良切近身衣也櫬空棺䞋親施丨齔齒齔𩓐也
○噴湧悶切嘆也

八寒山

平聲○山師閑切高大有石曰丨刪除削也潸涕淚流貌珊
丨瑚珠也○寒向干切寒暑之對汗可丨戎酋之稱邯丨鄲翰
羽也韓國名又姓○丹多闌切赤色單孤也薄也癉火丨小兒
病也鄲邯丨縣名簞丨笥小籃殫竭也○安阿干切寧也鞌
馬具鞍○跚思閑切蹣丨跛行也珊闌丨○干歌寒切求也

竿竹丨肝木藏玕琅丨乾燥也○間艱閑切中丨姦婬也
詐也奸訟也艱難也菅草名○看輕寒切視也刊削也豻
亏交○關瓜還切高也鰥老而無妻曰丨綸青絲綬○栓
尸閑切或曰線也擐閑門鍰拴木釘也○班巴蠻切列也
頒布也賜也斑文也般還也扳援也挽也斒色不斕○攀
鋪蠻切引也扳同上○慳溪閑切悋也○赸之山切或
日走貌○蘭羅丹切香草闌門丨斕斒丨色不純也瀾大波
欄木名襴衫也讕衆言誣孄階際○還胡關切復也𡢃

寰天子封畿內縣闤市垣鐶指也鬟總髮潫丨流貌也
闤闠丨○蠻麻班切南夷鸞鳥比翼○顏移閑切丨容也
○閑攜間切暇也鷴鳥名癇小兒瘨病嫺雅也○潺鋤
切丨湲水流也孱懦弱也鏒小鑿名僝丨惡罵也○頒扶班
切不簡也樊籠也礬丨石繁多也凡大也燔炙也蘩白蒿
帆幔也墦冢也膰祭餘肉蹯獸足蕃茂也袢丨延熱氣○
翻孚班切覆也飜同上番次也幡丨布與藩同藩籬
也旛旗也轓車箱大反平丨理正幽狂也○餐粗切熟

食也飡同上殘奔丨○灘他閑切水丨瀨癱風疾瘓力極攤
丨塌撻搏丨攤開也市也○壇陀闌切土為丨切封檀木名
彈糾劾也也癉風在手足病也○殘徂閑切餘也悁傷也戔傷也
○彎烏關切持弓關矢也灣水曲○軒卧息當作漘○撰
呼閑切謂輕薄巧慧之子○頑吳閑切也鈍也孉痴○跧之滸
切丨伏○殷依奸切赤墨色黫黑色○難那單切不易也○
上聲○晚亡板切暮也挽引也娩婉丨媚也○反方切丨
覆阪陂者曰丨返還也飯餐也○坦湯瀨切平夷也袒

祇之 ○瘟 當黃病膽切 担 撣也 亶 誠也 ○散 蹤散離 面切
繖 不聚蓋也 傘 雨具 饊 饊飯 糤 饊飯 ○籸 千上聲 箭笴 䈴
奸 未塗面墨 皯 皯䵟也 趕 或曰逐也 衎 叶和樂也 看 上去 侃 剛直
○嬾 那惰亶切也 懶 同上 讕 誣諦 ○罕 呵希 捍 切火也 ○
儹 感聚傘切也 趲 散走 ○綰 叶聲 潸 澘上繁也 ○赧 邦晚切木
片 版 判也 鈑 鉼也 ○赧 囊面亶赤切愧 ○莞 胡管切笑貌
睆 睍黃丨鳥 ○產 蒼也 簡 丨業切也 生 摌 以手拔物 鏟 平之器
剗 削平也 弗 炙肉也 ○簡 江簡 眼切也 揀 擇丨 柬 分別

○盞 莊產爵屬切 琖 同上 ○眼 衣簡目切也
去聲
○飯 防絆切穀熟 又曰丨欲 梵 丨唄我吟聲 範 式也 范 姓平
犯 觸也 ○泛 方絆浮也 販 買賤賣貴 畈 田丨疇也 切
○限 奚閒切界也 閬 門閬 㬰 同上 ○莧 莃澗菜名 切
骭 骸也 ○漢 呵幹切水名 熯 火乾 暵 日乾 䵎 氣息 酐
也 ○旱 何幹切陽不雨 亢 悍 性急也 銲 臂鎧也 閈 里門
曰丨 捍 衛也 扞 同上 翰 丨辭 汗 液 瀚 浩丨大貌 䝉 ○撒
衣贊分切 ○訕 山叶去聲 疝 病也 姍 毀名 汕 魚游水上

○旦 當爛切早也 ○但 任從也 誕 丨也 僤 居也
彈 行丸也 盤 撣 觸也 狚 獨似狼 丨猷 ○贊 贊切
也 讚 稱美也 濽 水濺 酇 縣名 瓚 五升器 ○讃 之慣
切具食 撰 丨述 饌 丨具 饋 ○棧 棧木丨道 綻 衣縫解也 綻
不正 ○萬 盈數也 蔓 葛屬 曼 引也 無也 ○辦 勞慢
切也 辧 瓜中實 ○絆 邦慢切丨羈 扮 打丨 ○炭 湯爛
切未 嘆 大息 ○案 昂幹切几屬 按 抑也 ○岸 魚幹
切也 瞪 崖痕失容 ○秆 禾莖丨名 ○幹 岡汗切能之易 斡

幷丨又 骭 日晚也 盰 目多白 幹 丨也 ○看 康汗切視
也 ○爛 郎旦切光丨 燦 丨爛 粲 相倉著也 ○粲 倉散切好貌
璨 玉光也 璨 明也 ○諫 江晏切直言 澗 山夾水 閒
也 瞯 孟子吾將瞯良人之所之也 瞷 視也 ○晏 衣澗切日旰也 鷃
也 鷺 ○鴈 移間切隨陽鳥 贗 偽物也 ○慢 忙扮切惰也 嫚
海也 謾 欺也 漫 汗漫丨漫貌 ○患 黃慣切病也 宦
豢 養也 幻 虛幻 惑人 擐 貫也 豢 丨 ○涮 誤
切也 鸞 浣馬 ○篡 切也 ○盼 美目 慢 切

襻衣系 ○慣習也古患切 摜帶丨 丱貌丨 ○腕
切丨手 惋惋歎 ○難奴旦切患也

九 桓歡

平聲 ○桓華官切威也 綄 ○綄吳官切船上候風羽 丸圜也
紈素也 完全也 峘小山大山丨岌 垣墉丨 垸漆灰加上骨也 洹
水名 瓛桓圭公所執 岏巑丨小山貌 ○歡花官切喜也 驩
馬名 讙譁也 貛野豕 獾野豚 ○觀古完切諦視 官宦也 冠
冕弁總也 棺槨丨 ○端多官切正也 剬整飭貌 耑物初生之

題也 ○酸思鑽切醋也 痠疼丨 狻猊丨 霰小雨 ○寬誇完
切裕也 ○鑽祖酸切穿也 ○般巴瞞切旋也運也 搬或曰
稜也 ○鸞盧端切神鳥 鑾鈴丨 欒木似蘭 巒山小而銳 圝
圓也丨 灤平丨水名 ○瞞莫般切目不明 謾欺也 鏝泥杇丨也
墁同上 蹣踰也 漫大水貌 鞔丨鞋 鰻丨魚也 縵繒也車名
蔓菁丨菁名 蘰木名 鬘雨濃 饅頭餅丨也 ○剜烏官切刻
削 帵丨子裁餘 豌豆也 眢井無水目無睛 蜿蟠龍貌丨 ○湍
他端切 ○團徒官切圓也 慱憂勞 摶丨 剸斷也 漙

丨多貌丨 ○攢祖丸切刈禾積也 欑叢木 攢族聚
攛粗酸切或曰擲也 ○槃蒲瞞切器也 瘢瘡痕 磻溪名 [illegible]
鬘丨頭曲髮為之 蹣丨跚跛行 鞶大帶 鐇[illegible]器也 般樂也 [illegible]
除也 胖大也 磐大石 瀊水之洄丨 [illegible] 縏馬飾大帶 鞶
來丨貌丨 性 [illegible] 弁詩有小丨幣 ○潘普瞞切姓也 拌
凡揮棄物

上聲 ○短當卵切促也 ○斷截也 ○盌汪管切小盂 椀同上
○疃湯卵切禽獸所踐處 ○管光梘切樂器 館客舍 琯玉丨

腕手丨 痯病也 盥洗也 筦與管同 ○款匡椀切衷曲也 窾
空也 ○澣王管切濯垢也 ○腝囊短切溫也 渜陽也 煖火器
也 餪女嫁三日送食曰丨 ○纂臧管切似組而赤黑色 纘繼也
酇百家又五鄉為丨 攢鏃也 鐏戈戟柄底銳者曰丨 ○滿忙管
切盈也 懣煩悶 ○卵郎短切羽虫所生

去聲 ○喚荒貫切呼也 奐輪丨輪囷言高大 渙流散解釋 煥
火光 換易也 睆黃睆鳥丨 ○換黃貫切同上 緩舒遲 逭轉也
○翫五貫切習也 [illegible]驚 玩戲也 [illegible]濯也 ○鑽臧[illegible]

以穿物○鍛當亂切冶金曰｜碫礪石斷決也腶脯腶[illegible]
分｜煆與鍛同○筭桑鑽切計也蒜葷菜○貫光玩穿條
｜規繩也冠｜戴盥澡手灌溉也瓘[illegible]也[illegible]濟｜觀樓｜祼
祭名○半邦慢切物中分絆馬縶足曰｜縶｜靽在牛後曰｜
○伴旁慢切侶也叛背｜跋也畔田界○幔莫半切幕
也鏝泥｜也大戟也曼末也漫水浸敗物謾欺也墁杇者
塗墍縵繒無文○竄倉筭切逃也攛擲也爨炊｜鑹小矟
○亂郎斷切理也○段當亂切｜片｜體斷絕也椴｜櫬

木橦○彖湯亂切易也○判滂慢切剖也泮諸侯學名詵
水涯○愞囊斷切弱也

十一先天

平聲○天他連切｜顛也○闐堂連切盛也田土已耕曰｜
塡塞也鈿金華飾磌響聲畋獵也○煎臧先切熬也
箋表也韉鞍韉湔濺也濺濺｜流｜水戔委積籛｜[illegible]
姓○堅雞延切固也肩膊也鶼鶼鶼｜子檮蒲｜盧禾名
鞬弓戲甄察也[illegible]也○顛低連切仆也頂也巔山頂

也蹎仆｜傎倒｜○鵑｜鵑倪因切鳥名娟美好貌涓[illegible]
絭也鐲除也睊視貌○邊巴綿切側也籩陸[illegible]編[illegible]
聯吹鞭馬箠鯿魚名蝙｜蝠仙鼠[illegible]拂擊○喧虛[illegible]切大
語也暄日暖也萱忘憂草塤樂器諠譁也諼忘也翾小飛
○饘知然切毛席鸇晨鳳鵰也鱣魚名旃旗柄曲饘糜也
栴香｜檀木飦｜粥之食邅迍｜不進難行○羶戶[illegible]切羊羶
臭牛脂煽熾盛埏引也取也扇｜涼搧動也顫鼻｜微知為香
臭也○鐫宣[illegible]切刻也○年尼堅切穀熟曰年歲○綿麻邊

切目｜精眠翕目也○然如邅切是也燃同上○蹇
迍然切中空也市纏繞也躔踐也禪靜也嬋｜娟美態單于｜
匈奴號蟬蜩也○圓于涓切周也園所以樹果元善之長也
姓也袁原本也沅水出蜀郡黿似鱉大芫草藥名｜花垣
牆也援引也捐棄也鳶飛｜戾天猿似猴長臂圜易為｜乾員
官數轅轅也源水之本蚖蠑蚖｜類嫄高辛妃姜｜[illegible]蠶晚
嬋媛美女緣因也湲潺｜○銓衡也詮[illegible]切痊病除筌
取魚絟細布悛悛｜荃香草也跧[illegible]悛改也[illegible]

□也 跧伏也 ○寃衣淵切屈也 鴛|鴦 淵止水也 宛地名
鵷|鶵鳳屬 悁|讐 娟嬋|好貌 蜿|龍貌 ○延移堅
切也長 筵竹席 蜒蚰|龍貌 綖冠上前後垂覆 言宜|曰| 妍
好也美也 研究也 鋋小矛 鉛黑錫 沿循也 緣因也 埏墓道 焉
語終辭 ○牽欺延切引也 愆過也 褰袴也 騫馬腹縶 岍
山名 汧水名 ○軒稀虔切輈也幰也 車曲 掀以手高舉 祆胡神
鶱飛舉貌 ○先思煎切前也 鮮凡新殺曰| 秈秔稻 仙
神| 躚蹁|旋行貌 褼褊|衣貌 䉳竹名 ○前弃先切|後之

中州音韻

對 錢貨泉 箾星名 ○千妻先切十百也 阡田間道南北曰|
芊|茂貌 遷徙也 韆鞦|繩戲 ○賢奚堅切善能也 弦
矛| 懸鮮倒| 絃八音之絲 舷船邊 蚿馬|百足 玄黑也 ○
烟衣堅切火煙氣 咽|喉 嫣|然一笑又長貌 燕國名 胭|脂
闐|氏于后 單 焉疑辭何也 蔫菸也 ○駢昆眠切駕二馬 蠙
孫母 毗同上 便安也習也 軿輜| 胼|胝皮堅也 緶交枲也
平辨治也均也 ○篇批綿切成章也 偏旁也 翩疾飛 扁
小也 蹁|躚旋行貌 ○全才宣切純也 牷牛純色 泉水源

○傳專切授也 椽|室 船舟也又衣頭 ○膞 □
下田 堧同上 撋頓|挼莎 ○川昌專切水流 穿委曲入也 ○
旋詞緣切周| 漩水面 璿美玉 璇同上 還復返也 ○涎
徐煎切口中液也 沇同上 ○專知傳切獨也擅也 甎甓也 顓
||護貌 剸截也 篿折竹小曰| 鱄魚名 ○虔其言切恭也
乾健也 揵舉也 犍犗牛 ○權渠元切稱錘 顴輔骨 拳屈手
鬈髮好 㾓手屈病 踡|跼不伸也 ○攣驢元切係也 孿
|曲身曲也 聯綴屬 ○圈區喧切杯| 弮弩弓 棬屈木盂

中州音韻

○宣思全切布也 瑄璧大六寸 揎捋也 ○玄奚元切黑也幽
遠也 懸鮮倒| 泫水名 ○連離顛切接也 憐哀矜也 漣
芙蓉實 漣|漪 聯綴屬

上聲

○遠俞捲切遼也 阮姓也 ○宛於捲切屈草自覆 畹
田三十畝曰| 婉順也 苑所以畜禽獸 琬玉也 菀茂貌 踠馬足
跌 ○偃衣蹇切服也 鼴鼠名 ○演拔蹇切水長流貌 衍
賢也 兗州也 縯長也 ○蹇難演切跛也 繭蠶衣 搴拔取也
犍|吾上也 寨小束 筧以竹通水 梘批兩 騫 皵皮起 謇

難言也止也○免罷也悦稱切娩婉娩也姻｜挽子產勉勉也
冕｜冠有旒之言湎沉溺也沔水名㴐偭想也
緬遠也黽｜黽○卷曲｜居遠切捲畎田中溝
○犬虛犬切狗有懸蹄○跣足跣洗銑金之澤者
洗｜姑鮮少也蘚｜苔獮殺也癬燹野火蘚竹名○
腆厚也他典切覥面目殄絕也倎診陰陽｜氣
○典主也當也多殄切○顯明也希蹇切幰車上張曰｜憲
典盛貌晛目小貌○碾尼蹇切輾同上趁踐也撚

中州音韻

以指｜物蹍之｜足市人讞議獄也○展叶上声開也輾
跰不周｜曰皽皮寬大膜也搌束縛○闡昌展切開也蕆
解也燀炊也○匾補典切不圓也扁石貌貶謫也褊急也艑
小舩也褊衣小又緶衣縫○翦｜刀滅鮮切翦殺也譾
淺也戩福祥揃滅也○鏈即典切宗廟｜瑚器輦步挽車撻
搬運也○諞巧言傍免切○臠肉｜轉切鑾號
美好貌○轉｜叶上声反側也囀鶯｜轉或曰｜○輭
切柔也㮕｜石次玉堧城下田又軟

同○喘疾息切舛駁也荈晚採蝡虫動○遣
湯祛也譴○繾綣○吮徐選切舐也雋肥肉
又姓○選叶宣上声擇也○淺倉鮮切不深緬小人○
去声○燕衣見切又烏也安也嚥也宴善也安也堰壅水
為醼合飲讌與同醼嬿女稱○硯墨也諺傳言
俗言彥士曰｜掾官屬緣衣也唁生曰｜喭同上○
卷居恩切眷親｜也箭竹名罥罥也絹繒也○狷
論語有所不為者｜睊｜目側視綣繾或曰｜○倦

中州音韻

圈養畜閑也○澱唐練切澱藍｜殿宮｜甸｜郊奠置祭也
佃治田電陰陽激也鈿以宝飾器靛｜藍塡塞也闐｜干
西城名○變邦面切化也改也｜徧周也遍也亦作○抃旁面
切手拊汴水名卞地名又姓便即也頤也弁冠也拚與抃同
辮交也辮也瓣別也辦判也忭喜樂貌緶交衣縫也○
箭矢也線縷也切薦藉也煎熬也荐再也洊水至也濺水激
灑也踐○餞送行宴也踐踏也賤卑下｜輕○獻希見
切進也憲法也顯明也○縣鄉郡見切晛日見

現顯也峴峻嶺也○韗盧眷切攻皮之工絢文也朐動貌
炫火光也眩瞶丨衒自媒㧬拳也楦丨靴履譞流言○
扇聲戰切達也煽熾盛○善繩戰切丨曰丨蟺蚯蚓丨
也鱓魚名擅專也繕補也膳具食禪封也墠除地襢
祭也單姓鄯丨善國名墡白土白堊○囀叶專去聲韻也
又吟鳥囀運也丨遷又○傳馳驛轉遷切篆文曲盤貌瑑
圭璧起文上○愿糸眷切懇也原丨鄉院宅也願欲也遠
離也嫙美女嬋丨援救助也瑗玉名○怨於眷切恨也餶

饜飫○釧叶川去声臂鐶穿貫也串同上○線桑箭切縷也
先元之也霰稷雪也○倩倉線切美笑貌蒨草盛貌茜
茅蒐可染紅○羨詞箭切貪羨又餘也○練叶連去声熟素繒也
煉鑠冶五金鍊同上楝木名○騙躍面切上馬片半也○
戰張擅切丨鬪也驏馬卧上中顫頭不正又四支寒掉○牽去硯
切引也挽也俔譬喻也捭木名譴責也怒也○面忙編切顏
丨又向也麪麥末瞋眩丨○顫昌擅切○纏城戰切約也纏
也○戀即眷切眷戀也孌美好○選叶宣去聲擇也○

漩叶旋去聲水回也鏇轉軸裁器旋還也縼長繩繫牛馬放○
撰湯練切持也○勸叶圈去声勉也奬也券契也約也○見
難現切視也建置也絹繒也○健其堰切強也件丨名鍵
尸鑰

十一蕭豪

平聲○毛麻包切毫丨旄旌丨芼草覆蔓茅草名又姓猫
捕鼠獸髦髮也又俊也蝥蟹丨虫名酕丨醄醉也○蕭西焦
切香蒿瀟雨聲簫樂器霄近天氣也宵夜也消滅也盡也綃

生絲繒痟丨渴疾銷鑠也硝硭丨魈山丨獨足鬼蠨丨蛸
虫蛸桑螵丨虫也翛丨丨飛羽聲颾涼風捎搖丨動貌鮹
魚名○刁丁聊切軍有丨斗晝炊夜擊貂鼠屬鵰大鷙鳥雕
刻琢彫殘也零落也琱治玉弴畫弓天子丨弓舠長船裯短衣
也凋落丨蜩大蟬○梟希交切與鴞同囂喧也枵木根又陸
也歊熱氣嘵懼聲鴞鳥名驍武猛也又良馬○梢尸潮切太
秋也捎取也掠也弰弓末髾髮末鞘鞭丨也旓旌旗之旒箾竹器
容十颵風聲○刀都高切兵名魛魚名舠小船○焦

爝傷火滑切 蕉芭丨 椒木名 焳然火也 炬持 膲三人之丨 [?]
鷦丨 噍嚼聲也 ○燒尸招切火然也 ○標巴么切木杪也 猋
犬走貌 飆大風 猋風 杓斗柄 幖頭上幟 摽揭也 鑣馬銜外鐵也
膔脂肥貌 瀌丨雨雪盛貌 ○交居肴切丨加參錯也 蛟
[?]爲 茭草丨 艽秦艽藥名 郊邑外曰丨 教使之效為也 鮫海魚
膠黏膏 嬌妖嬈也 驕傲馬也 驍良馬也 澆沃也 僥僥倖也 儌幸丨
嘐鳥鳴嘐 ○包巴毛切裹也 褒丨貶 苞叢生也 胞胎衣
○嘲言之精切 啁也 抓搔丨 摷擊也 鵫白雉 鶻丨鵰 啁

中州音韻

丨嘐聲也 謿揚推解丨 ○坳衣交切不平也 凹同上 妖[?]也
[?]也 邀招也 幺丨小也 腰身中 夭丨舒貌丨和 喓虫聲 要
求也胡切也 蔈草秀丨 ○高歌豪切上也崇也 羔羊子 餻糜丨
糕同上 膏脂也 篙進船竿 皐澤也 橐車上大丨 槔桔丨以機
汎水 鼛大鼓 ○叨他勞切濫也 舠舟名 慆悅也 饕食也 [?]
編繩絛絲 滔漫也 韜藏也 掏擇也 洮水名 ○騷思遭切愁也 [?]
也 艘船名 艘 臊腥丨 搔手爬 繅繹為絲 繰同上 颾風聲
慅恐懼 ○遭祖慅切遇也 糟酒丨 ○鏖阿高切[?]

爊埋物灰中熱 ○昭知饒切明也 招呼也 朝早也 釗遠也 [?]
○寮離刀切官為丨 遼遠也丨 聊賴也 鷯鷦丨鳥名 鐐
白金之美者 嘹嘹亮 寥空也 嫽相戲也 僚官丨 憀賴丨
膋腸間脂 膮人名 繚繞也 ○饒如招切豐也 饒餘也 襓識也
嬈妍媚 蕘丨芻 ○苗迷標切秧丨 描畫丨 緢旄絲也 ○
鐃撓刀切如鈴無舌有柄 獶犬多毛 巙山名 譊喧也 撓擾也
猱猴屬 呶讙聲 怓心亂 恼藥名 ○牢郎刀切[?]也 轑車
[?]疲也 勞勤也 撈取也 醪濁酒 澇水名 ○挑他聊切撥也

中州音韻

祧遠廟為丨 佻偷薄也 朓晦而月見西方 [?]剔也 ○[?]
切 遙遠也 搖動也 謠徒歌曰丨 颻飄丨 傜使役也 徭同上 窯
燒瓦灶 窰同上 姚好貌丨 嬈 陶皋丨 瑤玉名 堯高也
嶢山高貌 淆丨混 肴菹也 餚同上 殽丨實也 嶠山名
交易文卦丨 ○蹺揭足[?]切 趬捷也 橇泥行乘 敲橫擿
也 撬舉也 磽石地又墝薄也 尻雖也 [?]言戲 墝上墽 ○
超[?]跳也饒切 ○潮持饒切海濤 朝丨廷 佋廟丨 丨[?]
蛁虫名 韶舜樂又[?] 晁又虫名 ○樵慈焦切[?]

譙譙樓上 顦丨顇 燋灼炬龜 膲耳鳴 憔丨悴也 ○喬
其交高也切 橋水梁也 僑旅寓 翹危也 蹻驕也 蕎丨麥 嶠
山銳而高 蕎與荍同 趫善走 ○鍫粗消切畚丨也 幧斂髮謂之
丨頭 ○飄鋪苗切丨颻 漂動也 僄輕也 摽擊也 縹輕丨 嫖丨
貌 ○巢鉏嘲切鳥在木上曰丨 漅湖名 勦輕捷 [illegible]耳鳴也
轈兵車若巢以望敵也 ○哮希交切丨嘐 嗃叫呼聲 虓虎吼
烋鳥健丨貌 氣 鵁呼叫 ○抛鋪毛切丨擲 脬腹中水府 泡
水漚 胞胎丨 ○鰲[illegible]高切魚名 敖游也 厫或曰倉丨 獒狗四

中州音韻 六十九

尺為丨 [illegible]丨然閒暇之貌 艥船接頭木 遨遊丨 螯蟹大足 嗸
山多小石 聱語不入也 翱丨翔 鳌蟹屬 謷大貌 嗷衆口愁 鼇
海中大鼈 熬煎也 顤高頭也 摮擊貌 驁駿馬 ○拗[illegible]巢切路
也 謸代人言也 鈔取也 ○袍蒲毛切長襦 鉋平木器 麭
瓠也 炰毛炙肉燖也 跑足丨地跳也 咆嘷也 庖廚也 鞄皮丨
○豪何高切俠也英也 毫長毛 號大呼也 壕城下隍 濠
水名 嘷熊虎狐貍之聲也 譹丨哭聲 ○蒿呵高切蓬丨 薅
除田草 ○陶徒勞切瓦器也 淘澄汰也 綯絞也 洮[illegible] 桃

果名 逃遁去也 鼗小鼓有柄 萄蒲丨 濤海中大波 醄酕丨醉貌
啕多言 檮丨杌 謟言不節 ○曹藏[illegible]切局也 槽[illegible]器 嘈
聲也 艚舟名 螬蠐丨虫名 漕衛邑名 ○條田聊切枝曰丨 迢
丨帶 髫小兒髮丨 苕草可為箒 跳躍也 調和也 嬥細腰貌
軺小車也 蜩大蟬 齠齔始毀齒也 ○操粗撈切持也 ○瓢
毘苗切瓢也 薸萍也

入作平聲

○濁雜稍切不清也 擢拔也 濯澣丨 鐲鉦也 擉
指也 戳祭也 ○鐸多勞切鈴屬 度量也 鍍付丨也 ○學

中州音韻 七十

奚交切效也 鷽山鵲 嶨山多大石 ○薄巴毛切厚丨之對 泊
止息也 亳地名 箔簾也 博貿也 膊肩丨 雹雨冰 撲踣也 ○
叶豪似鵠長喙 涸水竭也 貉似狐 ○鑿慈搔切鏨也 [illegible]
隔肯 酢丨醎 怍丨慙 ○鑊胡瓜切鼎丨 穫刈也 ○着[illegible]
切服衣於身 ○杓繩招切杯丨 ○嚼齊消切噬丨 ○醵
叶喬合錢飲酒 ○籰叶遶收絲者也 ○鸑於包切水鳥 艧舟也
○縛務包切束也

上聲

○小[illegible]切 篠小竹 謏誘為善也 ○皎江杳切明

之白繳纏也矯詐也撟舉手也撽刀｜攪亂也曒明也筊
竹索狡猾也絞縛也姣好也○了郎皎切訖也繆繞｜蓼
辛草瞭目睛明燎照也繚或曰｜繞○朓湯了切弄也挑
｜戰也𨉭身長貌○曉希皎切曙也○杳衣皎切深也
夭丕也溔渺｜水漭殀｜殁窅深目拗手拉也皛明也窈
深遠○嫋宜皎切長弱貌鳥禽名褭騕｜馬嬝｜嫋
儴偠身若｜擾揮者舞也裊騕神馬｜○沼知遶切沚｜
少商沼切不多也○擾饒沼切煩也嬈亂也繞旋｜遶｜團

○醥滂漂切清酒縹帛青白瞟目睽剽強取也○眇
忙表切目小也淼大水渺水貌邈遠也杪木末秒禾芒○
表邦渺切衣之外也裱領巾也當去聲褾袖端嶚山頂○悄
青小切靜也愀色變○剿精小切殺也勦勞也○巧丘杳
切｜機○飽邦卯切饜飫保安也寶珍也葆草盛褓襁｜
堡｜障鴇鳥名○腦囊閙切頭髓惱相｜亂也瑙瑪｜𡡉
碼｜寶石惱有所恨痛○卯忙保切辰名昴宿名○爪叶嘲
上聲叱手也抓亂搔也𤕨｜○稍變漸爪也切○鉸

衣皎切醬也咬同上舀杵臼也抭同上○燺叶秋上聲乾熬
炒同上○老郎島切年高潦路上流水栳栲｜器也柳鄝
西南夷名䕩實乾梅之屬橑屋｜前木簷○討湯老切誅也
○埽桑早切糞除也嫂兄之妻○倒當老切仆也島水中
有山擣築也禱祈求搗同擣○草倉早切百卉○早
戚掃切晨也蚤同上蚤蚤｜澡洗滌藻水草棗果名璪玉飾
○杲岡襖切日出皜白貌槁苗則｜矣縞白也稾文草也
皓潔白猗瑩貌槀樂名｜木又○好呵杲切美也○襖

阿杲切襖屬媼女老稱也懊｜惱○考康襖切壽｜老也攷
｜成也栲木名拷打也撓囊島切攪亂○剖滂卯切判也
○殍餓死或曰音縹
入作上聲○角叶皎頭角覺悟也腳足也○殼叶巧皮甲
也確堅也却不受也卻退也恪謹也○鵲叶悄鵲｜皵
皮皴碏恭雀名也鳥○謔叶曉戲謔○酌叶沼｜酒斫擊
灼炙也繳｜繒妁｜媒○各叶杲異辭閣樓｜○托叶討
䫜不落｜籜竹皮槖無底拓推也飥餺｜託寄也○

郭姓城〡切槨棺槨○廓虛也切擴大也鞟
去毛皮也鄚水名○作叶果造也○錯叶草誤也○索叶嫂
繩也縩撲〡縩或曰繩也○鑿叶好谷也郝地名又姓○卓
之卯切特立也琢治玉啄鳥啄捉捕也○約叶杳〡束握持也
渥霑濡也幄帳之〡謂喔雞聲○綽叶超上寬也
婥〡約好貌○削叶小刮〡○爵叶勸酌器雀鳥名○朔
聲卯切月之朝槊矛屬欶木名數頻也○剝叶飽削也駁歡也
○鑠叶火銷〡爍灼光貌○惡叶奧不善也

中州音韻　七十三

○刁當料切問終釣〡魚也窵窅〡深也○調唐料
切選也銚燒器窕輕〡篠箪器誂弄也掉頭也○照張部
切明所燭也詔上命也○趙長紹切名又姓兆十億曰〡
肇始也旐旗〡召呼也○俵邦妣切〡散鰾魚〡可作膠
覭目有察省見也○抱旁貌切鳥伏卯鞄柔革之工鉋平木器
鮑鰒魚暴姿也謈〡謈也瀑疾雨○豹邦貌切獸名爆
火裂𧹪曬也○套湯勞切長也○耗亨告切虛也
好愛樂○號杭告切令也皓白貌浩〡〡水貌昊元氣廣大

灝水勢遠也鎬溫器顥天邊氣又白貌○到當勞切至也倒
顛〡○纛唐勞切黃〡垂左道由也蹈踐也幬幔轂蓋倒
稌也導引也悼哀也盜〡賊燾溥覆照也翿舞者所執○噪
桑灶切群呼燥乾也埽〡除譟擾聒也瘙疥〡○竈臧燥
切爨突也躁急進也慥溫也○造藏灶切建也皁黑色為〡
漕水運○糙康號切相遠犒餉軍熇燥也犒與鎬同○
笑桑醮切哂也肖骨肉相似嘯吹聲鞘與鞘同熽火貌咲
與笑同鞘刀室○眺湯料切望也糶賣米穀跳越也趒

中州音韻　七十四

上同○料郎弔切計也鐐美金療治病廖姓也燎照也寮
魚罟○溺尼叫切溲便○要么叫切樞〡也拗手拉也靿
靴〡凹地下不平也皭白色覹襪〡○耀姚叫切光燄曜
日光燿炫〡鷂鷙鳥趠行不正也覞普視樂好也○燒傷照
切野火曰〡○少幼小○紹繩照切繼也邵邑也召同上劭
勸勉也○孝興敎切〡順○効奚叫切功〡傚倣也校
學宮效學也斆惟〡學半○窖江敎切地藏校相角也教
訓也較直也覺夢醒曰〡鉸裝〡叫呼也珓盃〡酵酒〡醪

物丨蘇○罩叶嘲去聲取魚具也篧同上笊丨籬篘竹具
翟覆鳥令不得飛走也○棹叶巢去聲所以進船倬俏貌罾○
哨雙罩切不正貌娋小丨侵也○冐广報切覆也帽頭丨耄
老眊目少睛狵狗足丨毛貌丨容娟妬嫉茂艸木盛也○
砲滂冒切機石礮丨石軍戰石也皰面生氣也○鬧囊到切不
靜也淖泥也○鈔叶抄去聲略取舭舡不安也○告岡浩切啓
也誥謹也郜國名○傲昂告切慢也鏊丨餅奡寒浞子名
○潦即到切積水澇淹也憦與勞同癆丨痢惡入勞丨慰

中州音韻

嫪悋物也○糙倉燥切米穀雜造詣也操節丨慥言丨行丨
相顏貌○奧烏告切藏也墺四方土可居澳深也燠熱也
懊悔恨也○轎強耀切藍輿撟擧也嶠山銳而高○剽
滂妨切強取慓幟也漂水中擊絮摽擊也瞟丨䁘○顠藏笑
切酬酌酥而曰無丨釂飲酒盡爵○嶕藏無丨類切誚以辭相責
○妙忙侯切好也韒宗東西丨○俏妾笑切丨俏好
貌悄急也峭山峻哨口不正○竅丘要切穴也磽石地
蹻趬行輕○繞仁照切纏也

入聲作去聲
○岳叶權五丨衆山之宗嶽五丨也樂音丨丨鸑
治病草躍跳也鑰關丨瘧丨病也瀹漬也○掿叶關諾
以言許人曰丨○莫叶冐無也摸丨捼瘼病也膜肉丨寞寂丨
蘀帷丨漠沙丨○洛叶澇水名落衰謝也犖卓丨超絕樂
無憂也駱馬黑身白鬛絡聯丨烙燒灼珞瓔丨酪乳漿○
略叶料簡也掠切奪○弱叶饒去聲懦也箬竹丨若如也篛
蒲也○虐叶要殘也瘧病也○鍔叶傲劍端鶚大鵰也萼
華下柎鰐海中魚名惡不善也○倬叶嘲去聲明也

中州音韻

十二歌戈

平聲
○歌岡何切詠也哥聲也柯枝丨牁牂丨郡名○珂
康何切石次玉軻車接軸○多當羅切衆也○科匡和切條
也窠烏巢蝌丨蚪蟲名稞青丨麥名○鍋瓜木切溫器戈
平頭戟過經也○莎思搓切草名蓑草雨衣娑婆丨挱
丨摩挲同上挼手丨也梭織布丨也睃視也唆唱丨小兒相應
○波巴磨切浪也嶓山名○羅郎多切丨綺蘿女丨囉
歌詞聲欏木名騾馬父驢母[illegible]殼也積蠡瓠瓢

儺丨儺 腡手指文也 鑼銅丨器也 籮竹器 螺蚌屬 ○那奴多
切何也 挼丨莈 挪捼丨 儺諭語御人丨 ○禾華戈切粟苗
和順也 過小兒相應 ○呵呼歌切噓氣 訶大言而怒 ○何
杭歌切誰也 河水名 荷芙蕖 苛小草也 ○磋倉拖切磨治
瑳玉色鮮白 搓挪也 嵯山岳丨峨 蹉跌也 傞舞不止貌 ○矬
蔵發切然短也 丨 醝白酒 䈢籠屬 鹺鹹也 艖艖丨舟名 瘥病也
○拕湯羅切又引也 他彼也 訑自足貌 ○駝唐羅切駱
丨 鼉水虫 陀陂丨不平貌 跎蹉丨 馱載何也 酡酒容 [illegible]

中州音韻 歌戈

似羊四耳九尾 詑欺也 鮀魚名 沱滂丨大雨 紽絲數 駝馬上連囊
又丨負 碃飛磚戲也 碢碾輪石 ○阿何哥切曲也 絅縞練
娿媕丨不決 疴病也 ○窩阿戈切藏也 渦水回 踒足跌 倭
国名 堝坩丨炊烹煉金銀 緌多也 ○哦吳歌切唫也 莪[illegible]
斜蒿 娥好也 鵝鑒丨 鵞舒鴈丨 訛謬也 鈋刓方為圓 俄丨頃
速也 吪動也 囮鳥媒 蛾蠶化 誐嘉善也 ○婆旁婆切老嫗文
称 皤白也 鄱地名 番同上 ○摩麻波切研也 盉栝也 [illegible]
鬼丨 劘削也 磨治石 麼么丨也 ○娑[illegible]切 [illegible]

玻丨璃 [illegible]
〈入作平聲〉 ○活叶和生也 斡捾取 鑊釜屬 濊[illegible]流貌 ○
奪叶多攘取也 ○合叶何同也 褐毛布也 盒丨盤 閤閉也
嗑噬丨卦名 ○鈸叶巴鐃丨 跋躐也 魃旱丨 跡行貌 愽普也
○薄叶波享丨 泊止也 箔簾也 ○濁之麻切不清也 濯浣也
鐲似鈴 ○啄鳥丨 ○縛浮巴切繫也 佛西方神名 ○鐸東拳
切鈴屬 度量也村也 勃邦麻切色丨也 渤丨滄海名
〈上聲〉 ○舸叶歌上聲大舡曰丨 哿可也 ○妥叶拖上聲安也 袉

中州音韻 歌戈

長衣貌又裾也 ○朶叶多上聲花丨 埵堅土又果實下垂 [illegible]或曰
與躲同 哆張口 嚲垂下貌小兒嚲姿為丨 躲丨身 垜射垛 ○
我昂舸切己稱 ○可叶珂上聲丨否之對 軻轗丨 坷坎丨 舸
大舡曰丨 ○攞叶羅上聲丨擘斷也 裸赤体 蓏草實曰丨 蠃果丨
[illegible]研也 邏巡也 䅎多曰丨 攞裂也 蠡疥病 ○娜叶那上嫋
婀丨美也 橠[illegible]丨木盛貌 那何也 ○左臧鎖切丨右也 ○抲
火何切撝也當平聲 ○跛叶波上聲足偏廢也 簸揚米 ○果叶鍋
上聲木實 菓同上 裹包也 蜾丨蠃[illegible] ○鎖桑左切[illegible]丨也 瑣

背｜攅動也鑽小骨麥○麼叶磨｜細小也…懡㦬下

又懡○叵叶跛上聲不可曰｜也頗不正也○火叶花果

切澄也○顆叶科上聲｜珠堁起塵｜小壁○裸叶何上聲

弗克｜負苛急也

入作上聲

○葛叶哥上聲｜藟割斷也合和也閤內中小門

鴿鴿鶻閣｜樓各異詞蛤蚌屬○撥叶波上聲發也膊｜肩

鉢食器茇葦｜搏手｜○聒叶果語讙括撿也郭城又姓｜｜

适疾也○渴叶可飢｜盍氣短容｜當也合相捐磕石聲築

中州音韻

搕以手盍也匼｜崩損也欱｜歁咳｜嚘𤸰內熱病也○闊

叶顆簣也漷水名在脅擴｜大袤也廓空也○撮叶搓上声四圭

為｜錯誤也○掇叶朵拾也裰補破衣｜○脫叶妥解也稅

不｜而行挩昆棁大棒捝除也蜕○潑叶頗散曰｜浣鏺

刈草器抪｜推潑謢人言｜朴木名璞玉未琢粕精｜鏺

挂｜搭鞭○抹叶磨上塗｜也声○藿叶火香草豁如…

矐目開癯吐病霍姓也○斡蛙旋也果切括取也鷃…

臒肉羹○喝叶呵上聲…欲大歠○遏叶阿上聲…

何也堨｜塵譪調色蓋罯覆蓋瀉…惡厭也○繓叶…

結也攥手把作為也○捉抽果切濡濕…｜戳刺也○

索思寡切繩也○卓高之寡也…捉搤也○數叶要…

○洄

去聲

○剁當邏切斫｜也哆小兒行○大唐邏切甚也舵

正舡木墮落也馱｜負垜堂塾惰怠也懶也○荷負何

去声｜負也賀慶也襶裰袖○貨叶[illegible]臥切○和

黃臥切調也盉調味禍害也○餓昂箇切飢餓也○臥王過

中州音韻

切寢也汚染也貪也涴泥污物污｜㑷瘡也○課苦臥切匡…

也銼研治○剉倉座切斫也剉折挫鑊也○莝斬芻蓌

拜失容也挫推也磋磨浴蹉跌足○个…哥去声…箇數也

○佐輔助也個切左貳也○坐臧佐切坐上行也座床…

也○播叶波去声種也揚也簸揚｜譒敷也○些叶…

楚語辭○過叶戈去声超也○唾叶拖去声口液○邏叶…

去声巡也攞擊物之名㩶理也○磨竹措切礱也○…也○

惰懦剝切懦儒縮者之那語助也奈也○破叶…

｜剖也去声　○嗑叶轉去声多言　○縛縛也繫也

入作去聲

○莫叶磨去声又姓也　摸揉｜　寞寂｜　膜肉間｜

幕在上曰｜　末木杪也　秣穀粟飼馬　沫水名在蜀　抹摩也　漠

沙｜　○拶叶羅去声摩也　剝削也｜　落零｜　洛水名　絡聯｜

酪乳漿　樂喜｜　烙炮烙　○諾叶懦去声　措按也　○弱懦弱

切也　蒻蒲也　○萼花下萼個切　鶚大鵰也　鱷魚名　○

薄包播切｜之厚

十三家麻

平聲

○家居牙切居也　嘉善也　枷刑械　加增也　麚牡鹿也

佳美也　珈婦人首飾　葭蒹葭　豭牡豕　鴐鴐鵝鳥名　袈袈裟｜

跏跏趺坐也　痂瘡｜　耞連枷具打　迦釋｜　○麻莫切｜已

紓也　蟆蝦｜　䵹䵹鼉｜　𩓞顢｜語難　痳風疾熱｜　○蹅

之沙切聲也足　樝似梨而酸　皻鼻皰　𪉣以指按物　奓張也　柤

煎桑也　齇齇｜　○檛箠也　撾擊也　髽婦人喪髻

○拏牽引也　挐同上　詉詉拏語｜　○咱茲沙切自己也

𠔏　○花呼瓜切　華｜也　譁諠｜　○華胡切

○鰕　又初切又　叉　椏　鎈

叉也　杈杈丫　𠭯　艖舟名小　差

○霞奚加切彤雲日　遐遠也　瑕玉玷　蝦蟆｜　○䪪

切也花　○鴉伊家切反哺　小鳥之不一　椏　為南

丫物之頭　啞声也　𡧬窊｜　㾑作態　○牙　牙齒加切

｜府　呀吧大口｜　芽萠｜　齖齖不平｜正　涯水際　枒木枊

茶葉加切可以為飲　蒣春藏　搽｜苦　槎水中浮木　查仙人把｜

牛　○奼　女作態　○𩂋　猶烏瓜切歡

𩩲骨｜頟　窊汙下也　窪清水　洼水名｜　蛙水虫似蝦蟇

娃美女　哇小兒啼　汙坎地為　𧅊同與　哇　哯｜兒言　小也

○𠱳青加切　○芭邦麻切　巴蜀｜　豝豕二歲　笆

竹籬　葩或曰｜　鈀兵車　○琶琵琶　爬搔也　杷｜批

果名　○沙師加切散石也　紗水名縮　鯊魚名　裟袈｜　砂俗沙

也　毸長毛　䂳上　桬｜木名　○鯊魚名加切　○誇空華

切言　髂大骨頟也　夸奢也　姱好也　○瓜光華切生苽

瓜　𩨋黄馬黑喙　蝸古蛙切　緺｜

入作平聲 ○伐扶加切征｜ 乏匱｜ 垡耕起土 罰罪｜
栰桴也 閥閥閱｜ ○達當加切通也 妲｜己紂妃 靼柔皮 沓
重也合也 榙柱上木也 箚匈劄 踏踐｜ ○挾奚佳切陷也 黠
堅黑 匣匱屬 鎋舘｜ 柙藏獸檻也 狎親近也 洽浹｜和也 峽
巠｜山名 轄車軸頭鐵 ○坺邦佳切車士也 一 㹻｜結猛人 拔
｜擢 ○滑呼佳切澾也 ⿺走骨｜走 敌盡貌 猾狡也亂也 雜叶咱
參錯也 ○囃助舞聲 ○扴叶加揩｜物也 ○鍘叶查草器 閘
開閉門 霅水名 煠爚｜ ○䏧其劫切乾

中州音韻　二十三

上聲 ○馬忙把切乘畜 媽母也 碼碯｜ ○雅移賈切素也
厊瘂也 啞｜瘖 瘂同上 㾺不言也 ○賈叶家上聲姓也 斝
玉爵也 ○假非真也 嘏福也 檟山楸 瘕腹內久病 ○洒商鮓切汛
也 ○謏傷雅切事言語 傻強｜不仁消 ○把邦馬切執也
○寡光瓦切孤特也 剮剮人肉致其骨 篙戲｜絲具 枚 ○瓦
王寡切坐瓦 ○掗取也 ⿰瓦阝衛也 ○鮓之雅切醃也 厏不｜合牙
○苴土｜查滓也草糟粕之類 蓳 ○那奴打切何也 ○打當雅切
擊也 ○嚓叶誇上聲 骻兩股間也 侉小 ○跨

入作上聲 ○法方雅切則也 髮頭毛也 發起也
○塔湯打切浮圖也 闥門也 獺水狗食魚 榻牀長狹著而 塌
低下也 闒門樓上屋 撻打也擊 澾泥滑 躂足跌 嗒安貌 鞳
｜車鉦也 荅布｜ 遢邋遢｜事不 ○薩桑賈切菩｜聲言普濟
撒抹｜ 趿進足也 鈒鏤｜ 颯立風颯風聲又 靸草｜鞵 喢
音變也 傝偈｜不謹貌 蹅行｜貌 ○夾江雅切左右持也
甲十幹之首 胛背｜ 扴揩物也 戛 ○扎莊洒切拔也 札
羅馬切或日播也 ○藞雜馬切泥不熟貌｜苴

中州音韻　二十四

劄刺著簡也 蚻小蟬 ○八叶巴上聲數也 ○帀叶嗋上聲遍也
噆齧也 咂入口 ○穵烏寡切空大也 ○察抽殺切審也 𨅔
貌羅鬼｜ 鍤鍫也 插剌入也 斮斷也 ○答叶打報也 踏跋行
貌 搭附也 褡小被｜ 鈸｜ 搨手打 剳著也 砝
雞又也 笪竹簀 嚆多言高氣 ○殺雙鮓切誅戮也 煞同上 漥
小雨 歃｜歃血也又 翣大扇之｜謂翣 箑扇也 ○恰強雅切用
心｜ 掐爪剌 硞石聲 ○瞎香假切一目盲 𧩫諵語聲｜ 呷
吸｜也 ○劄叶寡｜剳 ○剎雙寡切梵也 ○搭匣雜切物

把著也 髂 骨髂 ○ 搽 七然切 草動聲足 嵖 丨粗 ○ 哈

五合切 魚多貌

去聲 ○ 罵 忙霸切惡 言詈也 禡 祭名 ○ 下 奚價切 降也 苄

蒲葦草 夏 春丨之丨 廈 大屋 暇 閒丨無 事也 㗇 詬丨 責怒 謑

怒言 諕 誑也 唬 虎聲 嚇 笑聲又口 拒入聲也 罅 孔隙也 [illegible] 誑丨

○ 踝 匡話切 足骨也 ○ 詐 庄價切 為也 咋 聲大也 醡 壓酒

具 榨 打油具 ○ 乍 床價切 初也 蜡 年終臘 祭名 䄍 年終

祭名 詐 懟語也 襘 丨步 立也 膾 脛丨 肥也 ○ 掛 光話切 懸也

挂 同上 卦 筮也 罣 礙也 註 誤也 ○ 化 荒卦切教丨 造丨 ○

鱯 魚似鮎 口大 畫 繪也 華 丨山 西嶽 樺 木名 話 語丨 ○ 汊

瘡詐切 水名 [illegible] 醜也 誇 誑也 詫 誇也 姹 河上 丨女 吒 叱也 丨

奓 張也 開也 衩 衣丨 衿差 賣 本皆切 來 ○ 駕 江亞切 車乘也 賈

丨數物 所直 嫁 送女婦 夫曰丨 架 屋丨 衣丨 [illegible] 欒 闍 假 以 人兮

也 稼 種丨 曰 ○ 亞 衣架切 次也 稏 穲丨 禾名 婭 兩婿相謂

為 丨 迓 迎也 訝 嗟丨 怪也 砑 碾也 ○ 霸 邦罵切 把也把 持

諸侯 弝 弓弣 灞 水名 靶 轡 壩 障水 ○ 罷 旁罵切 休也

杷 丨杷 杷 田器 垻 平川 為丨 ○ 怕 普罵切 畏懼也 帕 衣襆

同上 ○ 跨 匡化切越 也騎也 胯 兩股也 ○ 髂 枯架切 腰骨

○ 搲 汪卦切吳入云 牽亦為丨也 [illegible] 丨踏 用力 窊 下 處

凹 下不 平也 ○ 大 堂那切小 丨之對 ○ [illegible] 王卦切 泥丨屋 ○

沙 所嫁切 斯也 ○ 那 奴嫁切或 曰能也

入作去聲 ○ 韈 忘罷切 足衣 襪 同上 ○ 納 囊亞切 入也受

也 捺 手按也 妠 始丨 聚物 [illegible] 打補 丨丨 ○ 抹 叶罵 塗丨

也 帓 幧丨 頭帶 袜 丨 肚 [illegible] 不正 視 瞌 睥面 也 [illegible] 揳不 相丕

[illegible] 傄 丨 健也 ○ 䡤 郎架切 辛也 剌 僻也 [illegible] 研破 糲 丨粗

貌也 栗 拹 摺殺之斡 臘 歲中祭 神之名 蠟 蜂脾凝 者為丨 拉

摧也 擸 折也 鑞 錫也 邋 丨遢 行貌 [illegible] 丨竈 ○ 鴨 牟架切 水禽

壓 鎮也 押 簽書文 字也 擪 持也 軋 車輾 扎 山曲 [illegible] 魚名 ○

十四車遮

平聲 ○ 車 昌蛇切 丨合也 硨 丨磲 ○ 遮 張蛇切 蔽也 ○ 爺

移遮切 父曰丨 琊 郎丨 郡名 耶 疑辭 鋣 鏌鋣 椰 木名 呆 或曰 痴丨

○ 蛇 繩遮切 蟒類 余 姓也 闍 闉丨城 上重門 ○ 迦 [illegible]

○茄 菜名 ○伽 又丨藍人名 ○爹 俗叶父

丨為 ○靴 虛遮切 鞾屬 ○嗟 咨也 嗟歎 ○罝 兔罝 ○

瘸 脚手病 切 手足疾貌 ○些 西嗟切 少也 ○奢 聲遮

切 傪 賒 貰也 丨貰 畬 火種田 ○侏 即爹切 雛靴切 又 ○

斜 不正 辭嗟切 邪 衺也 思

○者 叶遮 此也 ○也 叶耶 已辭 語

陰平聲 ○鐯 有柄 舌者切 環 趚 馬行也 擛 丨捋 擊

陽平聲 門闍 豕發也 孅 也 𪘲 齧骨也 ○竭 盡也 其耶切

揭 負也 高舉也 擷 強石 碣 丨碑 傑 特立也 桀 多賊 丨好

○疊 重也 叶爹 迭 更也 牒 小簡 書板 喋 多言 便語 垤 蟻封 跕

高起 堞 城上 丨雉 垤 瓞 瓜丨 昳 骨丨 耋 八十曰丨 氎 細毛布

嵽 止也 碟 眣 目出 跌 丨踢 軼 車過 相 揲 丨慴 諜 丨間

絰 衰丨服 繺 跕 蹀 貌 蝶 蛺丨 蹀 丨躞 ○纈 文綵 叶耶切 䌔

丨衽 襭 衣衽扱 頡 直丨 又倉頡 古官 ○挾 叶耶 懷也 切

協 和合也 叶 同上 又胡靴切 丨 懬 ○截 切斷 截

也 捷 疾也 敏 睫 目旁毛 婕 丨妤 巀 折丨 巀 巕

傀 小蛇 ○別 異也 辨 叶 鷩 切 丨筦 鷩 鷩

○舌 口中 繩遮切 折 斷也 而 循 揲 閱持 滌 水流

○絕 斷也 藏靴切 ○轍 車跡 張 丨 蟄 蟄也

又去 牒 緤也 切 蟄 藏丨也 虫 又 輒 專也 ○茁

蘁 枯也 匹

上聲 ○者 叶遮 上聲 語助 赭 赤色 ○野 叶耶 郊外曰丨 上聲 也

語已辭 埜 與野同 冶 鑄也 ○也 杜也 姓 切 ○捨 叶

上聲 釋也 棄也 舍 止息也 ○姐 叶嗟 上聲 蜀人呼母曰丨 ○且

倉 姐切 丨發語 ○惹 叶者切 亂也 引 著也 喏 敬言 若 般丨 釋丨

典 ○撦 昌者切 裂開衣 哆 下垂 張口貌 扯 或曰 手扯也 ○寫

桑姐切 寫 洩水 ○

入聲作上聲 ○脊 叶寫 不安也 丨 楔 櫼也 躠 蹩丨 行貌 旋

糈 米麥 破也 偰 高辛氏 子 商之祖也 楈 丨擽 紲 繫也 泄 漏也 㷸

殺 也 姓 又 褻 狎近也 爕 和也 棄 衣丨 紲 丨縲 躞 丨蹀 媟 嬻也

狎也 ○噦 於決切 逆氣也 ○缺 區切 破也 又少也 闋 門丨

閼 門也 ○噎 衣結切 咽 塞也 丨 悲 謁 請見

饐老之饐祝｜在前○歇希臥切休息也蝎螫人蟲爚火
上｜噎呵也欠血｜氣嚇怒也○結紛結切也訐下面言斥
人過隱桔梗｜羯羖犗也｜羊揭起｜絜清也翹強取趌
走｜趨也怒孑單也頡面｜鋏長劍名｜筴揄｜筴箸也挾
同上○節叶又符姐也竹｜約巀｜蒼蠽似蟹生海中浹洽｜
接相交續也楫短櫂○切且叶近也割也竊盜也妾女婢
又聘不唼言｜佞也譖○決居行流也切也玦如環而缺
譎詭｜訣別也鴂鶗鴂鳥名｜抉縱挑也蕨菜名蹶跌也趹

馬疾行也駃氣逆駃｜騠良馬也砄其也觖望｜望也怨○
貼湯物也以切為質帖帛書題又｜安定也鐵烏金怗安也
貪食○鱉魚邪也切｜憋急速貌彆弓戾别分也異
孽也蠥介虫蟞上司○怯畏也切也篋箱篋匧藏也愜
快也竊｜挈提｜頮短｜貌擊偏也小擊也鍥
鵽貌鍥刃瞥過目瞥絜結也撆與擎同○晢叶智
折拗｜浙江名晳裼領衿也摺又｜敗也疊又○
直斷雪切也｜絕｜蕝折也蕝○雪

洗也○說書也述也拙切、○拙不巧朱說切也炪火也
梁上楹也輟止也○設商也陳也者切攝置也錄也籍也○啜
樞茹說也切○徹昌通也列切掣挽也撤抽也一

去聲

○卸褒馬去鞍借切｜瀉去水○謝詞齎借切又榭
臺｜藉薦也炧燈燼燭○舍屋申也赦舍｜宥也又
厙姓也○社神主土神也蔗切地也射弓｜麝獸名貰貸也○
夜叶聲暮也耶去射僕官名｜拽引也○柘木名張射切
｜并炙肉｜鷓｜○趄行不進貌青夜切或曰笡逆也搶

趀立｜腳○借假｜炫夜切唶嘆聲

入聲作去聲

○列位也郎亭夜切烈火｜明盛也又光洌寒也
捩拗｜裂破也襄｜獵田獵總名也鬣馬毛領篾編竹為蹵
踐也○月陰之精魚夜切刖太絕也越發揚也樾木陰曰
語也悅喜也閱觀也鉞大斧軏車轅端持曲木說與悅同
粵于也蠘蟛蠘而｜似小蛣同上鈌獸名○熱仁炎氣蒸切
若多｜貌｜盛○捏捻聚尼夜切埕壅也苶病力貌蘗
崖也嵲㠘嵲山貌陧不｜安鑷子｜躡蹈也捻捏｜䕈｜

聶附耳小語又姓臬法也又門臬巢置巢｜孽孽子也○
滅迷夜切火息也篾無也懱輕｜篾竹皮䁾目背蠛細｜蠓虫
○爇如月切燒也焫同上○劣閭月切弱也埒｜馬｜
蹩蹩跳｜跛○[illegible]吁夜切引氣也葉枝葉曄光曜爗燁盛也｜明
饁餉田業事｜鄴地名擪指按噎食不通窒氣謁訪也
孽妖孽｜｜額額也

平聲

十五庚清

○庚雞笑切｜幹名鶊鶬｜更改也代也賡續也羹五味

和｜畊犂田秔稻之黏者不驚很也京大也經常｜也緯又
荊木名矜憐也兢不自安競麖大鹿涇水名○生尸爭切｜爭
死出也又笙十三簧甥姊妹之子曰｜牲牛羊豕｜猩能信
獸也○爭生之鬬也切箏樂器三十絃丁代木聲登｜家
鬭貌○丁低零切十名當釘名｜玎玉聲行伶行｜
靪補履下也叮嚀｜○征知下代聲切上正歲之首月貞
正也徵名也蒸灼也禎祥｜楨幹｜癥腹病鯖魚煮肉煎鉦
鐃鈴似烝炊氣上也又下○[illegible]開名切外[illegible]

｜[illegible]騂馬○汀水[illegible]坑[illegible]也[illegible]○登
參參切升也燈火｜簦笠有柄者謂之｜鐙[illegible]也○僧
蔽憎惡也繒繒｜矰弋射矢也罾漁網有曾則也增
益也琤玉聲○明迷兵切顯也光也洺水名瞑目閉盟歃血
以信結名成功也銘旌也鳴出聲者曰｜冥昏也
溟海也蓂｜莢螟食苗心虫○靈離丁切神也令使也聆
聽也鴒鶺｜伶樂工泠｜水又泉名醽醁酒櫺欄閒
子窗也苓茯｜蠕螟蛉桑虫蛉同上零落也齡年齒翎鳥羽

鈴似鐘而小玲玉聲瓏陵大阜也泠澤｜[illegible]有耳[illegible]
凌水也蔆菱也菱同上羺大羊細角綾紋帛鯪車轅囹獄也
○寧尼經切安也嚀叮｜○楞盧登切四方木稜威｜輘
車聲○層祖僧切級也曾嶒山崚｜鬅｜也○
能奴登切才｜儜弱也獰犬惡○滕徒｜切藤蘿縢
水又超邑名滕稜書傳縢約也騰傳也也疼痛｜縢
神蛇螣長也｜疼痛也○輕不重切卿公｜傾側也
豎一足坑｜塹也誙｜鏗玉｜金聲牼牛

又名骨人硜｜｜鏗｜也○亨可肯切通也脝膨｜腹脹貌鬇
○橕柱也生切鐺釜有耳錚玉声錚金声崢山嶸貌
棖木束○英衣京切｜俊也嬰孩｜韺五英帝樂瑛玉光
纓冠系蘡｜桃瓔｜珞譍當也膺胷也櫻桃也嚶｜｜鳥相
命声罌瓦器鸚｜鵡鷹鷙鳥譍以言對問鶯黃鸝○橙
切爲摘棖門兩旁木轂撞也崢｜嶸穽小突○檠其行切灯
架擎舉也黥墨刑在面鯨海大魚勍强也橈繫柄○馨
希經切香遠聞興作也起也○盈滿也移耕切嬴火吳氏之姓

中州音韻 九十三

迎迓也籯有餘也瑩石以玉營造也蠅虫之大腹也熒
熒下燈燭光螢腐草所化滎小水也縈繞也𦃃結也楹柱也
塋墓地也瀠｜洄山名○形奚經切容也刑法也邢地名
又姓陘井在趙｜衡｜樑桁｜屋鉶祭器胻牛勢胻也硎砥石
珩玉名蘅香草行步也莖草木幹也恆常也○瓊渠營切玉
名惸獨也煢無兄弟也○青妻星切東方色清澄也圊圊也
鯖魚名○精茲星切真氣也菁蕪｜鶄鵁｜蜻｜蛉晶精光
也水｜也旌表也睛目｜○情疾星切意思也晴天｜鯖羮食

也睛賜｜也受俜｜穿升切檉木名柳也河蟶蚌屬赬
赤色稱揚也○呈池繩切示也程課也酲病酒珵玉名城
五雉為城成就也誠無僞也宬屋容受也承奉也丞副貳
也懲戒也乘御也登也塍畦也盛容受也郕國名裎裸體｜
也瞪直視貌澄清也○升識征切登也聲音也陞陟也
勝任也昇平｜○星桑精切宿名腥生肉｜臭醒醉蘇鮏
魚臭篂｜篁鉎鐵｜惺悟也騂赤色牲○亭題零切｜樹
止也庭宮中廷朝中霆疾雷蜓蜻｜婷娉｜好貌莛

中州音韻 九十四

絲莛草莖渟水止楟山梨木名娗｜好貌容○俜
批明切｜行不正怦心急也娉｜婷美貌竮｜竛砰石聲｜
閛閉門声○汀他零切水際平也廳官｜經織也聽
也｜受鞓帶｜鞓同上○繩神征切蛇也直也澠水名○
仍而蒸切重也因也○僜行貌澄｜視直瞪○
僧思增切沙門鬙鬅｜亂髮貌○平毗明切正也均也憑
依評平言也品論凭隱几也弸風｜馮徒涉也瓶汲水器苹
蘋｜萍也抨也荀○餳詞清切飴｜

上聲
○景江影切光也瀠也 境界也 警寤也 頸頭莖 埂隄封
哽咽塞也 耿介也 鯁骨| 骾骨留咽中 綆汲索 梗桔|藥名
璟玉光彩 ○丙邦茗切十幹名 炳明也 屏除也 柄持也 稟
受命也 餅餻| 秉執持 邴邑名 ○影衣景切形| ○郢
羊景切地 潁穗也 穎|川郡 癭頸瘤 ○省叶生上聲
視也 眚災也 瘠瘦| ○茗叶名上聲茶晚取者 皿器| 酩|酊
瞑閉目 ○井叶晶上聲|泉 郱|邢地名 ○冷叶稜上聲寒也
○整叶征上聲齊也 拯救也 ○逞叶稱上聲矜也 騁馳騖 ○

中州音韻　九五

請叶青上聲謁也 ○領叶令上聲項背 嶺山道 袊衣| ○頃
叶卿上聲田百畝也 檾枲草 ○頂叶丁上聲頭頂 鼎法象宝器 酊
酩| 苧茗|無所知 ○挺叶听上聲超拔也 梃|杖也 艇
船小而長 娗長好貌 頲直也 鋌鏑| 町田畝 莛草莖 圢平也
○等叶登上聲齊也 ○省叶星上聲察也 醒醉寤 惺悟也 ○
涬希景切|溟大水 ○礦古猛切金璞 鑛同上 懭悍也

去聲
○敬叶經去聲恭也 鏡鑑也 獍獸名 勁健也 徑步道 桱
|木 竟終也 經|綸 俓直也 逕至也 更再也 ○競其硬切逐

也 ○併邦命切兼也 柄權也 摒|除也 屏除也 凭依几
也 並偕也 病疾也 ○興希敬切比| ○杏奚敬切果名
行言行 荇|菜 幸寵也 倖徼| 脛脚| 諍嗔語 ○贈叶曾
去聲送遺也 ○靜藏性切寂也 圊或曰厠溷也 淨潔| 靖
安也 凊溫| 穽陷| 靘粧飾也 ○迸方孟切走也 ○倩
叶青去聲假借使人 凊冷也 ○訂低另切平議 飣貯食 釘以釘
|物 矴碇舟石 錠豆有足曰| ○鋌徒另切錫鋌 定安也
○甯叶宁去聲邑名又姓 佞功諂捷給 濘泥淖 寧願詞 ○映

中州音韻　九六

明英去聲相照也 暎|帶左右 譍以言對也 應物相| 媵送女
從嫁 硬魚倰切堅也礙也 迎親|逆也 凝水堅 ○聽他定
切聆也 庭逕|隔遠貌 ○慶叶輕去聲行賀人也 罄器空也
謦|欬 磬樂之石也 [illegible]∟足行 ○命叶明去聲性|又使也
瞑閉目 暝夕也 ○諍叶爭去聲諫| 掙或曰勉強也 憕開張
畫繪也 ○正叶征去聲平也長也 証諫| 政大曰|小曰事 證
驗也 ○鄭長剩切國名又姓 ○聖商正切生也睿也 勝|負
之對 ○乘繩正切車|也 盛茂也 剩餘也 賸多也 晟明也 ○

秤昌盛切者稱也 穪權衡 ○姓叶星去聲｜氏 性在天人
｜日 ○令叶去聲命｜璽律也 另別也 ○聘滂命切訪問也
娉娶問 ○鐙當稜切馬鞍踏 磴巖也 嶝小坂 凳几屬 隥梯也
○鄧唐稜切又姓國名 蹬蹭｜失道 僜｜著事也不 ○瀓
合水鄧切相益小 ○稜郎遠近發多切農云指幾｜田 ○䁓叶晶
去聲也 ○蹭｜蹬鄧切 ○罃為命切酒 瑩玉石次

十六尤侯

平聲 ○尤移鳩切異物也 郵督｜ 由從也 油脂也 ｜道
｜笑貌 爾 悠陸也 遊遨也 攸所也 蝣蜉｜ 蝤上同 生朝夕死 游
浮行 猶水｜草遠 猷道也謀也 犹病 繇優容也｜寬 牛耕畜
蚰｜蜒 訧罪也過也 疣結病也 楢木久屋 猶似也 輶車｜車
蕕草也盛 ○侯何鈎切也 矦也 篌箜｜ 喉咽也 餱食
乾食 猴獼｜ 鄇地名 矦與侯同 ○啾小聲 啾四切 湫水名
揫收也束 揪或曰斂也 啾耳聲 鳴 ○ 鵮飢名又聚切鳥也
鬮鬥取 樛木枝曲垂 斗車軫長也 料高木 ○溲酥侯切
潄浣也 鏤雕鏤 艘船總名 ○緅之木名搜切 陬隅也

搊手｜ 謅私｜小言 騶廄御 緅青赤色 掫薪之別名 陬
魚名又人之貌 小鄒縣名又姓 ○搜鄒之切索也 疾也 瘦
匿 趨不進｜ 颼颼｜風貌 蒐求索 ○休希美善也 鳩切
庥庇蔭也 咻嗅｜聲 痛 貅貔猛獸｜ 貅同上 鵂鵂鶹鳥名 ○
謳阿也吟歌切 又水 漚上鳥泡 鷗水鳥 區姓也 歐刀｜
又姓 甌小盆 嘔小兒聲 ○彪虎文又小切虎 ○摳搜撓
切又摔衣也 彄弓｜ 剾刻裹 眍目深｜ ○鉤曲哥也謳切又
｜鉤 句曲也 篝熏籠 溝水瀆 韝射決臂｜ 篝然｜火籠而也籠蓋

罩其上也 鴝鵒｜鳥名 緱刀劍纏絲頭 襦單衣 ○兜多切｜婁
鍪首鍪時 兠馬兠龍也 篼 ○啾 秋粗因切金行之
鞦馬鞦 楸屬梓 鶖｜禿 鞧｜車 鰍魚名 篍吹簫 緧牛馬
｜ ○劉郎丢切也又姓 殺 留住也止也 瀏水清 鶹鳥美長尾
醜 騮赤馬黑鬣 流水行也 榴石名集 旒｜冕 瘤瘤病也 瑠
｜逗 鏐黃金美者 瑠璃｜ ○柔如州切也 鍒鐵之耎也
揉捻也調順 又 鞣熟皮 蹂踐穀 ○牟 麰 切 牛鳴
又中｜ 眸目瞳子 麰大麥 矛戈｜ 鍪釜屬又首鎧 兜

侔齊等繆綠累千蝨食苗根虫○婁羅名空也兜切宿樓
壅壘摟牽也摳取又蔞丨蒿也髏髑丨膢祭名也蝼丨蛄
慺謹丨敬丨艛艒丨名丨僂丨軀○抔引取蒲侯切掊克丨
括手之也掬裒聚也○涪水名旁鳩切○頭首也陀婁切
投擲也骰丨陸子擲采具㥚丨愛糞函則內○偷薄也他侯切盜
也鍮丨石似金瑜丨巧點也又○憂衣鳩切○憂病也懮愁
呦鹿聲丨幽深也杳呦鹿聲優丨劣也饒也耰田器摩
牝鹿攸所也怮憂貌悠遠也○遒迫也茜丨㰦慈秋切醋丨猷盡也酋

丨長卯之魁㪽囚拘也繫也泅泳也浮水上人○紬長柔大絲切繒
儔衆侶也疇耕田之治裯單被也稠密也籌壺矢也算又躊
躇丨讎匹也酬報答也也綢繆也犨白牛色○脩思也愀切
也長也饈羞也恥也饈當作羞滋味為致丨饈也饋也○抽
昌也柔引也切接瘳疾瘉也○周張也柔遍切也輈車也備車轅
州五為丨黨舟載也賙振贍也啁鳴聲嘲鳥洲水中可居週迴也
○收周也聚也斂也○丘溪由切又丨陵阜或曰同上
蚰丨蜒虫名蠶丨國名茲○搜又切丨酒搜丨手𢲓陬隩

小○愁鋤搜切憂也悲也漴腹中有水氣也○求其由切覓也索也
也裘皮衣仇讎也俅戴目也扰迫也球玉美毬鞠屬毧丨毛
古謂之鞲鯄無角龍虯同上賕枉法致賂蟉龍貌摎丨本下
曲也○齁阿勾切鼻息也丨

入作平聲○軸直由切車丨也逐追也○熟商由切成也
訧誰也菽丨善也○粥叶周切鬻聲丨○淑叶收切季也
倏犬丨忽又疾

上聲○郰叶留上聲木名丨颼颸風貌○綹十絲為丨罶魚梁○

鈕尼久切印鼻又姓紐結也扭手轉丨狃相狎也○丑
叶抽上聲醜惡也杻械杽手同上○晭叶周上聲明也帚丨箕
箒同上肘丨臂也疛小腹痛也○九有切
切也久長丨玖玉名韭菜名灸灼病也糾絞也
姣女字雀姓也㚼丨病○首叶收上聲頭也手
丨足守丨主○酒賁交切儀狄所作杜康○溲丨思走切
叟沃也獀春獵曰丨又犬名○有云九切無丨莠草也酉
根名黝黑也牖開明也友同志誘導也呦憂貌㕇丨

文王所四勳○斗叶兜上聲十升為｜陡陖｜襡衣衽枓上聲
方木㪷與斗同抖｜擻舉貌蚪蝌｜○苟叶勾上聲｜且也
耇老壽也狗犬也垢塵｜枸杞｜詬恥也岣｜山嶁巔苟
薢｜○藕魚口切芙蓉偶伉儷也耦耕也○叟桑走切尊
考之籔大澤瞍目無眸子嗾使犬聲擻抖｜舉也○摟
叶樓上聲摟取塿培塿小阜簍｜籠也漊溝通水嶁岣｜山巔耬耕畦
𣂓｜兵人物○吼呵苟切號聲一曰牛鳴呴厚怒聲也忿
○走蔟叟切趨走也○剖滂九切判也破也婄婦人貌[illegible]

髮說蔀蘋也又菜名○歐叶謳上聲吐也嘔上同𧜤欠衣歐
推擊也○口枯叩切易為｜○朽虛久切腐也○否
方久切不也○揉仁九切矯｜蹂蹴踐也
入作上聲
○燭叶主射蠟炬也粥糜｜祝祭詞也竺天｜
國名竹竿木也○宿叶羞上聲止息也○叔叶手｜季也
去聲
○又復究切更也右左｜宥寬也祐神助柚橘柚也[illegible]
配也囿苑有垣狖獸名似猿佑佐也助也幼少也油灌｜潤子苞
曰｜○究飢又切窮也廏馬舍也㝌貧病疚久疾㽱無也

護也○臼其又切舂｜象形柩尸｜舅母之兄弟舊故也久也
咎愆也惡也○晝叶周去聲日中也呪｜咀○胄長壽切裔
也紂殘義損善曰｜宙宇｜紨與紂同籀篆｜伷系也○
獸叶收去聲四足曰｜又走曰｜狩巡｜首有咎自陳○售神呪
切賣物去手也受容納也壽老年授付也綬組｜○扣桑侯
切也擊寇仇也蔻豆｜簆織具叩問也○嗽桑奏切欬｜
漱澣濯盥也又｜謏諛言也怒嗾使犬聲○皺庄瘦切面
眉｜又攢縐蹙也瘷縮小驟馬行疾甃瓦甃○驟床瘦切上

同也僽僝｜惡言詈也㑳任身也○簉初救切齊也倅
造草根也○溜叶留去聲水｜霤屋水流嬼美好留宿｜
停待貌窌地名○鷲藏秀切鳥黑色就成也鷲山名○復
防又切又也○糅叶柔去聲雜糅蹂踐也揉捻也順也糅雜也
又雜飯○臭叶抽去聲氣之總名○嗅叶休去聲以鼻取氣糗
熬米麥○秀叶脩去聲榮也美也繡五彩刺文宿列星琇石次
玉○岫叶四去聲有穴曰｜袖衣袂○瘦叶搜去聲臞瘠
○候叶侯去聲伺也待也后君也皇｜也逅邂｜後先｜厚

丨薄又堡也　堠丨封　○茂忙搆切豐盛貌　草懋美也　貿易
○鬪當漏切爭也　○豆喜漏切也又祭器　脰項也　逗
遛　丨竇鑿垣為孔　讀丨句　餖丨飣　斗走也　○耨鬪
切也耘　○奏兹后切進上也　走疾趨也　○透叶偷去聲通也
歛也　趨自投下也　○遘叶溝去聲遇也　構合集也　又姤卦名
又偶也　覯見遇也　見　垢塵丨　彀張弓　詬恥也　勾丨當　拘也　又
嬬重嫱也　○楱倉奏切摘丨　湊水會也　輳輻丨　簇太
律名　腠膚丨　甃甎甃　摟投也　○陋叶婁去聲鄙惡也　漏滲

又刻　鏤雕丨　瘻瘡也　○謬叶矛去聲誤也詐也　繆紕
突也　○覆方構切蓋也　伏鳥抱子　瘦病疾也
入作去聲　○六叶溜數也　陸陰路也　○肉叶柔去聲肌
○褥裀丨

十七尋侵

平聲　○尋詞侵切搜求也　潯水名　鱘魚名口在腹下　燖火熟
鐔劍鼻　覃姓也　○侵妻心切漸進也　綅絳綫　祲精氣　駸馬
馬行疾也　○針知深切丨線　鍼縫器　斟丨酌　箴規丨　砧

擣衣石　鱵魚名　瑊石次玉　○金飢吟切實　今古之對
衿小帶　襟衣社交　禁力所加也　○深疏針切邃也　滲
蒲蒻之類　○簪之參切首笄斐　○鮗慈濫切魚曰丨小　○森
尸箸切木貌　滲流貌　參宿名藥名　○琛抽森切寶也　睬
丨賁　郴桂陽郡今為州　參丨差　○音衣金切成文也　聲陰
丨陽之對　瘖疾不能言　愔和丨丨安　○心思侵切藏身之主　火
杺木名　○欽敬吟切恭也　衾大被　嶔丨不正　嶔山貌　○歆
希金切歆樂也　○哏呵金切金　○林離金切有叢曰丨平土　淋

沃也　琳美玉　霖淫雨謂之丨　綝繼也　作睬　當箖竹名　臨監蒞也　痳
病丨　○壬如金切十幹名　任堪也當也　紝織丨　鵀鳥戴　○
沉持深切溺也　沒霃久陰　湛與沉同　鈂鍾屬　沈與沉同　沉
○淫移金切亂也　吟我也　婬丨奸　崟山嶔貌丨　霪久雨　○
琴其吟切樂器　芩草名　禽飛曰丨　擒捉也　檎林丨果名　○
岑鋤森切小而高山　[illegible]鳥或曰名　諶誠也信也　涔漬也　枕向
煁烓灶

上聲　○稟叶林上聲有叫曰丨　懍危懼也　檁桁丨　凜寒也　○

稔仁抌切穀熟餘飽也衽衣襟袵蓆｜○審叶深上聲詳也
熟究也瀋汁也嬸叔母曰｜沈姓也淰魚駭貌瞫竊視諗
相思念也○錦叶金上聲織文○磣初錦切食有砂｜醦酢甚
○瘮踈錦切寒病槮木實名也○枕叶針上聲臥薦首者魫
魚子作審當⊕飲叶音上聲歠也○懍或曰㱃也○寑叶侵
上聲臥也○怎兹荏切或曰何也
去聲○朕叶沉去聲天子之稱我也枕以首据物鴆毒鳥
○甚叶深去聲尤也深也椹桑實也○任叶壬去聲用也紝

織｜衽衣衿妊孕也賃僦也○禁叶金去聲制也噤寒而口閉
凚寒｜齡牛舌下病○浸兹鴆切漬也祲祆氣也○賮
叶吟去聲備｜也恁思也念也○蔭叶陰去聲草陰地也癊疷｜
窨地室飲以飲之也｜喑泣不止又聲也○沁叶侵去聲水名
伈心恐貌吣犬吐僸｜墨工人具○臨叶林去聲哭○滲
叶森去聲漉也罧積柴水中以取魚○讖初禁切符｜○譖
叶簪去聲譖毀也○啉芳禁切或云愚也○唚他禁切或云｜
撳也○闖丑禁切馬出門貌

十八監咸
平聲○菴烏甘切羅果也｜庵小草舍也鵪鶉諳記也練歷
也馣香也腤煮魚肉也喑啼泣無聲○擔都藍切｜負耼
老子名又姓儋負荷也耽樂也湛｜樂躭與耽同酖嗜酒
鬖髮垂貌○堪軻含切可也勝也龕浮圖塔戡克也弇
蓋覆也○監飢咸切臨下也緘束篋縢也椷木篋也鑑明也
○三思甘切數名参同上鬖鬖｜髮長毿毛長貌○甘
哥含切柑也柑橘屬疳小兒｜疾苷｜草藥泔米汁○杉

師岩切木名衫小襦也髟垂翼又長髮也芟刈也○貪他婪
切｜芟也摻摸取也覓索也○參倉三切參承也驂駕三馬又｜乘
○憨呼甘切癡也蚶蚌屬酣酒樂也○簪兹三切簪也
膪｜腊揝盡或云也我也○嵌欺岩切｜巖山險貌鵮鳥啄
物也○坍他藍切水衝岸壞○詀竹咸切諵語聲○嶄山
初銜切岩山貌｜劖斷也刺也攙扶也鑱銳也○淹衣監切殺
也亦作詀諵○摻踈含切女平○霎微雨○南那含切火方
楠石｜喃呢｜燕語諵詀｜語聲男｜子也又五等爵名○咸

窨監切宿皆也　醶與鹹同俗　諴和也　鹹味　銜官階
丨日　函匱也容也　銜枚丨　○婪貪也　羅切　藍靛青染
草　襤丨褸衣服　燣焦色　嵐山氣丨　又　惏殺人而取財曰丨
○潭徒藍切水深　丨謂之潭　談言論也　譚國名又姓　燂火
餤進也　蘫石丨　𩃳雲布　㵅水病　覃深也　黃　○黵
蔵含吐絲　蚶切　憨愧也　慚同上　○含何切銜也　涵水澤多貌
邯地名　○讒咸切鋤　毚狡兔　巉高丨　巉巖也
銳也　攙剌也　儳監丨　○巖移監切又石巖　嵒

上聲

○敢上叶甘　勇也　鰔魚名　感丨格也　𥈑籍器
撖丨果名　礛石　○唵烏敢切進食也　手　俺大也　䁖
揞手覆　○䎬那切竹弱　腩煑肉　揇丨搦　○慘切
䵩淺黑青色　憯痛也　○糝三叶米粒上聲和羹　揬動也
顉動也頭　○昝叶上姓也　揞手動　○坎叶上甚也陷
也險　砍或日斫也　欿食不飽也　𢮪夔困　㦧作丨　當
多也　○覽叶藍上視也　攬手取　欖丨　壈丨坎　爁火
菼薀果　燣黃焦　㩜摠網丨　○毯叶去聲毛席　菼之

去聲

○襌徒感切除服祭名　倓安也　○𦢈叶上聲肝丨　𥖁石
㯫名菜　䌕冕前　○减叶監上聲損也　鹻鹹也　○喊
希咸切聲也　○斬之咸切首　○黶衣人
青黑色
○𢭏叶合去聲指　琀送死口中玉　憾恨也　顉丨顉
面黃色　醢　菡草木花未發　萏菡丨　苔心色　唅丨
○擔多濫切丨　舚小丨　儋之丨
淡水泊又丨　淡薄味　啖食也　啗餌之也　惔安也

丨　饞食大丨　○譀誇誕　○檻
戰　陷地也　𦢊食肉獸也　不　䧟小　轞車聲作檻
車　餡或曰餅中物也　○瞰監切視也　闞閑也　○勘
切　礛下崖之　○紺叶甘去聲青赤色　滄新
木名　○暗叶庵去聲無光　闇門也　○黯
不明貌　探取也　○潭徒　濼水丨
○濫叶藍去聲泛丨　醓行酒　纜維舟　嚂貪也　○暫
蘸監切久不　蹔同上　揞動也　鏨石鏨　○淹衣監切沒也　○

慘粗濫切痛也○站陟濫切亦言躡立也灆露貌又灆也
以物淬水中爁重賣也○鑑叶監去声以照也又鏡所識也監
領也視也鑒試也照也○懴叶擦去声自陳悔也○釤叶衫去声
大鐮也彡暫見又視也彡拈撥物也丨三丙濫切之也

十九廉纖

平聲

○廉离鹽切不貪也簾箔也鐮鍊也臁也奩鏡匣
帘酒丨溓薄也溪名也又○纖尖切細也微也銛利也暹
日光進也憸憸丨詖也摻手好貌鑯纖丨雨○瞻知苦切御

覘視也沾濕也霑濡也占也雨霑也詹至也又姓也譫多言也
○尖茲纖切末銳也漸流入也漸漬也殲盡也瀸漬也殲也微盡滅也
也蘄麥秀○兼堅鹽切并也縑并絲繒也鶼比翼鳥
蒹蕭屬鰜比目魚○拈低兼切丨指也或○敁丨敠稱量也詀
轉語○苫聲占切草覆屋又○髯仁占切頰須也○黏
毛名魚也切又丨著也黏同上○粘指取物也○淹衣
切漬也沾也潰也又闍官門人主者也厭足也厭飽也
○鹽移廉切鹹也檐屋檐也炎火光上也閻里門又姓嚴莊也

殺也簷丨攙丨攙也劖也○鐵切驗也○僉咸也
背也懺悔也丨籤丨劖割丨切也漸入也○蟾切也蟾蜍
光月彩也○襜痴檐切丨褕蔽膝也丨䦲丨○潛
切水流也伏也○鉗其鹽切以鐵頸也鉆鐵鉗也銛也
黔黎也黑也拑丨口不言也箝也○燂切肉也湯也
擊物丨撏俗○添他兼切也甜甘也舔舌丨
恬安也靜也甜甘美也湉水靜也○謙苦兼切敬也嗛也
忺意所欲也又杴也鍁也菻草味辛毒也棪也

切疑也僧也○舑
上聲
○琰以冉切美玉也剡利也又削也琰削也
以所切壯也奄上掩○掩於檢切也揜也罨也奄忽也覆也○晻也
魘中夢魘丨黶黑中丨罨網丨取物丨澹雲雨物丨○壓也
持丨曆丨下丨腹也○罨物上覆也○䁂目光無○歛叶廉上声也
聚也面丨也鐱小也也又○檢叶兼上声物丨書丨
校也瞼目下也丨臉丨面○冉丨叶丨上丼丨猝丨玷丨
貌○染色丨○閃叶苦上声也○陜地名丨覘暫見丨潤水貌

剡縣名○諂昌冉切｜諛讇佞｜○忝他欿切辱也累也玷
○點當歛切註｜又更｜㓠斫也○慊叶謙上声恨也歉不食
飽○颭昌染切風吹落木○險希險切危也阻也嶮巇｜
玁狁｜

去聲

○厭衣劍切足也飽也饜飫也○艷餘劍切美也灩
歛｜水滿貌焰火光醶酒醋味厚驗證也效也○鹽以盐醃物奄
精氣閉藏○劍江焰切兵器○儉強焰切約也歉欠食不滿
芡雞頭○苫傷占切草覆屋贍賙也給也○店當歛切｜墊

坫屏也障也玷玉病墊下也溺也又[illegible]
○嬐希劍切好貌○塹叶僉去声坑｜嬮女嬮｜美貌[illegible]
斷木為｜○歛離店切收也聚也蘝草名瀲水｜灩[illegible]長喙
犬名殮殯｜瞼直市先也入○韂昌焰切小障泥鞍襜衣披
蹭馬行急○占張焰切擅擁也○㮛叶添去声炊灶木[illegible]
舌出貌○念尼劍切常思也○艬或曰｜○欠欺焰切｜少
呻芡雞頭歁炎不滿○漸叶潛去聲稍也進也○染叶
去声｜之污也○僭叶尖去声侵也擬也

中州音韻

中州音韻後序

洪惟我
太祖高皇帝稽古右文萬幾之暇親閱韻
書以其起於江左殊失正音
命儒臣隨音刊正為洪武正韻悉去沈約
之陋惟以中原雅音為定
列聖相承百三十餘年于茲車書一統之
盛度越前古信吾夫子所謂郁郁乎
文哉吾從周是已說者以中原雅音
即中州音韻高安周德清先生所著
也分韻定字虞文靖公識之詳矣其
間殘缺失次者亦多一起而正之者
阿誰耶先宜人毋弟王文璧先生通
書史善音律參互考訂而加修飾焉
缺者補之訛者正之音切註釋視舊
根有得以予竊禄陝中附以示教不

葉以震《重訂中原音韻》

《重訂中原音韻》說明

《重訂中原音韻》，又名《中原音韻問奇集》。該本著作人題“高安周德清編輯、吳興王文璧增注、古吳葉以震較正。”書前有卜二南序文，署“萬曆辛丑重陽後一日檇李卜二南撰並書”，萬曆辛丑即1601年。卜氏與明代著名戲劇家沈璟是世代姻親，卜氏曲學深受沈璟影響。明人王驥德《曲律》說：“吳興王文璧，嘗字為厘別，近欈李卜氏，復增校以行於世，於是南音漸正，惜不能更定其類，而入聲之缺舌，尚仍其舊耳。”

據楊惠玲《明清江南望族和昆曲藝術》（廈門大學出版社2016年版，第239頁）：“卜二南，字南仲，又字太始，卜世臣從兄，生卒年不詳。萬曆三十一年（1603）舉人，官至臨桂縣令，兩舉鄉飲大賓，工篆隸，著《雞肋集》《秀水縣誌》等。”

王靜嫻（《明葉以震〈重訂中原音韻〉研究》，首都師範大學碩士論文，2007年，導師馮蒸）、馮蒸（《〈中原音韻問奇集〉評介》，載《中原音韻問奇集・燕山叢錄》，首都師範大學出版社2015年版）梳理了葉以震版本的源流，證明《中原音韻問奇集》與《重訂中原音韻》係同一底本，只是書名不同。他們還介紹了天津圖書館所藏葉氏校正本的版本情況。

《重訂中原音韻》可能是卜氏主持編修的，而具體的校正工作很可能是葉以震做的，因此現見各卜氏序本皆題“古吳葉以震校正”，因此，改編權應歸葉以震，而不是卜氏。葉以震生平無考，或是卜氏門人。葉以震據《中原音韻》的框架，把王文璧的《中州音韻》的韻字、注解、音切等重新改編，恢復陰、陽平的區別，是一部將《中原音韻》和《中州音韻》重編的混合本。該本把非《中原音韻》舊有的王文璧增加的韻字用“×”分開，“×”後的是王文璧增加的韻字。

國家圖書館藏有四種不同的版本，書名皆題《重訂中原音韻》。三種是刊本，刊刻時間不明，藏書書目皆注明為明刊本。一種是清抄本。三種明刊本皆 2 卷，2 冊。一種注明九思堂刊本，書題“度曲須知，諸名家定本”“九思堂藏板”，卜氏序文殘；一種卜氏序文也殘缺；一種卜氏序文是全的。估計卜氏序文全者為原刊本，也許就是萬曆辛丑卜氏序時的刊本，其他兩種可能是後刻本。清抄本係徐乃昌積學齋舊藏，無卜氏序文，有凡例，有韻譜，2 卷，4 冊。明刊本的內容安排是：中原音韻序，中原音韻凡例，中原音韻目錄，中原音韻卷 1、卷 2（韻譜）。無《正語作詞起例》部分。在卷 1、卷 2 下皆題“高安周德清編輯、吳興王文璧增注、古吳葉以震較正。”葉氏的底本根據王文璧《中州音韻》（與內閣文庫本一致度較高），但又恢復了《中原音韻》的體制，因此叫做《重訂中原音韻》。明末寶翰樓刻本、三槐堂刻本皆是葉以震的校正本。該本的“凡例”，前八條照抄王文璧原書的，另增加了五條，共十三條：（9）入聲派入平上去三聲者以廣其押韻，為作詞而設耳，然呼吸言語之間，還有入聲之別。（10）《中原音韻》的本內平聲陰如此字、陽如此字，蕭君欲鋟梓以啟後學，值其早逝。泰定甲子以後，嘗寫數十本散之江湖，其韻內平聲陰如此字、陽如此字、陰陽如此字。夫一字不屬陰則屬陽，不屬陽則屬陰，豈有一字而屬陰又屬陽也哉！蓋傳寫之謬。今既的本刊行，或有得余墨本者，幸毋譏其前後不一也。（11）音韻內每○是一音，以易識字為頭，止依頭一字呼吸，更不別立切腳。（12）音韻內每×是舊本所無皆係增入。（13）《音韻》不能盡收《廣韻》，如“崆峒”之“崆”、“要駕”之“要”、“倥傯”之“倥”、“鵜鴣”之“鵜”諸字之類皆不可施於詞之韻腳，作者毋誚其不備。除第 12 條，其他都取自周德清《正語作詞起例》。葉氏的改編並非完全依照王文璧本，而是對王書作了修正，比如王文璧的注釋有的予以取消，有的予以改動；小韻的字序，也不依王文璧，而是先把《中原》的韻字置前，後加×，再列王文璧韻字。這裏以歌戈韻入作去聲的“莫”小韻和東鍾韻平聲陰“中”小韻為例，說明葉編本與王文璧本的不同：

中原音韻	中州音韻	重訂中原音韻
幕末沬莫寞	莫叶磨忽也又姓摸－摖寞寂－膜肉間－幕在上曰－末木杪秣穀粟飼馬沬水名在蜀抹摩也漠沙－	幕－叶磨莫寞末沬×摸膜漠摸膜漠上八字又蕭豪韻叶冒秣飼也抹摩也
鍾鐘中忠衷終	中之戎切－央又滿也衷誠也忠内盡其心終極也鍾酒器鐘樂器螽－斯蝗類也衆多也	鍾－之戎切酒器鐘－樂器中忠衷終×螽－斯羽蟲也衆又去聲

《重訂中原音韻》又名《中原音韻問奇集》。《中原音韻問奇集》係三槐堂藏版，書封面亦題三槐堂藏版，書封面亦題“度曲須知，較訂諸名家定本”。馮蒸文推測兩書名的不同可能是不同出版商造成的。

《重訂中原音韻》除了又名《中原音韻問奇集》外，也有直稱《中原音韻》的，不署“重訂”二字的。

本《叢刊》所收為明九思堂版《重訂中原音韻》。

度曲須知

諸名家定本

重訂中原音韻

九思堂藏板

中原音韻序

葢闘歌聲四起人史因
而陳　律呂互宣王者
因之正樂故樂府爲詩
餘流泒匯屬淫哇而傳
奇實樂府濫觴總關風

雅宋詞元曲競爽梨園
南板北絃各緣習氣嬌
喉奪錦梁塵月底驚飛
雅調爭妍谷鳥風前欲
墜不因刀斗孰按宮商
然而無學士才踈悞續休

文韻腳耗少識淺幾回
公瑾部顏使聲偶樊然
致知音莞爾是以勝國
奏德清之絕技
明興擅文璧之材華玫
百氏之訛寸心幾嘔訂

分毫之辨脩髯欲枯理
析陰陽大江東賓將軍
鐵版韻諧宮徵楊柳岍
聽切文清歌苐墨本未
流屬元聲久秘璚珠懷
袖能韜不夜之光者

中原音韻凡例

一翻切圈註悉遵正韻其舊本有而正韻無
者删之或正韻有而舊本少者補之
一定字以聲之清濁用字者當隨[illegible]而字分
韻以聲之上下用韻者當隨字[illegible]
一每韻各起平聲次上聲次去聲[illegible]入聲分
隸三聲叶而用之總十九韻而[illegible]聲皆在
其中矣
一牙舌脣齒喉及舌齒各半之音[illegible]出各[illegible]

分別陰陽清濁而用
一字同義同或兩見者註切不同有字同而
義不同者隨韻分註有二字而收入二三
韻者各有所用並存之
一韻字點畫並依正韻改正如[illegible]同而點畫
不同者去之
一各韻以平聲提起而屬以上聲去聲者聚
以類也以入聲難諧而隨韻分隸三聲者
[illegible]以正也

一閉口字音類分侵尋、三韻間有一二當閉
而收入開口韻者呼之以正不可得而閉
也
一一聲派入平上去三聲者以廣其押韻爲
作詞而設耳然呼吸言語之間還有入聲
之別
一中原音韻的本內平聲陰如此字陽如此
字蕭君欲鋟梓以啓後學値其早逝泰定
甲子以後嘗寫數十本散之江湖其韻內
平聲陰如此字陽如此字陰陽如此字夫
一字不屬陰則屬陽不屬陽則屬陰豈有
一字而屬陰又屬陽也哉蓋傳寫之謬今
既的本刊行或有得余墨本者幸毋譏其
前後不一也
一音韻內每○是一音以易識字爲頭止依
頭一字呼吸更不別立切脚
一音韻內每×是舊本所無皆係增入
一音韻不能盡收廣韻如崆峒之崆嬰鶯之

嬰作傯之倥鶺鴒之鶺諸字之類皆不背
施于詞之韻脚作者毋誚其不備

中原音韻目録

中原音韻目録終

中原音韻卷一

高安　周德清　編輯

吳興　王文璧　增註

古吳　葉以震　校正

東鍾

平聲　陰

○東多龍切又江陽韻×冬×蝀螮丨虹也又去聲○鍾之戎切酒器

鐘樂器中忠東終×螽丨斯蟲也羽×衆衆聲又去○通他隆切

蓪藥草×恫痛也侗無知之人○松西宗切嵩中岳×淞江名○

中原音韻　卷一　一

忡初戎切充滿也衝要路也舂樂器忡憂也摏撞也艟舟名䆡

矛也翀鳥飛直上也沖和也又姓×憧丨丨恍心動○邕衣容

切和也喈鳥聲雍和也×壅塞也廱和也雝丨鳥名×禯襛初褵鼽鼻病

噰鳥聲癰丨疽饔又音瓮灉水波○空苦紅切又去聲悾無能也又上聲×

穹高也䓘草丨崆心丨崆山丨峒箜丨篌樂器芎藥名○宗鬃髮切椶

木名騣馬鬣×鬉髮亂緵罟丨蹤跡丨○風夫蒙切楓木丨豐丨足

封葑菜名又去聲×烽丨燧峰山丨鋒丨鋩丰丰姿丨蜂飛蟲×酆丨都

螽牛吉衆多○鬆思宗切蓬丨鬆貌憁不得志也懵丨懂了丨×菘

菜名鯼似鱸而小鬷鵂鶹鳥名○𩏶丨粗叢切悤遽也葱葷菜聰耳丨又丨

鬆 鬆白色 匈 喧笑又 ×鏦 矛 蓯 蓯蓉藥名 從 從容
松 蹤 ○蹤 贊松切 縱 樅 崇下 ×氄 毛氈 ○穹 區容切
芎 藭名 傾 香 ○公 孤翁切 功 工 蚣 蜈蚣 弓 弓矢 躬
自日 恭 敬 宮 居 龔 姓也 供 肱 股肱 觥 巨觥 甍
×簧 名 紅 女紅 ○烘 呼 工 也 叿 人聲 轟 車聲 宍
公侯 ×洶 水聲 儂 ○凶 兇 暴 賈 腹 上 洶
卒 木 兄 ×訩 訟也 ○翁 鳥 翁 鶲 鳥名 泓 水 深
唇 ×鞃 ○嗡 蒙 ○燛 又 拼 使也 絣
灘 靡 靈 ○芛 切 遍 蒙 鑽 鎔 兒 東 小 處 赤 石 衛 夊 絣
有物 絣 舟 旁 具 ○烹 鋪 棄 切 ○踭 戾 初 青 聲 額
中原音韻 卷一 一
切 鷁 蹙 也 又 叶 騎 馬 騖

中原音韻 卷一 二
平聲 陽
○同 徒龍切 共也 筒 竹名 銅 桐 峒 崆峒 名 童 童稚 僮 僮僕 瞳
瞳 目出 朣 月出 潼 水名 鼕 鼓聲 ×撞 木名 艟 艨艟 戰船 氃 毛 駥
彤 赤色 衕 通街 絧 布名 ○戎 而切 茙 葵也 又 姓 又
絨 細毛 氄 毛 也 茸 草生 貌 ×毧 毛 鮋 魚名
○龍 盧東切 隆 盛 癃 病也 窿 穹 ×儂 ○窮 其 切
蛩 蟲 邛 地名 筇 竹名 ×瓊 赤玉 又 ○籠 盧東切 鸗 鳥名 聾
朧 月出 櫳 檻 瓏 玲瓏 礱 大磨 龍 聾 耳

×龓 所 襛 厚 ×顒 仰也 ×喁 鱅 魚 縫 ○容 鄘 國名 墉 濛 細雨 艨
膿 濃 ○蟲 ○馮 叢 崇 ○農 ○濃 重 逢 ×雄 蓉 鎔 榕 傭 融 戎 蒙 瞢 盲
中原音韻 卷一 三
甍 懵 朦 萌 夢 洪 鴻 弘 鬇 膨 彭 棚 鵬 ×蠑 從 宏 紘 ○紅 虹 蓬 逢 芃 ×嶸 崢嶸
上聲
○董 多龍切 懂 ○籠 ○腫 孔 ×塚 ×悚

又容宮㑂、丨音[illegible]多事○捅叶通上聲桄也[illegible]×捅[illegible]丨
也蓊○汞水烏銀拱[illegible]嘖又留切丨孔[illegible]切也×蓊[illegible]木[illegible]貌滃[illegible]氣[illegible]
○朧盧董切水大坡[illegible]瀧丨丘×籠丨箱攏[illegible]朧[illegible]馬乘驡小馬[illegible]
鄒着郡貴羅鄉驚邵也○洶叶丙上聲又平聲[illegible]詾[illegible]言又○聳[illegible]
丨切高竦也×悚[illegible]攏也○拱又手孔切鞏固也皮丨[illegible]也
琪[illegible]丨×澒[illegible]司又[illegible]踊[illegible]蛹[illegible]勇[illegible]擁[illegible]涌上[illegible]
又名爲水[illegible]澒丨義[illegible]也[illegible]永[illegible]偏[illegible]人[illegible]×蛹[illegible]
丨臾[illegible]也丨埇加[illegible]上上○蠓[illegible]情[illegible]心猛[illegible]
蛷小船丨蜢[illegible]丨[illegible]×幪[illegible]總[illegible]×懵[illegible]丨
中原音韻　卷一　四
○㨉夫孔切手捧物[illegible]×菶[illegible]○寵[illegible]切[illegible]×嚨[illegible]
○宂而隴切也作[illegible]×茸丨[illegible]氄[illegible]誠[illegible]
○癑乃董切痛也○唪多邊實孔切×琫[illegible]蓊[illegible]
×炯明胡明也切問[illegible]迥[illegible]

去聲

○洞徒弄切幽[illegible]動[illegible]棟多弄切[illegible]凍[illegible]
鳳[illegible]切奉[illegible]諷[illegible]縱[illegible]×封[illegible]俸[illegible]
賵之[illegible]物○貢丨[illegible]共供[illegible]×[illegible]
[illegible]切[illegible]送[illegible]弄[illegible]哢鳥[illegible]

丨○控[illegible]切鞚馬勒空[illegible]平×倥又[illegible]音[illegible]○[illegible]
跡綜切[illegible]頁[illegible]○[illegible]鳥貢切衣容[illegible]也瓮丨同甕
詞微韻○誦徒弄切頌[illegible]○衆又叶中去聲中當切
穠又平聲○痛[illegible]○縱丨[illegible]聲也從
仲又次[illegible]切[illegible]丨上聲孟[illegible]○用[illegible]
慈又[illegible]松三叢切[illegible]粽[illegible]夢又叶平聲[illegible]
沐[illegible]行水丨底[illegible]詠丨吟縈[illegible]咏[illegible]永又切[illegible]
湛[illegible]庚清又[illegible]○橫丨[illegible]哄[illegible]鬨[illegible]×烘火[illegible]
齈[illegible]大水丨[illegible]○綜[illegible]切[illegible]×總又統[illegible]上聲也粽[illegible]○迸[illegible]
也切[illegible]×趚[illegible]蚌[illegible]也○銃[illegible]×[illegible]×舂[illegible]
中原音韻　卷一　五
行之又去不冗叶聲正切吪[illegible]迥[illegible]○×齈[illegible]丨[illegible]也囊[illegible]○×[illegible]
[illegible]迥[illegible]也又[illegible]詷[illegible]

江陽

平聲陰

○江[illegible]切羌缸丨[illegible]薑[illegible]韁馬繼[illegible]殭[illegible]僵[illegible]
蠻[illegible]×扛名[illegible]○邦丨[illegible]梆[illegible]○桑[illegible]喪[illegible]
丨×韁[illegible]幫[illegible]縍[illegible]霜[illegible]鸘[illegible]騻丨
又去○雙[illegible]艭[illegible]孀[illegible]
章[illegible]切漳水名獐[illegible]樟[illegible]璋[illegible]彰[illegible]麞[illegible]張[illegible]

中原音韻　卷一　六

湯 [illegible] 又他郎切 ○莊 ×奘 ○剛 鋼 缸 肛 ○光 珖 ×璫 當 鐺 ×黃 簧 ○荒 ○當 ×塘 搪 ○岡 ○傷 殤 ○商 ○將 漿 ○糨 ○康 ○杭 ×瓤 ×桑 ○鄉 [illegible]

○鎊 ×膀 磅 ○殃 秧 泱 ×髈 鞅 ×防 昉 坊 肪 ○倡 閶 ×相 廂 ×攘 穰 [illegible]

○滂 雱 ○膀 蛘 ○方 芳 枋 妨 央 ○昌 娼 猖 菖 ○湯 鐋 ○廂 箱 襄 ○搶 槍 [illegible]

中原音韻　卷一　七

平聲

陽

○陽 楊 揚 暘 颺 易 羊 徉 ×洋 佯 ×鴹 ○佯 徉 ×昂 卬 芒 ×尨 庬 哤 ×茫 ○糧 粮 ○匡 筐 ○倉 蒼 滄 鶬 ○汪 [illegible]

○良 涼 椋 輬 量 粱 梁 ×瓤 穰 ×蘘 瀼 ○郎 廊 狼 琅 螂 蜋 稂 ×浪 ×昂 [illegible] ○忘 望 亡 ×檣 牆 薔 ○龐 ×旁 徬 傍 房 ○逢 [illegible]

螃螃|膀膀|胱○房扶邦切防堤也×魴魚名○長沈良切又音掌又姓萇萇楚姓腸腸[illegible]場場治地穀常業下文仁[illegible]張嘗口物切大嘗姓又姓償還|×[illegible]秋祭味[illegible]又鱨魚名○嘗徒郎切唐大塘堤岸[illegible]|塘[illegible]|倘不|×餹餳飴徒不也蝗螳螂|膛肥貌○詳序切[illegible]|翔飛回×庠學|序[illegible]也○牆[illegible]|檣船|牆[illegible]|[illegible]吉又牆|×戕又殘害切○×薔薇|○黃胡光切潢[illegible]|簧笙|鱑鰉魚名蝗蟲|皇大君也篁竹名凰鳳|惶恐也艎[illegible]遑暇也隍城池無水×璜[illegible]也徨彷|喤小兒聲煌|煌○藏[illegible]又[illegible]聲○強渠良切

中原音韻　卷一　八

壯又音莽×彊同上○娘尼姜切婦女也○降奚江切服也又音絳○王吳光切又去聲○狂渠王切病也○囊奴當切有底曰|[illegible]袋也

上聲

○講古項切港水[illegible]也鏹錢貫×襁繈褓負兒[illegible]○膙|筋|不○[illegible]又去聲儱|[illegible]○蔣[illegible]又[illegible]也×仰[illegible]瞻|○[illegible]也又姓也獎勸也槳[illegible]又[illegible]聲○兩良切又去聲魍|魎|[illegible]蜽名○想思[illegible]切×[illegible]○莽[illegible]又魚[illegible]又[illegible]蟒大[illegible]漭[illegible]水[illegible]×[illegible]○爽[illegible]明[illegible]上[illegible]漭[illegible]○響[illegible]又平聲

中原音韻　卷一

切影|○鏡[illegible]也享[illegible]也獻也×饗[illegible]|○○嚮[illegible]高[illegible]也鬯[illegible]也[illegible]之|上同×[illegible]日大也明○壤人掌切無塊也[illegible]攘[illegible]|又平聲×攘切又去聲又平聲紡|放[illegible]去聲|紡髣髴|倣[illegible]也○罔[illegible]又[illegible]網[illegible]|輞車|×魍往[illegible]|來|[illegible]○[illegible]朗|○[illegible]切榜[illegible]|也[illegible]切又[illegible]○×蟒[illegible]切又[illegible]帑[illegible]不|[illegible]切謊[illegible]|言×莽[illegible]○黨[illegible]切

儻[illegible]不|[illegible]明×[illegible]也[illegible]切又平聲[illegible]×[illegible]○朗[illegible]

中原音韻　卷一　九

切又[illegible]也×仉[illegible]長[illegible]也良[illegible]○謊[illegible]×仉[illegible]○流[illegible]×[illegible]○[illegible]恍惚|慌|荒又[illegible]×晃[illegible]又[illegible]○廣[illegible]切×[illegible]孤[illegible]也切[illegible]也[illegible]○[illegible]又[illegible]切|○強[illegible]×[illegible]切[illegible]二○搶[illegible]又平[illegible]切[illegible]又想|[illegible]○賞[illegible]切×嚮[illegible]又去聲×鞅[illegible]切○攘[illegible]姓|又○×罔[illegible]×壤[illegible]上聲又去聲|[illegible]○快[illegible]又去聲×盎[illegible]又烏朗切浪切[illegible]也映[illegible]|×壙[illegible]地廣切

去聲

○絳大[illegible]色又[illegible]平聲[illegible] ×[illegible] 又音不逆道 虹[illegible]
繈[illegible]也 强又[illegible]二[illegible]良切[illegible] × [illegible] 又音[illegible]也 襁[illegible]上[illegible]
○象[illegible]也 像形也 相平[illegible] ○亮明[illegible]也 ×踉[illegible]
量度[illegible]又平聲 緉[illegible] 輛[illegible] 兩又聲上 ×踉竹[illegible]
○悢[illegible] 快[illegible]也 様又[illegible]上[illegible] 瀁水[illegible]也 羕長也 漾[illegible]名水
又[illegible] 漾[illegible] 上[illegible] 鞅[illegible]也 恙[illegible]也 ×颺風物切
叶[illegible]平聲 ○狀[illegible] 壯[illegible] × [illegible]也 ○上又[illegible] 尚
高[illegible]貴[illegible]傷[illegible]餉[illegible] 又 ○ ×釀 ○讓[illegible]人[illegible]切
又[illegible]肥也 ○帳[illegible] 張 脹[illegible] 丈十尺 仗[illegible]也 杖

中原音韻 卷一 十

障[illegible] 丈[illegible]前見聲 ○ 墇[illegible] ×嶂[illegible] ○ ×仗[illegible]儀[illegible]上 切 杖
○將又[illegible] 巷[illegible] 向[illegible]也 項[illegible]後頸 ×珦玉名[illegible] 匠 倡
暢[illegible] 悵[illegible] 恨[illegible] 嚮 唱[illegible] ×[illegible]歌[illegible] ○劍
刱[illegible] ×[illegible] 鬯 ○ ×[illegible] 放 ○ 忘
妄又[illegible] ○旺[illegible] 靚[illegible] 諺 訪
又[illegible] ×舫 ○蕩 王 [illegible] ○宕 放[illegible] 當
○×盪[illegible] 湯[illegible] 錫 宕[illegible] 碭
浪[illegible]狼 又 平聲 ○ 蕩波 切 高 閬[illegible]門 ○ 擋山[illegible] [illegible] 藏[illegible]

鸇[illegible] ○謗[illegible]也 傍[illegible] 蚌[illegible] ○坑[illegible]
壙[illegible] 抗 亢[illegible] ×伉[illegible] 吭 ×曠[illegible]
[illegible] ○況 ○晃 ×滉
波[illegible] 仰[illegible] ○ 喪 ×況 [illegible] 愰 ×
釀[illegible] 行[illegible] 咣[illegible] 喪[illegible] 胖 [illegible] 桁
横[illegible] ○誆 [illegible] 沆 光 ○ 愴
○ 戧 ×恍 ×蹡 ○ 盎

中原音韻 卷一 十一

切[illegible] 當人知也 ○ ×儻
○盪[illegible] ○湯 ×藏 ○ ×儻 ○ ×
[illegible] 臟 ○ ×壯 ○ ×搁
○ ×宕 [illegible]

支思

平聲　陰

○支[illegible] 枝[illegible] 肢[illegible] 卮[illegible] 氏[illegible] 梔[illegible] 楮
之 芝[illegible] 脂[illegible] 胝[illegible] ×祇[illegible] 鳷[illegible] ○
[illegible] 貲[illegible] 觜[illegible] 兹[illegible] 孳[illegible] 孜

勤也 滋 液也 資 助也 咨 嗟也 澬 水名 諮 詢｜ 姿 態也 耔 耘｜ ×粢 稷也 禮記云
鼒 鼎之圓掩上者 鯔 魚名 黸 黑也 緇 黑色 錙 銖 椔 木立死 訾 非禮記云 又
｜又上聲 輜 說文云 軿車 鎡 之｜鎡錤 別名 趑 趄｜ 齊 齋 下 又 薺 又 菑
不耕田 ○ 胑 說文 切 目傷 眥 廣韻 汁 肆 差 不齊 家麻二韻 又 訾 又 ×
鴟 鶚 齊微韻 又 蚩 說文 云 蟲名 又 妍｜ 也 嗤 笑也 媸 醜也 ○ 施 設 之也
切 用也 加也 又去聲 詩 志之 所之 發言 師 範｜ 獅 狻猊 螄 螺｜ 尸 主也 屍 人死也
在 在 鳲 鳩｜ 蓍 蒿屬 × 釃 酒 灑 篩 竹器 ○ 斯 此也 廝 役也 澌 水索也 說文云 鷥 鷺｜ 颸 疾風 思 念也 去聲 司 主也
私 不公 緦 麻也 偲 相切責 愢 鰓 魚鰓 罳 罘｜屏也 × 析
中原音韻 卷一 十二
齊 相 標 木 鬛 髮多 緦 卜五 蠅 切

平聲 陽

○ 兒 如之切 又齊微韻 而 又 栭 洏 ○ 慈 悲｜ 鶿 鸕｜ 磁 茨 疵 玼 姿 ○ 時 辰之切 塒 ×輀
稻 茨 餈 鮞 魚名 匙 七也 ×蒔 ○ 詞 言｜
祠 辭 也｜ ×桐

入聲作平聲

○ 蝨 蟣｜ 詩

上聲

○ 紙 諸氏切 砥 底 旨 美也 指 手｜ 止 停也 沚
小 茞 趾 足｜ 祉 福也 阯 徵 咫 八寸 址 基｜
× 枳 軹 輪 說文 穿也 黹 縫衣 又 人 ○ 爾
而止切 邇 近也 耳 目｜ 餌 食也 珥 耳璫 駬 騄｜
○ 此 雌氏切 跐 泚 清水 × 佌 小也 ○
史 詩止切 駛 疾馬 使 弛 豕
豬 矢 箭也 始 初也 屎 糞也 菌 ○ 子 紫
黑 姊 女兄 梓 木名 × 訾 又 仔 任也 跐 死
中原音韻 卷一 十三
齊 子 ○ 齒 牙也 ×傺

入聲作上聲

○ 澀 不滑也 瑟 琴｜ 塞 ○ 則 法｜
又 齊微韻

去聲

○ 是 非也 氏 姓｜ 侍 承也 士 仕 宦｜ 又
使 又上聲 示 諡 恃 事 施
又聲 嗜 欲也 豉 弒 筮 視 瞻也
噬 物 隨中齧 × 啻 如 不｜ 齒 蛛 中蟲 ○ 似 相｜ 兕

青色賜也錫蜮蜆｜巳地千名汜水名祀祭也嗣繼也飼以食｜人
笥竹器耜耒｜器也涘水涯也俟候也又｜｜獸走貌寺司也
兕野牛也又閣官食飯也又齊微韻思意也又平聲四肆陳也放也泗
水名駟一乘四馬×禩年也伺候察○次第也四切刺譏｜又齊｜
微韻薊芒也木針也又×[illegible]廁○自慈四切字撫｜文｜又
牸牝牛又養也○恣資四放縱[illegible]胔人之肉腐骴
背盛×眥目際又齊微韻滓[illegible]至之也到也志心｜誌記也
學×痣黑子躓又顛也音○貳副也餌香｜又取魚物也又止
×珥珠在耳又上聲○翅[illegible]切×幟旗｜

中原音韻　卷一　[illegible]

齊微

平聲　陰

○機｜緯樞機又｜切杼幾近也上聲又磯水磧也璣珠不圓譏誹也
肌膚｜飢餓也又｜笄女子許嫁而笄又女子十五而笄朞年周箕｜
又星名基址也雞稽滑稽｜又饑穀不熟姬人美稱又婦也
又不獨音祈又羈馬絡頭羇旅寓×畸田殘數物敧取柝屋櫨也
剞剞劂｜乩問卜上聲又其語辭×[illegible]方｜○歸婦還
也圭玉珪邽地名上[illegible][illegible]闈宮中門之上
閨門下[illegible]規[illegible]×[illegible]珪也○嵇[illegible][illegible]

中原音韻　卷一　[illegible]

○威尊嚴也烏畏切偎愛也隈水曲煨盆中火×揋[illegible]萎草木萎
碑石銘陂障澤×裨補也○追逐也又音堆騅馬色錐錐也
也光輝也光褘蔽膝大巾○杯盃｜悲痛也悲卑下也
暉光也翬飛也翚飛也×揮麾｜旗徽美也噫嚌×揭手裂也
先切廝也犀名獸嘶馬聲×栖棲遲撕提捶○灰呼切撕之也
又屢｜也○妻齊切凄涼萋草盛棲鳥宿處悽悲慘痛也
碑黑石紐也黎氏名宿羝牡羊×羝足手隄防鞮｜｜也
湖｜菜｜綏安也雎水名｜陽鄉名尿又｜灘水名○低都奚切堤隄也
之為擠排也又上聲×齋莊也○雞也又

中原音韻　卷一　[illegible]

不能動也又菲蘐又騑又｜驂馬○非是也不｜霏霏雨雪也扉戶扇也緋絳色｜菲芳菲也
茂貌又豐｜也貌輕速不止非也[illegible]妃｜貴者之飛翔｜×
[illegible]英又蟲名也○欺詐也猗歡喜不正溪水川谿×谿
又蜚｜｜[illegible]○希望也稀疏也[illegible]唏泣也｜嘻笑也
崎嶇｜蟢蠨名也醯酸也熹炙也熙光明也×嬉戲也
日光犧牲也[illegible]晞乾也俙依稀也戲於戲｜嘆聲｜禧吉也
○[illegible]×嬉戲也睎望也［illegible］欷歔｜
魚名猗嘆辭也伊惟也醫[illegible]黳黑[illegible]禕美也猗[illegible]衣上衣
×依倚也咿喔[illegible]漪水文｜噫痛聲｜×吹噓又去聲｜炊

變也推擇也又他雷切○醅鋪梅切酒未漉披開也又去聲散也邳下邳地名
丕大也伾或曰助語胚婦孕一月紑不衣潔鮮×坯燒未陶器○駓桃花馬
切斗四尾盔盂器鉢也又虧缺也窺覷｜瑰玫｜門味闋奎宿名×
恢大也悝病也又章里頯頭頯廣雅云｜頯抵觸也睽日月相｜邦封
也額○癡凝也癡疒切管極擊郗邑名蚩又思支媸又思支螭似蛟
無角鴟鴟｜絺細葛也×魑魑魅黐所以黏鳥○綏名思雖切又隨也
切催促也衰又楚求榱說文屋椽也×縗喪衣○紕偏迷切詩素絲
｜之批手擊鈚鐵器也×錍鈚｜又邪迷切㩧手擊也亦作批磇霜｜剸
也飾訛言繆又具也鈹大針也又劍如刀裝也○堆都雷切聚土䭔餅餈

中原音韻　卷一　十六

也說文云蜀人呼之為｜×追又之誰切○篦邪迷切竹釵｜也錍又偏迷切
○知真切凝蜘蜘蛛○梯天黎切說文云木階也

平聲　陽

○微無非切細也薇薔｜維繫也又吳歸切惟謀也×溦小雨溦｜○
黎｜庶凌低切藜黑也犁耕具梨果名藜｜藿蒿屬瓈玻｜離又去聲
璃琉｜籬竹｜醨薄酒䍦羅義同｜帷离卦名鸝黃｜驪馬深黑色麗高｜
東夷國又去聲狸狐｜蜊蛤｜氂毫｜鬖髮卷也漓水滲入地中×鱺
魚似蛇其氣辟蠹虫鰻鱺罹遭也謧欺慢之言也劙廣韻分破也又去聲蠡
魚名縭詩曰親結其縭又綏也籬竹名蔾夫婦無䔧｜蒺離接｜白帽○

尼濃雜切和也泥水和土又去二聲×呢
了｜怩忸｜心慚○梅謨悲切莓草名枚又眾也又箇也媒
｜｜煤炱｜眉目上毛湄水草交為湄說文｜楣門｜下嵋峨｜
姑山名麋鹿屬醾酴醾重釀酒塺塵也×麼玫｜瑰
名山糜也又音米奢麋｜麋鹿屬｜上出又左傳原×腜肉｜○雷
靡盧維切｜也又音麋物｜縻牛繩｜繵｜×纍｜紲○
切鑢之｜擂研物也瓃罍酒器纝｜｜×欙山行所乘｜○齊
纔古也標也｜也｜×靐蠐螬○｜｜儕
嶽也前音又麗｜蝟｜蠐螬○圍｜
又又｜迴｜×洄｜流｜上｜中人｜也○闈
迴也×洄逆流｜上㞔中人腹｜徊徘徊｜○闈

中原音韻　卷一　十七

績闈宮中｜門｜違背也又去聲韓｜帷｜遺又｜
｜崔巍高大｜嵬｜危不安｜桅船｜為又去聲×帷幕也維又微切連道
又音○肥符非切淝水名○奇渠羈切又移騎跨也
移又去聲琦玉名碕曲岸埼｜期約也旗旌｜旂｜蘄｜
聲又去祁大也又姓祁｜其｜綦｜幾｜｜祺｜耆｜｜
祈求也祇神也又音岐蚑｜麒｜琪玉名蘄州名×頎
馬白長騏騏驥祺吉也綦｜綺｜纂｜兮語助
積長淇水名騏馬｜攜｜携｜蹊｜徑｜谿｜｜
也奚何也畦田十畝攜攜｜蹊｜×㽯｜移｜
也奚｜原｜兒｜鯢魚名霓虹｜倪端｜猊｜

輗大車轅端横木 姨妻之姊妹 夷|傷也 秋 又 痍|瘡 疑|惑 嶷九山名|

鷖鳧也又|水鳥又音衣 沂水出泰山 宜當也 儀容也 鸃鷩鳥 又 彝常也

貽遺也 怡悅也 眙直視 飴餳也 圯楚人謂橋曰| 又浮來切 頤頷也 遺

失音 蛇毒蟲又作虵 ×蛇 逶|自得 洟鼻液 蜺|虹 美

音癸 刈又 弟也舉 視 衣 涯水際又音來 匜器沃盥 ○ 啼

停離切 鳴也 蹄足也 提挈也 題|品 醍|醐 酒 綈 稊似稗 ×

鷈鷉又名 鷉也 鵜鷉食魚 騠駃騠馬| 苐 荑 綈 荑 木初生又

音移 草名又去聲 ○ 垂上 追切 陲 鎚|金 ×鍾 權也

又|蠮 本 槌 也 木 | 槌擊也 ○ 裴 陪 培益也

中原音韻　卷一　十八

又 治 皮 ○ 蘷 切 鬩 箎 鍾 箎 落 蘷 一 籠 逵 道 ○ 池

陳知切 也 水日 蠆 馳 堀|丹 篪 樂器 持 遲 徐 ×蚳

蟶 治 攻理 又 跚 踟|蹰 ○ 頹 下 蹬 ×隤

下 ○ 脾 土 獸 疲 勞 比 和 也 又 音 毗 羆

罷 倦也 又 ×鼙 鼓 騎 ○ 琵 琶 批 ○ 逵

也 獮 獼 × 獼 猴 ○ 誰 追 切

摧 折 也 ×崔 山高 ○ 蕤 追 切 ×綏

○ ×推 也 又 音 切 煺 ○

入聲作平聲

○ 實 誠也 又 食 |

又 錄 蝕 日月 拾 又 殖 蕃 | 殖 生也 植 又 栽 也 長

切 ○ 直 | 值 姪 | 秩 擲 ○ 疾 精 切 病

也 急 嫉 | 蒺 藜 草 説 文 修 補 ×集 聚 也 寂 靜 也 ×籍

狼 | 又 籍 籍 簿 書 諫 云 也 又 襍 合 也 名 又

又 姓 又 車 轍 藉 |

○ 夕 暮 也 西 切 習 説 文 云 席 襲 × 汐 潮

潮 | 晚 日 蓆 大 也 隰 原 州 名 ○ 荻 蘆 | 狄 敵 逖 遠 也

笛 樂器 糴 米 ×迪 啓 蒙 | 鬆 翟 雉 也 又 ○ 及

切 滌 也 × 給 ×岌 汲 引 聲 ○ 惑 切 笈

中原音韻　卷一　十九

也 ×或 疑 不 定 ○ 劾 黑 叶 ×核 果 中 又 音 胡 | 齕 也 齧 齰

嚇 怒 也 又 赫 赤 也 ○ 賊 叶 則 | ×蠈 食 苗 蟲 節 ○

考 也 窒 塞 也 × 擇 侼 秩 ○ × 逼 迫 也 又 迷 切 叶 彼

×窒 ×擇 也 讀 又 × 衖 鼻 去 聲 | 又

覓 叶 頑 愎 很 也 蹋 蹈

去聲作平聲 陽

○ 鼻 切

上聲

○ 迤 邐 切 嫡 美 × 倚 也 椅 今 俗 呼 坐 椅 已

覓 為 戾 也 倈 云 哭 餘 聲 歎 不 止 綺 骨 | 倚 矣 辭 已

止也○尾首尾忘彼切亹不倦○倚依倚切几椅錡三足扆
儀禮注云如綈素屏風畫斧文以示威亦天子屏扆也依前見蟻同螘矣前見已
見前以苡[illegible]名頤云靜也說文擬[illegible]×蟻
蚍蜉小者儗也[illegible]○浼[illegible]美×每[illegible]靡[illegible]也
又平聲[illegible]○機又平聲幾[illegible]已[illegible]几[illegible]麂
又[illegible]紀[illegible]○恥[illegible]侈[illegible]捶吹上也箠
云[illegible]○痞[illegible]否[illegible]又[illegible]二[illegible]語大也圮
[illegible]秕[illegible]之[illegible]書○鬼
癸[illegible]軌[illegible]晷[illegible]宄
中原音韻 卷一 千
[illegible]毀[illegible]燬火也
[illegible]○妣[illegible]比[illegible]匕[illegible]×彼鄙
[illegible]○否[illegible]里[illegible]裏[illegible]理[illegible]鯉[illegible]禮[illegible]醴李
[illegible]蠡[illegible]履[illegible]澧[illegible]邐迤行貌○
俚[illegible]悝[illegible]○濟[illegible]擠[illegible]也
底[illegible]抵[illegible]邸[illegible]詆[illegible]柢[illegible]觝×牴
[illegible]洗[illegible]璽[illegible]枲[illegible]
[illegible]徙[illegible]屣[illegible]蓰[illegible]蹝[illegible]○起

切與棨戟啓開也綮繳繞也正韻作繳衣綺文又漢四皓[illegible]也
也名木杞芑之非然辭×[illegible]首至地也企[illegible]○米切[illegible]彼弭
也[illegible]咪口物[illegible]×芊羊鳴楚姓又侎安也○靡披又美
○伱汝也[illegible]旎旖瀰[illegible]×泥上去二聲[illegible]又彌絲綿
[illegible]○喜[illegible]悅也蟢[illegible]○狠[illegible]委[illegible]唯應聲
隗高也[illegible]葦[illegible]偉[illegible]×洧水名[illegible]鳥食[illegible]吐[illegible]其踶
也[illegible]燁赤[illegible]痏[illegible]頠閑習寒山[illegible]貌[illegible]○壘郎腿
切又[illegible]磊[illegible]儡[illegible]蕾[illegible]×[illegible]類[illegible]節
聲又去聲累[illegible]瘰[illegible]○體[illegible]×躰[illegible]○腿
中原音韻 卷一 [illegible]
切[illegible]○蕊[illegible]累[illegible]○肯[illegible]思[illegible]切又
嘴[illegible]○髓[illegible]×瀡滑[illegible]鷕[illegible]○水[illegible]雙[illegible]類
○餒饑也[illegible]×餧[illegible]又鮾魚敗○×腓[illegible]又文貌切
斐文貌朏月未盛明悱[illegible]誹[illegible]菲[illegible]篚[illegible]榧[illegible]棐輔也
○×跪[illegible]又[illegible]跬半步舉足一○×[illegible]鋪
蕾切|

入聲作上聲

○質張耻切朴也隻單也炙[illegible]織組陟登也汁液也只辭
×執[illegible]蹠[illegible]屐[illegible]山曲[illegible]名又摭拾也職掌陟升也

○七僉洗切 戚親也 漆膠丨 刺數也又支思韻 ×慼痛也 緝績也 葺
修補 趞丨行貌 鉞斧鉞 祁丨問 ○匹錦未切偶也 闢開也 僻邪丨 傍
剖也又告求韻 ×疋皆雨 癖丨疵 ○吉中以切鮮也 擊扣也 激湧也 謚
訥言也 棘木名小棗 戟戈丨俗作戟 急疾也 汲引水於井又平聲 給贍也
又平聲 ×級等也 吃言蹇 訖止也 鬚丨髭 姞姓也 佶正也 ○筆邦泌
切 北朔方 ○失傷以切錯也 室 識知也又音至 適往也 拭抹也清靜
也 軾車軾 前 飾丨裝 釋捨也 澤說丨又口丨 日下陂叶 奭盛也 ×式
浹也 襫袯丨雨衣 裝 ○唧鼠聲鳴洗切 積累也 稷黍丨 績緝也 跡足丨
脊背丨俗作脊 鯽魚名 ×借假也又車遮韻 即就也 汃水滑戎 積
中原音韻 卷一 三三
發讀說文曰衛道也 不勣功也 踖蹶丨 蹐蜀丨 迹足丨 ○必叶彼然也
畢終也 篳竹編門 碧深青色 甓墻丨 甓丨瓴 靈瓴又 ×蹕
周禮隸僕掌丨蹕止行人者宮中之 逼迫也又平聲 躄跛不能行也又 愊
丨悃 ○昔前日也丧切 惜愛丨 息丨 錫丨賜也 淅丨 晳 ×
舄履也 熄火滅也 又 悉詳盡 膝丨脚 蟋丨蟀 析分也又支思韻 皙白色
蜥丨蜴 ○尺叶恥 赤 敕戒也 勅丨語 又音云 叱丨呵 鶒丨鸂
×斥開拓 吒也 ○的叶底 靮丨 嫡正室 滴丨 ×鏑鋒矢
蹢丨躅 羊蹢 草名 又不進貌 彴引也 ○得當切 德也
德丨道 ○滌洗也 剔解骨 踢跡丨 ×趯跳貌 惕丨 倜

中原音韻 卷一 三十五
○吸叶喜 入息 隙壁孔 翕合也 檄符也 覡巫 ×泝響布 汽
僪 虩恐懼 水同 鬩鬥也今傳訛作鬩 悐心不安 欵笑聲 歘笑也 ○乞
泣 汁 訖也 ×絡絺葛 詰問也 郤地名 又姓 隙也 ○國
○黑叶切 以又 去聲 ×壹乙 丨甲 ○×則濟美
鬼切又支思韻 ○×忒他美切差也 得打 慝也 ○×克康黑切能
也 刻 削 刻皆丨 來韻又
去聲
○未忘閉切 未就也 事 味丨滋 ×蒔五丨子 ○胃汪貴切 穀府
蝟蟲也 渭水 謂 尉官名 又 慰丨安 緯丨經 織也 衛捍也 魏
中原音韻 卷一 三十六
國名 畏怖也 餧飼也又奴鬼切 位 飫食多也 ×鱠魚名 爲又平聲 ○
貴光切 櫃 饋餉也 愧慚也 悸心動貌 又詩 帶又垂帶 丨下垂 會 檜
太名 桂木名又姓 膾細切肉 鱠魚名 蹶拜 丨音 又音 繪 丨也 繪
畫文 ×儈丨牙 澮水溝 外 旝旌也 媿丨慙 會計也 音惠 又 饋 餉也 又音
匱取也 ○沸方閉切 泉湧 吠 費耗也 肺金臟 廢弛也 芾小貌 丨
又魚韻 ×薉 濊 遼州名 蕨丨蘆 誹言急 茀 蔽福也 或云 蒙龍也 ○ 韍
切 貴 晦 月暗 會 總也 聚也 諱 忌也 惠丨恩 蕙丨蘭 慧丨聰 潰散也 闠
市外門 ×讚 滌也 賄財也 又上聲 ○悴 叶翠 丨 淬 染也 焠 堅刀 劍
萃聚也 倅 副車也 周禮云戎僕掌王丨車之政 顇丨顦 脆 易斷 翠 鳥名 ○異

齊 義 議 謚 毅
鳥名 又音 瘞 勩 刈 又
月中 諳 至 讀 刈 [illegible]
懿 美也 偈 食 衣 羿 名也
也 氣 器 禁 聰
× 亟 跂 揭 際 瀆
又 精 細 切 齎 背 緊
青 菁 菜名 切 薺 劑 背
瀉 嚏 ×履 ○ ×地
意 睨 契 弃 剃 替 第
祭 ○ × 薙 剃 弟

中原音韻 卷一

悌 遞 棣 弟 [illegible]
諦 締 蒂 遞 [illegible]
× 蠐 ○ 背 貝
睥 倍 輩 被 斃
逅 避 × 備
被 × 借 倭
俐 例 唳 婢
離 隸 癘 (礪)
晉 劃 麗
× 吏 所使 儷
滋 臨 恙 名果
○ 帝 切 當 [illegible]
罽 [illegible] 利 ○ 沴 厲
誠 備

中原音韻 卷一

偶 佽 悷 濿 勵 捩 蠣 蟄
又 染 ○ 切 青 細 切 妻 以女妻人 × 切 又 泉
遮 ○ 細 ○ 醉 又平聲 橇
○ 對 嚎 隊 醉 罪 萃 × 敦
地名 李 墜 記 計 奇 緊
玉器 名周 喜 ○ 技 偕 忌 季
戲 縊 妓 技 督 偈 忌
縊 自經也 騎 既 驥 糞 蘅
鱖 × 覬 ○ 閉 敝 嬖 鉈
器 竹 斃 斃 庇 比 秘 陛 貴

中原音韻 卷一

文 × 秘 ○ 謎 × 秋 ○ 稅
戈 歌 睡 說 瑞 × 蛻 蛻
悅 訟 脆 ○ 退 祟 遂 綏
○ 歲 碎 粹 崇 遂 綏
穗 燧 隧 遂 遂
彗 彗 彗 許 ○ × 遂 粹 彗
遂 穗 隧 × ○ 綴 ○ 贅 墜
綴 懟 × 綴 ○ 製 制
澀 致 智 幟 熾 質

滯丨箕雉野雞也又城高丨三尺爲丨稚幼小也彘豕也又名治
攻也×躓給丨頓丨事也又傳同識又切鷙鳥名摯持握
殺也又寶丨言丨纐絹㚑也丨細○×滯切良雉治
○×滯稚五雉治又平○
蒨也倢遇丨㽘他也峙吺立丨痔㮛隱植音擔也運又奔平
世切市晉勞丨也逝也往誓丨盟×貫貰除也涙叫雷聲上去
○祭上丨世又毳也諸也×幣𣎴也䊼又丨碾也又切砌
音麗又詈丨𧝑○醍×帶丨佩丨大帶也悖丨心逆○×𣎴切又
沛郡名佩丨大也又平聲旆丨雜○×珮步昧切紨
彼又平聲旆丨雜○×𤨹珮許
中原音韻　卷一

珠五丨玖也○妹作背切昧作背切媚丨壽×寐也寐
×眛目不明○戲平聲又許切𣝣
𥨍丨力作作瀸𢜗切文作丨三繫
×厲丨蠆丨𡚁又丨殺除名×䊮切饋中也又丨錫音又欷
𧄍也○𧃍箦切丨也×匱丨泥又丨鋭切𥏾○𤜐
而穄丨日不生也𧎮丨吹○𢑞𩀁

丨內中也對切○×技丨巧強異切芰菱也騎車丨平聲又騎四肉
僞武丨巧也倚肖丨也又汁也涫中日丨○×陛旁切謎
鮀鬣比兩字義見邦謎切弊幣鬢五字義見邦妹切庳封象
丨有薜香丨草荔𧶠丨力作皃臂也鼻又遶切○×譬丨謗誰切
也屁氣下泄○×墜重之睡切又硾也鎮縋又睡之切槌
薄杜又腿重病丨○×會也又音貴切聚也亂匯水合
平聲布門外瞶目疾又皆來韻繪畫文惠仁也慧似蘭慧丨聰嚖小聲
怒義未詳○×兊唐切也聚也隊也㩲憝怨也恨
入聲作去聲

中原音韻　卷一
○日入智切×馹驛傳也又遝○密切閉切又覓也求
×謐安也又丨止也蜜蜂飴○×墨昔忙切又
密靜也閉切○立粒米顆丨笠登也無柄有曰
丨歷數丨也丨礫牛馬卓斷木名又瀝也𢗝丨𧊛𩆠
白貌丨力筋丨栗果名×策斛也丨櫟也石碎也丸小
轢車丨𨽊丨綿𨧽丨○逸丨樂切易周又譯傳
夷之驛馬丨丨也溢丨滿鎰二十四兩鷁水鳥液丨丨腋丨肘掖
庭丨疫丨役丨使也一又以切佾樂武數也逆不順邑丨都憶念也
拜丨損射律名又音十又翊丨輔翼丨翔場邊境

左傳|之事泆水|蕩乙十干名×溺沉沒嗞嘔|奕圍棊□叢也
弈同奕又美也對雅云||憂也斁厭也終也又魚模韻繹理也審變也又絡|
域區|也又宗丙三|中老子云|中有四大軼侵|又事相過也弋繳也亦
又也總也漚漬也○勒離妹切馬鑣銜也肋脇骨×鰳魚名扐易曰歸奇
于|凡數之餘謂之|泐考工記曰石有時以|又凝合也○劇強義切戲也
×□木屐○匿女詐切○×蔔蒲妹切蘿|□揵為蠻夷王制屏之
遠方

魚模

平聲

中原音韻　卷一　卅

○居斤於切止也處也又去聲裾衣|琚玉名車又車遮韻駒龍|馬名又椎
馬也拘執也俱偕也鴝鸜|海鳥也×□挹也椐木名○諸征如切衆
凡也又釋文云乾桃乾梅皆曰|豬爾雅曰豕子也又流水亦作|書曰彭蠡既|朱
亦也又姓株木根蛛蜘|誅責也珠珍貝邾國名侏|儒短人潴水所聚也
姝美也好×咮廣韻云聾|多言貌硃|砂袾|襦短衣○蘇僧租切草
木名酥醁|酒名□磨|草庵甦死而復生也穌思也舒悅也○逋巴謨
切逃也餔食也晡申時日|○樞昌朱切戶|樗惡木攄舒也發也×
姝美好擩|蒲老子入胡時作貙獸似貍○芻□疎切芟草又牛羊曰|粗
|細×初始也○梳傷初切以|理髮蔬菜總名疏通也又上聲疎

稀也○虛興居切空也噓吹|歔欷|呼歎也墟丘|□崎|亦作嶇不
平也×盱日始出盱張目也又病也詩云云何盱矣訏大也○蛆倉須切蝍
|子茲須切趑趄走也又去聲×騶禮記云車驅而|又尤侯韻○疽
茲須切蠤|沮水名在楚又上聲趄趑|行不進苴麻有子又家麻韻睢
|鴅狙猿屬×蛆又倉須切諏咨|娵少也○孤瓜胡切獨也姑父之
姉姝辜罪也鴣鷓|酤正韻云一宿酒說文云買酒也亦作沽沽同上又賣也又
水名蛄螻|蟬屬菰彫|亦作苽觚有楞之器×箛以□泉物柧棱也說之
云|稜殿堂|最高處呱小兒啼聲罛魚罟○枯朽苦切也朽也刳剖也
×恗怙也○迂依居切遠也紆詘也於卽也又蛙孤切×淤泥澱○

中原音韻　卷一　卅一

嗚蛙孤切|呼嘆美辭烏語辭爾雅云陽烏鴻鳴也又純黑反哺爲鳥頭白不反哺者爲
鴉汙濁水不流也×惡論語云|乎成名又去聲又叶褱又叶倣又叶阿上聲
杇塗鏝器洿同汙汚同上又去聲又歌戈韻於|呼歎辭又依居切○□
商切朱舒伸也輸委也更也負也盡也紓緩也×毺溫室規也毹毹|毛席
又移居切○區孔余切分也小室也又尤侯韻軀身也驅逐也嶇崎|貙獸似
貍×墟又與居切祛喉|歐與驅同又呵勾切又叶謳上聲○須思疽切斯
|□頭|鬚髭|胥相也需卦名繻繆綸又音如醑美酒也×諝
有才知稱○膚方通切皮也夫又音扶鈇斧玞碔□山多出|石正韻云
珷|石火玉亦作碔砆趺足音古文作對敷施也麩麥皮孚信也鄜|州枹

擊鼓杖 桴 屋檼又編竹木大曰筏小曰｜亦作枹 郛 郭也 莩 葭｜草名 ㄨ跗
武同 俘 囚也 秩 稃生 再 殍 餓死者又音縟 不 又音補 苯 花盛 ○ 呼 荒姑
切也 噢 ㄨ 滹 ｜沱水名 膴 無骨腊 謼 廣韻云大叫 戲 古呼字又音希音
○ 初 楚疎切 又 ○ 都 當盧切 總也 ㄨ 闍 闉｜城上重門 又車遮韻
○ 租 則蘇切 減田稅 ㄨ 菹 茅｜說文云藉封諸侯用之 ○ ㄨ 麤 倉胡切 物
不精 麄 疎也 粗 精｜ 又 ○ ㄨ 鋪 滂模切 設也 ｜ 誧 謀也 去聲 又 泝
去病

平聲 陽

○ 廬 郎居切 舍也 閭 門里 驢 馬類 臚 皮也腹前曰｜又陳也 蘴 ｜蒿 又羅

中原音韻 卷一 廿一

也 ㄨ 櫚 栟｜櫚木 蘆 茹蘆草｜ 攎 山攎 ○ 如 人朱切 似也 茹 食也｜菜
也又易曰拔茅連｜ 鴽 鶉也月令云田鼠化爲｜ 儒 有道者又侏｜短人 襦 短衣 繻
又音濱 嚅 囁｜多口 濡 沾｜ 藷 香｜藥名 ㄨ 麛 鹿｜ 懦 弱也 ○ 無 亡逋
切有 蕪 荒｜ 巫 ｜覡又姓又旁通切 誣 詐也 ㄨ 亡 列子云｜所不爲相如賦
｜又音是公忘 毋 禁止辭 无 說文通于元者｜道也與无不同无音既監本誤作｜
死 ○ 模 忙逋切規範 謨 謀也 摸 ｜擲也 又 謨 議也 ㄨ 氃 毛織 又 荼
也規 ○ 徒 唐盧切黨又步行 圖 謀也 菟 楚人謂虎于｜ 屠 殺也 音廚 又 荼
著｜ 途 路也 駼 騊｜獸名野馬 涂 泥也 廜 庵｜蘇也 草 ㄨ 酴 酒麥
不去滓 ○ 奴 農都切 ｜婢 孥 子也 帑 石可爲矢鏃又上聲 駑 下｜乘
欲也

ㄨ 帑 金幣所藏又江陽韻 鵁 鳥龍屈原鳳在｜兮 ○ 盧 龍都切 黑也 蘆
葦屬 顱 首骨 鱸 魚名 轤 轆｜汲機 艫 舳｜舟名 瀘 水名 爐 火床 櫨 柱上柎曰｜
｜薄 鑪 罍也亦作盧 瓻 ㄨ 盬 酒｜ 纑 布縷 ○ 魚 移居切 漁 捕魚 虞 有｜也
｜度也又掌山澤之官又騶｜獸名又葬而反祭曰｜ 余 我也又姓 餘 殘也饒也 竽 笙管
簧十六 于 於也又姓又｜｜自足貌莊子其臥｜｜又行貌 畬 三歲田車遮韻又
雩 祈雨祭名 與 蕃蕪貌詩我黍｜｜又舒泰貌又上聲 輿 車也 旟 旌旗毛置竿頭
璵 ｜璠 舁 對舉 妤 婕｜婦官 歟 疑辭 譽 稱美又去聲 愚 戇也 盂 盤｜ 隅
陬也 禺 猴屬 臾 須｜ 榆 白｜ 愉 悅也 兪 然也 覦 覬｜ 毹 氈｜毛蓆亦作書
瑜 美玉 窬 門邊小竇 逾 越也 渝 變也汙也 腴 說文云腹下肥也俗作腴｜ 諛 諂也

中原音韻 卷一 廿二

萸 茱｜ ㄨ 予 我也又上聲 踰 越進 歈 巴｜歌也 楰 憂也 瘉 病也 嵎 封｜
山名又｜ 玗 玉名 褕 襜｜直裾也 娛 懽｜音吾 又 ○ 吾 王姑切 我
姓也又 浯 ｜溪在零陵郡 鋙 鉏｜之劍又音字 吳 大言 梧 木名 娛 樂也又音
丁 鼯 飛生鼠 蜈 蚣｜ 珸 琨｜次玉 不 ㄨ 鋘 鋘｜出金 山 ○ 雛
切鳥子生而啄者曰｜亦作鶵 鋤 耕｜ ㄨ 鉏 助也田器 ○ 殊 繩朱切異也 茱
萸 銖 說文六十黍重曰｜ 洙 泗水名在魯 ㄨ 殳 擊也 ○ 渠 求於切大也詩
｜日｜屋 蕖 芙｜荷花 磲 硨｜次玉 蘧 ｜篨竹席 劬 疲勞 瞿 鷹隼視又
｜｜ 衢 街｜ 臞 瘠也 ㄨ 籧 形｜貌｜ 璩 環｜ 鴝 鴝鵒｜ 鸜 同鸜
○ 除 遲如切 階也 蜍 蟾｜ 滁 水名 篨 籧｜ 廚 庖屋 幮 帳也 躕 踟｜行不｜

進儲剾也峙也╳躇躊｜猶豫屠休｜匈奴王號又音徒○扶房逋切｜道
持公羊傳註云侚手日｜夫發語辭又音敷蚨青｜符｜契芙｜蓉鳧野鶩浮
滿也╳颫大風蜉蚍｜大螘巫｜峯又忘逋切○蒲旁模切草名又地名脯
｜腑酺飲酒作樂捕｜撈╳莆莆｜又縣名匍｜匐葡｜萄○胡華姑
切也何糊粘也又｜糢糊貌模湖說文云大｜陂又江｜醐醍醐酥｜瑚珊瑚宗廟｜
｜器禮記云殷之六瑚珍貝也鶘鵜｜水鳥壺酒器狐妖獸弧木弓易云弦木
爲｜卜又禮記左傳桃｜桑乎疑辭╳葫瓜｜草名又餬饘也瓠狐也衚
｜衚○殂藏死也蘇切徂往也○徐祥疽切緩也╳捈羊野
入聲作平聲

中原音韻　卷一　壹

○獨東盧切單也讀誦｜又尤侯韻牘書｜瀆溝｜犢牛也毒亭｜化育
突卒也纛早｜軍中人旗又蕭豪韻╳匵匱也髑｜髏堗竈也篤實也又叶
堵督家｜叶堵又○復房夫切返也又叶府又尤侯韻伏匿也又姓又叶二
｜又蒲｜與匐同又尤侯韻鵩鵩鳥袱包｜服衣也佛西方神名╳絥車具
茯苓｜○╳佛房波切○鵠紅姑切黃｜鶻｜鶻又回鶻北夷種斛
五斗槲木名╳縠｜紗縐貌○贖繩朱切說文云貿也貸也屬隸也述譔也
術方｜秫稷之粘者朮藥名╳蜀巴｜塾家｜孰誰也又尤侯韻熟成也
又尤侯韻淑善也又尤侯韻○俗詞誼切習也又風｜續繼也○逐長如切追又
也又尤侯韻軸卷｜車｜又尤侯韻○鏃聰練切矢鏃族聚也又尤侯韻又｜尤

[illegible]○╳族[illegible]卒兵也又子聿切上聲作[illegible]
貸切特｜╳[illegible]濮水名又姓匐[illegible]孛又星[illegible]
幞帞也又｜[illegible]暴[illegible]瀑[illegible]又○局[illegible]
也又曲也╳倔強[illegible]瘃[illegible]○╳尉[illegible]
也又去聲育養也又去聲蓿[illegible]○╳躅[illegible]
之蹢｜不如騖馬之安步术秫上二字又○╳杌木[illegible]
高｜貌又臬｜不安[illegible]扤[illegible]
又胡姑切[illegible]叶[illegible]
上聲

中原音韻　卷一　叁

○語余矩切論也雨又去聲與施｜又去聲圄囹圄[illegible]與[illegible]
｜齬齟齬如[illegible]羽毛也宇[illegible]禹[illegible]庾[illegible]拒也
愈勝也╳鋙[illegible]
予賜也又平聲斞十六斗[illegible]○呂[illegible]
陰律又姓侶伴也旅師｜膂[illegible]縷[illegible]僂[illegible]╳謱[illegible]
屢數也又去聲○主之庾切[illegible]煑[illegible]拄[illegible]
支杜｜又小水名麈[illegible]墅田[illegible]翥[illegible]
渚[illegible]汝水名也乳[illegible]╳女[illegible]
○鼠[illegible]

也　黍|早熟禾也又孔子曰可爲酒也謂糯|也　暑熟也　○阻隔之所切　組
祭器　×岨險|末下高賦高丘之|　詛呪也　齟齬|　○柞　劇切
楮大木名皮可爲紙　褚裝綿衣也絮　處居|去聲　又杵|擣　○數　叶素計上也
又叶大韶上聲又蕭韶咏象聲　所處也　○祖　叶上聲粗也　組綬也　×[illegible]好美　○
武叶聲無也上成也　舞|歌　鵡鸚|言鳥　侮慢也　廡堂下周廊　×碔砆|
石似玉類　珷同上　○土又魯切音杜　吐又出去聲也　×稌稻國沛
爲師|稽　○魯又郎古切姓又國名　櫓又楯也又望樓　○坩|城　×鹵
|箕又|蓀　滷水鹹　×擄|掠　臚腹前肉也又鹽長|賦　攡|擄　○覩叶聲
堵|垣　曉明也　×土又圖錄切又音度又　○古公五切　署見鄒也上
中原音韻　卷一　三四
詁|訓也又聲去　牯牛也牡羊　蠱毒害名又音治物估價市也又　鼓又買鹽也
瞽|目盲又　股又日不堅|羖牡羊　賈|家生又販賣也雅音　沽又入聲　
作也又不事之聲也　×罟網|　○五又切於音　伍|什　午下
又臨詩曰王|又　牂山名鄔也　○許切上　逆也　仵|
又旁荒也　汻|水名在岸|　×琥　○補　×
○虎|獸名　冱　滸水厓也岸|去聲　×麆　甫|
縷衣　圃|園　浦有小水口　鵝|也　諳
籍錄　○普也母切大也　溥大也　譜|又　黼|白與黑謂之文
說文云數上聲十大也　答　×　黼黼
工記曰白與黑謂之|　簠　府　|　郙

州日|兵衛日|大將所居亦口又與|脩同列子王|而視之　俯俛也　腑|藏　父
尊稱夫人聲又　否弗也又音缶方久邦米切　又×腐爛也又官刑又音刑日付|　缶
尾|鬣器|　篚|外閣內方　盛黍稷祭　○母叶上聲又音無　撫|叶|又　|代名甫
牡北|日牝北|也又鳥日|雌雄　獸名　姥又天雅云女老之稱又山名姓　畝
叶六尺爲步|步爲|　×姆女師　拇大指　莽說文云草又韻云|宿草　文|又姓也又正
汀|鬮　○楚叶初上聲　礎石|負　髓|　憷痛也　×潕水名　○舉居
切又說文云草名又國名又姓　苧可爲繩也　矩法也　櫸木名　×筥正韻云箭
也又筐|竹器方曰筐圓曰|　齬|無所|有咸之貌　儀如
○弩|弓　努|用力　×砮又|　○許與也虛矩切　詡大言
中原音韻　卷一　三五
也和　×栩名玉　栩|木名又說文云柵曰之貌　煦溫也　煦吹也　○
取此也又去聲　○苦五切　楛木名　盬鹽也器物　苦|溢器也筐者註
|謂之　箸竹名　○咀|嚼　×沮又止也平聲　○女尼呂切又
音　○嶼在水中山　×醑酒也　深露貌　○傴叶上聲於去也　傴也
|除也　毛|食之類　|之|之則|之　上聲如論語如|
子|不可不辯之　×嫗老婦去聲　×噢|痛　×去
斥舉切義又去聲　○×扵於擊也　癒不中又|情也　愈進
勝也

入聲作上聲

〇谷叶古山｜又養也老子云｜神不死又窮也詩進退維｜又東風習｜風穀百｜
總名轂車｜骨肉骰×搰手掘汩出又亂也沒也告出｜反固又｜朔又
音諳硌聲孔也〇蔌叶蘇上聲菜茹總名速｜疾縮直也謖起也×觫
觳｜懈貌餗鼎實鏃擊也〇復叶府重也又房夫防右切又福善也休也幅｜邊
蝠蝙｜伏翼也腹腓｜說文云厚也覆反也又音付又方構切拂拭也×
紼繫印紐也又綍也詩云｜纚維之髴髣｜紱組印黻杜預曰韋韠以蔽膝也
裳繡兩已相背形芾又齊微韻〇卜叶補不｜然音數又〇菊音短秋花
踘蹴｜局曹也分也又曲也詩云予髮曲｜跼又｜伸又姓又音曲又×挶手兩
捧物匊禮記月令｜有黃華亦作蘜又也蘜鞠窮也與鞠同又育也盈也｜又蘜同菊
中原音韻卷一 兲
匑彰理畀人鵴布拮｜穀橘果名猶奔也譎詐也〇曲五雨切｜直又麴
酒媒麯音拗矩｜又×蚰蚰也〇笏叫虎手版忽倏｜又滅也輕也又一蠶
為｜為絲｜×瘃腫贅又去聲惚恍｜熇炎氣熱〇築叶上擣也燭
鴹音斥肘又粥叶糜｜又周肘竹又叶肘×祝巫｜音肘又筑似箏十二
絃竺天｜名又叶肘丙涉國囑托也〇粟叶須上聲宿止息修｜又叶去二
聲亦作宿×剩細也切肅恭也斂也戌辰名恤憂也搐擊也〇哭叶苦
窟孔穴酷暴虐×勖勉力〇出叶杵又音蠢黜斥貶人｜畜小人｜｜
卦名音許又×蓄積｜告畜聚也亦作蓄隱居云羊蹄菜討日我有｜怵悽惕
又喚也懼也鷸叶犯楚也又〇×旭叶許始出日頊諛勖勉也畜養也

又許洫溝｜渠也說文云廣八尺深丈餘也〇叔叶暑｜季音手音收又菽
大豆×縮收也退也蹜促也倏忽｜俶也厚束縛也杜預日五匹爲｜
謖見前〇督叶睹又董也又東盧切篤厚也又東盧切×咄呵也柮榾｜短木
𡰪尾下竅〇撲叶普｜以加小人又責也中庸也論桎梏鞭又蕭豪韻暴顯示也
醭醋生白｜〇觸叶楚叶杵又束又叶暑×矗直也齊也又聲上貌
相如賦崇山｜｜〇簇叶粗上聲×簇聚也又音嫀焌火燒亦火滅
卒急也又從蘇切又叶租〇足臧醑切又臧絮切趾也〇促叶取催也×
慼迫也〇禿叶土無髮×誘狡也〇屋叶塢舍也沃灌也兀｜臬
不安〇×澳於舉切隈厓又音奧鬱香草又氣也蔚茂也又去聲熨又
中原音韻卷一 毛
聲〇×捽叶祖說文云持頭髮也漢金日磾｜胡卒終也又從蘇切又粗上聲

去聲

〇御叶兪侍也幸也用也又止也扞也馭驅使也遇偶逢也又冬朝之名嫗
又上聲裕饒也諭曉也芋草根可食譽美稱平聲又預先也安也豫逸也
又卦名又獸名×禦止也扞也喻告也寓託也雨又上聲蕷山藥亦作蕷
欲情也又音蔚舉兩手對舉之車又江南謂轎爲肩｜又籲呼也和也鷸崙〇
慮叶驢去聲謀思也憂疑也濾漉去滓屢頻數又上聲×鐻錯也窶貧也
〇鋸居遇切刀｜懼怖｜句章｜又音勾據依｜詎豈也巨大也拒
捍也距雞｜凡刃鋒鉤銜制皆日｜踞蹲｜麻｜絇絲縷數具備也秬黑黍

炬火|苣菜名一名萵蕍╳倨|傲又箕|夷倨也遽急|疾速也又窘也急行
也醵合錢飲酒又音喬勮勤務居止也又平聲○恕叶書去聲仁|庶
衆也戍守邊又音語樹木|豎立也署說文云部|也曙廣韻云曉也○
又樹倚注切竪曙署上四字義同前豎未冠者○覷叶趣去聲伺視
趣向也娶婦|╳取娶同又索也詩如酌孔|又上聲趨疾也又平聲○
注張恕切灌|春|又|潴又澍時雨住停也止也著述也又明也又表|柱
擇也註訓釋鑄鎔也馵馬後左足白|炷燈|駐止馬紵麻|苧草可織布
貯積也竚久立╳佇同竚蛀|虫宁門屏間杼機|羜未成羊箸
之飲具也翥飛舉○數叶竦去聲又身卯切筭|又|又音娶疏親|也正禮記|

中原音韻　卷一

通特達|食具羹又姓又上聲○絮叶須[illegible]一曰綿[illegible]爲|不絲[illegible]又禮記毋|羹
注云|猶親也又昌庶切序庠|敘次|緒絲端╳漵浦|○孺叶如去聲
稚也茹食也╳乳又上聲○杜叶都木名又塞也細也又姓或謂赤棠妬
|忌也亦作妒肚腹也斁敗也又銀許切蠹蛀虫渡濟也鍍以金|物度過也
則也分寸丈尺引曰五|又與渡同賈誼曰度江河亡維楫○╳渡唐路切度
又東擊切敷閉也土桑根白皮又音吐音堵莊|蔚香草鍍以金飾物赴
叶夫斧也至也就也父|母又|聲釜器受六斗四升輔弼也付與也授也賦
貢|傳相也又姓又官名又左傳毛將安|又牽合曰|富豐於財仆僵也鮒
魚名賻助也贈終者布帛又公羊傳貨財曰|訃至也又告喪也婦女子已嫁曰|

附寄也亦作坿[illegible]山名又[illegible]也又肺[illegible]劉向傳[illegible]青傳注肺|謂|親[illegible]
負[illegible]也[illegible]山曰|者曰|拊之左傳又擊|也[illegible]
也╳副[illegible]富[illegible]音甫也又覆蓋也又方[illegible]切又音府祔也[illegible]
於[illegible]○戶[illegible]切半門爲|在門外曰|又扈|周|從也又姓又[illegible]
護[illegible]荀子|瓠匏也互差取|周禮注[illegible]
|物[illegible]扈又[illegible]護大|湯濩樂名亦作護岵山多草木怙恃也╳[illegible]
甲者祜福也沍閉塞○務事|亦作[illegible]切霧|雲戊名天干鶩野也[illegible]
高飛╳婺女|星名瞀目不明|鶩漢書音義曰直馳曰|鶩亂馳也○素[illegible]
別[illegible]又情|又|屐又|行又與係同訴告也亦作愬也塑埋土象亦作塐

中原音韻　卷一

遡逆迎也泝逆流而上嗉受食之處╳愬譖也愫真情也[illegible]玉名○暮
[illegible]日[illegible]切慕思也墓墳|募廣求招也╳莫又與暮同又叶暮○路
郎[illegible]切道|又事也又姓又|荀子云巴[illegible]都邑|又[illegible]潞水名又州名又國名鷺
|輅車也禮作路露雨|又說文云[illegible]賂贈遺也╳璐玉名
○故[illegible]也又古切[illegible]又與[illegible]同錮禁錮|又同固
[illegible]也顧迴視也亦作[illegible]雇[illegible]亦作[illegible]╳痼久病詁訓|
古今之言也又上聲○誤[illegible]又[illegible]悞同上也[illegible]
悟作|又寤叶虎[illegible]又[illegible]╳惡[illegible]
會|明也又忤逆也戾也○╳惡[illegible]叶[illegible]

上聲汙又平聲又音坙涂也○塢[illegible]又餔[illegible]
偏也部分也又總也又曲[illegible]也又[illegible]補
濁捉步徐行又又[illegible]曰[illegible]步[illegible]一曰下[illegible]之
世稱輦車曰步又[illegible]司馬[illegible]又[illegible]步行曰[illegible]
只峇水際渡頭又[illegible]姓又[illegible]○×捕布也散○×
部旁切薄蒲[illegible]步上五[illegible]邦暮切[illegible]易大陸[illegible]處×篰竹[illegible]
也○醋[illegible]叶去聲也措[illegible]置也[illegible]錯金[illegible]叶上聲又姓又上聲×
厝措同○做祖叶去聲也作祚福也[illegible]胙[illegible]建又[illegible]分[illegible]曰
上聲又[illegible]｜祭曰×作[illegible]也又左叶[illegible]助[illegible]也也[illegible]祚[illegible]階上○兔
餘蕩[illegible]名切吐上聲也又○怒[illegible]也[illegible]切○鋪也[illegible]陳也切[illegible]

中原音韻 卷一 [illegible]

×鋪肆貫謀諸平聲也又○處也又上聲×絮[illegible]又音[illegible]府也
○去區遇切去聲又上聲×呿[illegible]口開口也不合○聚
倉[illegible]切會×豎聲又上聲○助狀切助○×庫[illegible]聲叶府[illegible]去
又音袴[illegible]○×足[illegible]切又上聲｜[illegible]恒也[illegible]

入聲作去聲

○祿[illegible]鹿獸名漉滲也麓山[illegible]又[illegible][illegible]云守山林吏
｜×簏[illegible]琭玉名○木叶[illegible]｜五行[illegible]沐[illegible]穆又順也曰[illegible]
[illegible]親也睦和也[illegible]盡也[illegible]牧[illegible]養[illegible]爾雅云[illegible]
又[illegible]｜｜又節 鶩野鳧水鳥×霂[illegible]也○錄[illegible]川[illegible]也[illegible]

中原音韻 卷一 [illegible]

又｜[illegible]常也又｜籙圖書綠青[illegible]又陸高平[illegible]
戮[illegible]也[illegible]也亦作[illegible]又｜寶玉名[illegible]音溜又[illegible]
[illegible]也書云[illegible]之｜力又[illegible]律法也又六｜又[illegible]
又[illegible]繂[illegible]也六溜又叶捽[illegible]也○物萬叶｜務勿[illegible]
路又[illegible]○[illegible]叶如去聲褥[illegible]入納也○玉[illegible]寶｜[illegible]切獄[illegible]
欲[illegible]也又浴澡也郁文｜盛貌又姓又育養也平聲又鴿
[illegible]｜[illegible]名山慾淫也蔚草名上聲又○訥叶[illegible]言難也×朒

中原音韻 卷二 陰

平聲

來

○皆[illegible]也該[illegible]也○[illegible]皆[illegible]切喈[illegible]楷[illegible]也階[illegible]也×稭[illegible]也×秸[illegible]○×街[illegible]
堦[illegible]切又[illegible]名[illegible]楷[illegible]也×揩[illegible]又[illegible]○×揩[illegible]縖[illegible]
[illegible]也核[illegible]也垓[illegible]也荄草根也陔[illegible]階也×絯[illegible]
栽種[illegible]也災[illegible]害×烖同災菑害也○釵[illegible]
[illegible]又又[illegible]哉又○台[illegible]又[illegible]切｜[illegible]胎
[illegible]駘[illegible]哈[illegible]部[illegible]名×鮐魚名○來[illegible]
[illegible]唉[illegible]×[illegible]埃[illegible]也欸[illegible]也○猜[illegible]
○挨[illegible]○衰[illegible]也又音[illegible]○腮[illegible]切
×[illegible]也[illegible]揌｜[illegible]毸[illegible]偲[illegible]不[illegible]鬛[illegible]罳[illegible]也○崽

駒乖切 隔也 ○開 柯哀切 閞也 ◎齋 莊皆切 莊也 ○乖 瓜切 戾歪
也 ╳ 乖(?) ○篩 竹器 疎齋切 ╳簁 竹器 ｜箲 ○搋 說文云 挃裹切
量 …

陽
聲
○來 台切 萊 說文云 蔓草 ╳騋 馬高七尺 ╳徠 就也 又山
名 ○鞋 奚皆切 諧 和也 ╳骸 說文云 脛骨 ╳
鮭 … 徠 麥也 ○排 埋切 ╳牌 ｜榜 ╳簰 大栰 ╳俳 雜戲 優｜ ○懷 胡乖切
… ○淮 水名 ╳槐 木名 ╳瀤 水名 ○埋 麻皆切 瘞也 ╳霾 詩云
… 目 ｜霧 注云 也 ○ 鮭 魚 開切 ╳騃 又 痴 愚 不 知 也 馬 行 疾 逆
中原音韻 卷一 四二
也 ╳么 埋 ○孩 何切 小兒笑 ╳咳 小兒笑 又叶 …
叶 二 ○柴 牀 … 等 祭 齋 大 切 … 說文 云 … ╳ 柴 …
中 決 ╳儕 等也 ╳ 瘵 … ○崖 岸 也 又 … 珠 山 …
山 … 又音 ╳涯 水 際 也 … ○才 …
能 又 揩 … 材 說文 … 財 貨 … 也 … 聰 … 裁 … 作 …
以 音 … 云 … 貨 … 木 … 材 … ╳財 … ╳纔 … 也
高 … 臺 … ╳檯 … ╳儓 … 方言 … ╳薹 … ╳苔 …
懂 … 能 … ○ …

中原音韻 卷一 四三
○海 呼改切 滄溟 ○醢 肉醬 ○詒 叫聲 上 ╳紿 絲 繁 ╳ 逮 …｜｜
貌 ╳噫 不言 正 ╳駘 駘｜蕩 大 意 廣 ○駭 驚也 希解切 ╳蟹 螃｜ 又去聲
○宰 叶上聲 哉 上也 ╳載 年也 又 再 ○采 叶上 猜 聲 取也 ╳彩 文 色 ╳採 摘也
宷 竂｜ 又去聲 ╳綵 繒 ╳鬃 ｜ ○靄 草 木 叢 盛 ╳乃 音 奴 ╳ 又 ╳毒
名 秦人 ｜ 又平聲 ╳靉 雲 盛 貌 ○奶 乳 母 奴 改 切 ╳乃 音 辭 … 又 ╳
廼 同上 ○╳蒯 拐 苦 草 又 可 姓 又 上 聲 ○拐 叶 上 乖 聲 … 也 ╳夫 名 卦
又 去 ╳蒯 又 ╳柺 老人 拄 杖 ○凱 叶 … 風 … 又 … 也
單 勝 ╳鎧 甲 ╳塏 爽 高 ╳愷 樂 也 ╳咳 … 又 音 叶 去 聲 ○揣 抽 挕
切 又 平 聲 ╳擻 試 也 ○擺 撥 遺 也 ╳押 擊 兩 … ｜ ○矮 叶 上 聲

喎 口 淮 切 口 戾 ○╳搋 舉 物 抽 埋 切 以 加 ○╳榸 枯 木 根 之 乖 切 ○
╳膗 聚 淮 切 膗 形 貌 惡 ○╳膗 膗 池 淮 切 膗｜

入聲作平聲
○白 巴埋切 潔也 又 粘｜表｜ 又姓 ╳帛 繒也 舶 海中 大船 ╳鮊 白魚名 ○宅
池齋切 居也 ╳澤 光潤 ╳擇 選也 ╳翟 陽｜地名 又 下離切 ╳檡 木名 ╳襗 衫｜ ○
畫 胡乖切 描｜ ╳劃 錐刀曰｜ 又 割也 ╳獲 得也 又 臧｜ ╳劃 破聲 ╳𢡆 乖戾
抹 裂也 ╳摵 荀子曰 以巳之｜｜ 注｜ 昏也 ╳ 爰 … ╳ 或 … 也 ○╳舴 叶齋
｜蜢 小船 蚱 蜢｜ ○╳塞 叶 腮 窒也 又 賽 又 思子切 又 音 …
上聲

形短也　○解叶皆上聲散也又音械音戒　○楷溪蟹切式也又音皆　○𦈢

叶埋上聲市也　×賣苦菜　嘪羊聲　○改叶該上聲更也　○×灑叶篩

上聲洗也又音洒　○×噯叶台上聲唲言不正　○×唉阿海切飽聲

騃痴也　○×挬鋪買切拼物也　擺｜　佰不在妥

入聲作上聲

○拍鋪買切拊也　珀琥｜　魄魂｜又蕭豪韻　×劈割也裂也又齊微韻　○

策叶叙上聲｜又籌也　簡冊｜簡　柵竪木立｜　測度｜　跚或曰闌也　×拆

靂機賦電又擊也　破｜皴　惻惻也　筴｜筴又肌也切　○伯叶擺又第長

三等　百　柏木名　追迫也　擘｜分　檗黄檗　○格叶皆上聲式也　骼

中原音韻　卷一　闓

舊注云骨｜說者謂人口骨禽獸曰｜　革｜兵　隔｜塞也　×膈｜胸　槅｜車　篇

竹等　○客叶揩上聲賓｜又丘也切　刻器度又康黑切　○責叶齋上聲誅｜　幘

｜冠　摘｜取　謫｜罰也　側旁也不正也　窄也狹　仄義同側　昃日｜　簀牀棧

迮迫也　×柵也柵　○色叶篩上聲顏｜　穡稼｜　索求也又思索切又叶嫂

×瘷寒病也　擽摘｜鼻貝　捕｜　捒馬揀也　蓛扌｜也　䩯堅鞕貌　潹水名　嗇

瀒不滑　嬙女子又嬙　○摑叶乖上聲打也　×虢國名　馘截耳　䓨

擊也　石　幗婦人冠　膕口｜頸也　｜○摔手｜　乂率領也　捽循也

蟀蟋｜　倅行　○×歹乃切　乃

去聲

○懈懈怠也　介　切　械器具　薤菜似韭生山上有｜者下有金　又正韻云解散也

又叶音戒又音上聲　獬獬豸一角似羊　×邂逅期而遇　不懈　渤澥｜　瀣沆｜

沆瀣北方夜半露氣楚辭云餐沆瀣而飲流　蟹螃蟹雨八足又音解叶懈切　○寨叶齊去聲

木柵亦作砦又羊棲宿處　｜柴　豸獬｜　瘵病也　債負也　蠆蜂｜長尾為蠍短尾為蠆　｜　又

眦相睚｜目　×祭｜伯又國名又音際　廌神羊　砦木柵又壘也　又

○態湯賴切｜度　泰通也安也　太大也通作泰　汏過也沙

×貸施予又借也　○蓋叶害切又發語端俗作盖　丐乞也　×槩正韻

平｜節｜又大｜又灑水流聲又沆瀣　○艾五蓋切草名可灸又老也曲禮

五十曰｜又頤｜育養也又少｜　愛寵也　僾又齊微韻

｜又左傳云方與未｜又懲｜

中原音韻　卷一　闓

噫噫｜　×礙妨也阻也　㤥亦作｜懲也　懝也　騃也病也　○捱平聲解

切又平聲　隘陋也　阨限窮也　又○扼持也　握也　×○崖又音　嗌傷痛

呃聲不平　○柰　奈何也　奈無奈又如之何音耐　耐｜｜久事

後漢注｜刑之名　鼐大鼎之絕大者　×能又叶奴登切又平　○害

杭｜蓋切　傷也　亥辰名　妎妬害也　通×嗳氣也　○帶紳也　當賴切又

名　蜮小蟲名　戴頂戴又姓　怠懈也　迨及也　待後也　代世也國名　邰國名　袋囊也

大小之對又音惰又堂那切　黛粉｜似空青而色淡　岱｜宗泰山也

○䵵｜事　貸不｜貸　睞瞭｜明貌　逮不及也作逮　靆｜靆雲　殆

厄壅水為堰亦作塛　○戒警也居拜切　誡警也大｜易云小懲而大｜荀子云

受金作戒 諫而能 廨官舍 解又上聲又音械 界境也 介大也又纖｜又｜久疥

｜｜之遺風又一夫日一｜ 又側時也楚辭云悲江 芥辛菜 疥｜瘡 屆至也 玠大圭

犗凡畜揵者皆曰｜強 恝無愁貌 ✕尬尷｜行不正貌 ○外五怪切遠也表也

也 聵聾也音會又 ○快苦外切稱意 噲咽也 塊土｜ ✕蒯草名又姓

又上聲 ○在存也又臧賽切叶才去聲 再重也 載承也上聲 又 ○ ✕在

叶才去聲 ○賣莫拜切忙物也 邁行也老也 ✕譪誇誕 ○賴

郎帶切恃也又｜名又姓又亡｜又 籟三孔樂器 瀨說文云水流沙上 賚賜也 癩

疥也 ✕睞盻勞視 徠勞｜ ○拜邦賣切成也手至地曰｜而後稽顙曰鄭康成日｜

｜｜稽顙而後｜ 湃澎｜水聲 敗破也壞也 稗草似穀 憊病也 ○ ✕

中原音韻　卷一

敗又旁賣切貧也又邦賣切 憊 稗上見邦賣切三字義 ✕韛韋囊也皮為之可以吹火

○派滂賣切水分流也 ✕湃又邦賣切 ○菜倉賽切蔬也 蔡

國名又姓志元龍為｜又漢 ✕寨官寨上聲 又 ○曬雙債切曝也 灑又上聲

煞疾也又雙鮮切 鎩長矛 ✕殺創也又雙鮮切害也 ○賽桑再切報也漢

郊｜祀志冬薦而禱 塞邊界又叶思子切 ✕[illegible] ○怪[illegible]切異

也 ✕壞毀也 夬又上聲 ○壞[illegible] [illegible]開叶去聲

誡嬾｜貌 喝 ✕喝 [illegible] 咳小兒笑貌

又上聲叶又音 欬[illegible] ○[illegible] ✕瘵[illegible]

[illegible]切 祋[illegible] ○ ✕懀於怪切懀也 ○ ✕噫

抽[illegible]切一

入聲作去聲

○麥叶賣曰虎通曰｜金也金王生火王死又姓 貊蠻｜ 陌阡陌道南北為阡陌田間

阡東西為｜ 驀越也 脈血｜ ✕駙騎｜ 墨五刑名又[illegible]

｜又小爾雅云五尺謂之｜又忙背切 ○額叶崖去聲顙也又音夜 厄災難 客

山高大貌 鞨鞭頭 ✕搤持也握也 ○搦持也囊帶切

真文

平聲　陰

○分敷奔切與也判也又去聲 紛雜也｜亂 又 芬芳｜ 氛妖氣

中原音韻　卷一

汾水名 ✕饙正韻云滫飯也又蒸飯也海篇云半蒸又原注云一蒸飯也 餴也又

去聲 帉拭巾物 ○昏花昆切暝也暗也日 惛心不明也又去聲 婚婚｜姻 葷臭菜

閽守門隸 ○因衣斤切也由也仍也 姻｜婚 茵｜褥 湮沉也 殷盛也又衣

如切 闉｜闍 ✕禋祭也敬也 堙塞也 氤｜氳氣貌 慇｜懃 ○申升真切｜辰

名又姓 紳大帶 伸舒也 身躬也 ✕信屈伸又晉 娠姙也 呻吟｜

○嗔怒也 瞋張目而怒 ○春樞倫切 椿木名 ✕輴車[illegible]

○荀草名又姓 詢問也 ✕峋嶙｜ 恂信也 ○吞拖根切

也 ✕暾日始出貌 啍 焞明也 諄至誠貌 迍迍邅 ✕肫

懇誠貌 屯難也 窀｜穸 憞 淳[illegible] ○

逡蚓荀切｜逡却退貌皴皮細起×踆止也退也又行走貌[illegible]狡兔○根
歌痕切本也跟足踵○欣希斤切喜也忻同上昕旦明日將出×訢
喜也炘熱貌○氳於君切氳｜氣貌熅鬱煙×[illegible]水深廣又泉水也縕
紼也又去聲○眞遮人切｜僞珍｜寶振舉也又去聲甄陶也又姓又音
肩×[illegible]櫟敵者長一尺以木爲之瑱玉充耳○新斯津切｜舊薪柴也
辛苦｜×信誠實又去聲又音身○賓巴民切客也列也濱水際鑌鐵｜
爲刀甚利彬物相雜而適均之貌×斌同彬邠州名繽紛｜亂貌雜[illegible]
抃國○坤誇溫切地道也又卦名髡鬄髮○君居雲切｜者羣也左傳云慶賞
刑威日｜軍旅｜皸或日凍裂也均平又成｜｜學名鈞三十斤日｜麐
中原音韻 卷一 兕
麐也×麕鹿屬○榛之詵切小栗臻至也×蓁草盛溱水名○莘
尸棱切地名又長貌詩曰有｜其尾又赤貌亦作魚詵致言也又多言也×籸粉滓
[illegible]寒病駪馬衆多貌甡衆生竝立貌詩曰甡｜其鹿侁行貌○薰虛君切香
草似蘼蕪醺醉也勳功｜曛日入燻火氣盛×熏烟上出纁淺絳獯
｜鬻匈奴號○鯤瓜溫切大魚鵾鳥名裩褒衣昆同也兄也後也又｜侖
山又｜蟲又莊子音義云｜犢也×褌同裩崑｜崙琨美石｜○溫烏昆
切和也又水名又姓又州名×瘟｜疫又當懶切×[illegible]水｜殟胎敗○孫
思尊切子｜又姓蓀香草飧水和飯槂木名×餐食也又相殘切猻猴屬
○尊茲孫切貴也樽酒器×罇同樽遵行也循也僎具也○敦都論

切鬼也又大也又說文云怨也又音對墩平也有堆燉火盛貌×憞｜厚驐
字林云去畜勢[illegible]○奔巴門切疾走又去聲賁勇也又三足龜曰｜也又音閉
犇牛驚走○巾雞銀切｜幘斤十六兩筋骨絡×釿｜鋸○村
倉尊切｜野×邨同上○親妻辛切｜眷○恩阿根切澤也愛也○
噴鋪門切噀也又去聲×歕吹求也吐也○哏可根切怒貌○津賁辛
切水渡又水會處×璡石似玉濜氣液○遵祖昆切又茲孫切○×
囷虛雲切又輪｜屈曲盤戾貌圓廩又上聲箘｜簵竹名又上聲
平聲 陽
○鄰犁眞切近也親也周禮五家爲｜燐野火又去聲鱗魚甲麟麒｜牝山
中原音韻 卷一 兕
轔｜｜車聲粦磷石鑠也×粼鄰也又水在石間疄田壟璘玉文
嶙峋｜○貧昆民切瀕水厓頻數也蘋水草顰蹙眉嚬笑也×嬪
｜婦[illegible]飛貌○民迷賓切萬｜珉石似玉緡錢貫旻秋曰｜天×閩
東南越岷山名○人如眞切仁｜慈○倫驢敦切次序綸絲｜掄
擇也輪車｜又東西日｜廣南北日｜淪｜沒又漣｜○裙渠雲切下裳羣
聚也○勤其寅切勞也懃慇｜芹水菜味香生水瀕○門[illegible]奔切｜戶
捫撫持也摸也×璊玉赬色○論盧敦切議也又郎巾切崙｜崑○
文無奔切｜章紋綾也凡錦綺之文皆曰｜細｜聞[illegible]又去聲蚊羽蟲×
汾水名○銀移巾切誾和悅而諍齦齒根齒肉垠岸也崖也[illegible]又恭地也

支名 貧 恭也亦作寅又｜錢又淮南子云允州之外又八｜ 嚚 左傳云口不道忠信之言
｜曰 鄞 地名 ○盆 蒲門切缶也 湓 水名 ○陳 池人切列｜旦也又姓｜否
又王｜疾也又說文惶懼也 塵 去鹿行揚土 辰 時｜ 晨 昧爽 宸 帝居 娠 孕也
○秦 齊津切國名又姓 蓁 樂器 ×螓 蟲似蟬 ○脣 池淪切口｜ 純
粹也又音准 蓴 菜｜ 淳 滌也質也又音淳 醇 醲厚 錞 金｜以扣鼓形如鐘有舌
鶉 鶉｜ ×瞤 目動漢書云眼｜得酒肉 ○旬 徐雲切十日 巡 ｜行又遶｜
馴 擾也 循 ｜序｜次貌 ×紃 組｜紡纏 ○雲 于均切山川氣 芸 香草可辟
昔益 云 言也 紜 紛｜ 耘 去田閒草也 匀 均也 員 物數又益也又去聲又音元
筠 竹膚之堅質 ×沄 水流轉 ○墳 扶奔切墓也 焚 燒也 棼 屋棟又亂

中原音韻卷一

也 ×汾 水名 枌 白榆 蕡 草木多實 鼖 大鼓八面 ○魂 華昆切魄淮南子｜
云天氣為｜地氣為魄 渾 濁也 ×餛 ｜飩 ○豚 小豕 屯 聚也又音
淳 飩 見前 臀 脽底 ○神 蛇真切靈也 ○存 在也 蹲 ｜踞也
○痕 何根切瘢也 ×䩕 車革前飾 ○紉 尼斤切單繩 屯 又音迍姓也

上聲

○軫 知忍切車後橫木又宿名 疹 唇瘍 診 視也候脈也 稹 叢緻也又聚物也
鬒 稠髮 ×畛 田間道 紾 車衣又戾也 ○肯 康很切可也 懇 誠至 墾
耕田用力也反土也 齦 齧也 ○緊 叶斤上聲急也 謹 慎也重也 槿 木名 巹 婚禮
合｜俗作卺 瑾 美玉瑜｜ ○隱 叶因上聲蔽也安也痛也 引 導也延也又漢志云

｜文為｜ 蚓 蚯｜ 尹 治也正也又姓又師｜ ○輑 車聲 磤 雷聲 靷 引軸
一云駕車靷在胸曰｜ 癮 疹｜ ○閔 叶民上聲憂也 憫 恤也 泯 滅也沒也又
愍 痛也又憐也 敏 疾也聰也 ×黽 勉也 湣 謚也齊有｜王 澠 水名在山東又 ○
准 張允切準同 準 均也平也則也擬也又樂器 純 衣緣又音淳 ○
刎 叶文上聲割也又｜頸交 吻 口邊曰｜亦作脗 ×抆 拭也揩也 脗 合｜ ○
筍 叶詢上聲竹萌俗作笋 隼 鷙鳥也顏師古曰今之鶻也 ×簨 ｜簴鐘磬架
者衡曰｜氣日虞｜ ○允 叶雲上聲信也 殞 歿也又去聲 隕 落也又去聲又 狁
玁｜奴 何 ×鈗 兵器 ○本 叶奔上聲｜末 畚 盛土器 ○閫 叶坤上聲
門限 壼 宮中巷爾雅云宮中衖謂之｜ 悃 ｜愊誠也 咽 叶海篇云也 ×捆 織也

中原音韻卷一

䐃 成熟也又捲衣 ×細 綑縛也 齫 齒起貌 ○窘 叶君上聲｜也 囷 廩｜ ○
×囷 區允切又平聲又見上 菌 地蕈 箘 美竹又平聲 ○哂 叶身上聲微笑
蜃 大蛤也又蛇化為｜蛟無足 ×矧 況也又笑貌禮記云笑不至｜注齒本曰｜大笑
笑見 ○品 滂敏切類也又式也又｜級 牝 牝牡｜ ○×牝 婢敏切 ○
很 呵懇切戾｜ 音不 博木切卜 ○忍 而軫切｜耐 ○盾 徒允切兵器所
以蔽目扞身亦作楯 ○×脪 准切豕日｜肥也又音遜 ○撙 叶尊上聲｜節
○損 叶孫上聲減也傷也 ○蠢 叶春上聲蟲動又愚也 ×䐇 肥也 偆 厚也
海篇云富也 踳 雜也舛也外也 賰 ○忖 叶村上聲度也 ×刌 截也又去
聲 ○粉 叶分上聲米粉成日｜又｜飾 ○穩 叶溫上聲安也 ○

衮叶昆上聲|龍衣 ╳鯀魚名 輥車轂齊等貌 惃惛亂 滾大水流貌 [illegible]
大束 ○瞬叶審|息 ○畽他水切行無廉隅也 ○╳辴叶真上聲|然笑貌
○╳肫多阮切腄貌闕上聲又朱純切

去聲

○震叶真去聲卦名動也 陣行列又長認切 振整也奮也動也又平聲 賑賙也
鎮按也又蕃|山| ○╳陣長認切 ○信衰晉切慤實又平聲又音申
訊問也 迅疾也 燼火餘燭餘 贐送行之禮 ╳顖頂門 ○刃叶仁去聲鋒|
訒難也 仞八尺 認辨識 ╳軔礙車上輪木又與仞同孟子日掘井九| 韌堅柔
難斷 牣充滿 ○吝叶鄰去聲鄙| 恡慳| 藺莞屬又姓 磷薄石 ╳燐又平

中原音韻 卷一 三五

聲 蹸踐也 [illegible]火 ○鬢叶賓去聲頰傍髮 殯|葬 臏刖刑去膝蓋骨 ╳
擯斥也 ○腎叶神去聲水臟 慎謹也 ╳蜃又上聲 ○醞於郡切釀也
慍怒也 蘊積也 運輸也 惲謀議也 暈日月氣 韻音韻也 ╳縕枲也
又平聲 韞裹也又蕡問邑又赤 ○╳運叶雲去聲 韻 暈 惲 上四字義同於
郡切 殞又上聲 鄆地名兗州 隕又上聲 員又平聲 ○盡減信切竭
也又信切 藎 晉進也又國名又卦名又姓 進登也 璡玉不似 ╳縉紳| ○
╳燼歲信切 贐贈行 ○奮叶分去聲揚也 糞穢也 分名|又平聲
忿悁也 ╳憤怒也 叁又平聲 ○近其印切附也 覲見也秋見
日 ╳靳固也又各也 僅不菜熟也 ○[illegible] ╳[illegible]

[illegible]

熱病也○×棍音昆去聲木名讉順言讉弄○×坌滂悶切塵坌也坌
水聲○×撙租寸切推也撙也燌燃火○×艮叶根去聲卦名又堅也限
也亘通也○×硍丘恨切石有痕珢石次玉或云玉有起跡曰丨○×
惛叶昏去聲又平聲

寒山

平聲

○山師關切高大日丨刪除削潸涕泣×珊丨瑚又闌丨彫散貌又悲闌切
○丹多闌切赤色又丨砂又木丨單孤也薄也又音善音庳殫竭也鄲邯丨
縣名又複州簞丨笥小筐郭康成曰丨笥盛飯食者圓曰丨方曰笥×癉正韻云火

中原音韻　卷一　語

丨小兒病又海篇云手足瘋病又音擅又歌戈韻○干歌寒切求也竿竹丨肝
水玕琅丨乾燥也又音虔○安阿干切寧也又姓鞍馬具丨○姦
并閑切婬犯非禮也詐也奸犯也又求也漢書云以丨名譽間中丨又去聲艱難也
菅草名○刊刪寒切削也看觀也又去聲×靬弓本○關瓜還切局
也綸青絲綬又音倫鰥老而無妻擐文字指歸云貫也○拴尸關切或曰綠
也又先天韻櫋開門櫋×栓木釘○斑巴蠻切文也班列也般還也
又音盤音瞞扳援也挽也又音攀頒布也賜也×斒色不純○彎烏關
切持弓發矢灣水曲○灘他關切水灘攤開也布也×癱風疾疹力極
坼丨場丨攤擊也○番夫班切次也更也藩屏也又車名杜預曰車之有障蔽者

蕃茂草也又藩也書云以丨王室又扶班切翻覆也飛也轓車大箱說文云車之蔽也
旛旗也反相丨又上聲×飜同翻幡丨布又與翻同詩云捷丨捷丨猶翩翩也
○跚思關切蹣丨跛行貌珊跚師關切又○攀鋪蠻切引也援也×扳
同上又音班○慳溪閑切𢘻也悋也○赸之山切跳躍也○餐粗殘切熟
食又思尊切×飡同上飧夕丨○跧之灣切丨伏又先天韻○殷依好
切赤黑色又音因×黫黑色

平聲陽

○寒何干切丨暑邯丨鄲韓國名又姓又說文云井垣也汗可丨戎酋稱又
去聲翰羽也又天雞羽行丘色○闌羅丹切門丨又晚也又飲酒將止日丨蘭

中原音韻　卷一　語

香草欄木名斕偏丨色不純襴衫也攔丨阻又遮丨×瀾波木爤漣蒙
衣○還胡關切返也又音旋環圓無端者又璧也又爾雅云肉好如一謂之丨又同
繞也禮記云有丨堵之室鬟總髮寰天子畿內闤市垣圜丨圍又先天韻鐶
指丨×潺丨流貌水○殘徂闌切餘也殘傷也戔委積貌又一曰山顯見貌易丨日
束帛丨丨又說文云賊也又廣韻云傷也○閑攜閒切又荷子暇也又陽丨多兒出丨
鷳白丨鳥名癇小兒癲病×嫺雅也習也○壇陀關切封土爲丨檀木名
又姓彈糾劾也又射也又去聲×癱手足瘋病又音丹又歌戈韻○煩扶班
切說文云熱頭痛又煩也勞也繁多也又音盤膰祭餘肉礬丨石帆幔也樊
丨籠也又山丨也又姓凡大槩礬皁礬又謂之蚻×燔炙也詩云載丨載烈注丨

烈其肉蘩白蒿墦冢也蹯獸足蕃茂也又夫班切袢丨延熱氣又絺綌又衣無
色也○難那單切艱也又木丨珠名色黃生東夷又去聲○蠻麻班切南夷×
鷳比翼鳥又閒之鷳鷳○顏移閒切容丨又額角曰丨又音偉○潺切丨捻
湲水流×孱懦弱鏒小鑿名僝丨僽惡詈也○頑熬關切癡也鈍也
×癲丨瘓病也○×鼾叶漢平聲臥息又去聲○×儇呼關切輕薄巧慧

上聲　反

○反方板切丨覆又平聲返還也通作反坂陂者曰丨×飯餐也又去聲
○散桑儹切不聚也又莊子以不丨木又去聲傘雨具糤饊丨×繖

傘蓋也饊饊也○眅亡板切暮也挽引也×娩婉丨媚也順也又音免
○板邦晚切木丨又反丨也詩云上帝丨丨鈑餅金也×版判也丨籍推云
丨僩也揀○簡江眼切牒也畢也要也大也略也擇也又丨簡揀丨擇×柬亦作
○産倉蕳切生也丨業也鏟平木器剗側平×摌以手接物丳炙肉
丨○亶常懶切誠也信也大也癉亦作擅病也又除也書云彰善丨惡×疸
黃病又音溫担拂也○簳叶干上聲箭笴趕追也逐也×赶同上
皯面黑䵟也○坦湯懶切平也夷也袒衣縫解也○罕呵捍切少也○
侃叶看上聲剛直×衎和樂也○懶郎亶切惰也×嬾同上讕誣諱
○趲叔傘切急走貌×儹聚也○綰叶彎上聲繫也又貫也通也○赧羞愧

……殘同上○眼目也　○×莞
……又音完睆丨黃鳥又明貌詩丨彼牽牛又窮視貌

去聲

○旱何幹切亢陽不雨悍性勇急銲臂鎧也翰丨……又屏平聲又瀚
……大丨汗人液又叶平聲漢天河也詩云維天有漢又木名又地名又姓……國號丨鼾又平
……骭脛骨×閈里門曰丨捍衛也扞同上○×漢……幹切又
熯火乾暵日乾也亦作熯鼾又平聲又何幹切○旦當爛切早也誕
丨妄嘽馬喘也殫盡也憚畏也但從也又語辭○×但唐切爛誕
憚丨義見前彈又平聲撣觸丨也狚獨似狼歡聲……○萬拾忘

中原音韻　卷一

切盈數又姓蔓葛屬也音瞞曼引也無也又音慢○嘆……
燒木未灰○案烏幹切几屬按抑也據也岸崖也又……頭曰丨……
獄也詩云宜丨宜獄犴胡地野獸名旰晏也晚也閈又何幹切㸃……予大俗容也也又
○×岸魚幹切犴上三字義同前○幹岡事丨……切榦又井牆欄
版又柄也亦作幹×旰又晏幹切肝目多白○粲……衆……也又餐鮮也
貌燦明也璨玉光○棧鉏諫切木丨道綻衣裂……稍也×齡
齒不正○盼滂漫切盼子黑白分貌又勤苦不休息貌……○譔之
切述也又專教也饌饔具×撰同譔○灣……小水也×
澗丨水名又○慢怠也倨也嫚丨……歡韻也又×漫

汗丨沙漠又桓歡韻○慣習也光患切摜帶丨丱總角丨角貌詩丱兮×卝
上同○贊佐也臧散切讚稱美濽水濺也又說文云水名出西嶽瓚祼器受五
升鄠縣名○患黄慣切病也幻虛丨妖術宦仕也閹丨又擐
貫也左傳云射丨甲胄豢牛馬曰芻犬豕曰丨又揚倞日丨圈也以穀食豚於圈中×
豢經背○閒江晏切也又平聲澗山水邊諫直言語人覸視也×㵎
網鑄○訕山去聲謗也疝病也汕魚浮水上×姍獸名一云惡犬也○
辦旁慢切具也備也瓣瓜中實扮說文云握也又動也絆飾也絆繫馬也
又爾雅云繫足曰丨絡馽曰丨×○扮邦慢切絆又音半義見旁上二字
○飯防絆切殺熟也又方飯切範式也范鄉名又姓犯觸也販貿賣也賤畈
中原音韻　卷一　卅六
泛浮也與汎同○×泛方綏切昄昄上二字義見防綏切○×
梵防綏切丨唄戎羌吟聲○限閬也閫也溪澗切閜門界閬莧菜名×棻
閒闊同○×莧希澗切骭骹也○鴈移澗切鳥偃也傷晏安也又曰
旰鶡鳥名○×晏衣澗切鷃上二字義見移澗切○看康汗切視也又
平聲○爛郎旦切燦丨×爛淖相著糜○爨初患切奪也○散喪贊
切分離又上聲○難奴旦切又平聲患也○腕烏慣切手丨又音管×惋歎換

桓歡

平聲

○官瓜完切宦也職也冠冕弁總名又去聲棺郭丨觀諦視又去聲○

般巴瞞切移也般旋也運也又寒山韻又音○歡花官切喜也讙諠也
驩馬名貛野豕雚上同○潘姓也普官切拚棄也去也×拌棄物也
又去聲○湍丨緒多鑾切耑物初生×剬貌整飾○剜烏官切刻
剜豌豆也蜿蜒丨龍貌又先天韻×蜿丨日裁餘笎丨井無水○酸
思鑽切酸也狻丨猊丨×痠丨疼霰小雨○寬苦完切裕也○鑽祖酸
切芽也又去聲○湍他鑾切丨激○攛七酸切擲也或曰又去聲

平聲　陽

○鸞盧丸切神鳥又鑾車鈴也巒丨山小而鋭欒木似欄又丨竹貌
丨丨瘠貌詩云棘人丨丨兮又姓灤水名平丨闌丨○瞞麻般切平目不
中原音韻　卷一　卅七
明也謾欺也又音慢又忙絆切縵車名又去聲漫大水貌又音慢又忙半切鏝
頭丨鬘雨露濃丨貌鏝泥丨也又去聲鞔丨也×墁鏝同又去聲
蹣跚也鞔鞋丨又音萬蔓菁菜名鰻魚名樠木名○桓華官切
丨威武貌一曰木似栟櫚×紈冠系也又絲也又風船上候羽○丸吳官切圜
也垣牆也綄見前統素也完全也瓛桓圭公所執山元𡽀山貌丨小剜
刺也角也蚖蠑蚖丨蛇類×峘小山丨大山又音元垸漆和說文云以灰而
鬃水名洹名○團徒鑾切圓也摶丨聚又音專溥露多貌又丨音團慱
憂勞詩云勞心丨丨兮×剸斷也又音專○盤蒲官切器也槃盛器瘢瘡痕
磐大石也鬆臥鬢般樂也又音班搬瞽大帶鞶丨丨大帶幋伴名溪

蟠屈也胖安舒貌又鋪謗切弁詩小丨篇又音卞幋大巾×蹣丨跚跋行
攀手不正瀊水丨河蹩屈足繁馬飾大帶又音凡○攢徂丸切簇聚
欑刈禾積×欑木叢

上聲

○館先梡切客舍管樂器又國名又姓痯病也琯玉丨脘胃丨×腕
手丨又烏慣切盥洗也又去聲筦與管同丨董仲舒傳鍾鼓丨絃○纂臧管切似
組而赤黑色纘繼也欑鑵也酇百家爲丨又五鄉又音贊×鐏戈戟柄底銳者
日丨○款匡梡切衷曲×窾空也○澣王管切濯垢䵎又光梡切○
滿忙管切盈也懣煩悶也○暖寰短切溫也餪女嫁三日送食曰丨×

中原音韻卷一　卒

渜湯也煖火氣○椀汪管切小盂×盌同上○疃湯卵切獸踐處禽
○短當卵切長丨×斷截也又去聲又常亂切○卵郎短切蟲所生羽

去聲

○喚荒貫切呼也換易也煥火光渙散也奐大也禮記云美哉丨丨焉注丨言
衆多又文衆衆明貌緩舒也逭逃也×睆睍丨黃鳥○×緩黃貫切
擐逭上三字義見荒貫切○翫王貫切習也狎也玩戲也惋驚歎畹丨丨城
縣名×浣濯也○鏝忙半切幔幕也漫墁義見前×曼長丨丨也
遠也又音萬謾縵繒無文又平聲又見前○竄倉算切逃也爨炊丨丨攛
擲也又平聲躥亂×鑹小矛○斷常亂切決也又上聲又常亂切鍛冶金

段分丨又常亂切×碫礪石腶鍛脯椴同○斷常亂切絕也又音短音鍛
段禮丨丨又音假椴梡丨木槿○算蘇貫切計也蒜葷菜○判滂慢
切剖也拚又平音×泮宮丨涯水○貫光玩切條丨冠戴也又冠
平聲觀樓丨又平聲灌澆也祼祭酌鬯以灌地瓘玉名鸛丨爵○半邦慢
切物中分絆馬繫足丨絡首曰羈又音扮伴侶也泮泮上二字義見滂慢切
畔田界×靽駕牛具在後曰丨○×伴旁慢切又平聲叛背丨逆也
畔上二字義見邦慢切○鑽臧算切所以穿物又平聲○亂郎斷切理也○
彖湯亂切易丨辭○愞囊斷切弱也又歌戈韻又如轉切

中原音韻卷一終

中原音韻　卷一　宮

中原音韻卷二

高安　周德清　編輯
吳興　王文璧　增註
古吳　葉以震　較正

先天

平聲

○先思煎切｜後又去聲僊神｜蹮蹁｜行貌｜旋鮮腥魚氏斯殺曰｜×
秈秔稻䙴褊｜衣貌䉵竹名｜又聲○煎藏先切熬也又去聲湔濺也又水
名箋表也亦作牋韉鞍韉馬鞍具也濺｜淺流貌又去聲錢彡姓｜袒×

中原音韻　卷二　一

戔委積貌易曰束帛｜｜○堅雞延切固也肩膊｜伍也又甄察也陶也
又音真又仲舒傳注云作先之大×鶬鶊｜鷂子櫋蒲｜盧采名韃盛弓矢器
○顛低連切項也什也癲病也巔山頂×蹎｜什傎｜例○鵑俱圖
切杜｜鳥名涓潔也｜滴又娟美好貌衣涓切又蠲清明貌潔也除也又蟲名
×睊視貌○邊巴綿切側也又姓也籩竹豆編以繩穴聯鞭馬策箠
鯿魚名×蝙｜蝠一名伏翼揙搏擊○喧虛娟切大語也暄日煖萱忘憂
草塤樂器諠譁也×諼忘也翾小飛○氈知然切氈毛席鸇晨風鷂
鱣魚名詩｜鮪發發說文云鯉也饘糜也邅迍｜難行旃旗曲柄栴檀香×
阡千｜陌○羶尸連切羊臭牛脂扇扉箑也又去聲取風也又去聲煽熾盛又去

聲×挻引也取也揣動也顫鼻微也又張爲｜善知昌善切香臭○專知傳
切｜獨也也磚瓦｜×輭先覺切也緶謹｜貌｜剸截也極歎也又韻箅折竹卜曰｜
檀｜魚名○千先口切阡道｜間芊茂｜貌遷高也躚蹮｜
纏戲希又軒飛輿車｜曲軒也輖頓也掀以手舉物又祆胡神
×騫飛欺○煙火氣衣燕國名又去聲胭脂｜咽
｜嫣○牽×岍山名｜延切鬩｜焉又
喉｜也蔫希切看行×偏也○篇批綿切簡成扁小也又音偏蹁｜蹮
貌旋往來飛疾貌又○淵衣涓切止水也又宛宛地名又上

中原音韻　卷二　二

聲○鷮鶻貌又蜿｜宛切鳥｜×悁｜蜎又聲｜
佀美好貌切又嬌｜娟也詮平言也也銓衡也悛
○筌香草也恮也也綣也也筌取魚器栓木釘也又山瑄
也又○暄也又也｜姓佺仙人也揎將也|
昌專切流貌○宣○閻也又×儇
衆流｜地○天他前切
○穿昌緣切
平聲
陽
鐫刻也
○連力延切接也又漣又風動｜貌
聯○憐哀矜又蓮芙蓉
○然如延切是也

（上半葉）

燃 燒也 ○ 廛 市｜ 也 然切 躔 ｜踐也 又日運 月運為躔 纏 繞也 又去

羶 羊臭也 又音羶 嬋 ｜娟 美也 ×嬋 ｜ 單 ｜于 匈奴號 ○ 單 ｜音善 又音丹

前 先切 後｜ 錢 貨泉也 ×蟬 星名 女｜ 甘氏星經 南斗 ○ 田 堂連切 又｜

弛也 又 ｜ 漩 ｜ 蓮 荷｜ 也 又去聲 ×鈿 金飾 又去聲

×顛 ○ 賢 ｜良也 ×玄 ○ 弦 弓｜ ×舷 船舷 ×懸 ｜繫也

又奚切 ×蚿 百足 ｜ 又黑也 ○ 玄 奚元切 ×懸

上二字 同 沃 水名 ○ 延 ｜納 ×筵 竹席 ×綖 冕前後垂 又｜

又重 ｜日 也 鋋 小矛 ×蜒 蜿｜ ×綖 衣飾 也 又衣緣 又去聲 ×沿 上同

研 究也 ×言 ｜語 ○ 焉 又語辭 ×緣 因也 又衣緣 又去聲

中原音韻 卷二 三

○ 乾 其言切 ×虔 恭也 ×犍 犍牛 ×鍵 ｜ ○ 權 ×拳 ×頄

○ 元 ｜始 ×員 官數 物數 又云 ×圓 ｜ 方 ×園 ×圜 ×黿 大鼈

又音 ｜ ×袁 姓也 ×猿 ｜ 長臂 ×轅 ×援 ×湲

○ 源 ｜本 水出 ×沅 水名 又郡名 ×垣 墻｜ ×芫 芫花 ×蚖 蠑｜ ×爰 ×媛 嬋｜

鉛 ｜錫 又移切 ×緣 因也 又移見切 ×沿 ×全 ｜備 又才宜切 ×泉 水源 ×牷

旋 ｜ 又去聲 ×還 ｜ 又 ×璿 美玉 ×璇 玉｜ ×漩 洄 ×旋 ○ 傳 ｜ 又去聲 ×椽 屋｜ ×船 舟也 ○ 拳 屈手 巨元切

（下半葉）

上聲

顴 權 ｜倆 又 鬈 好髮 ×瘯 手屈病 睠 ｜ 不伸 ○ 胼 胼胝

切 ｜駢 馬二 二｜ 輧 四面屏蔽 婦人車 便 安也 習也 ×蠙

珠 玭 上同 緶 交枲 又去聲 平 ｜治也 書云平章 又音屏 ○ 矊

切 綴 屬 又音連 孌 也 係 ×攣 ｜曲 ○ 年 切 尼堅 ○ 涎 徐 切 ○ 䗖

液 ×次 上同 ○ ×㬇 口專切 城下田 ×堧 上同 又上聲 ×撋 撋 ｜挼莎

○ 遠 ｜ 也 又去聲 ×阮 姓也 ×苑 禽獸 育 者 ×畹 田三十日 ○ ×宛

於 捲 切 屈 草自覆 又 ｜ 晼 苑 上二字見 婉 順也 琬

然 依然也 又平聲 ×宛 ｜ 蜿 ×婉 ×琬

也 ×苑 貌 ×踠 馬足 ○ 兗 州 也 移 蹇 切 演 水長流 衍 廣也 偃 息

中原音韻 卷二 四

褭 蠻水 名 ×繾 長也 ○ ×僾 衣 褰 ×帳 ×驫 馬 棗 ×騍 ×縣

切 ○ 卷 居遠切 又去聲 捲 衣｜ ×畎 田中溝 ○ 鮮 西剪切 少也 又

平聲 跣 ｜足 洗 名 又始 又六律 音 ×銑 金之澤者 ×獮 殺也 ×蘚 苔｜ ×癬 瘍

烏獸毛 生 更 ×毨 ｜ ×燹 野火 ×獮 ×跣 竹名

落 ×姺 ×㶣 燒 字 ×姺 ×蜼 火 ×鮮 名

籍 也 又平聲 ○ 腆 他典切 厚也 ×殄 絕也 ×沴 陰陽氣亂 ×靦 慚 ×

慚也 ×淟 上同 ○ 蹇 居演切 跛也 又姓 ×繭 蠶衣 又禮記 ×謇

記 ｜ 色 ｜ 覓 以竹通水 ×挸 ×皸 起 為 ｜ ×攓 足 ×鞬 ｜ 上

容 ｜ ×謇 難言也 止 ○ 剪 ｜刀 ○ 剪 切 ×翦 殺也 ×翦 羽生也 ×讀

蒜 小束也 ×剪 撚 ×撚 尼蹇切 以指撚物 ×碾 轢也 ×輾 上同 ×趁

淺 ×戩 福也 ×揃 滅也 ○ 撚 指 物 ×碾 也 ×輾 上同 ×趁 ×

趁踐也 蹍足蹈也 ○輦郎典切漢書注駕人以行曰｜ 璉瑚｜ ×摙運｜ ○臠郎轉切臛也 孌姣｜美好 ○轉叶專上聲動也運也又去聲 囀鳥鳴又去聲 ○貶補典切謫也 扁石貌詩云有｜斯石又音偏 匾不圓 艑小舟 緶褰裳又音玭音卞 ×惼急也莊子云｜心之人不怒 褊衣小又｜小 ○免忙扁切罷也 沔水名 湎溺也 黽黽｜地名 冕冠有旒 勉勤也 俛俯也 眄邪視 ×娩婉｜媚也又音晚 㝃產子 愐想也 緬遠也微絲也 腼｜腆 ○喘昌輭切氣急也 舛駁也錯也 ×荈老茶葉 踹出動也 ○闡昌展切開也明也 蕆備也解也左傳云寡君隨以｜事 ○典當連切主也 ○顯希蹇切明也又去聲 ×幰車｜張繒 憲法也又興盛貌又去聲 睍小目晛 ○犬

中原音韻　卷二　五

苦泫切｜豕又正韻云狗有縣蹄者 ○淺倉蘚切深 ×鯫｜生小人又尤侯韻 ○展叶饘上聲開也舒也 ×輾臥不周 皽皮見大膜 搌拭也措也摩也 ○遣湯璉切祛也 ×譴責也又去聲 繾｜綣 ○吮徐選切舐也 ×雋肥肉又姓 ○軟如轉切柔也 ×輭軟同 愞弱也又囊剜囊斷二切 碝石次玉 壖城下田又[illegible]邊地又叶[illegible] ○選叶宣上聲擇也又去聲 ○諞滂免切巧言也

去聲

○院余眷切宅也 願大頭也欲也覬望也 愿謹愨也 遠又上聲 援救助 怨恨也 ×原[illegible] 媛嬋｜美女又音元 瑗玉名 ○×怨於眷

切又平聲又余眷切 饌飫[illegible] 勸叶圈去聲勉也獎也 券契約 ○見雞現切覩也 建置也又[illegible]在蜀水面上自[illegible]無技 絹繒也又音眷 健不倦也強也 件等｜名｜ ○×健其現切 件上二字又雞睍切 鍵管鑰 ○獻希見切進也[illegible]也又[illegible]也 憲又上聲 現顯也露也 縣郡｜ ×顯又上聲 ○×縣奚見切 現上二字又希見切 晛日氣明 峴峻嶺 ○絢虛眷切文也 眩瞑｜ 韅[illegible]｜ ×韗攻皮之工 眴目動 炫火光 衒自媒 拘擊也 楦靴｜履 讂流言 ○電唐練切雷｜ 殿宮｜ 甸郊｜ 佃治田 鈿 塡 闐于｜西城國名上二字又平聲 靛藍｜ 奠定也置祭也 ×澱滓垽 ○燕衣見切安也又玄鳥又平聲 曣呑也 讌合飲也 堰又上聲 宴喜也安也 嬿女[illegible] 硯筆｜

中原音韻　卷二　六

諺俗｜ 緣衣純也又音員 掾官屬 彥美士也 喭弔生也亦作唁 ×醼讌同 ○×硯倭見切 諺彥掾緣喭上六字又衣見切 唁同｜ ○眷居戀切婣｜ 綣繾｜ 絹繒也又音見 狷介｜ 罥[illegible]也 倦懈也 圈養畜欄又渠愿切 ×卷｜帙可舒｜者曰｜編次者曰帙又上聲 管竹名 睊側目而視 ○×倦渠愿切 圈上二字又桮愿切 ○面忙偏切頭｜又向也 麪麵麥木 ×瞑｜眩又音若音明音命 片普面切半也 碼羅上馬 ○變邦面切常｜ 徧周也亦作徧 便宜也順也 遍徧同 辨周禮以｜民器又淋陛足衆之 閭易云剝淋以｜ 辮交也繆也 卞地名又姓又手搏為｜ 汴水名 弁冠也又手｜合也又音盤 ○抃旁面切拊手 汴卞便弁辯辨上六字又邦面切

辯別也 拚同抃 忭懽丨 緶交枲平聲 又緶衣又音扁 ○線絲縷也箭切 霰
說文云稷雪也 羡貪丨餘也 又 ×先又平聲 ○×羨詞絲箭箭切切 又
○釧叶川去聲臂鐶 穿又平聲 串 [black] ○扇又平聲戰切 [illegible]又丨
或又平聲 善惡丨 鱔魚名 禪封丨除丨 [black]上曰丨 饍食也 擅專也 墠除也
單人姓又縣名又叶丹叶摩 ○×善 [black]切戰 蟺蚰蚓 鱓同鱔 擅 禪 墠
單上四字又聲戰切 繕補也 膳同饍 禪祭也 鄯國名丨善 墡白丨堊也 ○
箭矢也線切 薦籍也進丨 又草曰薦 煎熬也平聲 又 賤丨貴 濺
水又斂平聲灑 餞送行設宴 踐踏也也 又 [illegible]屋倒用丨 ×荐再也 洊水至仍 ○
鏇叶旋去聲轉圓器 旋平聲也又 漩水回又平聲 選擇也 ×縼長繩
中原音韻 卷二 七
繫馬牛 ○×選叶宣上聲又去聲見 [illegible] ○囀叶專去聲又鳥吟又上聲讀也
轉運也又遷丨又車上衣裝又上聲 傳驛郵馬遞 篆書丨 ○×傳[illegible]切又轉
平聲 篆上二字又見上 瑑起上文鑿上 ○戰丨張擅闘切 顫頭不正又四肢
寒聲捽又昌善切又音平 纏約丨束繞也也 ×驏馬丨臥土中 ○譴丘硯切責
也又怒上聲也 牽引也又平聲挽也 ×俔譬丨諭也天之妹詩云 棒木名 ○
×顫昌善切又平聲又張擅叶扇切 ○×纏擅賊戰切又平聲又張 ○練
叶連去聲熟素緒 煉冶鑠五金 楝木名 ×鍊同煉 ○戀郎眷切眷念 ×
孌美好 ○×倩倉絢切美笑貌又叶青去聲 蒨草盛貌 茜茅蒐可染紅
○×捵湯練切持也

蕭豪

平聲 陰

○蕭西焦切又姓香蒿 簫樂器 瀟丨丨風雨暴疾貌又雨聲又水名 颵涼風
綃生絲 消滅也盡也 銷鑠也 宵夜也 霄雲霄又雅云雲氣又說文云近天雨霓
為硝石丨 蛸螵蛸丨 痟酸丨又渴疾頭痛 魈山丨獨足鬼 翛飛丨羽
聲 蟰頭[illegible] ×蠨丨蛸 捎揺動貌又尸嘲切 鮹魚名 ○刀丁聊切
有丨夜擊又平書姓 炊 貂鼠 鵰大鳥鷙 琱治玉也又史漢為云新璞 彫丨殘
凋落丨 ×雕刻琢 弴畫弓天子丨 舠吳船 裯短衣 蜩大蟬又音除 ○
梟都交切不孝鳥一名又今謂挂首為丨 鴞同上 囂喧也 枵二十八宿次名
中原音韻 卷二 八
又虛根又木 驍武猛又良馬又音交 歊熱氣 ×嘵懼聲 ○梢尸嘲切木杪
捎又焦切 弰弓末 筲竹器容十二升 旓旌旗之旒 髾髮尾長貌 鞘鞭也又音
肖 颾風聲 ○嬌居肴切姿態也 驕傲也 ×交合也 蛟龍屬 茭草丨 艽
[illegible]丨名 郊邑外 敎效也去聲 又 鮫 膠黏丨又去聲 驍良馬又音蕭 又
澆[illegible] 僥丨倖 徼丨幸 嘐鳥鳴 ○焦丨灼 蕉芭丨 椒木名
燋 膲人之丨 ×鷦鷯丨 噍嘐聲 ○包巴毛切容也又姓 也
胞[illegible] 又 苞叢生 ×褒丨 ○嘲[illegible]切 抓丨搯又上聲
啁啁聲也 ×操擊也 鵰鶻鵃丨 謿 ○高歌上聲 也崇
也 篙竹篙 膏脂也 羔羊子 糕餻丨 槔桔丨汲水機 皐澤也 櫜車上

大丨鼕鼓大○刀
切也優搔手也撓
慅動也勞也憂也○
打甚擊曰丨之燋中浬
又晁音×釗勉也
上聲幺小也嘤蟲也
言貌×坳不平凹
漂泊丨×僄輕也又
擲胞胎丨音包
中原音韻
又丰揀丨擇揀也稱取
×艄舟名洮水名
敲橫叩也擿也橇
又求音墝
義上同○
言×鈔
燒尸也又昭
遠爲丨廟佻
○鍪相春也

丨都高切舠船小魛魚名叨也旨盜○騷
艘船名總臊丨腥繅繹爲絲繭颾風聲×繰
遭逢也搔切糟酒母○鏖古同高切曰今俗謂
物熟之灰鏕溫器○昭明也知饒切招呼也朝早也
也遠弩牙也見○邀衣招也交切夭舒丨貌又和
腰身中要求也又去聲切也葽秀草丨訞災又巧也
又削汪上切又去聲妖豔巧也也○飄丨颻苗切
摽擊也芭苗又切縹貌丨又輕上聲舉○拋鉫切丨毛
脬腹中水府泡水漚○條他絲切爲縧掏說文
卷二　九
饕貪也叨又都高切滔水丨流大貌韜藏也慆悅也
○趫欺堯切又其交切蹺也橇行泥所乘×蹺舉足
也舉磽石地也又磽确也尻春文云脽也處說言戲
坶嗛交切又呼虓虎咆貌健然鳥巢也切嗃叫呼詨
又磽上歎堯切又○抄略也鈔搔謙人代
抄又去聲寫也○蒿蓬阿丨高切薅除草田○
○褒博毛切○挑也又聊切上聲撥×祧
髾又方出切西捎又掉也越也切蹺
×幧頭髮謂○摻也相又去聲持

平聲
陽
○豪何英切丨高×壕城池丨下
之聲鵂鳥名丨×嘐丨鳥名聊
空也穴料音又嫽女又
音丨妍聲嫽上丨○苗
草又莠也曼如丨髦毛中云丨旄
之鬣也僦如豪
中原音韻
毛丨鏡銚如金鈴丨○
丨樂也嶢名山名又去又
名沙水名又大雨蚴
聲也蝤音又蟬刀為草
×苕又草為竹
丨延音昭韶
周禮作昭也姓○
嶢堯也高陶
窰焦丨嶢高貌×

毫長毛丨末又號大呼又去聲濠水名嘷熊虎狐狸
嚎哭聲○寮官爲丨同遼遠丨僚官丨鶴
語也又之去聲刀切白鐐金名又去聲下嘹鳴也寥
也又鵰又啁嘲也餘招切如鍬詩丨○嶢人名×又落
謦欸饒也如招切丨饒飽星又牛×嬈
缽也○○撓丨嬈丨弱也名○毛丨包切芼
×酕醄丨酒名又姓丨畫丨縧旄羽毛麻丨毛
茅又茅草也萎縮丨中丨○貓捕鼠獸名丨丨髦毛也
中又上丨酕丨醄也○猱獼猴刀切多犬
卷二
×淘澇鼓周丨澆也擾也切心丨也×淘
郎丨籠也刀切叨也勞丨也又去聲勤也丨也轑
醪和去聲也淘又×涝丨○迢丨迢聊遙也丨小丨髫兒行
來又丨軺小車也韶始翻丨條枝丨○跳丨音翟也
切又姓名又×佾說文音丨○潮海持丨切又饒
又移也遠丨也切搖也動謠丨歌獨謠名丨了
丨遠丨姚妖丨悅美丨好貌又音婁丨窯
音丨也徭同丨窯燒丨漾也丨淆
也丨役也徭上同丨窯同丨洛丨丨郩也殽實也

餚同肴崤山名爻易六｜○樵慈消取薪切譙城上樓又姓✕顦
｜顇燋灼卯龜瞧耳鳥憔｜悴○敖訛游高也切鼇海大中鼇鼇大聲
領足嗷｜梁｜口廒倉｜聱語入不○獒犬四尺高獒駿馬驍｜慜聵聞
遨遊｜嫩也前聱大語又貌廣韻悲哀不云止不省璈玉名✕鰲魚名鰲
頭鄉木接小山多石翺翔｜翱盤｜也擊鼇也鶚高頭○喬其高也又云切
姓蕎麥｜橋水梁僑旅寓翹危尾也也鳥✕荍同蕎蹻廣韻蹻也
嶠山又銳去聲而高趫善走欺堯又切○袍長蒲毛襦切炮炙也跑疾走
也鞄柔革匏瓠也咆嗥也庖｜厨✕鉋平木器又去聲○桃徒勞
切名果逃逸去咷號｜鼗小鼓有柄陶瓦器音姚又｜綯絞也｜蔔

濤大波也檮古者呼頭｜杌✕啕多言訩節不
淘汰｜澄大海中也
醪藏騷也又切姓局｜瓢昆也苗切漕水運又去聲也槽馬酒｜｜嘈聲也嘈｜
○曹✕槽名瓜○✕勦輕小捷又巧貌也莽○巢木上鳥巢又切｜｜
名虫✕漅湖名✕勦輕小捷又巧貌聯耳鳴車聲以兵望車若敵○巢鳥頸
謂之大｜笙名湖✕森大走令云又｜貌風暴風雨也飆風大風杓斗柄
✕標木也又苗切又上聲標炒又上聲標木｜錬馬銜外鑣脂肥瀌｜｜
又昭切纚雨雪盛貌標頭又去聲燋鑣苗也切又
又巴杪又頭又去上聲也標鑣鑣揭苗也切又鑣脂肥貌

入聲作平聲

○濁｜雉清｜猶切濯｜滌鐲鉦也周禮以金鐲節鼓上一三字又之切擢拔也

✕擻也築○鐸多勞切度量也又東切又音波踱不前退
也✕愽｜忖○薄巴毛切又厚叶｜播又也箔簾也泊｜博
廣也✕亳地名膊肩歌｜戈又韻雹雨冰撲踏韻也歌又戈韻魚｜○學
奚交也切鶯山鵲礐山大石多○縛房又包歌切戈東韻也○鶴叶豪
似鶴長喙涸水竭✕貉似狐○钁胡鼎｜瓜切✕穫刈也禾○著
池燒衣服切○鑿慈鑿也騷切✕昨昔日酢｜酬怍慙也○杓繩昭
切又杯音｜標芍芍藥木名○✕醵叶香酒又合魚錢饃韻飲○✕嚼齊消
｜切咀○✕矍叶絲遙牧○✕鸐於水鳥包切艓舟也

上聲

中原音韻 卷二 十三

○小桑大｜勦切篠小竹｜謏小也○皎江潔白香切貌竹繳叶蕭切又
嬌詐也舉手✕鐵刀｜攪亂也○瞰明也鉸精｜釘篓竹索又筊
✕攪小好也○了郎皎切曉也明目又○燎照去聲又筊竹索也
○縛也嫽｜○了也｜瞭明目又切
✕繆又｜叶繞又音去聲年繚纏也平聲○杳衣｜切叫也窈窅冥也
短折也平聲✕窅深目遠又貌又拗手拉去聲又晶大也明也
淵淵水｜遠也深窈｜窕也○遶繞圍騷｜召切繞旋上聲｜嬈嬈亂平聲也
擾煩也○梟｜宜神鮫馬切遶騷鳥名總嫋娜｜裊腰騕｜✕嬝
｜嫽儴舞者○眇目小切渺水｜秒禾末藐小｜鷸也也淼
大水✕杪禾芒○悄青也又小切靜也悶憂也云｜又｜去聲憮愀色變○

寶弄珍卯也切保安也堡|障褓襁葆草盛×飽厭飫馬双名馬
而後大趾無○卯忕展保名切昴宿名○老郎年島高切栳栲柳|器
潦行水|又路去上聲流蓧遶梅寶之乾屬橑樑|也注又云楚以辭木云蘭蘭爲
|×獠西夾南名○腦囊頂倒髓切惱恨也瑙瑪亦|作文瑪石碯嫋
相亂見也○掃桑糞早除切嫂兄|○殍滂|滂又切音餓夫剽碹又取去
紛漂|洎僄|信簌也輕勦攻也劫×縹帛又青平白聲縹清酒瞟
目際○早葳晨掃也切棗果名澡洗濼藻水草蚤早同璪×蚤
|蝨○倒當又老音切到仆音也道島水有中山鴇桀也禱新音小挑又×
擣揭同○杲罔日禗出切槀禾也稈稿白也鎬溫地器名又文下觥京告
中原音韻　卷二　圭
切槁菌楷鄗地名×皜潔音白浩又稾稈|也本又○阿切
屬熅老文懊|夫恨聲又○考康壽襖|切栲木名×|成栲
打也○挑湯撥了又切平|聲窕深|極淑也女又又幽善開心也日云善笏容
日|×朓弄平也聲又眺身貌長○沼知沚逍|切○心商切沼多
|去又聲○表邦|湯巢切×裱領去巾聲又褾袖端嘌○巧
丘機杏|切○曉希擦皎也切○飽博包考上切聲○爪叶聲[illegible]上足
甲×抓覆又手平取聲竹貓綠|○炒叶聲抄煎上|×煼同上○
討湯征老|切○草倉百持卉切○好呵也果又切去美聲○撓囊鳥
[illegible]○齩犬齧骸也切×咬同上姣好也舀杵臼抭同上○

[illegible]精殺小也切勦勞鈔也嘲又切稍漸爪也切○剖滂又卯尤切侯判韻也○缶叶上否聲○×剽

入聲作上聲

○角叶頭皎|覺語也脚[illegible]桷椽也○捉之捕卯也切卓特又立之
寮切琢治玉×啄鳥喙○斫叶擊沼也酌|酒繳繒江|杳又切灼炙也
×妁媒|○爍叶|少光灼貌鑠銷|爍美貌○鵲叶鳴悄|雀鳥名
趞×皵皮皺碏恭也○託叶奇計也拓推也橐無日底|魄魂又|皆
來韻飥傳|柝判所也擊又木夜也行×籜竹皮托任寄也也○[illegible]叶綬
諦也索繩又也叶又蒲思上寡聲切摖摸|○郭沽又卯叶切果城又|姓廓
中原音韻　卷二　[illegible]
也大虛也也又廣州韻名云×槨外棺○×廓粘又卯歎切戈虛韻也
[illegible]張歌大戈又韻鞹去皮毛漷水歌名戈又韻○朔聲|卯望切矟矛屬
×槊子屠棚木名數頻所也叶又疏叶○剝叶削飽也駁馬純色也不
○爵叶酌勦器×雀鳥名○削叶訓小|○作叶叶早做造叶也佐又
柞木名糳精米細○錯叶七草聲誤又也叶又搓叶上杌聲遭亂也○各
叶叶杲哥興上詞聲又閣婁哥||又聲叶○[illegible]叶谷好也熇炎也熾×
郝地又名姓○綽叶聲怟竟卜也婥|云約|好約貌若莊處子子○謔叶謔
戲詞○×穀叶皮巧甲確堅也郤退也也後止髮也爲不却受|却同上恪
謹也○×約叶豐杳|握持也澀[illegible]幄帷|喔雞聲○×惡叶懊

又與襖同又叶切

去聲

○笑哂也桑嘯切 嘯吹聲 俏似相宵切 韒刀音鞘 丨又 ×鞘同韒 爝少火

咲同笑 ○眺望也湯料切 糶賣米 跳越也音條 又 ×趒同丨

○弔當料切生丨問死 日弔 ○×調唐料切韻丨 釣丨魚 窵深也 又音條 調選也 又平聲

聲 掉顫也搖也 ○×調唐料切 掉上聲 三字當料切 又 銚溫器 窕丨輕

蓧草器 誂弄也 ○豹邦貌切獸名 爆火裂 瀑疾雨 ×報告也 曝晒也

○抱丨旁貌有切 暴凌也 而風也 橫雨也 丨驟風也 又又音白 出僕 鮑魚 又 鞄

柔韋之工 報酬也 袍丨也 什來 ×鉋平木器又平聲 謈惡丨也 瀑丨瀑 又音僕 又音

中原音韻 卷二 十五

邦貌切 ○竈則到切 竈突也 懆愠也 躁急進也 動也 ○×造藏灶切 建也

又切平 ○皁倉馬閑 黑色 又 漕水運平聲 又 ○料郎計切丨也 鐐美金

聲又 廖姓 音 罺魚器 療治病 ×燎照也 又上聲 ○傲昂告

切也 僈 㚖同傲 鰲大器 旄旗丨 召呼也 音紹 肇始也 ○×照

明張 邵 詔上命 ○少傷小 又照上聲切 燒火也 丨焚 又平聲 野火

紹繼也 介丨 又 邵邑名 姓 又 ○號告也 號哭 又平聲 皓白貌 又 昊天

亢氣大 浩水丨 浩丨貌 顥白天 又 灝遠水 鎬溫器 皡大邊

氣 ○×耗虛也 好丨愛 又上聲 ○道唐切丨德 又

蹈舞所蹈 纛羽葆 又屋東左盧切 燾覆溥 盜賊 導引也 悼哀也

踏丨 翿所執 纛 又東盧切 燾 悼也

踏踐也 倒又音到 稻禾也

當切 勞 倒顛上二字上 又丨勞切

曜色白 耍平聲 又×叫

藏地 校正也 之長 又學宮 又相角也

覺寤也 而無 酬丨 又 較丨孟 玹 丨裝

也責 ○ 糙倉來切 春米 操節平 ×醮飲盡 醮丨物 無類

○ 俏妻笑 ○ 峭山峻 誚

○ 俵丨邦 散 切 鰾魚作 膠丨

中原音韻 卷二

興 教順切 丨功 效 校又江 切 教又 比校

傚 也倣 校教又 二汾 切 效 也 俏

籬丨 棹行者 舟 倬明也 大也 也

○× 棹叶巢 又叶 去聲

丨靴 凹地平 又下 汪不 聲 又 切 平卦

丨襪 ○ 貌 丨 答 忙 切 冒 也 覆

音 貿 ×旄 旗 又 丨 狗 毛 足 旄 而 氣 生 丨 ○ 媢

礮 丨軍中 石也 炮 ○

勞 也郎 又到切 平聲 勞 平慰 丨丨

到至也 ×幬覆丨 車 又 ○ ×到

又聲 ○ 曜日光 姚叫切 耀光 鷂鳥

江也 ○ 轎丨車 嶠山高而銳 ×窖

又呼人 教叫切 訓也 平聲 又 較直也

響 丨酒 膠又平聲 ○ 醮切 的

○ ×醮 醮 笑切 又 ×誚

又 造 音 皂 也 又 慥 行 丨 丨 相 顧 不 言

又 ×悄 上聲 急也 又 哨 口 不 正

醥 清酒 ×覞 有目見 也 察 ○ 孝

十六

校 快也 ○×効 叉 典 教 切 又 數切 功丨

數 教也 ○ 罩叫 嘲 夫 取 魚 具 聲 笊

×篧 同罩 又 ○ 箌 罩 也 罹 不 得 鳥

又 拗 叶 又 上 聲 丨 靿

×要 姚 上 二 字 又 叫 切 耀 勒

丨 頭 耄 丨 老 眊 目 晴 少 茂 盛 又 木

○ 砲 石 鞄 水 出 山 陽 ×

也 間 又 浩 切 音 告 誥 丨 詔 部 國 名 ○

又 嫪 惜 也 丨 戀 ×僗 同 勞 潦 水 積

又上聲癆瘵｜○噪
摽又隄岸也瘵｜瘠○
也淖泥也○奧烏切
上可居燠熱也○鈔
切穴也×磽石地瘠薄
×娋侵也○覆大詳
○×紹繼切照邵
仁｜照切又旋上聲○×
○×剽滂妙切取又上

竈呼灶燥乾｜譟擾括掃除｜×埽作介
妙忙好也俵切廟神｜之所字樓○鬧切搖到
古懊｜恨上聲又澳深也魚澳又×墺四方
鈔去聲又平聲界×艄船不安○竅丘要
貌行○溺尼叫切○哨嬰妻笑嘰切切又
×靠康倚｜號切鎬偏軍上間熇燒也
一字照切又召又紹切劭勉也○×繞
橋手舉也嶠山上二字又平聲江
嘌巴苗切又漂水中又平聲×摽

中原音韻　卷二　十七

又平嘌嫖｜○套
也務切

入聲作去聲

○岳名叶又耀姓州×樂
｜鑰瀹也約｜信×
莫叶明又無也又忙怒布
沫水名又浮｜×摸
褒謁又叶羅去聲又叶羅落
聲酪羅乳漿去聲又叶
卓｜駱白馬黑身
叶又｜叶切×
獄五叶切又叶羅跳病也鑰
瘼｜病也○搭叶開諾許以人言○
寞｜寂漠｜沙幕帷字又叶上四聲末｜本
叶磨×瘼病也膜肉叶磨｜又○落叶滂
去聲又叶烙炮｜叶羅去聲又叶洛水名叶羅去又
樂｜又叶羅去聲又叶珞｜瓔×犖
蔔下叶鸀大｜叶鶚大鶚魚名子又上呼戲三个
鸞鷺

歌戈

平聲陰

○歌詠也和切哥聲也
｜蝌蚪虫名｜窠鳥巢×稞麥青
○戈平瓜頭戟和切過也又聲
中原音韻　卷二
唆小兒懸耳刀也切
手挼○磋治又挼去聲
磋鹹也×嵯峨｜倭
詑欺也×拖引也又
娿不決｜○窩
鍥矮也○坡
切｜嶓山名玻璃又切
多當羅切○麼
平聲陽

柯｜枝斧柄｜名｜○科條目也和切蝌
○軻車軸又上聲接切珂玉石次
鍋溫器○莎草名切蓑衣雨
大
梭｜織布姿｜姿娑｜摩×抄上同莎
瑳玉色鮮白蹉跌也又去聲搓挪也瘥病也
不貌○他湯羅切拖曳也引也佗上同
足貌○阿曲也何切疴病也×痾綿也
切渦水回倭國名×踒足跌×堝坩鍋
切頗偏也頭上聲又玻璃○波巴
番又○呵呼氣呵切訶大言而怒○

恶叶阿上聲又切
叶傲人也又叶韵
○略簡也又叶掠劫奪
又上聲叶去聲
切卑叶又×諤｜×鍔刀劍○弱
字切又愕驚｜×鍔
箬竹名×若如也又仁切又音惹
瘧病也○×烙叶明也去聲

○羅郎多切鳥罟又汨｜水名｜綺又宿 歌詞聲又嘍｜鑼銅｜ 螺蛙屬 騾馬母 灑水名 鑼鍋也 ｜小 ×贏積穀 磨治石又去聲 魔｜鬼 劘｜劃也 盧 [illegible]又多切又奴打切 [illegible]又上去二切 ×挼｜莎 ○禾戈切 和華戈切 又去聲 河水名 荷芙蕖又上去二聲 [illegible]蟲似蝌蚪 鼉水蟲似蜥而長大也 駝[illegible] 紽似羊四耳九尾 [illegible]

中原音韻 卷一

×詑｜[illegible] 酡酒色也 [illegible]上聲 ×鹺鹹也 蹉[illegible] 艖又編 磋｜石 [illegible]詑又去聲 ○哦吳哥切 吟也 ×莪蘿蒿 訛謬也 鈋刓為 皤老婦 [illegible]切 鄱陽名 膰肝｜

入聲作平聲

○合叶何｜同上聲也又 盒盤｜ 嗑｜名 ○盍｜叶 [illegible] 遝｜早 [illegible] 佛叶巴切 [illegible] ○

又羅｜也 [illegible] 儺[illegible] 欏｜木名 ○摩｜也指撮也 蠡蟲名 醾[illegible] 腡手文 [illegible] ×麼｜小也 ○那 [illegible] 儺逐疫 挼同｜ 俗作接 ×哪小兒相應 ○何 [illegible]又｜ 苛小草又上聲 菏草名 ○ 跎蹉｜ 陀平陂貌 駝｜不荷載 鮀魚名 沱滂沱大雨 迤逶迤行貌

碢｜輪 ○矬 短也 ×痤小病也 瘥 蹉跎病也 [illegible] 娥 蛾蠶化 峨嵯｜ 鵝舒鳥 俄 吪動也 囮媒也 訛嘉言 ○婆 ×番同鄱

蓋[illegible] ×褐毛布 闔[illegible] 跋行貌 博[illegible]也 ○縛 鍍和也屬 ×科又打 [illegible]也

上聲

○瀎水多水聲又 ○濼叶又 泊 也又巴毛切 勃色｜ 渤海｜ ○ 學叶耀 ○ 鑿叶｜ 杓叶邪 ×濁清之 ○×勃 [illegible]切 渤又上叶二 [illegible]

○鎖桑左切 俱鏁 趖小麥 [illegible] 裸 嬴｜蠡 騾 擺｜也 [illegible]

中原音韻 卷二

叉 蠡｜ 又去聲 ○ 朶叶多 [illegible] 趓同 [illegible] ×埵 [illegible]又上聲 娜叶上 ｜那美 哆 ○ 荷 又叶平何 ○可 叶｜ 坷上 ○頗 叶 又 [illegible] 不｜ 叵 ○ 夥 ×祂 [illegible]

厚｜又去聲 播巴毛二切 箔簾也又巴毛切 鏵｜東 又多 [illegible]切 鍩 度量｜又音 ｜磋 ○奪叶多 攘取 ○箬叶廚 竹箬也 切 濯浣也 鐲似鈴 又音上三字 [illegible]

玉｜細也 又 ×埵｜ 又積動也 ○ ×菓同果 裹同裹 ○欏叶羅上聲 裸 赤體 蠃 蠃｜果 蓏 草實 斫也 研 邏

舸 叶哥又叶可上聲 大船 哿 可也 [illegible] 下厚貌也又 哆 小兒行 鬌 小兒剪髮 叵又 ［illegible］ 鞣 ｜｜ 躲 避 又 垜 那 何也又奴打切 又平去二聲 又奴箇切 二聲 ｜ 砢 [illegible] ×哿 急也 軻 轗｜不可也 ○ 坷｜切 ×舸 叶哥可上又大船 ○ 娿｜ 婀 鳥可切 ○ 跛 我 吾也 [illegible]切 ○ 左 ｜右又 [illegible]切 火 舒 [illegible] 燬 果切 ○ [illegible]

叫仔|上 ×堁 塺|[illegible] ○婐 叶烏果切 女侍 ○脞 祖果切 細小
也 聲細也 ○×磨 細叶[illegible] 上聲 又平聲 懡|[illegible] ○×[illegible] 切[illegible]何 [illegible]

入聲作上聲

○葛 叶哥上聲 割 斷也 鴿 鳥 閤 內中小門 蛤 蚌屬 ×合 和也 又叶
行 閣 樓|又叶果 各 異也 叶果 [illegible] 又 ○鉢 叶波上聲 |盂 撥 發也 跋 足也
×膊 肩|[illegible] 蕭韻 茇 草根 搏 平聲 徒[illegible]切 又 ○踻 叶課 [illegible] 括 包|×
栝 木|名 拍 郭 城|又姓 适 疾也 ○渴 叶可 飢| 㵣 內熱病 ×瘸 短氣
容 相|合 當 磕 石相築 搕 以手 [illegible] 損|也 款 前|嗽 咳 噎|叶孩 又

中原音韻　卷二　三十三

叶去二聲 ○闊 叶[illegible] 也 ×廓 水名 在魯 擴 張大 廓 空也 又上聲 三
韻 ○撮 叶四撮 上聲 ×錯 誤也 又叶去聲 ○掇 拾也 叶朵
×襏 禰|破衣 ○脫 叶[illegible] 解也 安 ×稅 不|[illegible] 又[illegible] 棁 大杖 又音
聲 上 挩 說文云解也 蛻 蛇蟬所解 又師[illegible]切 ○抹 叶磨上 塗|
×潑 叶[illegible] 澆 [illegible] 鏺 刈器 又 [illegible] 叶 拂 [illegible] 嘙 呵也 朴 木名 璞 玉[illegible] 粕 |糟
撲 [illegible] 又[illegible] 蕭韻 切 ○ ×藿 叶火[illegible] 豁 [illegible] 䆊 [illegible] 瘧 吐|病
霍 姓也 ○ ×斡 |旋 [illegible] 果切 [illegible] 揢 [illegible] ○ ×喝 叶呵
上聲 也 飲 大[illegible] ○ ×[illegible] [illegible] 鎑
[illegible] 惡 [illegible] ○ × 撮 [illegible]

○賀 叶何去聲 慶也 荷 負|又平聲 ○佐 輔也 左 切
蹉 叶[illegible] 又 坐 立|也 ×坐 座 又佐切 ○大 唐 遯
上聲 切 又音 座 牀|作 坐 ○ 座 又 臧 佐切 ○ 大
切 又磨 舵 正船木 墮 落也 惰 怠也 馱 負|又平聲 癉 勞也 又寒
山 堁 塵|上聲 又 髮 又上 剉 割也 ○ ×剁 當[illegible]切 哆 張口 又上

中原音韻　卷二　三十三

聲 ○銼 倉座切 鍋|也 挫 摧也 剉 折也 莝 斬芻 磋 磨治 又平聲
×蓌 拜失容也 禮記云介者不拜 蹉 足跌 又平聲 ○禍 害也 和 切
調 去聲 又 貨 帛| ×[illegible] 叫 [illegible] ○ ×貨 荒臥切 又 邏 巡|
去聲 又 擺 理也 囉 又平聲 ×[illegible] 之聲 物 ○播 種也 叶波去聲
上聲 又上 譒 敷也 ○ 磨 也 播 切 又平聲 塺 又上 ×[illegible] ○
臥 寢也 過 切 涴 泥著物 ×污 染也 又汪故切 又 貪也 又音烏 倚 ○
糯 黏稻 [illegible] 切 那 [illegible] 又平上二聲 打奴嫁切 懦 弱也 ×愞 弱也 又囊
[illegible] 奈 又 ○ 箇 叶[illegible] 數也 个 枚也 ○ 餓 飢也
[illegible] ○ 些 少也 又 [illegible] 切 ○ 過 叶戈去聲 又平聲 [illegible] ○ 課

匡臥切稅也✕[illegible]

計也程也

○嗑叶柯去聲多言○

入聲作去聲

○幕叶磨莫寞末沫

林也○諾叶懦搭

叶象韻鐃○落叶羅洛絡

剕○萼俄个切鶚鍔

✕薄包播切又巴毛切摩

研治○唾叶拖去聲口液也○破叶坡去聲碎也

縛符臥切又浮巴切繫也

✕模膜漠上入字又蕭豪韻叶合秼何也

字又蕭韻叶閣○弱襪切搵蒻若三字又蕭

酪樂烙六字又蕭豪韻叶澇✕捋摩也剝

惡四字又蕭豪韻叶傲堊白土也鄂州名○

家麻

中原音韻　卷二　二

平聲陰

○家居牙切居也又姓加

袈裟｜迦釋｜又雞耶切痂

✕鴐鴐鵝枷連｜打穀具

豕又[illegible]笆芭蕉｜✕[illegible]

[illegible]渦水小嘴媧女｜蝸牛｜

兒言嗢 又䆉下汙髗｜

泷也 又砂俗字 沙紗

去聲 ○𨅔之沙切蹅跳聲查博

增也跏｜趺坐也珈婦人首飾笳｜篥枷項械

｜葭蘆葦爲｜豭牡豕也麚牡鹿也佳美也嘉善也

○巴｜邦爲｜蓏切疤｜痕笆竹籬杷二｜

兵車○蛙蝦蟆似瓜切蛙水藝爲窪注水名｜漥

✕娃美女｜汙又坎地也爲下窪鼃同蛙｜詩又傳呢

谿｜敞○沙又家木沓切毛｜

骨｛侏｝[illegible]

絹洣名魚鯊｜裟｜袈毛長髿｜木名棨

物志仙｜水中浮木謂作

牛牛又姓｜楂槎又烏聲韓愈

詩鴉鳴｜吒噴也怒也✕楂似梨而酸樝煎藥齇皰鼻皻以指按物

奓張也䶥齒不正○撾｜莊瓜切撈擊鼓髽婦人喪髻抓引也挐也✕

檛筆也○鴉烏伊家切丫物之岐頭呀張口✕椏江南呼｜爲樹

枝啞上聲也又上聲又窊｜丫又汊叉取也杈丫枝叉攃鞴

箭字差又外也音叉錢名鎈｜又叉｜○誇空華切大言

字䑰舟名又賖切檟槎○鰕魚屬希加切○葩滂麻切花

夸奢也✕髃骨上婉妍也○蝦鰕

也○花呼瓜切✕華｜也又胡瓜切又音化譁諠｜又胡瓜切○

瓜光華切｜摳也✕抓擊也騧黃馬黑喙媧古女后蝸牛｜

平聲陽

中原音韻　卷二　三

○麻模巴切｜蟆蝦｜

林｜云｜又蔴茭

頭｜蒜○譁胡瓜切又喧也

雜○牙移加切齒｜

名別

谷名大谷州如賊作貌亦啞

木○霞胡加切又實日

枷○菿

✕蝦又音賀｜切

揸｜又○茶鋤加切春茗｜菝

葉可爲茶作俗茶｜切

○槎又茶不可解又𢖫又茶又貌

云言｜差羞

諸｜

麻｜熟｜

瘋麻痰｜

✕麤龜鼉｜似

鬟｜鼉蹉字義

華同音華騅｜騧｜✕鷨

衙｜府｜衙｜衙衙

划進船撥

涯水際又音移又

芽｜萌

又伊家切遐也遠

✕呀吧大口｜

豝下不赤不色

遐遠也

瑕玉病也

○琶琵｜麻切

把｜枇｜聲去名

杷木人草不名

｜能一口去

拏牽引

搽

楂

○唦

[illegible]

✕筌

態作忞 ○ ✕ 嗏 清加切

入聲作平聲

○ 答 當加切 交通也 踏 ｜蹅 沓 重合也 撻 打也 ✕ 鷃 弱肉 如乙｜

綢妃 華皮 楷 木桂上 ○ 滑 叶佳切 達也 猾 狡也亂也 ✕ 趲 ｜走 敌

詰 ○ 狎 親近 叶奚佳切 轄 車軸頭鐵 鍺 ｜鋘 峽 巫山名 洽 和也 淶｜ 匣

夾 俠 ｜豪 袷 衣無絮 又云交領 亦作裌 ✕ 狹 隘也 黠 堅黑 押 ｜欸 ○

乏 貶加切 伐 征｜ 筏 桴也 罰 ｜刑 ✕ 垡 耕起土 閥 閱｜ ○ 拔

｜ 邦佳切 ✕ 坺 土塊 妭 ｜鬼人婦 ○ 雜 叶咱 參錯 ✕ 囃 助聲 舞 ○

閘 叶查 開閉門 水閘也 又 ✕ 鍘 ｜刀切草也 霅 雲霅 貌 其 又

中原音韻 卷二 重

言 ｜｜ 震雷 又水名 在吳興 ｜ 一日 燡 爚｜ ○ ✕ 扴 叶加 刮也 又江雅切 ○

✕ 瑕 乾也 其切

上聲

○ 馬 乘畜 怜把切 媽 母也 ✕ 碼 碯｜ ○ 雅 素也 賈切 瘂 痦｜ 又平

聲 ✕ 啞 上同 瘂 言不 庌 廡也 漢 野 路 舍｜ 候 迎者 宿 迓客也 ○ 洒

謗 汎也 鮓切 傻 利｜也 俏不 ○ ✕ 誇 傷事 雅言 切語 強 ○ 賈 叶上家聲

音 姐 古也 又 假 真 去聲 ｜又 斝 玉爵 ✕ 椵 也 又 檟 瘕

病 ○ 寡 孤光 特 切 冎 剔人肉 致其 剮 ✕ 笴 長｜ 妆 ○

姹 齒下切 女美 詫 誇也 ○ 把 邦馬切 執也 ○ 瓦 五寡切 屋｜ ✕ 啞

取 也 那 衞也 ○ 鮓 之雅切 菹也 ✕ 厏 ｜厊 不合 苴 上｜ 查也 又音 滓 查 ○

打 當雅切 擊也 ○ 耍 霜馬切 嬉也 ○ ✕ 那 奴打切 何也 嫁切 又音 挪

音 儺 又 那上聲 叶 ○ ✕ 髁 叶誇上聲 髀骨 胯 兩股間 又去聲 ○ 侉 小彩

✕ 糝 蕎 馬切 泥不熟 ｜

入聲作上聲

○ 塔 湯打切 浮圖 獺 水狗 食魚 榻 牀狹而長 塌 地低下 ✕ 闥 門也 闒

｜ 荁 說文 不肖 撻 也 鞑 泥滑 蹅 走 嫍 又音 輅 車釘

｜ 蓊 布｜ 蹋 不謹 邋｜ ○ 殺 又雙 翣 木為 衣 小以

轄 雅云 大扇謂之｜ ✕ 煞 同殺 霎 小雨須臾 歃 ｜歃血也 又 也 ○

中原音韻 卷二 長

劄 莊洒切 刺著 扎 手作｜ 俗作札 ✕ 札 盎 蠐 ○ 帀 叶咱上 遍也

逼 同上 作 咂 小兒乳 ✕ 嚐 ○ 䕓 插 刺入 鍤

祭也 ✕ 𩐦 鑞｜ 劄 判割斷 ○ 法 方雅切 也 則也 發 起也 髮

｜ 鋏 ○ 甲 江雅切 十干首 胛 背｜ 夾 ｜輔 ✕ 扴 叶 又加 戛 也 又

酴 ○ 答 叶打 報也 搭 摸附也 踏 踐行 嗒 然忘 褡

皮 縟 鞨 砝 笪 竹答

鳴 颯 撒 撒 薩 靸

萆 ✕ 趿 鈒 偛 躐 笈

上聲 書箱 ○ 剳 睹 ✕ 諢 呷

○八 巴上聲 數也 ○恰 强雅切 用心丨丨 掐 爪刺 ×碏 石聲 ○×

㺃 烏寡切 深也 空 ○×刷 雙寡切 拭也 ○×搽 国雅切 手把也 骼

腰骨 去聲 又 ○×擦 七煞切 動草聲 足 礤 丨礦 ○×哈 五合切 魚口 噏

也

去聲

○駕 江亞切 車乘 嫁 女歸夫 稼 種丨 曰價 架 屋丨 假

以物貸人 又上聲 ×假 打丨 ○凹 汪卦切 又音天 宨 屋泥 丨丨 ×

攨 吳人云 亦爲丨 踤 踏地用力 窊 汚下處 ×宨 王卦切 又汪卦切

切 ○跨 匡化切 騎也 胯 兩股間 又上聲 髁 ○亞 次也 衣架切

中原音韻 卷二 毛

迓 迎也 訝 嗟疑怪丨 砑 碾也 婭 兩壻相謂丨 又姻丨 ×稏 穲丨 禾名 ○汊

蕸 木名 許切 咤 叱丨 姹 美女 詫 誇也 䶰 醜也 ×誃 誇誕也 奓 張也 開也 衩

衣丨 又音 來韻 ○帕 鶻衣 切 怕 懼 ×杷 ○詐 莊價切 僞也

榨 打油具 乍 初也 措 未詳 甲錯 一曰 ×醡 醡 咋 大聲 ○×

乍 牀價切 又莊價切 蜡 年終臘祭 禡 年終祭名 詐 腊 乾肉 也 㱶 步丨

立也 ○下 奚價切 又上聲 芐 蒲草 夏 春丨 嚇 笑聲 叶音黑 又平聲 咋 口 又人

希切也 鏬 孔隙 暇 閒丨 厦 大屋 ×嘮 笑也 謑 怒言 恥辱 又音直 也

唬 虎聲 謼 丨諕 ○化 荒丨 造丨 畫 繪丨 華 丨岳 又山西 音

花 又瓜切 鰫 魚名 似鮎口大 樺 木名 話 言丨 ○霸 邦馬切 丨土 靶 轡革

墒 障水處 弝 弓弝 欛 把也 鈀 錄也 車 ×灞 水名 ○×

那 奴嫁切 又他也 又音糯 ○×罷 休也

那 又農多切 又奴打切 ○×罷 又旁馬切 平聲也

耙 田器 又平聲 垻 平川 爲丨 ○卦 光 ○掛 懸也 ×挂

同上 罣 礙也 詿 誤也 ○㓦 旁切 屋未詳 ○大 堂那切 又音 小帶 丨丨 ○

罵 詈切 禡 祭名 詩云 是丨 是禡 記云 於所征之地 ○×踝

骼 ○×骼 骨 又 上聲 ○×沙 所嫁切 又平聲

入聲作去聲

○臘 郎架切 臘祭 蠟 蜜蠟 鑞 錫也 拉 摧也 糲 粗米 辣 辛也 ×刺

奊 頭邪 也 挈 破 不正也 協 丨行 擸 持也 邋 丨遢 行 ○納

中原音韻 卷二 廿八

襄 亞切 衲 補衲 ×捺 手按 㧥 取也 抐 打 ○抹 叶 丨罵 ×妹

受也 抺 丨 聉 不正 視 肭 腽 而 攙 方丨 不 傛 健也 ○襪

擇 丨 切 ×韈 同上 ○䀛 叶 扇 去聲 ○鴨 平 水禽 架切 壓 鎮也

抑 又音 叶夜 軋 車 輾 圠 山曲 ○ 魚名

車遮

平聲陰

○嗟 兹些切 咨也 嘆 ○苴 兒 ○奢 詩遮切 修也 ○×畬 三歲

四 正韻 云火 ○車 昌遮切 又音居 ○×硨 丨磲 ○遮

便 切 又音 于 ○×爹 多 切 又 ○靴 虛 丨 ○些 少也 又

蔽也 張蛇切 ○ 華 叶 ○ 桑 切 也 西嗟切

叶梭去聲

平聲　陽

○爺梭遮切父也　耶疑辭　琊瑯｜郡名　鋣鏌｜　呆｜癡　╳椰木名　○

斜辭嗟切不正　邪｜姦　○蛇繩遮切蟲又音移　畬　余姓也　╳闍闍｜城上

重門又音都　○徠郎爹切又離靴切就也還也　○瘸非靴切脚手病　╳髗

平足疾　○迦雜邪切釋｜又音加　○╳茄其耶切菜屬　伽人名又｜藍

上聲作平聲

○╳者叶遮此也又上聲　○╳也叶耶語已辭又上聲

入聲作平聲

中原音韻　卷二　弐

○協希邪切和也合也　穴嬪也窟也又胡靴切　挾懷也　俠任｜　纈文繪　╳

叶同協　脇下腋　○╳纈奚耶切　俠　襭衣衽扱物　頡直項｜古又蒼史官

○傑其耶切俊｜　竭盡也　碣｜碑　╳揭負也高舉也又上聲又音氣　擽

彊暴　禁好殺日｜　○疊叶參重也　迭更也　牒書板小簡　楪音楷｜舌又　喋

多言便語　諜間言　垤蟻封　絰縗｜喪服　凸高起　蝶蛺｜　跌｜踢　╳堞雉｜

垣城上　瓞瓜｜　胅骨｜　眣目不正　眣軍矢　法以貞耳　耋八十歲　氎細毛

布　墆止也　蛈中過　跕相｜墮貌　蹀｜躞　鞢治皮　○擫葉切持靴

｜　鑈磨也　╳鍻坼者　趃馬疾行又上聲　闐　燚士發　掘穿也

䏿｜骨　○折斷而連切　舌口｜　涉　也　╳揲說文｜

禁閲侍也又叶參　○捷藏斜切勝也　截斷也敏　睫目｜　╳䞨口｜多言

婕妤｜　擮折斷　蠘似蟹而小　○別邦耶切又上聲　╳蹩跛也　攆

灰擘　瘸枯病　○絕藏靴切斷也　○拔除斷　鞾切｜也　╳踅蹁也　○╳

轍長蛇切車｜　哲智也上聲　撤發｜上聲　又　膘薄切肉　蟄｜蟲又藏

也　輒同轍

上聲

○野叶邪上聲郊外　也語已辭又平聲　冶鑄也　埜同野　○者叶遮上聲

語切又平聲　赭赤色　○寫奚｜如切　瀉水又叶聲　○捨叶除上聲

韭也擇也　舍止息又去聲　○惹亂也者切　若般｜又叶去聲又

中原音韻　卷二　手

任蔫切　○撦裂開衣　哆廣韻云下垂貌　╳扯手扯　○姐叶

上聲蜀人呼母　○且如切姑發語辭　○╳也怯也切姓

入聲作上聲

○屑叶寫｜碎　薛姓也又　紲繫也　泄漏也　褻私服又破衣　又

神近也　爕和也　縻　瘧病痢　╳榍木碎　㨶張纖謂之｜　雅云

躞行躞｜旋　僁商之祖　广　楔｜｜　蹀｜蹀　○切叶且

割也又音砌　竊近也　妾女婢　沏水流　╳唼諸｜使　○結叶飢也

切　潔清淨　劫奪｜　頰面｜　鋏長劍名　苶　╳桔叶使　許面斥

人　羯羊｜股　揭起｜又平聲　孑單也　篋　筴　挾｜同

趨|怒趨走○怯丘畏也懦切挈提|篋箱篋客賓叶僃又|又×匧
蕺也惬快也顊短貌○節叶又姐符竹|箹接交|續也又悻短悴𤺋也音
齊|×篾似蟹中海生浹冷|○血氣希也|切歇休息嚇怒又切也舒
下蒸叶又聲下蝸螢虫人×熁|火上氣嚌吸|○缺區也少也也切
門下宮門親門郭雙蠼|曰也閴終除也也○玦居環|也切決行流也訣別
|澆|蕨菜名鶪鸛鳥名|×抉纚縱弦蹶跌也趏又聲平瀕逆氣|妾
良|駃馬駿物也其短也也鴃又怨也空○鐵湯鳥也也切餮貪食過帖|
也定也以附依質也錢×帖安也○𨚗偏月暫也見切撇分也
中原音韻×擎上同蔡蔣轡二繁鑿切紫結也○鷩邦介也蟲切別畢
𢥠也噴×憋急言急速貌叶方也鼈同鼈蟞魚|鷩引戾扒擘也○拙
𢥠也快也切𡮀止也車跡又輪×𥿋 也短也𣘟梁又叶上○叶者平聲智𨑼昌抵也措也切撤也
巧也𢭏也澈滑澄|敗也𧾝也𢭏叶×徹也通也○哲叶又叶叵者也盤也設也商𥡔又者也𢭏也
帛也𢭏也撮也又切濕水名又切屈也也𤕦也浙江名說也×哲叶又叶𠂂也置切也𠴣衣又
也○摺攝錄也說書又音拙切尸之又解○也師噈𥩨也也說切也○𠵄雪也又須也洗結也切也
切𢭏○說養老前又齊曠徹師也也切也也○𢬵𠵄傷衣暑結切也咽又雨也
誦誦見請○餩在前又之齊祝也述也切也×𠵄於決切逆氣也嗔嘆
勞|疵斷雪物切𩍠|膈𦃑|折韻|○×噦也於逆氣也|嘆數|

二聲

○舍申也又上聲屋救|舍也叶|又×厙姓也又叶|又○×
社神燕名切祭上射音|夜引又叶十麝名獸貫也穿大聲○卸借蒸
也切鷓上去又叶水又濫燎謝詞落也借切拜賜辭也又姓彭|樹臺名|
藉集也平聲引×拽也引又×䚢叶聲暮也去聲射又僕音|官義見名茲
前××拽也又也○柘木張名鶻○夜聲叶耶蒸切肉|蔗|甘○借夜
切假|切○偖洪詳切木×唶數聲○趄行不進青夜切×宜逆嗆趄|立脚

入聲作去聲

○捏尼夜切聶聲𩕄又耳小姓躡蹈也鑷子|囓也噬臬法又門也
中原音韻二二
蘖說文云牙音水𥫗又×𧭨𧬠媒也蘖妖𠯁|𨎸又埿塞也茶
麩說|又|又音云×𣞧聶麇也|𧿫杜冒輕|𣞧妖𠯁|又𡎺也蘖茶庶于
○𡰪孌𦧞也山𩑰|貌切𥁮蠛蚊安𣞧也無×𢊘|莖頃鳥鄭𠎀𠂔細|云𦴟蟲嶭○于
𢭏草𡯟|姓迷|夜木夜切𥫗不尖蘖藍無也訪×𣘊枝|炷𠸚𥫗|𥦊𦧝𥫗孽|
滅迷夜叶引也食叶𩛃不食通窒|事竹寳𦐂也切𥹴平按|又竹黨|又|𩛾|
抴引也叶𩜾飽也田○業|事業切𧾝地名𧆛獵叛夜𠴁切也又𧾝寳也|𦫳|
明盛𩛃也去聲叶烈火忠|○裂|||𥫗也切獵也𨆷切又火|𠻴|𧿫
肩位序亭|×烈忠|又|掠一劫也×鬣也𧾷𥡿切○月名日魚|夜切
列|×列火|𠜑也○月𠪚也毛馬𥡿|又||𦤎||切
悅|說師同同上二|又月又聲日|刖閲|𨋰|𢓎車軸|木|𢭃|越揚發云文越語||
大斧樾陰木蠛蠛蟲面|刖刖刑足也×曰也粵|說文云于發語又

臍又史漢越皆作|狨獸名又鶩走貌蚰蠅同○熱仁蕉切炎氣×若||
盛多貌○爇如月切燒也爇同上×焫同上○劣閭月切優劣弱也|
×埒說文云卑埒也又封道曰|淮南子云道有形||踤踰也

庚青

平聲　陰

○庚雞英切縛|之又倉也檀弓云請|又十千名京大也麖大鹿鶊鶬|賡
續也更改也代也又去聲羹五味和|耕犁田作畊亦驚懼也荊木名經
|綸又去聲競安不貌自矜憫也涇水名秔稻不黏者亦作粳○精茲星
切神|睛|日晶水精光|又旌表也鶄鵁|菁蕪|×蜻蛉|○

中原音韻　卷二

生尸爭切|死又出也甥男子姊妹子笙十三簧牲牛羊豕猩能言獸
○箏之十生四切樂絃爭鬭也×丁低木切又零丁也又當經切○
丁低零切人|又十干名又姓也又伶仃之聲釘鈴|云名
玎玉聲亦作|伶仃行×靪補鞋下|屐打|穿|○扃古螢切外閉之名
鬧珂琂詳未×垧郊外|駉驗馬肥壯貌又詩曰|駉腹幹張○征知聲
切上下|欲又去聲之正又蒸祭|薪細也×貞正也楨材幹詩曰|幹|又烝徵召也
又熬煎青魚音|內鉦鐃以銅為之|似鈴有柄笠登|
孔也多切燈豋火|嘉也冰水凍|○冰×兵戎|弁|鼎也絣鱗傳以盛錄|○鉶○登

轟呼宏切車聲又○甍東鍾韻上二字又○憎茲僧切惡也○曾則又音層也又姓
繒矢弋射罾魚網也×矰繳|○增增益也×瑁玉光貌○稱蒼升切揚也又
去聲|樫木名蛵蟲屬|秤者物|禎祥義未×赬赤色|僜|○鐺
雞生切爭鑑屬叉斧聲|撐玉聲|橕柱也俗作|牚非|撐|瞠直視×
有耳又音當|聲爭|琤玉聲|樘|赬|鐺
峥嶸山峻貌又|桱木束○英於京切|瑛玉光|鷹鷙鳥|應當也
又去聲|膺對問|聲|櫻桃|嬰孩|嚶鳥聲|膺胸也|鸚鵡|
纓冠系|瓔珞|×罌缶瓦器|鸚鶯黃鸝|瑛英|罃樂|帝|甖|欺鸚|
切|坑塹|×鏗鏘|公|誙言確|硜石聲|甖又一足行|頃|鑋|鏗
聲全×牼牛骨|○馨香希|切興又作起也又去聲○青

中原音韻　卷二　語

妻星切東方清又去聲也又鯖魚名又音征×圊圂也又
○聲木色又施丹切|施征音|升官登也勝任也又去聲也又|昇平|陞也○汀
切水平也際|廳治事處聽|去聲又上同×鞓帶|靪|鞓上同×經
同上桯門根○星桑精切星宿名醒醉上聲又倶上聲也又自|鯹魚臭
腥生肉騂牲色赤×箸|屏鉎鐵鉎也○屏補上平聲也切自又下二上|搒

宁又東鍾韻姑横切×觥東鍾二字又○僧思曾切沙門×鬙
鬡髮|○亨呵庚切×脝|膨又○兄虛營切東鍾韻又○
髺鬣貌鳥名又宏切逿也○觥横切東鍾韻又
泓水深也又地名|

平聲　陽

○平昆明切正也均也又音玭評品論泙蘋也枰局奕憑依託馮左傳云｜
軾而觀又馬行疾也又徙涉也又束鍾韻音逢凭隱几去聲又屏｜風又音兩音俩
猇汲卞器當作餅徬使也○×傳批明切伶｜行不正娉｜婷美奸怦心急
竮竛｜行不正貌砰砯石聲｜閛閉門聲又鋪蒙切○明迷兵切光顯盟
名｜聲銘禮記爾雅云雛｜明鷯謂之｜也又鳴響也冥昏也溟海也
瞑閉目又音茗音命螟食苗心蟲蓂莢｜鴨鵰似鶚｜×洺水名○
靈神也丁切櫺檻醽醁酒䴇大羊細角令使也又去聲零落也苓
卷耳又｜草伶樂工聆聽也鈴似鐘而小齡年齒蛉蜻｜螟蛉桑蟲｜
泠泉｜又水名瓴似甕有耳翎鳥羽鴒鶺鴒陵大阜淩水名又姓
中原音韻 卷二
凌冰也菱芰也蔆上同綾紋帛×玲｜瓏軨車轄囹圄｜泠泙｜
又叶上聲棱○鵬大鳥蒲橫切朋棚上二字東鍾韻又○楞盧登切四
方木又音棱威｜去聲又×輘車聲又音蠶○層徂稜切重屋也曾嘗也
又音×嶒崚｜山貌瞢不明目○能奴登切又奴來切又｜
獰惡犬×儜弱也○藤徒登切藤蘿騰躍也騰駼也滕約也謄錄也
疼痛也×𤺤｜螣神蛇僜長也滕水超又國名○行奚經切往
音也又頰去聲音吭形容刑罰邢地名又姓衡｜權銂器珩玉名
硎砥石×陘井在桁屋｜胻牛｜荇草莖草木恒常也
○罃瓶也羸少也贏又瀛大海

又｜洲塋葬地螢腐草所化營造也迎逆也又去聲又蠅說文云蟲之大
山名｜疇者又爾雅云青結也去聲×瑩石似玉又音命切又爲
｜亂色又爾雅云亂聲凝也×縈繞也楹柱也○檠其行切又爲
熒光小水滎澤名縈也○檠弓｜擎舉也鯨大魚
黥刑京切勍｜擎嫈｜也○情疾盈切意｜晴｜陰×晴受賜｜餳食
○亭特丁切｜亭娉婷美貌廷朝｜庭宮｜又他定切｜蜓｜
｜蛸霆雷｜×筳竹名莛草莖渟水止葶藶｜名○瓊
又渠營切又其容切玉名笲無依惸獨也亦作煢○澄清池也又直呈切
程課也酲病酒成就也城爲五雄｜誠無僞盛容受又正切承也
副貳懲戒也乘又御也騰困也×晟明名山郕名國
中原音韻 卷二
程裸｜䆸直切又○盲麻萌切氓民也甍屋棟萌草芽
上四字東鍾韻又○橫胡工切宏大也紘冠｜又鈜鐘聲｜
閎門中巷門爾雅云衖門謂之｜又曰所以止扉嶸崢｜弘宏大七字又上
東鍾韻○橙生切橘屬棖門兩旁木定距也×鼜擊也崢嶸｜又｜雖
切牛小寒○榮餘平切東鍾韻又○寧泥經切安也又去聲×嚀叮｜
○仍而乘切重也因○繩蛇切直也×澠水名○餳飼
切屬○×僜倒行貌瞪又音呈直視

上聲

○景江影切光也又姓璟玉光綆汲索骾骨｜鯁魚骨又骾同

梗桔丨藥名警寤也境界也頸頭項耿介也哽咽塞儆戒也憼所以正弓
亦作檠×埂堤封○頃叶卿上聲田百畝×檾枲草○丙邦茗切十
干名炳明也邴邑名秉執持餅湯丨屏除也又去聲又毘明切×柄持也
稟受命○惺叶星上聲也又平聲醒醉醒又平聲省察也又音眚瘄
搜也○省叶生上聲覗也又叶星上聲眚災也瘄又星叶○影衣景切形
丨○×郢羊景切地名穎穗也癭頸瘤潁丨川郡○礦古猛切金
璞又居孔切鑛同上懭悍也○憬居永切冏窓牖開明又丨周太僕正伯
○艋母便切丨小船蚱蜢丨蚱○整叶征上聲齊也拯救也○茗叶名
上聲茶丨皿器丨酩丨酊×瞑閉目又音面音明音命○逞叶稱上聲矜也

中原音韻　卷二　廿七

騁馳丨○領叶令上聲項背嶺山丨×袊衣丨○鼎叶丁上聲法象閒器
酊酩丨頂頭顛×艼茗丨無知○艇叶聽上聲船小而長梃丨杖挺超拔
町畦丨誔詭詐奵嫇丨×娗長好貌頲直也鋌箭丨莛草莖打平也
○冷叶稜上聲寒也又音靈○井叶晶上聲丨泉×郱丨郱地名○請
叶青上聲謁也○等叶登上聲齊也○永于憬切久也○涬希景切大小

去聲

○敬叶經去聲恭也徑步道又逕直也經丨緯又平聲鏡鑑也獍獸名竟
終也勁健也更再也又平聲×桱木名逕至也○×競其硬切爭也
○映叶英去聲蘭亭詩云丨帶左右應物相丨又平聲譍以言對又平聲眏明相

媵送也廣韻云送女從嫁○×凝魚佞切聚也又平聲硬堅也強也迎
送也又平聲○慶叶輕去聲賀又音聆丨[illegible]一足行又平聲罄盡也空也磬
鐘丨謦欬丨○命叶明去聲丨又使也性瞑閉目又音而音明音茗×暝
丨晦○磴當稜切巖也鐙馬鞍踏隥梯也嶝小阪凳几屬○×鄧
唐稜切國名又姓蹬蹭丨失道僜倰丨○迥丨遠異用切詗明悟了知敻
絕也○倩叶青去聲假借使人又音茜請謁也×凊冷也又平聲○評
叶爭去聲諍丨掙剌也×幀文字描繡開張畫繪云也○正叶征去聲平也又平
聲政丨市證驗也×証諫丨○×鄭長剩切國名又姓○瑩為命
切石次玉又音用音忽詠吟丨×醟湛酒又音用○病邦命切疾也症

中原音韻　卷二　廿八

借也柄權也凭依几又平聲×併兼也摒除丨屏除也又上聲又毘明切
○令叶靈去聲命丨又平聲淩冰也×另別也○聖商正切仁丨勝
丨負又平聲○×乘實正切車丨盛茂也上二字又池繩切剩餘也賸
唐書云錢嘗丨般又多也晟明也○性叶星去聲丨命姓氏丨○娉滂命切妥
問又平聲聘問也○佞叶寧去聲諂丨濘泥丨甯邑名又姓×寧願詞又平
聲○淨疾性切潔丨靜寂也穽陷丨埩安也圊廁溷又音青清潔丨
周禮庭氏注云令國中絜丨如庭×凊溫丨靚裝飾○杏奚敬切果名幸
寵也倖微丨脛脚丨行言丨又平聲又音項音吭×荇丨[illegible]詳語[illegible]○×
興希敬切比丨又平聲○×[illegible]叶[illegible]去聲[illegible]也○×蹭七鄧切丨蹬○

稱昌盛切權衡又平聲秤衡物者○飣低旁切貯食訂約丨釘以丨物丨
又平聲矴錘舟石錠豆有足曰丨無足曰鐙又提另切定營室星詩云定之方
中○╳定提另切安也錠錫屬又低另切○贈叶曾去聲送遺○聽
他定切聆也又平聲╳庭逕丨隔遠貌又音亭○孟暮竟切又東鍾韻○橫
戶孟切又東鍾韻○撐抽凳切又平聲樘同○亙居鄧切又眞文韻○╳
迸方孟切走也○╳澄台鄧切水澄貌○╳稜郎凳切農人指田遠近多
云幾丨又平聲

尤侯

平聲陰

中原音韻 卷二

○啾茲由切小聲揫收取湫水名又北人呼水池爲丨╳揪捋也聚也瞅
耳鳴○鳩飢由切鳥名又聚也鬮丨取╳樛木枝曲垂䡂車軫料高木又音
手○搜之鄒切魯頌云束矢其丨鄭箋云丨然勁疾也颼冷風也╳颼丨
颩貌趦趣丨不進廋隱也蒐春獵又聚人民也又求索也○鄒之搜切縣名又
姓鯫魚名又小人之貌又音淺陬隅也騶廄御又丨虞仁獸又倉須切緅青赤
色諏問也謀也聚╳棸木名擻手又丨切又謅陰私小言又搜切擻
別薪之○休希鳩切丨咎咻噢丨痛悉聲貅貔丨猛獸庥庇丨蔭也╳
[illegible]同貅傌馬名○謳阿勾切歌吟鷗水鳥漚水上泡又水鳥甌小盆歐
冘又姓又上聲又音嶇區量名又匿也又丘余切╳嶇漢書朱買臣歐丨道中又

小兒聲又上聲○鉤古侯切曲也又鉤丨句曲也又去聲俗作勾非篝燻籠溝
水瀆爾雅云水注谷曰丨韝射臂決緱刀劍頭纏絲╳[illegible]龍也燃火而籠皐其
上鴝丨鵒鳥名褠單衣○兜多婁切鍪首鎧丨篼飼馬籠╳唆韓愈
詩云開弓射鴝丨古文尚書兜作鴝丨又廣韻云輕出言兜掉也捭也○秋因妻
切金行之時鰍魚名鞧車丨楸梓屬鞦丨馬鶖丨禿╳篍吹筩
緧丨牛馬○憂衣鳩切也病也愁幽深杳優丨又芳和也饒也櫌摩田
器麀牝鹿╳嚘呷丨歎聲呦鹿聲攸所也又音由悠遠也音由又怮
○脩西秋切脯也長也飾也修上同蓨又音也饈致滋味╳[illegible]饋也
○抽丑鳩切引也瘳疾瘉又音料○周張流切也遍也賙

中原音韻 卷二 四

瞷啁聲丨啾週迴也洲水中可居州舟載也輈車轅○丘溪由
切又丨皐也陵坵丘墳╳蚯丨蚓龜又長丨兹國名○偷拖婁
盜切薄也也鍮石似金婾苟容又巧黠○芻又摟切酒丨搊╳謅
上之二字搜切又○溲疏鳩切又便溺又淘米聲鎪鏤漏餿飯敗丨氣○彪
巴矛切虎文又小虎○收賒周切聚斂○齁呵句切鼾鼻息○摳枯婁切挈
衣又採也╳彄弓丨剾剜也瞘目深貌

平聲陽

○尤移鳩切過也責也怨丨又最也又姓又丨物蚰丨蜒疣結病訧罪也過也
遊丨遨游浮行蝣蜉丨由從也油脂丨丨又水名出武陵又雲行貌又浘丨車

䮠又去聲 郵 馬傳曰置步傳曰郵｜又過也 廇 久屋朽木臭 人直也 蕕 盛也

蝤 ｜蠐 猶 獸名善登木多疑慮又謀也又似也 悠 ｜然舒遲又 猷 謀也 繇 其道書云又占

輶 ｜車又與猶同 逌 笑貌 蝤 蝤蛑 攸 同上又音二 鯈 魚名又 浟 水流貌 蕕 臭草 莜 ×

喉 ｜嚨 餱 乾食 後 箜篌樂器 ×鄇 地名 矦 同侯 ○劉 也 姓 鎦 美金

留 ｜止也 鶹 鳥又姓又去聲 遛 逗｜ 瘤 疣也 榴 石｜ 鶹 鳥少美長 鷚 雅作

也 ｜大鵰黃鳥又草木黃則食其母 騮 赤馬黑鬣 流 水行 琉 ｜璃 騮 又九 馬名又 鏐 銀

重八兩 旒 冕｜ ×瀏 水清 鏐 美金 瑠 ｜璃 ○柔 如州切 韖 也 又去 韖

揉 又去聲 捻上也 調順也 鍒 熟鐵 蹂 ｜踐 又 鞣 之九切 去 皮熟

中原音韻 卷二 卅四

○抔 引取 裒 聚也 ×掊 手把 掊 ○繆 麻切 又去 絲

｜ 矛 戈｜ 眸 瞳｜ 蝥 蟊 食苗根 牟 過也 又 進

音 又中 麰 大麥 侔 齊等 ○樓 重屋 婁 空名 又姓 䁖 ｜ 鞻

也又 名 鍪 兜鍪首鎧 ×婁 屋兜切 ｜ 又 漊 ｜

｜也 聲也 又 鏤 ｜ 僂 ｜偻 悅也 謹身貌 ×蔞 又蔞蒿 居切 膢

名 漢儀注 髏 ｜ 螻 ｜蛄 向前也 ○ 囚 即 切 又 求

祭名 ×酋 液 ｜ 又 逎 迫也 ｜ 之也 健也 又 蝤 向也 又 也

人 水上 遒 云 ｜ 人宜令之官 又 書 酒 ｜ 長 也 又

○紬 長絲繒 犨 切 稠 密也 牛白色 讎 匹也 酬 報答 籌 壺矢 也 又

儔 衆也 侶也 疇 耕治之田 綢 纏也 惆 悵 ｜ ×裯 單被 ○求 其

切 覓也 也 躊 ｜躇 毬 毛 ｜ 古 球 美玉 說文云 磬

也 又姓 賕 枉法 以財相 致 銶 屬 毬 鞠之 謂 戲

依 冠飾貌 又 匹 又 伽 鍬 鍬 也 鍬 鎪 鍬 接 鍬 餿 鞭 鍬

又 載 也 仇 匹也 讎也 又 樛 木枝曲垂 裘 皮衣 又姓 虬 無角龍 球 斂聚

也 ×斛 同 斗 又 揂 聚也 追也 又 ×嘍 蒐 揫 斂 蝤 ○ 頭 陀切 首

投 擲也 骰 ｜子 陀 ×偷 ×漊 又 近 身 小衣 汗衫 ｜ 廁 ○ 愁

鍬 披 切 ×溲 水 腹 有 氣 ○ ×渡 又 僂 切 便 漱 浣 也 又 去聲

艘 船 總名 ○ ×涪 水名 房 鳥 切

入聲作平聲

○軸 由 切 車 ｜ 又 直 由 長 如 切 逐 追 也 又 長 如 切 ○ 熟 商 由 切 生 ×

就 音 進 人 淑 善 也 又 音 術 又 ○ ×粥 叶 麋 ｜ 又 叶 主

用 ○ ×叔 叶 叔 叶 于 ｜ 季 叶 暑 又 倏 犬 疾 走 ｜ 忽 又 叶 聲 呼

中原音韻 卷二 卅五

上聲

○有 無 九 切 酉 辰 名 牖 ｜ 戶 美 ｜ 里 又 道 ｜ 名 友 朋 ｜ 誘 引 導

莠 草 也 黝 黑 也 ×懮 憂 貌 ○ 柳 叶 留 上 聲 木 名 ｜ 魚 笱 簍 之 竹 笱 籠 雅 誘

之 正 韻 ｜ 云 颶 風 曰 ｜ 緒 ×紐 結 也 十 絲 ○ 杻 木 名 又 尼 久 切 上 聲 名 上 木 也 狃

相 紐 結 也 鈕 印 鼻 鏡 鼻 又 姓 忸 怩 ｜ 也 ○ 丑 叶 抽 上 聲 辰 名 上 ｜ 醜 也 類

×杻 手 械 又 尼 久 切 杽 上 同 ○ 九 數 也 有 切 又 非 ×韭 菜 ｜ 久 長 ｜ 玖 玉 名

糾 繩 三 合 也 又 紏 繚 也 灸 針 以 疚 病 也 又 去 聲 也 ×姒 女 字 又 姓 也 夋

○首 頭 也 ｜ 收 上 聲 又 去 聲 又 煩 也 手 ｜ 足 守 ｜ ｜ ○叟 老 之 稱 ｜ 走 切 又 嫂

瞍 目 無 眸 子 又 數 大 澤 ×嗾 使 犬 聲 又 去 聲 藪 ○斗 叶 聲 十 升 上

枓上方木枓剩丨又飢由切音求又陡説文云峻也頓也抖擻丨×襡
短衣丨斗十升字又叶句○狗聲犬也垢塵丨又去聲苟且丨耇黄老壽丨
×枸杞丨詬恥也岣丨嶁山巔岩丨薜○藕魚口切芙蕖根也亦作藕偶
伉儷也丨數雙曰丨×耦丨易陽卦奇陰耦也並耕○摟叶婁上聲摟取又平聲
聲塿小阜丨簍籠也×漊通溝水嶁山巔𥚃料峠斢斢奪人物
○䝔叶剖上聲丨箕箒丨酎醞釀×帚同箒睭日光疛小腹痛㽵州
○掊叶剖上聲也又剖切○酒責友切○剖九切也又滂卯切破
×嗾使犬聲人髩髮貌蔀蔀名也又○吼一曰牛鳴虓聲×
垢○走茲叟切又去聲藪○否方久切又音痞丨○揉
中原音韻 卷二 圭
仁九切又去聲×蹂跋又平○口苦切○偶
切身人虹○×溲思走切又聲×歐叶偶又音便溺也又濁水馬洿溲平聲也又
瞍大春獵名又○×歐文云牛丨嘔上聲吐也嘔同上又
衣歐嘔音漚擊又音嘔音漚嘔去聲褔

入聲作上聲

○竹叶肘丨木燭竹爆粥叶周丨又×覿祭祠丨又竺天丨國名
上五宁○宿叶秀羞叶屋上聲周止息又○×叔叶手也又叶季
又叶收叶
聲
去聲

○又移宂切更也又右左丨佑
圜云圍丨苑有囿菀文囿術丨蘮也丨祐祐福丨狖獸猿似宥寬也宥又平幼少也
○晝叶周去聲丨宇夜咒咀丨味鳥嗉又○×胄長壽也甥切紂殘義之善
丨日韝同上宙丨宇籀丨篆伷○臼丨其象形切春舅母兄弟
舊故也久也咎惡愆柩丨丌○×救也飢拯又切也廄馬金究丨窮
疚久疾又上聲○×宂貧病○獸叶走牧曰丨去聲狩巡首有陳也自
上聲○×受神咒切納容授也付綬丨組壽丨耆售物賣○秀叶彡
去聲繡刺又染文彩琇玉石次宿列星又叶須上聲又○×岫
山叶有因穴去聲袖衣袂○嗽欬嗽丨切漱浣也又叶平聲又×謏
中原音韻 卷二 晝
蒲丨族叶言怒聲又上○皺丨庄瘦切又面瘠丨驟馬疾行又×縐
聲也黻蹙也寂小縮瓦甃又救切○溜水溜叶流屋溜丨留停待又平
窌地名丨餾飯也丨餾雜云○鎦字名又丨霤中庭瀏水也深又平×
美叶好丨扣擊也候切寇叶丨豆又×叩問也蔻丨縷具又○后
叶去聲君丨候也追丨邂候伺○堠封丨後丨先厚垂也薄又○就
藏秀也切鷲黑鳥×嶽山名○鬭當豆切爭也丨候唐漏切敱也
成也頂也逗溜丨竇偶聲讀句讀東丨切又餖飣丨鬭叶力也
祭器又叶丨溝去聲合也詩云我盧遘說文云嬬用也
走○構曰叶溝又集也又水名遘遇也又丨當文
云重姤卦名又廣也彀弓張詬恥也句平聲拘也又俗从勹又非
嫡韻云偶也

賕求也✕垢塵上聲丨又靴遇也○湊水會救切蔟丨蟬
又庄瘦切✕搊如出丨武陵擩搊投也族太又丨名律切腠府丨○涪
丨叶婁又夫刻聲丨陋醜部鏤丨鏤瘻瘡也○謬叶又夸許夫也聲差
繆紕丨疾也叶又音了○臭叶抽去名總聲○嗅叶休以去鼻氣取聲
又虛切✕糗熬麥米○瘦叶聲瘦去瘠癯○慁淋丨瘦切✕偷
任身驟馬行疾又庄瘦切奔也○耨耨鎒也○奏丨又后節下切陳
上走疾上聲又○透叶偷去聲通徹✕漱自下投○貿切廿貿切
易懋美勉也也✕茂草盛又音冒○✕簉初救切倅也千左
氏之書丨又云丨齊飛順疾鷲鷲遊草根○✕復又房又切伏又音叶也
中原音韻卷二　𢽄
丨碓○✕鞣叶柔去聲車輞踩踐也又上二聲揉也又平上二聲
鞣雜也又○✕覆又方叶府叶付切蓋也伏房鳥夫抱切卵又痠
篓雜飯重

入聲作去聲

○肉叶柔去聲肥丨衊丨衵○六叶溜又叶陰敗廬✕陸道又路音廬也

侵尋閉口韻

平聲陰

○針縫衣丨線切斟丨酌箴丨規砧擣衣石名鱵魚名瑊石次玉椹
衣✕鍼燕名腈器又蔵切○金丨氣吟切丨土今丨衿小帶襟交衣衽

禁當也又去聲扐持○侵漸進心切駸馬疾行綅綫錢縫名
✕祲精氣○深丨除淺針切蓡蓡精藥○簪參之度又參切蔘三苗藥切
○✕舲小魚惡慘切○森木衆尸貌木審切槮木長貌參宿名又音名
琛音滲流又去聲貌○琛寶也抽森切郴貴丨陽縣名又令佳陽爲州
✕參差丨三音又音○音聲丨衣金切瘖疾不能言陰丨陽喑不泣
山✕愔和丨丨貌安○心丨思志侵切杺木名○欽欽美也吟切
衾丨枕嶔丨又嶔山不正貌嵚山高貌○歆神饗氣也欽金切

平聲陽

○林叢丨木又姓力尋切淋丨沃也又如丨作淋瀉丨漓相琳美玉痳丨病霖
中原音韻卷二　𢽄
淫丨雨又久雨臨又臨也大也也又去聲綝作縩也當𥤱名竹○壬如十金切
任丨擔也又去聲又丨人又也堪也絍縏繖丨又上聲又鵀
孚丨名又丨倿也又去聲也又丨○蕁叶也倿切也○蕁也搜也又丨潯水名鐔劍鼻鐔○爊飪熱物切又
蟫書中蠹魚之大上下小丨詩✕鱏魚名在鼻中丨草丨○鉛上✕
名魚藏鷦大鳥丨丨瀆之釜姑○浮鳧也覃山巖○嶔山貌丨婬丨奸霪久雨蟫虫名白魚
切丨哦浯鳳也涔山巖貌丨婬丨奸霪久雨蟫名白魚
○琴樂器其吟切芩草名禽丨飛曰檎林檎果名丨擒捉也噙丨物
○岑山小而高又姓鋤簪切鷼鳥名丨涔涔又丨陽地名丨淫雨多管丨貌
名又水牛馬丨跡鐔鉏也譚雨丨✕忱丨恂燂爚火灶謀誠信也也
○沈溺也又去聲霃陰久鍅屬鐔湛沉湛又同二切
中持深切沒也霃湛又都藍○✕

沈同沉○✕㖔呵今切

上聲

○廩叶林上聲倉｜又｜廩懍危懼凜寒也✕檁｜枋○稔仁枕切穀

熟飪飽也衽衣襟又臥席又去聲荏苒｜○審叶深上聲詳悉也熟究也嬸

叔母沈姓也瞫竊視✕瀋汁也淰魚駭貌禮記云以龍爲畜故魚鮪不｜又直音

云濁也水無波也諗諫也告也○錦叶金上聲織文○㾕疎錦切寒病墋

垢也又上也✕槮木長貌又聚柴木中以取魚亦作罧○✕㑴初錦切有｜

｜｜醦醋也○枕叶針上聲衾｜又叶沈去聲✕𩛂作點審丁當○飲

叶音上聲｜衾又去聲✕您或曰你也○恁[illegible]任切何也○寢叶侵上聲

中原音韻　卷二　署

臥也

去聲

○朕叶沉去聲天子自稱枕毛晃曰衾｜之｜制上聲如詩角｜粲兮之類以首｜物

叶去聲如論語曲肱而｜之之類又叶針上聲鴆毒鳥✕沉溺也又平聲○甚叶深

去聲也光也繅實桑✕椹同上○任叶壬去聲又叶平聲衽叶壬去聲又上聲紝

聲又平紝同上妊孕也✕賃借也又叶吟去聲○禁叶金去聲制也戒也

聲又平噤閉口凚寒｜矝廣韻云牛古下病又禁同○蔭叶陰去聲草陰也

[illegible]｜鹿窨地屋飲以飲｜之又上聲✕喑泣不止又聲也○沁叶侵去聲

水名沁恐貌✕吣大吐祲墨人具｜工○浸子禁切漬也又[illegible]韻潛

祲妖氣○臨叶林去聲又平聲○滲叶森去聲漉也又平聲✕罧積柴水中

以取魚○讖初禁切符｜○譖叶簪去聲讒毀○賃叶吟去聲傭｜又叶

上去聲✕恁悲也念也○啉盧禁切或云貪也○[illegible]他禁切或云撤也

○✕闖敕禁切馬出門貌

監咸閉口韻

平聲陰

○菴烏甘切｜羅果也庵小草舍馣香也諳記也憶也熟悉也鵪

｜鶉鳥名唵以手掬物納于口貌✕鵮鶉屬腤煮魚肉｜喑啼泣無聲○擔

都藍切｜負耼耳曼無輪也又姓俗作聃儋負荷也又去聲耽耳大而垂又｜樂

中原音韻　卷二　六

湛｜樂又音沉音站酖嗜酒眈視近而志遠云虎視｜｜✕躭同耽遲

髮垂貌○監古咸切臨下視也又察也緘束篋又封也又人椷木篋✕

鑑明也又去聲○堪枯含切任也克也又地突也龕塔下室戡刺也弇覆蓋

○毵思藍切毛長貌鬖鬖｜鬖貌○三數名又去聲✕參同｜上漢志分損

一又音森○甘古含切又快意也又姓也柑橘屬✕疳小兒病泔米汁○苷

｜藥草名○杉師岩切木名又✕衫小襦✕髟長髮屋貌芟刈也○貪

｜他毿切○探摸取又去聲索寬又○參倉三切參遂驂駕三馬又｜乘○

憨呼甘切癡也酣酒樂✕蚶蚌屬○簪作三切又之切膽疼｜

病參正韻云參著物者又同鐕上同✕揩上書又喈也

嵌欺岩切丨巖山陷貌 ✕鵮鳥啄物 ○詀竹咸切丨諵語聲又低廉切 ○
渰衣監切沒也又去聲又衣褰切亦作淹湆 ○攙初銜切扶也又鋤咸切 ✕嶃
丨岩山貌 劖斷也刺也 鑱鋭也又鋤咸切 ○✕摻[illegible][illegible]切詩云丨丨女手又西尖
切 雩雨[illegible]

平聲　陽

○南那郎切火方又姓 諵詀丨語聲 喃呢丨語不丨又燕語 楠丨石 男丨子
又五等爵名 ○咸奚監切卦名皆也 鹹味醶 諴和也 函嚮也容也 銜
馬勒口又官吏[illegible][illegible] 啣丨枚 ✕鹹同醶 ○婪盧簷切貪也 燣[illegible]色也又[illegible]色又
上聲 藍染青草又丨[illegible][illegible]衣 籃大籠 爁火[illegible] 嵐岢嵐山名又山氣 ✕襤丨褸
中原音韻　卷二　晃
衣破 惏方言殺人南艱賊 ○罈徒藍切深廣 潭水深處又水名 談言論 餤
進也 譚大也又國名又姓 燂火爇 曇雲布 痰胷中水病 藫丨石衣 ○蠶
藏含切吐絲蟲 慙[illegible]也作[illegible]非 ○含何甘切銜也 ✕涵水澤多貌 邯地名 ○
讒鋤咸切譖也 毚狡兔 饞饕也 鑱鋭也又初銜切 ✕攙刺也又初銜切 儳
[illegible]丨惡貌 ○巖[illegible]監切險也又石窟 岩同上 ✕嵒巖也又嶃丨山高貌 ○ ✕
坍他酣切衝岸壞水

上聲

○感叶甘上聲丨 鱤魚名 敢勇也 喊吼也 ✕碱石[illegible] [illegible][illegible]類又器蓋
橄丨欖果名 ○覽叶藍上聲觀也 攬手取 欖橄丨 爦火貌 ✕爁火貌 壈

丁声也不得志 [illegible] 翳果 清 燣黃焦又平聲 攕總丨 ○膽叶擔上聲肝丨
磛石丨華名 紞冕前垂 ○慘[illegible]切丨傷又平聲 黲淺青黑色 ✕憯痛也
○揞烏敢切手覆物 晻冥也 馣香也 ✕俺大也 唵手進食又[illegible]纖謂 ○
喊呼減切聲也 獫犬吠不止 ○毯叶貪上聲毛席 苫丨苫 窞坎傍入 ✕
芡[illegible]生 ○ ✕禫徒感切除服祭名 倓安也 ○減叶鹹上聲損耗 鹻
鹹也鹵也 ○坎叶堪上聲陷也陰也 ✕砍斫也 歉食不飽 惂[illegible]同 顑丨山
轗丨軻多迍 ○昝叶簪上聲我也又姓 歜菖蒲菹 ✕撍手動又[illegible]切 ○
糝叶三上聲米粒和羹 ✕撼搖動 頷頭動 ○黭衣[illegible]切深黑 ✕黤青黑
色 ○斬之減切斷除 ○ ✕[illegible]那減切竹弱 腩肉煮 揇丨揇
中原音韻　卷二　平

去聲

○勘苦紺切校也 磡崖之下 ○紺叶甘去聲深青赤色 淦新丨縣名 顑
✕灨水名 ○憾叶含去聲恨也 撼搖動 頷頤丨 琀送死口中玉 萏菡丨
心秀欲 唅嘛丨 ✕顑面虛黃色 菡草木花未發 [illegible]食不飽 ○檐都濫
切[illegible]丨[illegible] ✕[illegible]丨石丨甖又徒濫切 儋無丨石之儲又平聲 ○ ✕澹徒濫
切水貌又丨泊 淡味薄 啖食也 啗餌也 惔安靜 萏菡丨 甔丨石大甕又多濫切
○轞奚監切車聲通作檻 檻欄也 艦戰船 餡餅中物 陷地隤 ✕[illegible]肉食
不聲 臽小阱 錎車壞 ○濫叶藍去聲汎丨 醶泛丨齊行酒 纜維舟索 ✕
[illegible]貪也 ○瞰溪監切覷也 闞闞也又邑名又姓 ○蘸[illegible]陷切淬水中物

詀俗言獨立 賺錯也又重賣又姓 湛露濃又音沈又登也 ○

鏡所以照物又平聲又誠也 監領也視也 ╳ 鑒誠也照也 ○ 暫

鏨鑿石 揩動也 ╳ 覽同暫 ○ 暗叶庵去聲明也 闇門閉也

西監切思又平聲 ○ 摻叶貪去聲也又平聲 ╳ 黯不明

切痛也又上聲 ○ 懺叶攙去聲悔也又音僉 ╳ 譀休濫切誇誕

䝲徒探切買物先入市 潭沈水底又沒 ○ ╳ 淹衣監切也又平聲

釤叶杉去聲大鐮 䀐暫見瞻視又 覘相視物候

廉纖 閉口韻

平聲

中原音韻 卷二 五十

[illegible] 叶去 [illegible] 切 鹽又臨切 閉 ○ 三 ○ 慘濫 切 ○ ╳ 聲又 ○ ╳

○ 瞻仰視知占切 詹至也又姓 占去聲也又 沾霑

╳ 譫多言 ○ 兼飢鹽切并也 縑絲絹也又并 鶼鳥

╳ 蒹蘆葦 ○ 淹衣廉切漬也又監咸韻 濡也 醃

猒飽也去勢 懨心安 腌醃肉 | 稽苗美 ╳ 厭足也又去聲

銛利也切細 憸詖也 暹日光進 | 霰微雨 | ╳ 摻

切 ○ 僉皆也 鐵咸切 槧牘也去聲 又 籤驗也鐵也 ╳

攙去聲 劖削也 | 切 ○ 䅐 覘窺視 ╳ 蟾

又所 ╳ 杴擊也 蘞草味辛又 店

尖 漸又浸也叶潛去聲 殲滅 | ╳

霑雨濡 鬑黏 閹又 ○ 纖西尖 孅好貌 憸又叶悔 | ○ 杴 秈傷 ○ 斬秀

平聲陽

○ 掂低廉切 | 拈 ╳ 敁稱量 | 詀多語又竹咸切 ○ 苫

又去聲 ╳ 痁瘧疾 ○ 謙謙遜也 苦兼切 ○ 添他廉切益也

舚吐舌貌又去聲

○ 廉離鹽切 | 潔 簾箔也 奩鏡也 帘酒 | ╳ 臁 鐮也美

又 ○ 鮎尼兼切魚名 黏又著也 拈指物 ╳ 粘

撏叶尋俗字 ╳ 撁物 | ○ 鈐其鐵

物 黔黎黑 ╳ 箝 拑 ( ) 蟾

○ 鹽 炎火光又熱也 閻里門又姓 簷

嚴 ╳ 蟾 鉗 燖 濂

中原音韻 卷二 五十一

櫩 ○ 甜徒廉切甘也 恬靜 | ╳ 湉水靖 ○ 髯 占切 潛

懸臨切水伏流 ○ 嫌疑也又兼切又憎也

上聲

○ 琰移檢切美玉又 | 圭璧上 剡利也削也又 ╳ 掞也削 扊 | ○ ╳

掩於檢切遮 | 奄覆也又忽也又去聲 唵又咸韻 魘 | 壓 | 腹 魘

罨網取物 | 渰雲雨貌凄凄 揜下取物 | 壓 埯

腌又監咸韻 ○ 撿叶兼上聲 也 ╳ 檢

題也 臉面 | 上聲又叶廉上聲 ○ 斂收也又

上 ╳ 䭑小食廉也 又 ○ 染色叶又 冉

丨丨行皃 ○閃叶苫上聲躲避 陝地名 ×覢暫見 潣水動 剡縣名 ○忝
他斂切玷辱又累也 舔以舌鉤取物 ○險希儉切危也阻也 譣詖也 ×嶮
丨巘 玁丨狁 ○颭吕染切風吹落木 ○點當斂切丨丨注又更丨 ×㓠斫也
○諂吕冉切丨諛 ×讇漢五行志爲佞丨之計劉輔傳朝廷無丨諛之士 ○
×慊叶謙上聲恨也 歉食不飽又強熖欺熖二切

去聲

○厭衣劍切似也 厭足也飽也又平聲 ○×豔移劍切美也 灩丨瀲
水滿皃 焰火光 釅酢漿又醲也 驗證也效也又馬名 鹽以丨淹物又平聲
奄精氣閉藏又上聲 ○苫傷占切丨蓋又平聲 贍賙也給也 ○欠欺熖切
中原音韻 卷二 亖
伸又少也 芡丨實又音儉 歉食不滿又叶謙上聲又音儉 ○玷當斂切缺丨
店肆也 苫支也 墊下也溺也 ×坫屏也墇也 磹丨礹 簟竹席 ○斂离店
切收也聚也又上聲 瀲丨灩水滿 殮丨殯 ×蘞草名又希兼切 獫長喙大名 臉
市先入直 ○念尼劍切思丨 舲船丨又平聲 ○劒江熖切兵器 ○×
憸強熖切丨約 歉又欺熖切又叶謙上聲 芡又音欠 ○偺叶尖去聲丨鶴
○塹叶僉去聲坑丨 蒨草名可染紅色 ×嬮厭丨美女 槧斷木爲丨又平聲
○染叶冉去聲汚丨又上聲 ○占張熖切擅據又平聲 ○韂昌熖切鞍小障
泥 ×襜披衣 瞻馬行急貌 ○×嬐希斂切好貌 ○×㮇叶添去聲
炊竈禾 舚舌出貌又平聲 ○×漸叶潛去聲進也又平聲 二卷終